O produto da venda desta obra é destinado à manutenção
das atividades assistenciais da Sociedade de Estudos Espíritas Vida,
de Pelotas, RS, e da Sociedade Espírita "Boa Nova",
de Catanduva, SP, que possui como um de seus departamentos a

boa nova

editora e distribuidora de livros espíritas.

Escravo da Ilusão

Ana Cristina Vargas
pelo espírito José Antônio

boa nova

editora e distribuidora de livros espíritas

Departamento da Sociedade Espírita Boa Nova
PABX (17) 521-2400 – Fax: (17) 521-2191
Av. Porto Ferreira, 1.031 – Caixa Postal 143
e-mail: boanova@boanovaonline.com.br
site: www.boanovaonline.com.br
Catanduva – SP – CEP 15809-020

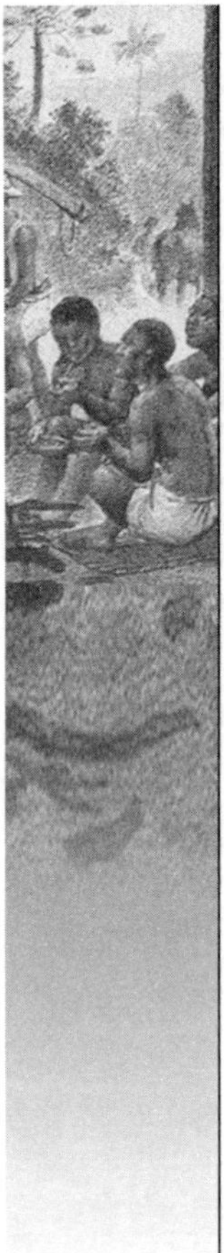

3ª edição
Outubro/2002
10.000 exemplares

ESCRAVO DA ILUSÃO

boa nova
editora e distribuidora de livros espíritas

Capa:
Direção de arte: Francisco do Espírito Santo Neto
Designer e editoração: Cristina Fanhani Meira
Revisão:
Lúcia Helena Lahoz Morelli
Fotolitos:
ArtScan
Impressão:
Lis Gráfica e Editora Ltda. (São Paulo)

Dados Internacionais de Catalogação na Publicação (CIP)
(Câmara Brasileira do Livro, SP, Brasil)

José Antônio (Espírito).
Escravo da ilusão / José Antônio ; [psicografado por] Ana Cristina Vargas. -- Catanduva, SP : Boa Nova Editora, 2002.

ISBN 85-86470-24-4

1. Espiritismo 2. Psicografia 3. Romance brasileiro I. Título.

02-1866 CDD-133.93

Índices para catálogo sistemático:
1. Romances espíritas psicografados : Espiritismo 133.93

Impresso no Brasil/*Presita en Brazilo*

Conheça outras obras da editora **boa nova**

RENOVANDO ATITUDES

Francisco do Espírito Santo Neto,
pelo espírito Hammed

A imensidão dos sentidos

Francisco do Espírito Santo Neto,
pelo espírito Hammed

Conviver e Melhorar

Francisco do Espírito Santo Neto,
pelos espíritos Lourdes Catherine e Batuíra

As dores da alma

Francisco do Espírito Santo Neto,
pelo espírito Hammed

coleção *Fonte de inspiração*

Francisco do Espírito Santo Neto,
pelo espírito Hammed

SUMÁRIO

APRESENTAÇÃO

Escravo, em nosso modo de ver, é todo aquele que de alguma forma abdica de sua liberdade de agir, que abandona seus ideais vencido por propaganda contrária e torna-se, além de escravo, alguém frustrado que renega sua individualidade para se adaptar ao conjunto de regras externas.

É comum ouvirmos pessoas em discursos, públicos ou domésticos, enfatizarem a expressão "ver a realidade da vida".

Quando se expressam assim, em geral fazem referência à organização social em que estão inseridas, às cobranças e aos papéis que a sociedade material tenta impor e que elas aceitam como verdades inquestionáveis.

Com essa maneira de viver, essas pessoas abonam e adotam condutas. É interessante lançar um olhar sobre elas e ver o quanto conseguem ser contraditórias, por ser irrefletido o seu comportamento. Simplesmente assimilam padrões do socialmente aceito, do como pensa a maioria, acomodam-se, não questionam nem a si mesmas para saber se são felizes e realizadas da forma em que estão vivendo. Outras vão mais longe: fazem de si uma colcha de retalhos, reúnem conhecimentos espirituais e comportamentos materialistas; usando uma expressão atual e corrente, poder-se-ia denominá-las "propaganda enganosa".

Neste trabalho, o que propomos é uma viagem ao reino da escravidão buscando encontrar caminhos de liberdade. Como é vasto o reino da escravidão e inteiramente dominado por ilusões, tivemos de limitar o retrato dessa viagem a alguns personagens e quadros sociais.

Andando pelas ruas, olhando os seres humanos – encarnados e desencarnados –, torna-se fácil encontrar o passado em cada esquina, seja na angústia ou na irresignabilidade refletidas no olhar de quem teve muito e agora tem pouco, seja nas rústicas calçadas de lajotas vermelhas e casas em ruínas. Em toda parte, um pouco do passado, misturado ao presente, como poeira sobre velhos móveis que um sopro dispersa e separa. Nessa mescla, a oportunidade valiosa de extrairmos lições de viver e conviver em sociedade, de encontrarmos a nossa libertação e ao fim podermos dizer, parafraseando o Mestre Galileu: "Eu venci o mundo de ilusões que havia diante dos meus olhos".

Capítulo I

A Tempestade

"Todo sentimento que eleva o homem acima da natureza animal anuncia a predominância do Espírito sobre a matéria e o aproxima da perfeição".[1]

Rugiam em fúria as forças da natureza. O céu negro, sem estrelas, cortado pelo clarão dos raios e trovões. Ondas g igantescas em um mar revolto. Tudo era escuro. O vento furiosamente jogava o navio de um lado a outro como se fora uma folha. E a embarcação ora pendia para a direita, ora para a esquerda ao sabor da revolta da natureza.

Aquela estava sendo a mais longa noite de toda a infernal viagem. A tempestade era um perfeito reflexo das muitas revoltas que vigiam no porão daquele navio.

Tal qual animais encarcerados, o porão vinha repleto de homens e mulheres na mais degradante condição de vida que se possa imaginar. Destituídos de todo conforto e até mesmo do respeito pessoal, eram obrigados a se alimentar com a parca e má comida que lhes era ofertada, uma vez ao dia, suficiente apenas para não morrerem de

---

[1] *Allan Kardec,* O Livro dos Espíritos, *questão 908. Trad. Salvador Gentile. Araras: IDE.*

fome, acompanhada de água estagnada, guardada em barris e eventualmente renovada quando colhida da chuva. Naquele porão imundo que lhes servia de prisão, dormiam, faziam suas necessidades, acordavam e prosseguiam seu martírio rumo ao desconhecido que se anunciava sob maus presságios.

Durante a tempestade, alguns passavam mal, outros clamavam a seus deuses proteção em desespero, outros ainda acreditavam encontrar na morte o fim de um suplício que se alongava havia dias. A travessia do continente africano até a colônia portuguesa na América do Sul era lenta, longa, marcante. A seu destino final chegavam apenas os mais fortes, por isso, ao deixarem as praias africanas, eles saíam com uma superlotação do que consideravam mercadoria, pois sabiam que muita coisa seria desperdiçada durante a viagem.

Freqüentemente, negros, homens e mulheres adoeciam vitimados pela febre e permaneciam com os demais; nenhum tratamento lhes era dispensado; morriam feito animais e recebiam como sepultura o mar; vários eram sepultados ainda com um resto de vida. Outros morriam durante a noite e permaneciam os cadáveres insepultos até a visita seguinte dos carcereiros com a ração diária.

Vida e morte tinham um cenário dantesco a bordo. Mulheres negras davam à luz e eram brutalmente separadas de seus rebentos que, sem piedade, eram lançados ao mar, já que um bebê não tinha qualquer valor comercial; a mulher, entretanto, poderia ser vendida como especialidade para servir de ama-de-leite.

Como forma de higiene, esporadicamente jogavam água salgada, do mar, sobre os infelizes e compulsórios passageiros daquelas infernais viagens de comércio humano.

Homens endurecidos, vencidos pela cobiça do ouro das novas colônias, entregavam-se a serviços de comércio humano. Em suas mentes apenas o domínio do pensamento de fazer fortuna – e que meio mais fácil do que aquele?

Singravam os mares em navios negreiros, transportando uma

cultura hedionda que traduzia todas as paixões de uma época. A ambição, a luxúria, o desrespeito, a lei do mais forte por ele e para ele feita. A brutalidade humana por vezes apresenta um caráter de flagelo, que impinge a seus próprios semelhantes. As iniqüidades exacerbam-se tanto que, por algum tempo, elas dominam até saturar de sofrimento e fazer com que o bem desponte no coração humano e, com sua força, desperte os ideais adormecidos, trazendo à humanidade nova consciência, períodos de evolução, renascimentos.

Enquanto o navio era jogado entre as vagas da tempestade, agarrado às madeiras da embarcação, vinha um negro que, distinguindo-se dos demais, se mantinha isolado e calado, nenhuma palavra pronunciara em voz alta desde que fora capturado.

Seu olhar vagava perdido entre os rostos de seus companheiros. Sua face era uma máscara indecifrável. Porém, a violência da tempestade que rugia no mar equiparava-se à revolta que abrigava em seu íntimo. Seus pensamentos voltavam às matas e tribos da mãe África. Vinha de Angola.

Era guerreiro em sua tribo, lutara bravamente, recebera reconhecimento, muitos prisioneiros fizera nas lutas com outras tribos. Os vencidos, conforme era o costume de guerra entre as tribos, deveriam servir aos vencedores, que deles dispunham para a vida e a morte, com soberania exclusiva. O estado de guerra era uma constante entre as tribos. Os próprios prisioneiros eram motivos para as tribos vencidas se reorganizarem e buscarem libertar os membros que haviam sido capturados.

Não levou muito tempo, após o período das grandes navegações, para que os brancos europeus descobrissem aquele grande contingente de mão-de-obra e especialmente seus costumes de guerra. Daí a aproximarem-se dos principais líderes e promoverem a troca dos prisioneiros de guerra – inicialmente por especiarias e quinquilharias, e depois por armas – foi apenas um passo. Portugal erguia-se como uma das mais influentes nações européias, transformava-se rapidamente, expandia suas colônias e seus domínios além-mar, e a sede de ouro e poder contagiava toda uma sociedade, corrompendo e aviltando caracteres.

O negro de Angola a bordo do navio negreiro recordava essa trajetória. Lembrava o líder de sua tribo vendendo os reféns aos homens brancos; isso se tornara um fato tão habitual que, por fim, independente de conflitos, muitas tribos cassavam membros de outras para tomar como reféns e depois vender aos navios. Isso era muito mais freqüente entre aquelas tribos que habitavam as vastas praias africanas. O destino que tinham os reféns era-lhes ignorado e pouco os interessava. Mas reconhecia que as tribos não dispensavam tratamento tão desumano a seus prêmios de guerra. E especialmente não aceitava o tratamento brutal que os carcereiros brancos lhes dispensavam – afinal, nunca os haviam visto e nada tinham com eles. Era o choque de culturas. Na cultura africana, o covarde era capturado pela tribo inimiga; eram disputas antigas, que em geral tinham suas causas e que, portanto, a seus olhos justificavam-se. Porém, como explicar e compreender a atitude dos desconhecidos que os conduziam a um destino ignorado e para sempre distante de tudo quanto haviam conhecido?

Dormia somente quando o cansaço o vencia e mesmo assim era assediado por sonhos com os familiares e amigos que deixara em sua terra e que agora desconheciam os rumos que sua vida tomara. Então acordava e, assustado, deparava com as cenas hediondas que o porão negreiro lhe oferecia. Lutava contra a saudade e o desespero. Ali não era ninguém; junto dos seus era um guerreiro valoroso. Não havia como dialogar, pois os navios misturavam os negros de diversas tribos, dificultando a comunicação – era seu sistema de segurança. Os europeus exploravam a própria cultura africana para lhes servir de defesa. Sabiam das rivalidades tribais e que dificilmente eles se uniriam. Assim, os marinheiros e capitães de navios negreiros se sentiam seguros de não enfrentar motins durante as viagens. Isso, aliado a uma alimentação e condições de vida que não propiciariam revoltas, pois minavam as forças dos negros.

Por vezes acordava no meio da noite com os gritos de negros agonizantes a morrerem revoltados nos porões. Todo aquele cenário lhe mostrava um mundo novo e triste. Era o fim de seus dias com a liberdade de correr pelas praias e matas, o fim das noites quentes e cheias de danças e festas de seu passado, o fim das longas noites de amor que vivera na tribo – para sempre deixara a companheira que somente lhe povoava as lembranças e os sonhos.

Em suas crenças, abandonava os deuses da fertilidade, das colheitas e o culto de seus antepassados e agarrava-se aos deuses da guerra e da justiça pedindo-lhes força.

Lentamente, sentiu a natureza voltar ao equilíbrio e o navio parou de jogar. Havia vários negros feridos que sangravam ou urravam de dor, possivelmente com fraturas. Mas nada seria feito; provavelmente aumentaria o número dos doentes e mortos. Estranha e madrasta sorte o acompanhava, pois não se machucara, nem adoecera; parecia haurir forças superiores para prosseguir tal qual no dia em que fora capturado.

A viagem prosseguia, parecendo interminável. O negro de Angola caíra em sono profundo. Em seu canto, de onde viajava desde a África, sem que o som de sua voz fosse conhecido, debatia-se, agitado e aflito. Estava preso a um pesadelo que o perseguia desde antes da captura. Via-se frente a frente com um grupo negro de uma tribo inimiga que capturara praticamente sozinho; sabia que seu líder os havia trocado com os homens brancos, e eles lhe apareciam e o provocavam para lutar; porém, quando ele aceitava o desafio, eles lhe viravam as costas marcadas por fundas feridas sangrentas e, ante o espanto que o paralisava, riam e diziam-lhe:

– Luta, Angola! Guerreia! Nós vamos te buscar. Tu vais sofrer!

Acordava, sobressaltado – naquela noite mais do que nas outras, porque enfim começava a compreender o significado de seus sonhos.

Capítulo II

Chegada ao Destino

"O homem poderia sempre vencer suas más tendências pelos seus esforços?

Sim, e algumas vezes, por fracos esforços. É a vontade que lhe falta. Ah! Quão poucos dentre vós fazem esforços!"[1]

Era grande a movimentação na parte superior do navio. Gritos alegres ecoavam. E os marinheiros corriam de um lado a outro. No porão, o negro de Angola permanecia calado. Gostaria de saber o que diziam os homens brancos. Ao longo daquela viagem apenas aprendera a identificar-lhes os tons de voz e umas poucas palavras. Pela movimentação e pelos sons sabia que não atravessavam situação de perigo: eles, os brancos pareciam felizes. A situação dos negros alojados no porão do negreiro mantinha-se inalterada – inúmeros haviam morrido naquela travessia oceânica, muitos jaziam doentes e o porão que partira abarrotado estava agora com população bastante reduzida. Poucas mulheres haviam sobrevivido. Eles eram escolhidos, disso ele sabia. Preferencialmente os homens fortes e jovens, depois as mulhe-

[1]*Allan Kardec,* O Livro dos Espíritos, *questão 909. Trad. Salvador Gentile. Araras: IDE.*

res – as mais bonitas e jovens. Nem todos os prisioneiros eram trocados com os mercadores brancos.

Em pensamento, o negro de Angola questionava: "Qual será meu destino? Onde estarei? Como voltar? Será que os que aprisionei tiveram este destino? Também passaram por estes navios? Que terá sido feito deles?".

Tantos dias a bordo, cercado de tantos horrores, influenciado pelos "pesadelos", não pudera deixar de reavaliar suas atitudes. Contribuíra talvez para dar aquele mesmo destino a muitos prisioneiros de sua tribo; agora, quando olhava seus companheiros padecendo, já não prestava atenção a que tribos pertenciam. De certa forma constituíam um novo povo, ainda que inconscientes dessa realidade. Não se comunicavam verbalmente, mas seus olhos partilhavam a mesma dor, eles comiam a mesma ração e sofriam na pele a mesma agonia. Distantes da África, ignorantes de suas próprias vidas – cujo domínio lhes escapara por entre os dedos –, eram agora conduzidos pelos homens que corriam no convés e cujos passos e gritos retumbavam sobre suas cabeças.

– Estamos chegando a Baía de Todos os Santos! Preparar o navio para atracar! Andem rápido! O dinheiro nos espera! Passaremos dias em terra com muitas mulheres, ouro e bebida. Comeremos do bom e do melhor. Vamos entregar estes negros de uma vez e receber, que é o que importa... – Gritava, por todos os lados, o capitão Vaz a seus subordinados.

– É pra já, capitão! O senhor vai à terra pra vendê os negros? Quer que mande descê o bote?

– Sim, marujo, prepare tudo, que vou à terra! Esta viagem foi encomenda de um rico senhor de engenho; ele precisava de mais mão-de-obra escrava, comprou-me todos, mesmo sem vê-los. Nossa fama é grande por estas terras; sabem que selecionamos muito bem estes negros. Vou lá apenas acertar a entrega da mercadoria e receber o ouro. Prepare tudo.

Dadas as ordens, o capitão olhava a praia ao longe, os contornos suaves da baía, as águas calmas e o forte português. Há muito se dedicava àquele comércio, que herdara de seu pai, e com ele vinha amontoando considerável fortuna.

Passado algum tempo, atracou a pequena distância da praia e, conforme determinado, desceu a bordo do bote rumo à terra.

Próximo à alfândega, era grande o movimento de pessoas. O capitão informou oficialmente a chegada de sua embarcação e aguardou a liberação para depositar a mercadoria em quarentena. Era prática usual, em virtude das febres, sempre freqüentes nos navios negreiros, que os negros recém-chegados ficassem um período na alfândega – aproximadamente 40 dias. Ali morreriam os que estivessem contaminados pela doença, evitando assim o contágio com os escravos das plantações e dos engenhos. Recebida a permissão, antes de voltar a bordo o capitão mandou avisar ao coronel Firmino, seu comprador, da chegada de sua leva de negros.

De volta ao navio, o capitão supervisionava o desembarque da carga. Os negros vinham em fila do porão, amarrados uns aos outros pelos pés e manietados.

– Negros fortes. Nesta viagem perdemos menos mercadoria. Nosso lucro será maior e com o mesmo esforço. Bom, muito bom... – Dizia o capitão a seu imediato. Vez ou outra parava diante de um dos negros, forçava-o a abrir a boca examinando-lhe os dentes, apertava-lhe os músculos dos braços e despudoradamente avaliava as poucas mulheres que haviam resistido à triste viagem e encontravam-se seminuas – todas muito belas. "Veja que seios!", dizia. Algumas se encolhiam ante o olhar desnaturado; uma, porém, confrontou-o sem temor, encarando-o, cheia de revolta e indignação, porém soberba. Quando ele deitou os olhos sobre ela e atreveu-se a passar as mãos em seu corpo, ela não protestou, pois não tinha condições físicas de opor-lhe resistência, porém, tão logo ele levantou o rosto, cuspiu-lhe e seus olhos brilharam com o mais puro ódio. Em sua língua nativa, evocou seus deuses e lançou sobre ele inúmeras maldições. A língua que a bela e altiva cativa falava era entendida pelo negro de Angola que assistia à cena que se desenrolava logo à sua frente e intimamente aplaudia sua bravura.

– Negra maldita! Aprende a domar esse gênio ou sofrerás bem mais que o necessário. Não te chicoteio agora porque não posso me dar ao luxo de estragar uma boa venda. – O capitão estava enfurecido, enquanto, com as mãos, limpava o rosto. Mal terminada a tarefa, ainda com as mãos úmidas, esbofeteou violentamente a mulher que o desafiara e ela, ainda mais rebelde, pôs-se a rir, em franca atitude de deboche aos atos do capitão. Ela não compreendia uma única palavra do que lhe dizia o capitão, mas entendia seus gestos, atitudes e olhares e acima de tudo entendia que a luta pela sobrevivência não terminara com a viagem.

– Desçam logo estes negros! Quanto antes colocarmos todos em quarentena, mais rápido receberemos do coronel Firmino. Ele é homem de palavra, já deve estar esperando. – E apressava o andamento do trabalho dos marujos.

O negro de Angola olhava o céu azul e o mar calmo à sua frente, tomado de uma emoção forte. Seu destino era ignorado, porém, tão logo em terra firme, ninguém mais comandaria sua vida. Ele tinha o firme propósito de recobrar a liberdade de suas decisões e, tanto quanto as gaivotas que voavam sobre a praia, seria dono de si mesmo. Era bravo, guerreiro, livre por natureza.

Se, porém, julgava que já houvesse visto todos os horrores durante a viagem, ainda o aguardava conhecer a quarentena.

As pequenas embarcações que faziam a descarga do navio negreiro entravam diretamente no prédio de pedra que abrigava a alfândega. Bastante imponente, ele erguia-se sobre as águas da praia que invadiam o porão onde eram depositados os negros recém-chegados da África. O local insalubre, escuro, fétido e abafado, onde a água salgada alcançava no mínimo a altura dos joelhos, constituía-se em mais um suplício. Não havia onde se abrigar. Ali a tortura era insana. Somente os fortes, física e moralmente, sobreviviam.

Enquanto o negro de Angola iniciava a quarentena nos porões da alfândega, o capitão Vaz terminava suas negociações com o coronel Firmino.

– Coronel, foi um prazer lhe servir. Se na nova colheita precisar de mais mão-de-obra, procure-me. Estou a seu dispor.

O coronel, homem próximo dos 50 anos, um pouco grisalho e um tanto obeso, com grandes bigodes ao gosto da época, tirou uma baforada do charuto que fumava e, olhando o capitão, disse:

– Muito bem, capitão, já nos conhecemos de longa data. Dispense os discursos. Quero ver os negros que comprei antes de lhe pagar. Como se comportaram na viagem? Há rebeldes? Tenho perdido muito dinheiro com os revoltados. Fogem, criam desordens, atrapalham o serviço.

– Compreendo, coronel Firmino, mas lhe asseguro que não terá problemas. Os que trouxemos são todos sadios; eu mesmo examinei. Não tivemos nenhum problema durante a viagem. Apenas uma negra me afrontou, agora há pouco no desembarque.

– O capitão sempre teve gosto! Pelo jeito é bonita a preta. Não pode esperar descer à terra para tocar em mulher? – Indaga o coronel, com meio sorriso zombeteiro e o olhar malicioso.

– Bonita como poucas, o coronel verá... – E, sacudindo os ombros, deu aquele assunto por encerrado. – Vamos até o porão da quarentena pro senhor vê-los.

Juntos desceram a escada que levava aos porões. Parado no último degrau não atingido pela água o coronel assistia impassível ao desfile dos negros recém-adquiridos que os marujos do capitão Vaz conduziam. Ao final de uma fila, um casal chamou-lhe a atenção. Ela, pela beleza: alta, esguia, seios fartos e firmes, cintura delgada, quadris avantajados típicos da raça e belas pernas, tinha um corpo perfeito e o rosto de traços marcantes com lindos olhos, escuros como a noite, a boca vermelha e carnuda, os cabelos presos em tranças finas e longas. Apontando, o coronel afirmou:

– É daquela negra que me falou? O capitão tem gosto! – E riu, maliciosamente.

A seu lado o capitão apenas aquiesceu.

– E o negro ao lado dela quem é? Parece estranho.

Pela primeira vez o capitão prestava atenção ao negro e o avaliava junto com o coronel. Era forte, musculoso, jovem, bastante jovem, alto, mas seu rosto era uma máscara de expressão férrea, que exalava determinação e força. Um espécime digno de nota, teria bom preço no mercado.

– Não deu problema coronel ; aliás, nenhum deu incomodação. São calmos. O senhor não vai ter problema. Pode confiar.

– Foram bem escolhidos. São jovens e fortes. Vamos subir! Vou lhe pagar o combinado.

Dando as costas aos negros em quarentena, retornaram a suas negociações, que breve foram concluídas. Eles se despediram amistosamente.

O capitão e seus marinheiros partilharam o dinheiro e foram gastá-lo em farras nos bares e bordéis do porto. O coronel tomou o caminho da fazenda – voltaria ali somente após 40 dias para buscar os novos escravos. Não gostava de leilões; como comprava muitos, preferia contratar logo um capitão negreiro de confiança e arrematar a carga. E aquela leva de negros parecia-lhe ser muito melhor que a encomenda...

Capítulo III

Os Engenhos de Açúcar

"O castigo é o aguilhão que excita a alma, pela amargura, a se curvar sobre si mesma e a retornar para o caminho da salvação. O objetivo do castigo não é outro senão a reabilitação, a libertação".[1]

Sobrevivera ao interminável período da quarentena. Quantas dores e suplícios seus olhos viram no decorrer daqueles dias. Pessoas doentes, sem ter sequer uma pedra onde recostar a cabeça, permanecendo obrigatoriamente de pé, queimando em febre e literalmente de molho em água salgada, quando caiam estavam mortos e o vai e vem das marés levavam seus corpos rumo ao fundo do oceano.

Desde a cena no desembarque do navio negreiro, quando a companheira de viagem havia afrontado o capitão ele observava-a, a pobre mulher falava sozinha, possivelmente achava que não a compreendiam, assim ficara conhecendo muito de sua vida e de seu pensamento.

– Se não falo, enlouqueço – dizia ela fingindo que qualquer um deles a entendia, embora já houvesse percebido que tal fato era im-

[1] *Allan Kardec,* O Livro dos Espíritos, *questão 1.009, assinada por Paulo, o apóstolo. Trad. Salvador Gentile. Araras: IDE.*

provável. – Vejam a que nos reduziram! Quem pensam que são esses brancos. Mas hei de me vingar! Eles pagarão por tudo quanto me fizeram. Que não ultrapassem ainda mais os limites ou conhecerão os meus poderes. Chamarei as forças da natureza, os espíritos da terra e das matas para executarem a minha vontade. Tenho poder para reduzi-los a nada. Faço trabalho e eles vão ver. Libertarão todos nós.

Em outros momentos, mais calma punha-se a monologar contando sua vida e origens. Assim o negro de Angola ficou sabendo que ela era a filha de um líder de tribo das matas, fora capturada em uma guerra que travavam contra uma outra tribo e acabara passando de mão em mão, enquanto aguardava que os seus a resgatassem, indo parar com o líder que os entregara ao capitão. Conhecia os segredos dos remédios e das magias, era caçadora e guerreira como poucas mulheres. Como ele, tinha posição junto de sua gente e estava tão indignada com o tratamento que lhes era dispensado quanto ele.

Seus ímpetos de liberdade eram expressos em longos e solitários discursos que procuravam insuflar nos companheiros o ânimo e a resistência para lutarem. Suas palavras, porém, perdiam-se em ecos no lúgubre porão da alfândega. Somente um ouvinte possuía e este ao fim dos longos quarenta dias quebrou seu silêncio.

O negro de Angola, nos primeiros dias alimentava a esperança de escapar daquele porão imundo, ainda lembrava de seu propósito quando vislumbrara novamente o azul do céu e o firmava em seu interior, entendia que apenas era necessário esperar um pouco mais. A vigilância era forte na única saída que tinham, a outra era por mar aberto e também havia embarcações pequenas com vigilantes guarnecendo a saída. Tudo quanto viam do exterior era o nascer do sol e a escuridão da noite anunciando o passar lento dos dias.

Estavam encostados à mesma parede, bem ao fundo do porão, onde a maré era mais baixa e lhes propiciava sentar-se ainda que submersos na água. Suas forças diminuíam gradativamente e o mesmo acontecia com sua infortunada companheira. Ambos estavam magros, esgotados. Os horrores consumiam suas forças, embora nenhuma doença física os afligisse. Mantiveram-se a salvo do contágio de todas as pestes que infestavam os lugares por onde passaram. Somente a língua ferina da mulher mantinha o mesmo vigor. Falava dias a fio, o que não fizera durante a viagem. Parecia sentir necessidade de ouvir a própria voz para se convencer da realidade. Acompanhava as luas para controlar a passagem do tempo e anunciava suas trocas, dizia conseguir fazer isso pela luminosidade das noites.

– Mulher – disse o negro de Angola, dirigindo-se a ela – entendo o que você fala, como pode ver. Entendo também o que sente e compartilho de seu desejo de liberdade. Mas acredito que em todos quantos restam dos que vieram conosco somos apenas nós que falamos a mesma língua.

– E porque só falou comigo agora? Se entendeu tudo quanto disse deve saber do meu desespero por falar com alguém.

– Entendi tudo, mas diferente de você busco forças no silêncio. Pensava enquanto via tudo isto acontecer, quero compreender por que estou aqui. Também fui destacado em minha tribo, era bravo guerreiro, fiz muitos prisioneiros e acredito que alguns tenham enfrentado esse mesmo destino. Tenho, no pouco que durmo, pesadelos com eles, mostram-me feridas e dizem que vou sofrer. Você entende de magias e espíritos, pode me dizer alguma coisa.

– Na sua tribo não faziam as oferendas para os espíritos da natureza? Não lhe ensinaram a falar com eles?

– Faziam, mas pouco me interessava em aprender com os mais velhos e entendidos. Era guerreiro e só me interessava pelos deuses que nos protegiam nas lutas, participava das danças e oferendas, batia tambor, mas não passei disso.

– Sabe os cantos? – Indagou ela olhando-o com expressão compreensiva.

– Sei. Por quê?

– Porque vou precisar que me ajude a evocá-los. O local aqui não é bom, melhor seria nas matas, mas creio que mesmo assim algum venha nos dar uma luz.

– Diga o que preciso fazer.

Ela calmamente explicou-lhe como proceder e para surpresa dos demais logo, no meio da noite escura, entoavam cânticos evocando seus deuses. Em dado momento, ela silenciou e começou a emitir sonoras baforadas falando com ele em tom de voz diferente, mais masculino.

– Filho que quer saber? Pode perguntar, estou aqui para responder. Para isso me chamaram.

– Quero saber de meus sonhos. Por que eles se repetem tanto?

– O filho bem sabe o que fez. Seus prisioneiros agora estão cativos também. Vocês são companheiros. Eles têm raiva, vem perturbar o sono do negro. Acham que é o culpado porque vieram para cá.

– Como fazer para me libertar?

– Paciência filho. Liberdade é muito mais do que vocês compreendem. É preciso se entender com eles, vocês ainda vão se encontrar de novo. É preciso se entender, para ter liberdade. Tem mais coisa que queira saber, tenho que ir embora.

– Quem é você e como podemos falar de novo? Sabe como estão os que deixei?

– Ih! Quanta coisa, calma filho. Não se aflija além do que não pode evitar, os seus estão bem, a vida cuida deles. Para falar comigo é simples. A negra é boa, só está revoltada. Chama por pai João e eu vou atender. Paciência filho, lembra disso.

Pouco depois a mulher estremecia fortemente e soltava um profundo suspiro. Parecia tonta.

– Então falaram com você?

– Sim, disse se chamar pai João. Nome estranho.

– É verdade. Explicou-lhe os seus sonhos? Falou alguma coisa da nossa liberdade?

O fenômeno mediúnico era comum entre os nativos africanos, e em sua maioria composto de médiuns inconscientes. Pai João era um espírito amigo que muito sofrera no cativeiro na colônia brasileira. Desencarnado compreendera os horrores e martírios pelos quais passara, o resgate e o aprendizado que eles constituíram para sua reabilitação espiritual, haviam sido as portas estreitas rumo a verdadeira liberdade. O fim de muitas algemas e grilhões de um passado comprometedor que se findaram no duro aprendizado da escravidão. Desde então onde podia, entre os negros, levava-lhes a mensagem da humildade e da paciência buscando fazê-los compreender uma liberdade além da matéria. Era uma entidade pacificada e detentora de grande sabedoria, apresentava-se como um negro velho, com vestes surradas, identificava-se pelo nome que lhe havia sido dado no Brasil e ao qual ao final de sua vida seus companheiros inseriram o carinhoso apelido de "pai" por contarem sempre com sua paciência e seus conselhos.

O negro de Angola contou-lhe a conversa com o espírito e desde então passaram a desenvolver uma amizade que se sedimentaria com o tempo.

Clareava o dia quando o coronel Firmino veio buscar sua mercadoria. Um a um os negros eram puxados, arrastados para fora do porão. Alguns em estado de fraqueza tal, que mal conseguiam se manter sobre as pernas cambaleantes. Todos os que não tivessem sinal de febre foram levados pelo dono.

Foram transportados em grandes carroças. Novamente ao avistar o céu azul o negro de Angola reafirma seu propósito de liberdade. Muito pensara nas palavras de "pai João" de que a liberdade é mais do que ele compreendia, mas as conclusões a que chegara eram todas de ordem material, seu pensamento, apesar de em processo de amadurecimento, ainda não divisava noções transcendentes. Julgava que aprendera a valorizar coisas simples da vida as quais antes nenhum valor dava, simplesmente olhar o céu, sentir o vento fresco e respirar ar puro nos últimos meses tornaram-se coisas muito valorizadas. Em contrapartida vira quão frágil é a vida física, presenciara a morte de muitos companheiros, vira homens fortes sucumbirem e isto fizera crescer nele um certo desprezo pela vida que lhe dava uma coragem temerária.

Naquela manhã, amontoado junto com os demais sobre uma carroça mal tinha forças de erguer-se, procurou com os olhos inutilmente pela amiga com quem conversava, mas ela estava em outra carroça junto às demais mulheres que haviam sobrevivido àqueles horrores. Aproveitando o local seco, deitou-se como pode no fundo de madeira e dormiu. Acordou quando subitamente parou o balançar da carroça e ouviu gritos, na língua que identificava ser dos brancos.

– Chame a Sinhá – ordenava o coronel Firmino a uma escrava que efetuava a limpeza nas varandas da casa grande da fazenda – diga-lhe que já venha com o vigário, se quer batizar os novos escravos como é seu costume.

Dona Rosa a esposa do coronel fazia questão de que todos os escravos da fazenda fossem batizados, dava-lhes nome bíblico e insistia que fossem às missas e abandonassem suas crenças que julgava demoníacas. Em realidade temia as crenças africanas. Ao longo dos anos junto do coronel Firmino lidando com um grande número de escravos seus olhos já haviam presenciado muitas coisas que não sabia explicar. Agora preferia desde o início que eles abraçassem uma nova crença. Para tanto contava com o apoio do vigário que uma vez por semana rezava missa na fazenda.

– Sim Sinhô, vô já chamá a Sinhá Rosa. – Dizendo isso, a jovem escrava, que não contava muito mais de 14 anos, apressou-se em atender à ordem.

Coronel Firmino e sua esposa eram considerados bons senhores pelos escravos, desde que nada os irritasse, não castigavam pelo simples prazer de ver os negros sofrerem e davam-lhes boa comida. E seus escravos sabiam que havia lugares bem piores que a Fazenda da Cruz para se viver. Mas a cada nova chegada de escravos, eles também sabiam, não conseguiam isentar-se de ver cenas de castigos e maus tratos, era fato rotineiro tentativas de fuga e rebelião.

A casa, de grossas paredes brancas, com altas janelas e portas, em estilo colonial tradicional, com suas varandas arejadas era muito confortável, porém não luxuosa. Tinha um piso de madeira muito encerado e móveis escuros, cortinas de crochê e toalhas bordadas adornavam as mesas, em um canto da sala dona Rosa bordava tendo a seu lado uma mucama que vez ou outra a abanava para afastar o calor e servia-lhe refresco. Vendo a escrava adentrar apressada a sala dona Rosa antecipa-se e indaga:

– Coronel Firmino chegou com os novos escravos?

– Sim Sinhá, ele mandô lhe chamá e disse pra levá o pade se sinhá quisé batizá os nego.

Puxando as orelhas da escrava dona Rosa lhe repreende:

– Diz direito, padre, padre. Você tem que ter respeito.

– Tá bem sinhá, é difícil dizê esse nome pade, não... – e a negrinha continua insistindo, mas não conseguia pronunciar corretamente a palavra.

– Por mais que nos esforcemos vocês nunca conseguem falar o português corretamente. É padre que se diz, continue tentando. – E afastou-se seguindo em direção à frente da casa onde sabia que seu marido a esperava.

– Retornei dona Rosa com mais mão de obra para nossas lavouras. Estão um tanto fracos da quarentena, mas depois de dormirem um pouco e comerem estarão prontos para o trabalho.

– Se meu coronel diz que são bons escravos, eu confio em seu julgamento. O padre logo estará conosco, conforme eles forem descendo da carroça vamos batizá-los, como sempre. – E mudando completamente de assunto perguntou – Como estava a cidade? Fez boa viagem?

O coronel sorriu aproximando-se da mulher e enlaçou-lhe a cintura. Dona Rosa era uma mulher bem mais jovem do que ele, ainda não tinha quarenta anos, era bela e inteligente, conseguira fazer-se querida e respeitada pelo marido, não era um simples adorno na casa grande, era a senhora do engenho.

– Sempre cheia de perguntas não é Sinhá Rosa. A cidade estava agitada, na próxima viagem a levo junto, sei que gosta. Mas também sei que a alfândega não é lugar pra mulher de família.

– O senhor já me levou a passear por lá, bem sei a que se refere.

Continuaram conversando, enquanto nas carroças os negros olhavam assustados o local para onde foram trazidos, viram as imensas plantações e muitos negros trabalhando sob um sol escaldante.

– Tião – gritou o coronel vendo a aproximação do vigário – tem serviço pra você. Vamos batizar esses escravos. Veja se consegue falar com eles para lhes dizer seus novos nomes.

Sebastião era um velho escravo do coronel, tinha facilidade em aprender vários idiomas das diversas tribos africanas que comumente eram aprisionados, aprendera no cativeiro a conquistar amigos e fazer-lhes ensinar o que sabiam. Chegava ao fim da existência dominando vários idiomas africanos o que lhe dera nova utilidade para o coronel, que sabedor dessa habilidade o tornara uma espécie de professor dos demais negros, era encarregado de ensinar o português aos novos bem como esclarecê-los sobre as leis que regiam a Fazenda da Cruz.

– Sim coroné. Vi o pade e já vim me achegando, sabia que ia precisá de Tião.

– Muito bem Tião. Tão logo eles sejam batizados irão para a senzala. Vou mandar comida e os deixarei descansar por hoje. À noite você pode começar a lhes ensinar.

– Sim Sinhô. – concordou Tião.

– Ah! Como faz calor nesta terra coronel Firmino. – Queixou-se o padre reunindo-se ao grupo, depois enxugando a mão na batina a estendeu ao coronel para benção – Benção, meu filho. Foi boa a viagem, vejo que trouxe muitos escravos. Farão a colheita ser mais rápida e produtiva.

– É padre foi boa. – O coronel era reticente com os membros da igreja, não tinha muita paciência, cumpria com suas obrigações de católico, mas pouco tempo dedicava-se a pensar em religiosidade, eram atos exteriores meramente, por isso cansava-o uma série de rituais que às vezes atrasavam o andamento das atividades. – Vamos terminar logo com isso padre, meus negros precisam ir pra senzala. Agora têm que ficarem fortes pra lavoura.

– Tem razão coronel. Vamos o quanto antes conduzir esses pagãos ao caminho do Senhor, pelo batismo.

Assim falando o padre postou-se ao lado da carroça, munido de água benta e a cada negro que descia aspergia-lhe, inquerindo com o olhar dona Rosa sobre qual nome deveria batizar, sucediam-se as Marias, das Dores, de Fátima, Aparecida, do Rosário, entre os homens muitos Paulo, Bernardo, Estevão, alguns Josés etc...

Ao batizar o negro de Angola dona Rosa surpreendeu-se sem um nome que lhe assentasse, encarara-o e em seus olhos não viu nem sombra de medo. Seu corpo estava debilitado, mas o espírito era estóico, firme. Ao olhá-lo frente a frente, de repente surgiu-lhe o nome.

– Chame-o João, padre.

– Bela escolha , como sempre, mas é um nome que muitos portugueses possuem e podem não apreciar. A senhora nunca deu este nome a nenhum escravo.

– Quero dá-lo a este. Este é seu nome padre. Batize-o João de Deus, se achar melhor.

O padre olhou para o coronel embora soubesse que ele não interferia nas decisões de sua mulher, assim como ela não interferia em seus assuntos, era assim que construíam uma vida harmoniosa na casa grande.

– Como ela quiser padre. – Respondeu o coronel ao mudo questionamento do vigário.

E assim o negro de Angola passou a ser conhecido como o escravo João de Deus e sua companheira recebeu o nome de Raquel.

Iniciaram a vida na Fazenda da Cruz sob a orientação de Tião.

Nos primeiros dias João de Deus dedicou-se a conhecer o local e seu funcionamento. Logo se deu conta de um severo sistema de segurança, notou também que entre muitos escravos havia uma revolta profunda sob aparente docilidade. Eram brasas que um sopro incendiaria. Todos os elementos de uma rebelião estavam em estado latente. Faltava-lhes apenas um líder. Lembrando as palavras que ouvira de "pai João", julgou prudente aceitar-lhe o conselho que equivocadamente interpretava conforme suas disposições interiores, haveria de exercitar a paciência. Precisava de algum tempo, tinha que dominar o idioma dos brancos que lhe possibilitaria falar com todos os negros e entender o que os senhores e seus guardiões diziam.

Trabalhava em regime forçado o dia inteiro nas lavouras de cana. E, à noite se reunia com Tião e os demais recém chegados para aprender português de forma rudimentar, também nestes serões o velho escravo aproveitava para lhes falar de vida na escravidão, julgava que alertando os novatos evitaria para eles sofrimento que reconhecia desnecessários. Eram longas noites que descortinavam a João de Deus e Raquel a vida que os aguardava.

– Ocêis tem que te pacença. Num dianta briga com sinhô, ele tem muitos capitão do mato, são outros nego guerreiro que nem ocê João, que são pago pá caça os fujão. Quando trazem de vorta, nem quera sabe como sofri os infiliz. Apanha até morrê. Miór tê pacença, aceitá. É ruim, mais fugi pra onde? Quando Tião chegô tamém queria fugi. Tinha raiva do sinhô, não ouviu a nega véia que ensinô ele fala língua de branco. Ela sempre dizia que pra vivê tinha que fazê de conta que tava bão e que no fim num era tão ruim, tinha de escapá do tronco, gachá o lombo e trabaiá. Dispois acostumava. Custei a entendê que ela tinha razão. O único jeito era esse.

– Tião ocê tá véio. É certo que não guerreie mais. Mais não concordo com ocê. Se pensa assim vamo morre escravo. Não nasci pra isso home! – declarou João, que poucos dias depois de batizado já era chamado só pelo primeiro nome.

– Todos nóis dissemo isso quando chegamo, João. Mais vai pra mais de centenas de anos que aqui nego é escravo. Todos que são trazido pra cá, vivem e morrem escravo. Fio é só uma questão de escoiê como qué morre. Se novo no tronco apanhando ou se dexa a vida se cumpri e morre de véio. É assim, ocê escoie se qué sofre ou se vai guentá e sofre o menos que pudé.

– Isso num tá certo! Os preto são maioria na fazenda. Se treiná eles o sinhô não tem gente pra lutá com nóis. Tem que tê corage, lutá pra sê livre de novo.

– Vejo que João tem plano. Gosto de ocê Angola, mais vô lhe dizê tem cuidado. O sinhô não é sozinho não. Em todas fazenda aqui da vorta é iguá e se fize isso que pensa eles se junta e ganham de ocê. Sabe que vai acontece tu é que vai pro tronco sangrá. E hoje chega de cunversa. Pensa Angola, num faz bestera.

Porém João estava cego. Nenhuma advertência o removia de seus propósitos e ele com paciência começou a tramar nas longas noites da senzala. Insuflou a revolta entre seus companheiros, ensinou-lhes as artes guerreiras que dominava e acompanhado de Raquel, altas horas dançavam para seus deuses enquanto a casa grande dormia. Tudo se encaminhava conforme ele pretendia...

Capítulo IV

A Debandada

"Deus criou todos os homens iguais para a dor; pequenos ou grandes, ignorantes ou esclarecidos, sofrem pelas mesmas causas, a fim de que cada um julgue judiciosamente o mal que pode fazer".[1]

Há quase um ano sob regime de escravidão na Fazenda da Cruz, João julgou estar no tempo certo de deflagrar a revolta. Estava informado da existência de um quilombo, localizado não muito distante das terras do coronel Firmino, e era para lá que deveriam rumar todos os negros cativos. Treinara-os, ensinara-lhes a arte de guerra, as danças mortais aprendidas em sua terra natal. Com elementos retirados da natureza, como paus, pedras e cipós, improvisaram algumas armas. Havia um núcleo de escravos muito unido e próximo que o aceitava como um líder natural. Pesava-lhes igualmente o cativeiro, e a mesma revolta vivia no íntimo de cada um. Raquel, fiel companheira de João, fizera esta se solidificar ainda mais reacendendo a fé em suas crenças com a retomada dos rituais aos quais estavam habituados.

---

[1] *Allan Kardec,* O Livro dos Espíritos, *Item 7, Cap. XVII. Trad. Salvador Gentile. Araras: IDE.*

Sentiam-se fortes e protegidos. Ignorando as proibições da casa-grande quanto aos rituais da religião dos negros, Raquel introduzia-se, altas horas da noite, na parte da senzala destinada aos homens e com eles realizava os contatos com os seres espirituais que adoravam. Com o passar do tempo, outras escravas imitaram-lhe o comportamento, acompanhando-a, fazendo crescer a integração entre os negros da Fazenda da Cruz.

Noite alta, reunido na senzala, o grupo de negros revoltosos debatia a melhor estratégia. João, líder nato daquele grupo recém-formado, por fim estabelecia a ordem, evitando que houvesse dispersões e mal-entendidos.

– Carma, irmãos. Agora somu tudo uma famia só. Os branco fizero de nóis escravo. Tiraro nossa liberdade, nossa terra, nossa famia, a língua que se falava e até nossos nome eles mudaro. Viemo de tribo diferente, mais essa mardição uniu a gente. Vamo lutá pra sê livre de novo. Num cunseguiro tirá nossa fé na proteção dos nossos orixá, mais é tudo escondido. Agora a gente sabe que tem esse quilombo onde os negro são livre e sempre são aceito outros. Diz que lá branco num tem veiz. Eles sabe lutá pra se defendê. Fizero famia de novo. É pra lá que a gente deve i. Mais não podemo i tudo junto. Tem que se aos poco, de supresa, pro coroné e os home dele nem discunfiá.

– Como nóis vai fazê isso, João? – Indagou Paulo, um escravo que era companheiro desde o navio negreiro. – Sempre pensei qui nóis ia lutá com os branco. Matá esses miseravi. Ocê viu como eles trata a gente. Ocê foi esperto, inda num foi pro tronco, se feiz de bonzinho, mais eu tô todo lanhado. Tenho cicatriz pur tudo. Eu mato sozinho aquele Quintino, o feitô mardito.

– Carma, Paulo! – Aparteou o negro Tião. – Eu bem visei ocêis todos comu fazê pra num sê castigado pelo coroné. Tu não me ouviu, exprimentô, viu no que deu. Agora tem raiva, num dianta. O que João qué é sê livre, e fazê ocêis livre tamém. Num é vingança do coroné.

– Tião falô bem. Nóis devemô fugi, buscá sê livre. Num tamo

fazeno vingança contra os branco. Se a gente fô justo, na nossa terra nóis tamém era prisioneiro, só não era escravo. Num é verdade? – Indagou João e, ante a muda aquiescência de todos, prosseguiu: – Só vamo matá se fô priciso, só em úrtimo caso. Insinei ocêis lutá pra podê cada um se defendê enquanto foge. Pur isso até as muié aprendero.

– Tá bão, João. Como vai sê intão? – Indagou Maria, uma jovem escrava que se tornara muito próxima de Raquel e João, servia na casa-grande e era vítima de freqüente assédio do feitor Quintino. – Num vai mudá a data né? Num güento mais os abuso daquele home.

Penalizado com a situação de Maria, João aproximou-se dela levantou-lhe o rosto e disse:

– Tem fé, Maria. Nada há de ficá sem castigo nessa vida. Ele vai pagá o sofrimento que faz ocê passá.

– Quando vai sê, João? – Insistiu Maria, traduzindo no olhar todo o desespero que guardava em seu íntimo.

– Vamo fugi amanhã, Maria. – Respondeu João e, caminhando em meio à roda que formara na senzala, explicou seu plano. – Nossas arma tão tudo escondida na mata no fim do canaviar, perto do riacho. Um a um, bem degavarinho, nóis vai abandoná o serviço, entrá na mata, pegá nas arma e corrê riacho acima rumo às árvore mais arta da mata, lá na colina onde fica o quilombo. Sai sempre o que tá trabalhando nas ponta perto da mata. Ocêis preste atenção, corre no riacho pra não dexá pegada, até lá pula o mais longe que consegui. Se dexá muito rasto fica fácir achá pra onde se foi.

– É bem pensado, João, mais cumé que vão fugi os que trabaia na casa-grande? – Indagou Maria.

Novamente aproximando-se dela, João explicou:

– Num vô dexá ocêis. Insinei ocêis tamém num foi? Pois é. Bão, ocêis é mais cumplicado. Primero, vão dá um chá pra Sinhá, que a Raquel já separô as erva, ela vai ficá doente, cum febre e tudo, mais passa logo. O coroné vai ficá na vorta dela, vai exigi as mucama tudo lá. Elas num tão sabeno que vai acontecê nossa fuga, num tem perigo. Ocêis vão fazê a mesma coisa dos otro, um pur veiz vai pra fora arranjá descurpa e saí pra rua. As arma de ocêis tão perto do poço. O riacho passa logo ali, aí é só corrê com toda força que tivé. E vão saindo pur lugar diferente, arrodeano a casa-grande pra num fazê um rasto só.

Raquel entregou um feixe de ervas para Maria e orientou:

– Toma as erva, Maria. Põe tudo numa caneca com água quente, dexa fervê um pouco. Num tem muito gosto. Com essa água ocê passa o café da sinhá e leva pra ela na cama, comu sempre faiz.

– Tá bem. Sei que ocê é entendida, Raqué. Se ocê garante que ela vai doecê e nem senti o gosto, eu faço. – Com um brilho enigmático no olhar, acrescentou – Num posso servi esse "café" pro feitô tamém?

Um murmúrio de aprovação foi ouvido entre a assembléia de escravos reunidos.

Todos temiam o feitor Quintino, mulato forte e cruel. Os escravos mais antigos diziam que ele era filho bastardo do coronel Antero, pai do coronel Firmino, portanto seu irmão, com uma escrava que servia na casa-grande. Era bem-tratado pela família do coronel, que lhe dera a liberdade, casa e um pouco de terra, mas mesmo assim era cruel com os negros. Comentava-se que o antigo coronel não o adotara porque saíra mulato; se fosse mais branco, teria sido mandado à cidade para estudar e tudo mais, já que o coronel Antero só tinha um filho, mas como Quintino saíra mais preto que branco acabou sendo feitor na fazenda.

João parou no centro da roda, consultou Raquel com o olhar e ela expressou sua aprovação à idéia exposta por Maria, balançando afirmativamente a cabeça.

– Tá certo. Vamo dá o "café" pro feitô tamém. – A sombra de um riso se insinuou em sua fisionomia sempre fechada, parecendo que antecipava um gozo. – Apesar de num querê matá ninguém, nem fazê vingança contra o coroné, o feitô bem que merece um susto. É preto ruim. Raqué, ocê tem mais erva pra dá pra Maria?

– João, colhi só erva pro chá da sinhá. Mais tenho otras que vão botá ele doente tamém. Podemo dá uma que garanto vai fazê passá o diabo. – Respondeu Raquel, contagiando a todos com seu largo sorriso.

– Muito bão. Dá pra ela amanhã cedo. Agora vamo durmi. Tem que tá todo mundo forte e disposto pra "trabaiá". – Com essa ordem irônica, João dispersou o grupo e cada um encaminhou-se para seu colchão de palha coberto com tecido de algodão grosso, que chamavam de leito.

Entretanto, a excitação não o deixou conciliar o sono. Chegava a madrugada e João ainda rolava sobre seu colchão. Um frenesi agitava-lhe os nervos, a ânsia de liberdade criava pensamentos e planos desordenados para o futuro na comunidade do quilombo.

– Sossega, João! – Recomendou Tião, no colchão ao lado. – Com ocê se mexeno desse jeito num cunsigo durmi. Faiz qui nem os outro: descansa. Teu dia amanhã vai sê grande.

– Num cunsigo, Tião. Quero tanto sê livre. Podê fazê o que quero sem pricisá bedece ordi. Quem sabe tê famia. Sabe Tião, em Angola deixei minha muié. Gostava muito dela, era bonita, nóis se intendia bem. Mais aí veio as luta da tribo e fui pego, fazia já muitas lua que tava longe dela quando me mandaro pra cá. Foi tanta coisa horrive que vi, inté me isqueci um poco dela. No negrero sofri como um cão danado purque sabia que num ia mais vê ela.

– Que cunversa mais cumprida é essa João? Inté parece que vai morrê e qué se confessá que nem os branco.

– Num é isso, Tião, mais acho que fiquei tanto tempo cum isso queto, lá dentro... – João fez um gesto apontando o peito – que agora qué saí pra fora. Acho que tá maduro, passô a dô. Amanhã se começa de novo e cum o tempo vô isquecê a escravidão da fazenda.

Tião intimamente lamentou pelo amigo. Acreditava que João abrigava uma inocente ilusão de que as coisas seriam muito fáceis, mas ao mesmo tempo desejava sinceramente que eles tivessem sucesso na debandada.

– Intão fale, nego. Tião te escuta, fala agora, amanhã num sei se vai dá.

– Qué isso? Isso é modo de falá? Inté parece que ocê num vai cum os outro.

– Agora ocê certô, João. Num disse pros outro, mais num vô cum ocêis. Tô véio, cansado, vô morrê aqui memo. Meu coração é livre, ninguém nunca vai prendê ele. Intão tô sossegado. Mais podi cunfiá, num vô dizê nada pro coroné, juro pra ocê pelo que quisé.

João, surpreso, sentou-se. Não conseguia entender como alguém poderia desprezar a oportunidade de livrar-se da escravidão da fazenda.

– Num lhe entendo, Tião. Comu num vai junto? Ocê qué ficá com o coroné e o feitô? Num lhe intendo.

– Eu sei, João, que ocê num intende. Já vi. Desde o início que vejo que ocê se revorta cum a vida que tem, num aceita tá aqui, tem reiva disso, ainda que num quera fazê vingança comu já vi otros tentá. Mais inda ansim num se conforma, nem proveita o que podi tê de bão pra tirá de lição. Aí é difici intendê o nego véio. Mais já vivi muito, João, meus cabelo tão branqueano. Tirei muita lição da vida. Se tô viveno ansim é purquê é o mio... Criei pacença, humirdade... Quando era novo que nem ocê, achava que era o mió da tribo, era fio de chefe, um dia ia sê chefe tamém. Mais a vida fez d´eu escravo e Tião teve que aceitá vivê sozinho, longe de tudo... Craro que Tião inda sonha com a nega bonita que dexô na terra dele, sonha cum os fio que tinha, já deve sê tudo home feito. Vive aqui sozinho na senzala, mais comu disse pra ocê, de coração, sô livre. Num tenho ilusão, num guardo rancô, vô viveno um dia dispois do outro, prucuro ajudá os nego que chega aqui. Já viero tantas carga que até num sei quantas são. Explico cumé aqui, dô conforto, escuito, falo e às veiz vejo eles sofrê e dói. Se tivesse na tribo e fosse chefe, num tinha sentido isso. Muitas veiz lá eu judiei dos prisionero e até dos outro da tribo que num fazia o que Tião queria. Tião mudô muito. Acho que é isso que vida queria insiná. Pur isso sô livre e num priciso di imbora que nem ocê.

João ouviu tudo atentamente. Nunca soubera quem fora Tião; conhecera-o como escravo e lhe parecia que ele sempre fora assim. Agora o companheiro desvendava-lhe seu passado e ainda mais difícil se tornava compreender a atitude de docilidade ante a escravidão.

– Num te intendo, Tião. Comu ocê podi dizê qui é livre se vive sob ordi dos branco? Faiz isso, faiz aquilo, o dia todo.

– Descansa, João. Intende só que Tião é livre de espito e ninguém tira isso dele, pur isso num pricisa fugi. Vai, fica em paiz, comu tem vivido. Vai fazê reza pra ocêis vencê. Num vô dizê pra onde tão indo.

Vendo a firmeza de opinião, João resolveu silenciar. "Tião é véio, num devo contrariá ele... Quem sabe ele tem medo da morte no mato ou da fome ou de tantos perigo que nóis vai tê de enfrenta...", pensava. Julgando que talvez com a mesma idade tivesse os mesmos receios, deixou o amigo em paz. Sabia que podia confiar no bondoso coração do escravo, amigo e querido por todos.

Nas primeiras horas da manhã, já se anunciava um quente dia de verão. Após rápida refeição, todos foram encaminhados a seus afazeres e começou a execução do plano de João.

Na casa-grande, Maria servira o "café" à sinhá e não demorou muito a surgirem os efeitos. Preocupada, a mucama deu o grito de alerta vendo dona Rosa começar a delirar. Logo se reuniram à volta dela o coronel Firmino e os outros familiares.

Feliz, como em poucos dias estivera, Maria ofertou seu melhor sorriso ao feitor Quintino vendo-o chegar na cozinha logo cedo.

– É assim que eu gosto de ver mulher bonita. Sendo doce. Estás te acostumando comigo, né pretinha? Tá com saudade? – Disse Quintino, abraçando Maria pelas costas enquanto ela servia a xícara.

Sem retrucar, Maria continuou sorrindo e lentamente se desvencilhou de seus braços entregando-lhe a fumegante caneca com o preparado de Raquel. Ampliou o sorriso e até começou a cantarolar vendo-o sorver sofregamente o café. Seus olhos brilhavam de alegria.

"Mulato danado, bebe isso e agüenta se tu fores homem", pensava ela.

Curiosa, Maria perguntara a Raquel sobre os efeitos das ervas que estava dando ao feitor, e a amiga, matreira, dissera-lhe que tinham efeito laxante. Como colocara grande quantidade de ervas na bebida de Quintino, Maria considerava que ele ficaria muito mal rapidamente, abandonaria o serviço na lavoura e nem veria os escravos partirem. Sem a presença dele, seria mais fácil burlar a segurança dos outros encarregados.

E, realmente de forma hilária – porém sofrida –, o feitor teve que retornar ainda na parte da manhã para sua casa, vitimado por súbito mal-estar.

Tião, sentado em um tosco banco de madeira à porta da senzala, observava o transcorrer do dia, guardando certa aflição pelo sucesso do empreendimento dos companheiros e orando silenciosamente para que fossem amparados.

A tarde ia a meio quando um dos guardiães deu-se conta de que o número de negros na lavoura havia diminuído muito. Matreiro, acostumado às fugas de escravos, nada disse. Caminhou até o fim da lavoura e escondeu-se na mata aguardando. Vendo rastros que iam naquela direção, despistou-os mas ficou próximo; logo viu três escravos abandonarem o trabalho e embrenharem-se na mata. Foi o suficiente: a plenos pulmões, gritou aos companheiros:

– Fuga de escravos! Recolham todos pra senzala! Vou avisar o coronel Firmino e o feitor! – Depois, em tom mais moderado, disse ao companheiro de trabalho mais próximo apontando o rumo do quilombo: – Siga-os! Foram para aquele lado.

A tentativa de recolher os escravos degenerou em rebelião e estabeleceu-se a luta desigual entre os homens do feitor e os negros. Alguns escravos fugiram em meio à confusão; outros, vencidos pelos sentimentos raivosos, seguiram em ferrenha luta e acabaram derrotados pelas armas dos contendores que eram mais fortes e frios. Restabelecida a calmaria, recolheram os escravos feridos e os trancafiaram na senzala juntamente com os demais. Lá imperavam o descontentamento, a desilusão e a revolta. Tião olhava os companheiros, ouvia-lhes os clamores de insatisfação, e de seus olhos corriam grossas e silenciosas lágrimas. Ele sabia o que estava por vir: mais sofrimento e crueldade. Nada havia a ser dito, agora era esperar a reação dos senhores da fazenda.

O número de escravos fugitivos fora grande: mais da metade dos assenzalados; ainda não se sabia quantos dos que serviam na casa-grande haviam conseguido fugir, porém eram poucos os que estavam a par da ação que se desenrolara naquele dia, o que deixava entrever que o número não seria significativo.

João, Raquel e Maria estavam entre os fugitivos; enquanto na casa-grande tomavam ciência do ocorrido, eles corriam desesperados em meio à vegetação abundante seguindo o curso do riacho morro acima. O calor intenso era forte concorrente das forças físicas, porém a ânsia de liberdade rivalizava com as dificuldades impostas e davalhes uma energia que se poderia dizer sobre-humana. Corriam como que perseguidos por demônios. João estava entre os últimos negros que o homem do feitor vira embrenharem-se na mata. Ele ouvira o grito de alerta e os sons da luta que se travara; embora não planejada, aquela luta viria a ajudá-los, pois lhes daria vantagem sobre os perseguidores.

Na casa-grande, coronel Firmino acompanhava a saúde da esposa. Mandara vir um médico que, surpreso, não encontrara nenhum sinal de doença em dona Rosa, acabando por diagnosticar uma possível intoxicação de origem alimentar. Assim, recomendara apenas que lhe dessem muito líquido e banhos para diminuir a febre. Assim foi feito e aos poucos ela fora apresentando melhora, o que deixava seu marido mais tranqüilo.

Sentado na varanda, coronel Firmino ouviu os gritos da luta ao longe e levantou-se. Não demorou muito, avistou um dos ajudantes do feitor cavalgando rapidamente em direção à sede da fazenda. O homem vinha agitado.

– Que houve? – Indagou o coronel.

– Fuga de negros, coronel. Fui avisar o feitor Quintino, mas ele tá adoentado, então vim falar com o senhor.

– Fez bem! – O coronel ficou pensativo. – Quantos fugiram?

– Não sei número certo, senhor. Mas foram muitos, mais da metade.

– Santo Deus! – Exclamou o coronel. – Nunca aconteceu isso desde que administro esta fazenda!

Refletindo sobre os estranhos acontecimentos do dia, o coronel concluiu que tudo fora planejado com cuidado, até mesmo a doença de sua mulher e do feitor.

– Negros malditos! Eles me pagam! Tudo isso foi coisa feita. Reúna o maior número de homens que conseguir nas fazendas vizinhas! Dê o alerta aos vizinhos para que redobrem a vigilância sobre os escravos! Vou à cidade informar as autoridades. Persiga-os, encontre-os e traga-os aqui que vão receber o castigo que procuraram!

O coronel espumava de raiva ao compreender a ousadia dos escravos em causar danos à sua mulher. Para o coronel, sua esposa era sagrada, objeto de verdadeira adoração. Ao se atreverem a causar-lhe mal-estar para facilitar a fuga, haviam, sem querer, despertado toda a ira que o coronel Firmino guardava dentro de si. Transformara-se em uma fera, uma besta humana, sem limites ou freios, totalmente dominada pelo calor dos sentimentos inferiores.

Na senzala, os negros que haviam restado eram tratados a pirão e água; todos, sem exceção, foram castigados e chicoteados até revelarem ao coronel o nome do líder rebelado e o destino que haviam seguido; então cessaram os castigos, porém os danos estavam feitos. Tião era velho, seu organismo debilitado custaria muito a se recuperar; ao ser severamente surrado, havia fraturado alguns ossos e as dores eram lancinantes. Ele jazia imóvel sobre o colchão banhado de sangue. Algumas escravas, condoídas, acercavam-se de seu improvisado leito e procuravam minorar-lhe o sofrimento, mas o velho definhava rapidamente em meio a grande sofrimento.

..*

João corria desatinado. Toda sua energia se direcionava para manter aquela fuga. Não enxergava nem sentia os arbustos, por vezes espinhosos, que lhe rasgavam a pele; arranhões cobriam-lhe quase todo o corpo, já que sua única vestimenta consistia em uma larga calça de algodão cru, já rasgada em muitas partes. Ouvia os gritos dos capitães-do-mato; compreendendo que muitos de seus amigos haviam sido novamente aprisionados, abandonou o curso do riacho e embrenhou-se na mata fechada – ali o ritmo era mais lento, porém mais seguro. A visibilidade era pouca; João escondeu-se entre a vegetação e aguardou, pretendendo despistar seus perseguidores. O riacho ficava alguns metros abaixo e ele pôde avistar os homens do feitor que vinham em seu encalço a cavalo. Eram cinco, todos muito fortes e bem armados. Com pouca ou nenhuma chance em um enfrentamento corporal, João teria que usar a inteligência para vencê-los. Quando estavam bem sob a mira de sua visão, o negro permaneceu absolutamente imóvel – mal respirava para evitar fazer qualquer ruído que denunciasse sua presença.

– Conseguimos prender vários, mas ainda falta a maioria. Acredito que, como de costume, tenham abandonado o riacho e se embrenhado no mato. O quilombo não fica distante, por certo estão escondidos nas margens. Daqui para frente vai ser mais trabalhoso caçar os fujões! – Declarou um dos homens do feitor que, na ausência do próprio, comandava o grupo. – Vamos deixar os cavalos amarrados aqui e procurar pistas.

Desceram de suas montarias e, tomando os animais pelas rédeas, conduziram-nos até uma árvore onde os amarraram e começaram as buscas pela margem oposta à que estava escondido João.

"Tá ali o que preciso", pensou João. "Eles disseram que o quilombo é perto e pelo que ouvi não sou o primeiro a abandonar o riacho e buscar o mato; eles devem conhecer isso como a palma da mão. Mas não irão me pegar, ao menos não facilmente. Sou guerreiro treinado". Enquanto pensava, observava os homens – tarefa cada vez mais difícil, pois a vegetação era densa, o que dificultava a visão. Mas ele podia ouvir-lhes as vozes e decidiu aguardar que tomassem uma boa distância para pôr em ação sua idéia. Quando ouvia já bastante distantes os sons dos perseguidores abandonou lentamente seu esconderijo; buscando fazer o mínimo de ruído, esgueirou-se abaixado até a margem do riacho, atravessou-o e, rastejando, chegou ao local onde estavam os cavalos. Habilidoso com animais, escolheu o mais dócil, acariciou-lhe o pescoço, desamarrou as rédeas e puxou-o para longe dos outros, dirigindo-se para o meio do riacho, onde montou no cavalo e partiu a galope.

O som do galope chamou a atenção do chefe dos perseguidores, que se voltou imediatamente para o riacho e viu o escravo partir.

– Desgraçado! Negro do demônio! É a segunda vez que tu me escapa! Mas deixa que eu te pego. Homens! Um deles roubou-nos um cavalo e partiu riacho acima! Pelo desaforo, vou buscá-lo pessoalmente. Antes do feitor Quintino ele já vai conhecer como é bom o peso da minha mão. – O mais depressa que pôde retornou, chegou à margem e tomou montaria prosseguindo a caçada, agora individualizada sobre João.

Açoitando o cavalo, em breve o caçador visualizou o escravo, cuja escolha recaíra sobre o cavalo mais fácil e não sobre o mais veloz. Assim, perdeu terreno – seu cavalo seguia passo bem mais lento; para piorar sua situação, o local onde estava era bem mais descampado, o riacho tornara-se mais largo e as margens arenosas davam melhor visibilidade dificultando a fuga. João vislumbrava uma única solução:

enfrentar o perseguidor. O negro sabia-se um bom lutador, e julgava que seu oponente teria poucas chances.

Porém, mal acabara de se decidir pelo enfrentamento, sentiu em torno de si um laço de corda grossa e firme fechando-se ao redor de seu corpo; um forte puxão tirou-o da cela e jogou-o ao chão, fazendo com que batesse fortemente com o ombro direito no solo e fosse pisoteado pelo animal que se assustara com a queda do cavaleiro. Sem cerimônia foi puxado pelo capitão-do-mato, que ria debochadamente. Com esforço conseguiu levantar-se; doíam-lhe várias partes do corpo com a queda, especialmente o ombro, porém não pretendia entregar-se com facilidade. Tentou soltar-se do laço, porém, ao perceber-lhe a intenção, o capitão desmontou e, com um tirão na corda, derrubou-o ao chão. Aproximando-se rapidamente, calcou-lhe o peito com as botas de couro, pressionando com todo o peso de seu corpo, e disse autoritariamente:

– Fica quieto, negro fujão, se não queres apanhar até a morte. Pensavas que ias me enganar? Não sabes que quando tu chegaste aqui eu já tinha caçado escravo muito pior? – Batendo-lhe com o chicote no rosto, prosseguiu:

– Vais ver o que é bom agora! O coronel virou uma fera e o feitor Quintino, outra. Vais te entender com eles, mas antes vou me divertir um pouco te ensinando quem é mais esperto.

Sem retirar a bota que mantinha o escravo imobilizado no chão, abaixou-se e o esbofeteou. João de imediato lembrou-se de cena semelhante e, tal qual Raquel, escarrou no rosto do capitão, enfurecendo-o mais ainda.

– Peste, atrevido! Tu queres sofrer, já percebi! – Com um pontapé, virou-o de costas e, imobilizando-o novamente com o pé, amarrou-lhe as mãos; depois, rasgando a calça que João vestia, dela retirou um pedaço do tecido e com ele amarrou-lhe a boca. Por precaução, fechou ainda mais o laço com o qual o prendera, garantindo, dessa forma, que não soltaria durante a jornada de volta à fazenda.

Ao notar a aproximação dos outros companheiros, vangloriou-se de sua presa e informou que retornaria à fazenda levando o escravo e que voltaria para prosseguir a tarefa; enquanto isso, os demais deviam seguir rastreando os escravos fugitivos. Não havia dado tempo para que chegassem ao quilombo, e era preferível recuperá-los antes que chegassem ao destino planejado.

..*

Na fazenda, passados dois dias da fuga, o feitor e dona Rosa estavam em recuperação; Tião, porém, ferido mortalmente, continuava seu martírio.

Pela manhã, dona Rosa, que ignorava a realização dos castigos bem como a debandada de muitos escravos, em conversa com o marido, indagou:

– Firmino, onde está Tião, que não o vejo sentado à porta da senzala como é seu costume? E não vejo movimentação para a lavoura. O que está havendo?

O coronel pensou na melhor forma de dar-lhe a notícia. Sabia o quanto a mulher detestava castigos no pátio da fazenda, porém dessa vez ela não poderia impedi-los: a ousadia dos negros em atingir sua esposa ultrapassara os limites de sua tolerância.

– Rosa, tenho algumas coisas desagradáveis para lhe contar. Você está realmente se sentindo bem? – O coronel colocara a mão sobre a da esposa, preocupado em como lhe dar a notícia.

– Sim, Firmino, estou muito bem. Mas você está preocupado, tenso. Seja o que for que tem para me contar, faça-o logo.

– Rosa, temos problemas com os negros. Há dois dias houve uma fuga de muitos da senzala. Da casa-grande poucos fugiram, apenas a negrinha Maria. Para que eu não percebesse a fuga a tempo de impedi-la, deram a você um preparado de ervas, coisa de negro, para que ficasse doente, e fizeram isso também com o feitor, que ficou bem pior e ainda está se recuperando.

– Quanta ousadia! – Interrompeu, brava, dona Rosa. – Como você descobriu tudo?

– A tentativa de fuga era de todos os que estavam na lavoura e mais alguns aqui da casa, porém os homens do feitor avistaram durante a tarde três negros fugindo e deram o alarme. Houve luta na plantação. Os negros estavam treinados, até machucaram seriamente alguns dos homens, mas eles trouxeram todos e os prenderam na senzala, como é costume. Apliquei castigo em todos, sem distinção. Descobri que o escravo João, aquele que veio o ano passado, era o líder. Ainda não o prenderam, mas já sei que foi ele quem planejou tudo, e os preparados que adoentaram você e o feitor foram feitos pela negra Raquel – dizem eles que ela entende de ervas. Para seu desgosto, descobri também que eles estavam fazendo as rezas deles na senzala; acho que foi por isso que todo esse tempo não desconfiei de nada.

Em silêncio e assustada, dona Rosa ouviu a narrativa dos acontecimentos. Compreendeu que nem mesmo Tião escapara ao castigo, por isso não via o velho, por quem tinha um certo afeto. A esposa de Firmino sabia apreciar a docilidade e a presteza de Tião. Diferentemente do que acontecia em relação aos outros, não o temia, sentindo-se mesmo segura a seu lado.

– Tião teve alguma participação nesses planos? – Perguntou ao marido.

– Não. Os negros que confessaram os planos disseram ter ouvido ele declarar a João que não iria acompanhar a fuga. De fato não foi. Mas também nada me disse, deixando que você ficasse doente. Então foi castigado junto com os outros. Não posso tolerar que eles pensem que podem atacar alguém da família e ficar impunes. Precisamos manter nossa segurança.

– Tem razão, Firmino. Mas, se me permite, vou ver como está o velho. Apesar de tudo, ele nos serve há muitos anos e não tivemos motivo de queixas; veio pra cá vendido por ser rebelde, mas nunca nos trouxe problema. Até seu pai gostava do negro.

– Se prometer que vai ter cuidado e só vai entrar na senzala em companhia dos homens do Quintino, vou deixar você ir.

– Prometo. Pode pedir aos homens para me acompanharem. – Concordou dona Rosa e acariciou levemente a mão do marido.

A relativa tranqüilidade da manhã foi quebrada com a chegada do homem que aprisionara João. Vinha a galope pela estrada que cortava a lavoura e conduzia ao pátio da casa-grande, trazendo o escravo amarrado e puxado, ora de pé, ora rolando, seu corpo coberto por arranhões, hematomas e esfoliações dos freqüentes arrastos e quedas ao longo do trajeto desde que fora capturado.

– Coronel, peguei o escravo que o senhor queria. Tá aqui o negro João! – Disse o homem enquanto descia do cavalo e puxava João como se fosse um troféu a ser exibido.

– Muito bem, vou recompensá-lo por isso. Pode amarrar ele direto no tronco e deixa lá que o sol vai ajudar a melhorar a cabeça dele. – Examinando o escravo, o coronel completou:

– Vejo que você já deu algumas lições nele. Foi bem feito, apesar de não ter mandado.

O homem abaixou a cabeça, pensou um pouco e disse:

– Bem sei que o coronel não mandou, mas esse negro é um demônio! Tentou fugir roubando um cavalo nosso lá no meio do riacho. Achei que era muita ousadia e lhe apliquei uns corretivos.

– Faça o que disse e volte pro mato. – Falou o coronel Firmino, dispensando-o.

À tarde ocorreu a visita da sinhá à senzala. Encontrou Tião rodeado de algumas escravas, bastante machucadas, com marcas da agressão visíveis até mesmo no rosto. Desagradava-lhe aquele procedimento. Não gostava de ver os machucados. Era uma lembrança da inconstância que era a segurança no regime de escravidão. A superioridade numérica dos negros e seus físicos avantajados, se rebelados, eram uma temeridade. Havia duas maneiras de convivência: a violência – a intimidação dos escravos por meio dos castigos severamente aplicados – ou a tentativa de "domesticá-los", como dizia dona Rosa, estabelecendo uma base de convivência mais pacífica e menos violenta. Porém, diante da rebelião dos negros, sabia que agora teria que tolerar a violência, pois não conseguiria demover seu marido daquele intento. O negro ferido e amarrado ao sol, no tronco em meio ao pátio, pelo qual passara no caminho da senzala era a prova de seu desejo de vingança contra a afronta dos escravos.

Encontrou Tião deitado sobre seu colchão, em frente uma das poucas e altas janelas da senzala. Acercou-se dele e foi reconhecida.

O escravo tentou se levantar para receber a sinhá, mas não teve forças e caiu novamente sobre o arremedo de leito que lhe servia, gemendo ao encostar as costas machucadas sobre o rústico tecido e abrindo algumas feridas que tornaram a sangrar.

Vendo-lhe o inútil esforço e seu grave estado, dona Rosa procurou tranqüilizá-lo:

– Fique onde está, Tião. Soube hoje de manhã do que aconteceu e lamento que meu marido não o tenha poupado. Não teria permitido que o machucassem se tivesse conhecimento.

– Sinhá é muié boa. Não tem portância, não. Tião tinha de morrê d´alguma coisa. Acho que tá chegano a hora. – Respondeu o velho moribundo.

– Você tem sede, Tião? Vou mandar trazer alguma coisa para aliviá-lo. – Declarou dona Rosa, sensibilizada com a atitude de resignação do velho escravo.

– Num carece sinhá Rosa se preocupá com nego Tião... – Disse com dificuldade, lábios ressecados pela febre. – Ele vai morrê em paiz. Sei que sinhá num gosta de falá dessa coisa, diz que é coisa de nego, mais já vi muitos amigo e até minha gente, da minha famia, na minha vorta... Eles já morrero e viero me buscá. Tão cuidano de mim. Num priciso de mais nada, sinhá.

Julgando que o escravo delirava, dona Rosa afastou-se dando ordens a uma das escravas que se acercava do leito:

– Leve Tião para uma parte mais escura da senzala; isso vai fazer com que ele se sinta melhor.

A escrava reuniu toda dignidade que lhe restava e, ainda que se sujeitando a ser punida, respondeu:

– Sinhá, foi Tião que desejô ficá onde tá. Ele tá véio e, como a sinhá viu, tá morreno. Num sobra muito tempo pra ele. Foi seu último pedido vê o céu. Num tenho corage de tirá isso dele. – Não conseguiu refrear a emoção nas últimas palavras e seus olhos encheram-se de lágrimas pelo amigo que partia. "Será que branco não tem sentimento?", ela pensava.

Lançando um olhar ao velho Tião que falava em sua língua nativa com alguém que ninguém mais via, fez um gesto com a cabeça e disse:

– Se é assim, deixe-o onde está, mas cuide dele. Vou lhe mandar algumas coisas.

– Tá certo, sinhá. – E voltou a seu lugar ao lado do moribundo; sentando-se no chão batido, carinhosamente lhe aplicava compressas no rosto banhado de suor, onde vez por outra um sorriso de agradecimento às companheiras brilhava em seu rosto doente.

Se no mundo físico a dor imperava, isso não ocorria no plano espiritual. Junto ao leito do velho escravo, entidades familiares faziam-se presentes, transmitindo-lhe serenidade e paz; junto deles "pai João" velava pelo espírito que em breve se libertaria.

Tião vencera a si mesmo, domara suas imperfeições e entrava em um novo caminho espiritual depois da dura prova da escravidão. Com seu jeito simples, compreendera profundas verdades sobre o viver em sociedade, domara o orgulho, a inveja, o ciúme, os sentimentos irados, aprendera a perdoar, a usar o silêncio e a falar com sabedoria. A alegria pela sua aceitação da prova final, que se constituíra no injusto castigo, era seu louro. Boa parte de sua vida dedicara a alertar os companheiros de infortúnio para a aceitação da vida e a busca do menor sofrimento; procurara ensinar-lhes que a paz e a liberdade não são exteriores, mas sim que devem brotar no íntimo de cada ser; espalhara sua mensagem com os parcos recursos culturais que tinha. Granjeara muitos amigos que o recebiam agora no limiar da vida espiritual. Sentia-se amado e isso era sua maior alegria.

Dona Rosa mandou novos tecidos de algodão para cobrir o colchão ensangüentado e sujo em que Tião passava suas últimas horas, bem como água fresca e ungüentos para as feridas. Gentilmente, as escravas que o acompanhavam banharam-lhe com ervas e envolveram as feridas com os ungüentos, deitando o corpo alquebrado do velho escravo sobre o leito limpo.

Abrindo os olhos, Tião lançou um olhar agradecido, no qual luzia uma estranha alegria.

– Negas boas ocêis são. Tião é feliz de morrê ansim. Cuidado pelos daqui e pelos di lá... – referia-se aos espíritos que via cercarem o leito rústico. – Num esqueçam do que disse sempre pra ocêis. Tenham pacença, num guardi rancô. A liberdadi tá dentro da gente ou num inxiste em lugá nenhu. Diz isso pro João. Sei que vão pegá ele e os otro. Se ele intendê isso num vai mais sofrê. Tião vai imbora, vai durmi e se incontra com os dele. Adeus... – Dizendo isso, o velho escravo lentamente fechou os olhos e adormeceu sereno para não mais acordar naquele corpo.

Tião deixava o mundo em paz, muito diferente de outros companheiros de provação que, revoltados, acomulavam ódio e desejo de vingança em seu interior.

João, amarrado ao tronco, era proibido de falar com qualquer pessoa, não recebendo água ou alimento. O sol escaldante começava a tornar-se impiedoso e o jovem negro julgava delirar; a seu redor via novamente os personagens de seus pesadelos a rirem e zombarem de sua condição, gritando:

– Tu vais sofrer, Angola! Isto ainda é pouco! É só o começo!

Longe estava de ser vítima de alucinação; era apenas o efeito de emancipação parcial[2] de seu espírito, em razão da debilidade das forças, que o colocava em relação direta com o mundo espiritual e assim ele percebia os espíritos que o cercavam. Sedentos de vingança, aqueles espíritos haviam sido seus prisioneiros de dias passados, tendo acabado suas existências na terra jurando vingança da tribo que os aprisionara e acabara por entregá-los aos navios negreiros. Em momento algum, nos dias de sofrimento passados no cativeiro, haviam-se conformado com as designações da vida que os colocara naquela posição; tinham alimentado a raiva, a inveja, o ciúme, o ódio e o desejo de vingança. Tudo contra o que deveriam lutar, em razão de seu passado reencarnatório altamente comprometido no convívio em sociedade. De nada lhes servira a existência de dor e sofrimento. No mundo espiritual continuavam rancorosos, executando livremente suas determinações e comprometendo-se mais para o futuro. Portanto, sujeitos ao mesmo sofrimento que desejavam impingir aos outros.

Segundo a justiça divina, suportamos sempre a conseqüência de nossas próprias faltas e nenhuma há que fique sem a necessária correção. Ela não tem pressa e sua execução é de tempo indeterminado. O sofrimento durará tanto quanto a obstinação do espírito equivocado, já que está inteiramente subordinado ao arrependimento dele próprio e de seu retorno ao caminho do bem e do equilíbrio com as leis divinas.

Em meio ao que julgava delírio, João via cenas tanto do mundo espiritual quanto do material, o que o confundia. Via a sinhá passar apressada e nem ao menos lhe lançar um olhar; continuava a ouvir os brados e risos de seus algozes desencarnados e em meio a isso lastimava profundamente a fuga frustrada; sabia que os dias agora seriam difíceis; acreditava que o coronel o deixaria morrer amarrado ao tronco. A tarde caiu e com isso o calor diminuiu sensivelmente prenun-

[2] *Nota do autor espiritual: "Desde que haja prostração das forças vitais o espírito se desprende, e quanto mais o corpo está enfraquecido, mais o espírito está livre". Allan Kardec,* O Livro dos Espíritos, *Questões 407 e seguintes.*

ciando a chegada da noite. Isso fê-lo recobrar os sentidos e fixar-se mais na matéria; ouviu cantos em que era indiscutível a nota de tristeza; viu os escravos com as marcas de seus ferimentos expostos seguirem em duas filas, de um lado as mulheres, de outro os homens, cantando tristes e acabrunhados; à frente seguiam quatro negros carregando um corpo em um lençol, o qual incensavam de maneira rústica com pote de barro onde queimavam ervas aromáticas.

Era o cerimonial fúnebre de Tião. Pela primeira vez na Fazenda da Cruz, um escravo seria enterrado pelos seus companheiros de cativeiro conforme suas crenças.

O coronel, aconselhado por dona Rosa, resolvera não interferir na deliberação dos escravos temendo uma rebelião de maiores proporções, pois a indignação com o triste fim do velho companheiro era grande e latente. Teriam que apaziguar os ânimos; ambas as partes deveriam fazer vistas grossas a diversos comportamentos, a fim de restabelecerem as condições de vida na fazenda.

Tião foi enterrado na mata, em uma cova de terra profunda, envolto no lençol que a sinhá mandara à senzala, pouco antes da morte do escravo. Cantaram à sua libertação, despedindo-se do amigo e voltaram à senzala, pois que os homens de feitor Quintino os acompanhavam de perto, vigilantes, prontos a reagir a qualquer nova tentativa de rebelião.

João viu-os retornar. Não sabia o que havia acontecido. Nenhum dos escravos sequer o olhou – foi ignorado. Para os demais, ele era o culpado: causara a tristeza que se abatia na fazenda. Antes dele, os castigos eram raros, aplicados aos fujões somente e nunca haviam sido tão severos. Não fossem suas idéias e seus planos, eles não estariam feridos e sendo castigados.

Após o jantar, retornaram os capitães-do-mato trazendo mais escravos fugitivos que haviam sido capturados.

O coronel, na varanda da casa-grande, recebeu as informações.

– Coronel, apanhamos mais fujões. Estão amarrados. Que devemos fazer? – Indagou o chefe dos homens.

– Aplique 30 chicotadas bem fortes em cada um, e deixe bem amarrados do lado de fora da senzala. O negro líder já tá no tronco faz um dia. Quantos trouxeram?

– Quinze vivos, senhor.

– Como vivos? Algum morreu? – Perguntou o coronel.

– Uma negra, senhor. Ela foi laçada já perto do quilombo. Quando viu que tinha sido pega, com uma força grande ela tirou o laço do corpo e colocou em volta do pescoço. Fui eu que tinha laçado ela, não deu pra afroxá e trazê ela com vida. Morreu enforcada no laço, coronel... – Explicou o homem.

Raquel era a personificação da ilusão da liberdade. Trocara a escravidão física pela espiritual, muito mais severa e penosa.

– Sabe o nome dela? É uma das que serviam à sinhá?

– Não, coronel. Ela era da senzala, mas foi a que deu as ervas que a negra Maria serviu pra sinhá e o feitor.

– Era Raquel. Mereceu morrer, assim não incomoda mais. Não faz mal não, homem, teu serviço foi bem feito. Vá descansar! – Declarou o coronel e de imediato recolheu-se à casa-grande.

Para maior sofrimento de João, o corpo de Raquel foi amarrado a seu lado no tronco – o belo corpo da escrava quase nu, e seu rosto congestionado, com olhos esbugalhados e sem vida.

Banhado pela luz do luar, João reconheceu o corpo da amiga e entendeu seu trágico fim: optara pela morte para não retornar à escravidão. Desidratado, sem lágrimas para chorar a morte de Raquel, sem forças, sua cabeça pendeu inconsciente. Encontraria a paz no esquecimento.

Capítulo V

Rumo ao Sul

"O arrependimento ajuda o progresso do Espírito, mas o passado deve ser expiado".[1]

Amanhecia na Fazenda da Cruz. O feitor, já recuperado, retomava suas tarefas inteirando-se com seus homens do andamento da caçada aos fujões.

– Quintino – narrava-lhe o homem que chefiara os demais na sua ausência –, prendemos a grande maioria. Faltam quatro ou cinco. Acredito que estes tenham chegado ao quilombo. Rastreamos toda área de mata em torno e não vimos mais ninguém.

– Sabe quais são os fugitivos? – Indagou Quintino. Não lhe saía do pensamento desde a manhã em que adoecera a expressão feliz do rosto de Maria. Precisava confirmar onde estava a escrava.

Ante o relato dos nomes dos escravos ainda foragidos, e a confirmação de que Maria estava entre eles, Quintino cerrou os punhos, enfu-

[1] *Allan Kardec, resposta à questão 999, de* O Livro dos Espíritos. *Trad. Salvador Gentile. Araras: IDE.*

recido. "Escrava danada! Deve estar se achando muito esperta", pensava Quintino. "Mas espera eu pôr as mãos em ti que tu vais mudar de idéia".

– Onde está o líder do bando? – Quintino tinha ar impiedoso ao formular a pergunta.

– Há quase dois dias no tronco, por mando do coronel Firmino. Quando prendi ele no mato... – e contou toda a saga que fizera sofrer João, como se fossem atitudes louváveis, das quais podia gabar-se.

Semelhante atitude faz parte, ainda, da imperfeição humana: gabar-se das demonstrações de sua inferioridade, demonstrar que, valendo a lei da força, é bom competidor, esquecer-se absolutamente dos ensinamentos cristãos que preconizam o amor ao próximo e a não-violência. É uma das tristes conseqüências da exteriorização, da ritualização da fé. Fosse o ensinamento meditado e interiorizado a situação da sociedade humana rapidamente se modificaria. As conversações ainda se animam com tragédias, brigas, discussões, comentários sobre a vida alheia e demonstrações de violência.

Sem esperar o término da história sobre a captura do escravo, Quintino marchou, chicote em punho, até o tronco.

Não lhe haviam contado sobre a morte de Raquel e até mesmo ele chocou-se quando viu o cadáver sujo e seminu amarrado ao tronco. Após o susto inicial, considerou:

– É, o coronel deve estar furioso. Nunca vi disso na fazenda antes.

– Quintino, furioso é pouco! Se pudesse ele matava todos negro da senzala! Mandô surrá todo povo de lá. – Disse um dos homens que, a passos largos, tentavam acompanhar o feitor.

Aproximando-se de João, desconfiou que ele também estivesse morto. Os homens reunidos em torno do tronco contemplavam a medonha cena no amanhecer e discutiam entre si as poucas chances que João tinha de haver sobrevivido. Ferido, sem comida ou água há vários dias e depois exposto ao sol por tanto tempo, era previsível o final. Em silêncio, Quintino afastou-se e andou em direção à casa-grande.

– O coronel Firmino já está de pé? – Indagou da escrava cozinheira.

– Já preparei o café dele e da sinhá. – Respondeu a negra sem levantar a cabeça de seus afazeres.

Tal como entrara, Quintino abandonou a cozinha rumando para a sala de refeições onde encontrou o casal, proprietário da fazenda.

– Bom-dia, coronel ! Bom-dia, dona Rosa! – Cumprimentou o feitor retirando o chapéu. – Dá licença. Preciso conversar com o senhor. É sobre o que vai ser feito com os escravos do tronco.

– Assunto ruim pra começar o dia. Mas não dá pra adiar. Como tá o negro? – Perguntou o coronel.

– Não examinei com muito detalhe, mas parece que não agüentou o castigo que o coronel deu nele. – Respondeu Quintino. – Se não morreu, tá quase. Devo acabá com ele?

Rosa, que ouvia em silêncio o diálogo entre os homens, decidiu interferir:

– Firmino, não acho prudente mandar matar o escravo. Se não morreu no tronco, livre-se dele. Pelo que vi quando enterraram Tião, os demais negros estão revoltados com ele por não haver dado certo a fuga e por todos haverem sido castigados. Já temos duas mortes em poucos dias. Mais violência pode ser pior.

Firmino como sempre ponderava as palavras da esposa; o coronel reconhecia que muitas vezes a opinião dela era valiosa para a prosperidade da família.

– Que você acha, Quintino? – Perguntou o coronel, querendo ouvir todas as opiniões antes de decidir.

– Se não está morto, é matá ou vendê. Aqui ele não podi ficá mais! – Respondeu Quintino.

– Por favor, Firmino. Se esse negro não morreu, livre-se dele, mas não faça mais morte na fazenda. Devemos trabalhar, cuidar da lavoura e não perder tempo com escravos rebelados e você sabe que por qualquer coisa eles fazem corpo mole no trabalho causando prejuízo... – Pediu dona Rosa, enquanto levava uma xícara de café aos lábios.

– Vou pensar nisso, Rosa... – Garantiu Firmino. Em seguida,

levantando-se da mesa, prosseguiu:

– Terminei o café. Vamos lá no pátio, Quintino, ver esse negro de perto. Aí, então, eu decido o que fazê com ele.

O coronel despediu-se de dona Rosa, que balançava a cabeça e intimamente pedia a Santo Antônio, de quem era devota, que desse calma ao marido. As escravas que serviam à casa-grande observavam a cena. Elas se julgavam diferentes dos escravos da senzala, como se fossem privilegiadas. O único comentário que faziam era a respeito da fuga de Maria. Elas cochichavam sobre a reação do feitor Quintino, pois todas sabiam da preferência dele pela escrava e da repulsa que ela sentia por ele.

Amarrados ao tronco, pendiam inertes os corpos dos negros. O coronel aproximou-se, examinou detidamente João e constatou que ainda respirava, apesar de inconsciente.

– Desamarre a negra e enterre! – Ordenou ao feitor. – Quanto a ele, jogue baldes de água salgada. Tá vivo ainda. Depois jogue lá no galpão e deixe água pra ele. Se viver até amanhã, vou vender ele pras charqueadas do sul. Lá, no frio e no sal, com os bois xucros ele vai se amansá ou morrê. A sinhá tem razão: a Fazenda da Cruz precisa é de trabalho, não adianta ficá com raiva, castigá e matá este animal. Ele vai encontrar o caminho longe daqui.

– Tá certo, coronel. E quanto aos outros fugidos? Que se faz?

– Preocupado com Maria, feitor? – Ironizou o coronel. Nada na fazenda escapava aos olhos dos proprietários. – Acho que ela não estava gostando do seu carinho. Foi a única da casa-grande que fugiu. Pouco me importa o fim que teve a negrinha. Servia pra pouca coisa. Não vai fazer falta. Deixe dois homens caçando no mato, os outros e você vão cuidar dos negros na lavoura. Já é tempo de voltar ao trabalho.

Com essas determinações, encerrou-se a debandada na Fazenda da Cruz. João sobreviveu. Soube que alguns de seus companheiros haviam obtido sucesso na fuga, entre eles Maria, que havia alcançado o quilombo. Dificilmente invadiriam o quilombo. Tratava-se de uma comunidade fechada e muito armada; em caso de invasão, lutariam de igual para igual. Apenas os homens da fazenda seriam insuficientes para atacá-lo e recuperar os escravos, e envolver os demais fazendeiros estava fora de cogitação, pois a safra se avizinhava.

As charqueadas eram seu destino, já que para lá fora vendido. Aquele era o pior castigo para os escravos, pois a morte era certa e sofrida, se não pelas doenças, pela crueldade dos charqueadores no trato com os negros. Sempre havia necessidade de novos escravos para reposição.

Dias depois, João foi novamente embarcado com destino ao extremo sul do Brasil.

..*

No mundo espiritual, pai João prosseguia intensa atividade em favor dos escravos brasileiros.

Tião fora por ele adormecido a fim de completar seu desligamento do corpo físico. Sentira como que uma suave brisa envolver-lhe e um irresistível sono apossara-se dele. Dormira e, dias depois, despertara. Não reconhecera o local em que estava. Era simples, porém confortável. Estava em uma cama, com lençóis; havia alguns móveis a seu redor e, o que mais lhe chamava atenção: estava sozinho. Tantos anos passara na senzala, aprendendo a dividir todas as coisas, aliás, as poucas que tinha que, por fim, acostumara-se a estar sempre rodeado de pessoas. Os poucos momentos de solidão que tivera na vida eram quando se sentava à porta do local que lhe servia de lar e lá ficava algumas horas a meditar, mas isso só ocorrera quando já estava bastante velho e não mais ia para a lavoura.

– Adonde que eu tô? – Perguntava-se em voz alta.

Permaneceu mais alguns minutos sozinho, desfrutando a sensação de bem-estar, embora algumas perguntas lhe queimassem na mente. Repentinamente, ouviu uma leve batida na porta, e por ela entrou um homem negro, aparentando mais de 70 anos, cabelos embranquecidos, roupa surrada, mas envolvido em um perfume extremamente gostoso. Aquele homem irradiava paz em seu olhar, brando e sereno: tudo nele era tranqüilidade e bem-estar. Sorriu e aproximou-se do leito de Tião.

– Como estás te sentindo Tião?

– Tô bem. Mais num sei adonde que vim pará. Que lugá é este? Que foi que conteceu com Tião? Tava muito doente na senzala, as muié tava cuidano e aí durmi e num lembro mais nada.

– Vim aqui lhe explicar algumas coisas, Tião. Faz algum tempo que aguardava seu despertar... – Esclareceu o visitante.

– Ocê é preto, mais fala que nem branco. Tião num conseguiu falá ansim. É bunito!

– Você falará, Tião, até mesmo melhor do que eu. Basta querer e dedicar-se ao aprendizado das novidades que lhe aguardam agora.

– Quem é ocê? Adonde que Tião tá? – O velho escravo insistia nas perguntas vitais para sua compreensão dos fatos. Começou a movimentar-se na cama até conseguir sentar-se. Reparou no seu corpo, notando que as feridas haviam cicatrizado e que não encontrava dificuldade em se mover. – Tô curado das ferida!

– É verdade, Tião, felizmente você está curado de todas as suas feridas, inclusive as que não mais vê. Vou responder a suas perguntas uma a uma. Sou João, mas há muito tempo me acostumei a ser chamado de "pai João"; pode me chamar assim, se quiser. Vejo que você se lembra que estava muito machucado na senzala da Fazenda da Cruz, após a rebelião que houve lá. Muito bem. Você se lembra de seus últimos momentos lá?

– Sim. Tião viu ocê cum os nego que deixô na terra dele. Tava morreno... – Respondeu Tião e silenciou alguns minutos refletindo em suas próprias palavras e lembranças.

– É isso mesmo, Tião, seu corpo físico estava morrendo, e de fato não resistiu. Mas somos bem mais que um corpo, somos espíritos imortais que nascemos e renascemos na matéria para nos aperfeiçoarmos, para aprendermos a viver e a conviver com nossos semelhantes de acordo com as leis que regem a vida. Você entendeu bem, está liberto da matéria, mas prossegue vivendo como espírito. Suas feridas do corpo e da alma estão cicatrizadas graças ao grande esforço que você fez nesta última existência. Lutou e compreendeu a importância de aceitar as designações divinas, libertou-se de muitas ilusões que eram suas feridas da alma e muito o fizeram sofrer. As marcas do corpo são de menor importância se comparadas com as chagas que carregamos no íntimo: essas fazem sofrer muito mais! Enquanto não as queremos ver e curar, fazemos sofrer os nossos companheiros achando que somos coisa muito importante, e em realidade somos orgulhosos, invejosos, ciumentos, rancorosos, semeamos dor à nossa volta... Pois bem. Um dia precisamos realizar a colheita. É da lei que o que ofertamos à vida ela nos devolverá. Quando colhemos o resultado de nossos atos com resignação, compreendendo que precisamos mudar e lutando por isso, estamos no processo de cura de nossas chagas interiores. Essa é a razão para que eu tenha lhe dito que felizmente você está curado. Libertou-se de muitas ilusões que carregava.

– Pai João, ocê fala palavra boa. Intendo que morri. Sabia que ia vivê de novo, tinha fé. Mais a vida de Tião num foi tão ruim ansim. Era escravo, mais aprendeu a tê pacença, fui vendo que revorta era pió, num tinha mais jeito de vortá pra terra donde vim. Guardei lembrança boa, fui viveno. Dispois, quando fiquei mais véio, tinha dó dos nego novo que ia chegano, num sabiam nada, intão cumecei insiná eles. Arguns intendiam, otros não.

– Justamente, Tião, você aprendeu a se compadecer das dores alheias. Compreendeu que todos somos iguais para a dor. Não mais infligiu sofrimento; ao contrário: lutou como podia para abrandá-lo em seus companheiros de senzala. Convidou-os à resignação e com seu exemplo ajudou-os muito, ao mesmo tempo em que realizava a sua libertação.

– Num foi tão difíci ansim. Se ocê diz que tô bão, eu credito.

Muitas veiz eu sonhava na senzala que era home ruim, tinha feito muita guerra, matado muita gente e feito mais ainda sofrê pur causa do que eu queria. Via muitas muié e criança chorano, era sonho ruim, acordava aflito. Isso tem arguma coisa a vê cum o que ocê disse, da vida nos devorvê o que nóis dá pra ela? Pregunto purque quando tava na senzala muitas veiz pensava nisso.

– Nossos sonhos, Tião, são portas abertas à vida espiritual. Muitas vezes, durante o sono, temos encontros com nossos amigos e familiares, e até mesmo com nossos inimigos, que vivem na matéria por vezes distantes de nós ou que já estão no mundo espiritual. Vai ser bom ou não conforme forem as relações que tenhamos estabelecido. Também acontece, como é seu caso, de despertarem lembranças do passado, de nossas outras existências, para que compreendamos melhor a justiça de nosso dia atual. Era o que acontecia com você. Sentia-se aflito porque, após conhecer o sofrimento do cativeiro, a dor de ser separado das pessoas que amava, você compreendia o que havia realizado anteriormente. Esforçou-se e venceu. Não mais lhe trarão aflição essas lembranças, são questões superadas. Com o tempo você recobrará a lembrança integral de seu passado e compreenderá ainda mais a justiça divina. – Esclareceu pai João.

– Tião intendi. Mais que lugá é este?

– Estamos em um posto de atendimento a companheiros que retornam recentemente da matéria, desencarnados como chamamos aqui. Ficará algum tempo, até se recuperar plenamente e situar-se nesta vida.

Abrindo um amplo sorriso, pai João prosseguiu, com muita alegria:

– Depois, Tião, de alguma folga, "ocê vai trabalhá", preto "véio"! Tem muito neguinho "precisano" de seus "conseio" lá na terra...

Retomando sua linguagem comum, pai João completou:

– Tudo quanto aprendemos temos o dever de ensinar.

– Ocê sabe falá que nem Tião! – Surpreso, Tião ria dos modos de pai João.

– Ô! Se pai João num vai "sabê", nego! "Tamém" já fui escravo, que nem "ocê". Dizia coisa certa de modo errado. Mas isso não importa, é a ilusão da forma, a realidade é o conteúdo. Preconceito é o que impede de ver e aprender. Você vai falar certo e errado conforme desejar e precisar, Tião. Mas agora descanse, voltarei logo.

Dizendo isso, pai João despediu-se alegremente, deixando Tião tranqüilo e feliz.

..*

Finalmente, num porto muito rústico, aportava João na terra das charqueadas.

Chegava abatido, alquebrado, pouco lembrava o negro forte e vigoroso do navio negreiro. Sua expressão demonstrava um cansaço grande. A trágica morte de Raquel o abalara profundamente.

A seus estranhos e dolorosos sonhos somava-se agora a recordação vívida dos dias do tronco amarrado ao lado do cadáver da amiga. Após a rebelião fracassada todos o haviam culpado, mas em seu coração João sabia que Raquel não o teria condenado. A prova disso é que a negra fizera uma drástica escolha: preferira morrer presa ao laço de seu caçador a admitir a derrota.

Sentia falta de sua companhia vibrante. Guardava, também, um sentimento pesado que tinha dificuldade em identificar em relação à morte de Tião. Lembrava freqüentemente seus conselhos, revia, em pensamento, o brilho cálido de seu olhar. No tempo que permanecera na Fazenda da Cruz, Tião e Raquel haviam substituído a família que deixara em Angola. Novamente ele perdia tudo, passava por outra viagem em navio negreiro e chegava a um destino parcialmente ignorado.

Fora vendido como uma reles mercadoria, desprezível e de pouco valor. Compreendera bem a situação: o feitor Quintino o entregara ao capitão do navio em troca de parcas moedas.

– Leve esse negro da peste daqui, homem, lá pras charqueadas!

Deu muita incomodação lá na fazenda! coronel não qué nem vê ele mais. Ia matá, a dona Rosa que não deixou, pediu pra vendê. Leve isso daqui! – Dissera o feitor Quintino ao capitão do navio.

– Com prazer, Quintino. Diga ao coronel que ele encontrará o destino traçado. Vai pras charqueadas. Como sabe, lá eles não se importam de comprar encrenqueiros. São tratados como merecem, em pouco tempo lá, ele vai se acabá! – Respondeu rindo e olhando friamente para João, como que avaliando quanto aquela transação de compra e venda humana lhe renderia.

João sentira-se ferver de raiva. Sem o menor pudor, dispunham da vida e do destino dele. Nem ao menos lhe consultavam; era obrigado a aceitar qualquer determinação. Mais uma vez amarrado, foi jogado em um porão de navio. Dessa vez, porém, tinha como se comunicar com seus companheiros e entendia tudo quanto ouvia. Fácil foi informar-se de seu destino e antecipadamente saber que ele era cruel. Os demais escravos que seguiam para as charqueadas tinham uma trajetória bastante parecida com a sua e, por isso, reclamações e palavras carregadas de revolta e ódio eram a tônica das conversações.

Não demorou muito para João perceber que assim também falara a seus companheiros de senzala que antes de sua chegada estavam vivendo resignados, escravos, mas sem sofrimento físico, aceitando a vida e livres do jugo do rancor e do ódio que escraviza o pensamento, mantendo-o aferrado ao sofrimento moral muito pior que o físico, porque queimava por dentro, sem tréguas e sem alívio.

Se durante a primeira viagem aprendera a pensar no que infligira a seus antigos prisioneiros, agora percebia claramente a diferença entre as idéias ensinadas por Tião e as ouvidas de seus companheiros de viagem. João amadurecia, lentamente.

Descendo do navio, João olhava à sua volta. Brusca mudança de paisagem se operara. Deixara para trás as matas verdes e altas, o céu sempre azul-claro e quente da Fazenda da Cruz. Estava num local de céu cinzento, onde vez por outra viam-se pequenas nesgas de azul, bem mais escuro, poucas árvores, uma grande extensão de campos cobertos de grama selvagem e muitos arbustos. Até mesmo a água era diferente: nada das ondas esverdeadas quebrando na praia, mais parecia uma imensa bacia com águas amareladas cercadas de areia grossa e em tons de amarelo-claro.

Um vento frio lhe arrepiava a pele nua dos braços, parecendo capaz de enregelar-lhe os ossos. João não sabia o que era o frio, sempre vivera em clima quente. "Este lugar é mesmo ruim, nem precisa apanhar para sofrer, é triste", pensava ele observando seu novo destino.

Um homem grande, forte, calvo, com largos bigodes, rosto parcialmente coberto por um chapéu escuro e trajando roupas muito estranhas aos olhos de João o puxou e segurando-o firmemente pelo braço e avaliando-o.

– Capitão, que informações me dás deste crioulo? – Perguntou o estranho em voz muito alta.

– Veio da Fazenda da Cruz, serviu um ano ou pouco mais lá. Aprontô uma fuga de escravos e o coronel que era dono dele mandô vendê pra cá. Nos canaviais não ficam com esses tipos... – Disse o capitão notando o interesse do capataz José, homem de confiança de um dos charqueadores mais ricos daquela região. Poderia fazer bom negócio se conduzisse a conversa de forma adequada e ele era experiente no trato com os capatazes, como eram chamados os feitores do sul. Tanto era experiente que logo viu um sorriso desenhar-se nas feições do capataz e ouviu-o declarar:

– É xucro o bicho! Gostei dele! Domar esses animais é melhor que caçar animal brabo. Dá gosto de vê eles gritar. Levo esse para a charqueada.

O capitão sorriu ainda mais amplamente – o capataz nem ao menos perguntara o preço, assim não iria haver pechinchas no pagamento.

João foi mantido separado próximo a uma carroça puxada por uma parelha de bois. O capataz José separou mais quatro negros e foram todos embarcados na parte traseira da carroça, enquanto ele seguia na boleia junto com outro escravo que assistia a tudo com expressão pesarosa.

O frio era impiedoso e os escravos recém-adquiridos uniram-se buscando proteção de seus corpos para se manterem aquecidos.

Seguiram por uma estrada de terra marrom; viam em muitos pontos a vegetação queimada nos campos e ouviam um leve assobio do vento frio. Passaram por casas pequenas feitas de torrões; não viam lavouras, apenas algumas hortas e esporádicos canteiros de flores. Tudo quanto viam eram animais – gado bovino – ocupando toda a extensão do local. Pela estrada cruzaram com uma tropa, viram alguns escravos e homens brancos montados a cavalo conduzindo várias cabeças de gado na mesma direção que seguiam. João notou que todos usavam roupas estranhas,[2] mas que deveriam aquecê-los do frio; ouvia-se o latido de cachorros buscando rezes que se desviavam da tropa.

Depois de muito sacolejar na carreta, cruzaram os portões de uma bela propriedade. Uma majestosa casa branca com aberturas azuis destacava-se na paisagem de gramíneas verdes marcadas aqui e ali por partes amareladas, queimadas pelo frio. À frente da casa havia um poço de água também branco com aro de ferro donde pendia a roldana. As janelas estavam abertas e ele podia ver cortinas finas esvoaçando; era uma visão agradável. Das chaminés da casa saíam grossos rolos de fumaça e por toda parte ouvia-se barulho de pessoas em atividade.

João teve sua atenção desviada para a porta da frente da construção. Sentada sobre uma larga calçada encontrava-se uma menina. "Parece com os anjos da capela de dona Rosa", pensou o negro, admirando a bela criança.

A carreta parou a pouca distância e João pôde ver-lhe os traços. Com negros cabelos cacheados presos por uma fita, o rosto gordinho

[2] *Nota da médium: Tratava-se de roupas típicas da indumentária gaúcha, o poncho e o xiripá. O poncho é uma capa grossa e o xiripá um pano retangular passado entre as pernas e amarrado na cintura.*

com lábios vermelhos e grandes olhos também escuros, a pele muito branca, as bochechas rosadas, a menina trajava um vestido justo até a altura do peito, forrado de rendas e fitas e depois solto até os tornozelos, onde se viam os pequenos pezinhos calçados com botinas de delicado couro. Ela brincava com as mãozinhas, vivendo em um mundo de fantasia.

O capataz José desceu da carreta e deu ordem ao escravo que o acompanhava para vigiar os negros recém-adquiridos.

– Cum esse frio, capataz, sem ropa, os nego tão qui nem se mexe... – Respondeu o escravo.

João, ouvindo-lhe a frase, considerou que era uma grande verdade: ainda que desejasse fazer qualquer coisa, não tinha disposição para nada. Continuou contemplando aquela criança que estranha emoção lhe despertava. Viu-a levantar-se e correr na direção onde estavam. Aproximou-se da carreta, contornando-a, e deparou com os novos escravos. João estava espremido entre seus companheiros. Levantando o adorável e inocente rostinho a menina os olhou com a expressão meiga e ingênua.

– Vocês estão com frio. Vou pedir para o meu vovô dar ponchos para vocês. – Disse e saiu correndo em direção à casa.

João sentiu uma inexplicável alegria ao ver aquela criança de pouco mais de três anos de idade. Encontrava seu anjo bom.

A vida selava novos rumos ao coração de João nas frias terras do Sul.

Capítulo VI

Surge o Amor

"A benevolência para com os semelhantes, fruto do amor ao próximo, produz a afabilidade e a doçura, que lhe são a manifestação".[1]

Os escravos permaneciam expostos ao vento frio em frente à casa-grande. Parecia não haver local onde aquele ar gelado não penetrasse. João observava a atividade intensa realizada num espaço mais afastado das instalações da residência. Tudo lhe era estranho, parecia novamente ingressar em outro mundo.

Via muitos negros, cabeças baixas, a maioria com os pés descalços, o que revelava, segundo os costumes locais, sua condição de escravo. O vestuário era aquele com o qual João já estava se acostumando e desconfiando ser o que lhe dariam: todos usavam um pano grosso amarrado na cintura por uma faixa de couro, como pudera ver quando um deles montava um cavalo bem próximo da carreta e o tal poncho, em cinza e preto. Vira até algumas mulheres negras com aquelas roupas,

[1] *Allan Kardec,* O Livro dos Espíritos, *item 6, cap. IX. Trad. Salvador Gentile. Araras: IDE.*

mas as que se movimentavam em torno da casa-grande se vestiam de forma diferente: usavam vestidos compridos e coloridos, com os ombros à mostra sobre os quais usavam xales de lã escuros.

Vagueando o olhar à sua volta, João percebeu o retorno da bela criança que o encantara. A menina descia os poucos degraus que separavam a calçada do pátio gramado em frente à construção, trazia nos braços um amontoado de tecido e vinha com passos vacilantes, em razão do peso incomum que carregava. Notava-se que a menina usava de toda a força que seu pequeno organismo possuía. De repente tropeçou e rolou nos degraus. João, sem pensar, pulou da carreta e correu ao lado da criança para socorrê-la.

Por toda sua vida sempre lembrou aquele momento em que tomara nos braços a pequena menina de cabelos negros e ela o olhara assustada, encostando-se nele em busca de proteção. Ficou mais tempo do que o necessário com a menina nos braços, como se houvesse encontrado finalmente seu tesouro; sentiu-se ligado àquela criança como antes nunca o fora a ninguém. A pequena não chorara e quando delicadamente João devolveu-a ao chão, ela o olhou meigamente e pediu:

– Tu me ajudas a levar os ponchos?

João sabia que nada mais ele negaria àquela menina, não importando a quais ordens teria que desobedecer para isso:

– Craro que ajudo a minina! – Respondeu João e junto com ela recolheu os dois ponchos que se haviam desdobrado e estavam caídos.

– Quero levá lá na carreta. Você tava lá, não é? – A voz infantil, que há muito João não ouvia, dava-lhe profunda calma e desde que aceitara a proteção de seus braços sentia ser-lhe necessário.

– É, tava, sim.

– Como é teu nome? – A menina era falante e curiosa.

– João de Deus é comu me chamam.

– Eu sou a Carolina, mas me chamam de Nina. Meu avô comprou vocês?

João sorriu. Era impossível resistir à conversa da menina. Mas a menção da transação comercial que o envolvera fê-lo lembrar-se imediatamente de quem era agora e de que desobedecera à ordem de ficar na carreta. Quase no mesmo momento o escravo que conduzia o veículo viu-o junto com a pequena e veio ao encontro deles. Dirigindo-se a João, disse:

– Que tu pensa que tá fazeno? Nem bem chegô já qué senti o rebenque no lombo? Vorta pra carreta enquanto num te viru.

– A minina caiu, vim ajudá! – Respondeu João.

– Ele é meu amigo, Honório, não xinga ele! – Declarou Nina, olhando o escravo com ares de severidade.

Nina era querida por todos na fazenda, inclusive pelos escravos que pouca importância davam aos filhos de seus senhores, mas que tinham afeto pela caçula da charqueada.

– A sinhazinha Nina tem que vortá lá pra casa-grande. Num tem que se envorvê cum os nego! – Falou Honório. – O sinhô num vai gostá de vê a minina aqui.

– Meu avô tem visita. Não ouviu o que pedi, então resolvi trazer sozinha os ponchos pra eles. Honório, eles tão com frio! Não viu que eles não têm roupa? – Retrucou Nina. E, segurando a mão do escravo, prosseguiu:

– O João é meu amigo! Eu caí da escada e só ele veio me pegar!

Honório sabia que não adiantava discutir com a criança e ele nem poderia fazer isso. O sinhô não pouparia castigo se soubesse.

– Intão tá. – Enquanto falava, Honório buscava com o olhar advertir João de que aquela não era uma boa política de relacionamento com a casa-grande. Nina era o xodó do avô, o barão que era dono da charqueada.

– João, leva os poncho pra carreta e a sinhazinha vai lá pra casa-grande, senão Honório e João vão apanhá do sinhô barão.

– Por que meu avozinho faz isso? Tu já apanhou, João? – A menina não dera a menor importância ao pedido de Honório que, impaciente, olhava João de mãos dadas com a criança. "Se o sinhô visse isso ele ia se arrependê", pensava.

João, compreendendo do que Honório o alertava, abaixou-se, olhou a relutante Nina e explicou:

– Sinhazinha Nina, João tamém é seu amigo. Mais tem que vortá pra carreta. Vorte a brincá ali donde tava antes. João fica oiano.

– Nem a Bá – ela referia-se à velha escrava que era sua ama – ficou olhando hoje.

– Num fique triste, vô oiá a sinhazinha até a Bá chegá... – Reafirmou João.

– João, chega de cunversa. Vamo vortá pra carreta. Se o capataz te pega com a sinhazinha ansim de mão, tu vai tê chibata. – Ao mesmo tempo em que falava Honório empurrava João em direção à carreta.

– Carma, Honório, tem as ropa que a sinhazinha troxe! Vô levá! Os nego tão tremeno! – Respondeu João.

– Pro seu bem, João, tu é novo aqui, num sabe nada. Güenta o minuano[2] que é milhó, ti garanto. – Honório sabia que João tinha muito a aprender sobre o que era ser escravo numa saladeira.[3]

Lembrando das sábias palavras de Tião quanto a se poupar do sofrimento, João concordou e renunciou ao agasalho que estava em suas mãos devolvendo-o a Nina.

– Dispois a sinhazinha dá a ropa. Vamo fazê o que foi acertado?

– Mas tu estás com frio! Tem que usar o poncho. Leva ele, vou lá dentro, conto pro meu avô que fui eu que dei. Ele não vai batê em vocês. – Declarou Nina e não esperou resposta voltando à casa-grande em passos rápidos que faziam balançar os cachos negros de seus cabelos.

– Onde tu tava sinhazinha que não lhe vi quando vortei aqui? –

---

[2] *Nota: Minuano é a denominação dada ao vento frio que sopra no pampa gaúcho durante os meses de inverno.*

[3] *Nota: Referência usual a atividade charqueira ou saladeiril.*

Perguntou uma escrava negra, velha, roliça, à porta da casa-grande, abaixando-se para pegar Nina no colo e levá-la para dentro.

– Bá, eu caí e um dos escravos novos me ajudô. Ele tava com frio e dei um poncho pra ele. Me ajuda a contá pro meu avô, pode dizer que fugi de ti... – João ainda ouvia a resposta da menina e seu tagarelar com a escrava.

– Se não se estragá quando crescê, a sinhazinha é a única que vai prestá nessa famia... – Disse Honório. – Vamo, João, leva teu poncho, que se dexá largado vai sê pió. A Bá vai dá um jeito lá na casa-grande.

Vendo que ele olhava o poncho sem saber como vestir, explicou:

– Tem um buraco no centro; e só enfiá na cabeça! Lá na senzala vão te dá o xiripá. A gente faz cum lã de oveia; de noite, abriga do frio.

Nos longos serões noturnos, enquanto os senhores das charqueadas se banqueteavam com boa comida, vinho e doces, dedicando-se às conversas e visitas de negócios, os negros na senzala produziam seu vestuário e artefatos de couro e ferro para o trabalho. A rotina era exaustiva e poucas eram as horas de sono.

Em silêncio, os dois escravos retornaram à carreta com João trajando o poncho que seria seu companheiro por muitos invernos, lembrança da carinhosa preocupação da criança que o presenteara.

Envoltos no poncho restante os demais negros que estavam na carreta também bendiziam a travessura de Nina, em trazer-lhes agasalho.

Quando o capataz retornou, já sabia do ocorrido pelas palavras de Bá, que recebera severa reprimenda do sinhô por descuidar-se da menina, mas a ela não impunham mais castigos, pois a menina adoecia de saudade da velha negra que a criava se dela ficasse afastada sequer um dia. Onde a rica família fosse tinham que levar a velha Bá, para paz da criança. Sabedora dessa influência, ela a usava em favor dos companheiros de cativeiro, assumindo, sempre que possível, alguma falta que seria punida com açoite, e a menina – que, inocente, não compreendia as intrincadas leis que regiam aquela sociedade – agia naturalmente com os escravos.

A consciência da criança ainda não assimilara os regramentos sociais deturpados, e mostrava nitidamente que a lei natural, que todos trazemos gravada em nossa consciência, não admitia a escravidão e a desigualdade dos seres humanos.[4]

A carreta parou em frente à senzala, uma construção ampla e sem janelas, com paredes em pedra e barro, coberta com telhado em quatro abas, com grande abertura frontal, à guisa de porta, em madeira rústica com dobradiças em ferro, trancada com um grosso cadeado.

– Manda esses negros apearem. Pode ficar com eles e providenciar que se acomodem ligeiro. O patrão vai mandar comida e roupa. Depois vão lá para a olaria. – Determinou o capataz a Honório.

– Tá bem, capataz. – Concordou Honório saltando da carreta. Dirigindo-se, então, à parte traseira, disse aos recém-chegados:

– Vamô apeiá. Vô acomodá ocêis e, dispois, serviço!

Nem tanto por entenderem as expressões de Honório, mas pela compreensão de que estavam diante da senzala, João e seus outros companheiros desceram e o seguiram.

O interior era escuro; apesar da claridade do dia, viam-se nas paredes algumas tochas.

– É aqui que ôceis vão durmi. Os pelego ficam naquela paia! – Disse, apontando para um grande monte de couros curtidos cobertos com uma lã esbranquiçada. – Cada um de ôceis podi pegá dois, as paia fica ali! – Apontou outro monte de feno seco. – É ajuntá um monte, botá os pelego em cima i tá pronta a cama.

– Num tem nem corchão de paia? – Perguntou João. – Na outra fazenda os nego tinha corchão de paia e lençor pra se cobri. Aqui num tem isso e inda é esse frio todo!?

– É, João, mais os pelego aquece bastante e tu guarda bem esse

---

[4] *Nota do autor espiritual: sobre o tema leia-se o posicionamento da Doutrina Espírita, expresso nas questões 614, 621, 803 e de 829 a 832 de* O Livro dos Espíritos.

poncho. Aqui é ansim de dia; no inverno, tu veste ele, de noite tu deita nos pelego i te tapa cum poncho. Quando é muito frio se faz fogueira – novamente apontou um local no centro da construção onde se viam os restos de fogo recente – e a gente deita na vorta.

– E aquele otro lugá de porta fechada, ali pur donde nóis passô, que quê é? – Indagou um dos escravos.

– Tu num é bobo, heim? Já viu donde tem que ficá longe. Ali é o lugá dos castigo. O sinhô barão num castiga mais os nego no pátio, pur causa da sinhazinha. Intão ele mandô fazê esse lugá aí. Só o capataz e o sinhô barão tem a chave, nem o fio dele, o pai da sinhazinha Nina, num tem, nem entra aí. – Respondeu Honório.

– Ocê já foi castigado, Honório? – Perguntou João

– Ô se já! Um montão de veiz. Num tem nego ou nega aqui que escapô do castigo, só a Ba! Desde que ela cuida da sinhazinha num recebe castigo, mais tamém a nega véia apanhô muito antis. O sinhô barão nunca tá sastifeito cum o serviço, quarqué demora e os escravo apanha. Tome cuidado ôces pra num i lá pra aquele canto, os nego sai mar de lá. – Falou Honório e, dirigindo-se a João, questionou: – E tu? Já recebeu castigo?

Evocando na memória os dias passados no tronco e a morte dos amigos, João abaixou o olhar e respondeu simplesmente:

– Já.

– Oia, num pudemo perdê tempo cum cunversa, se não ôceis num vão cumê antes de trabaiá. Arrume adonde deitá logo mais. Lá vem a Florência... – Honório referia-se a uma escrava jovem que trazia um pesado caldeirão de ferro com a alça passada sobre uma acha de lenha e que entrara na senzala naquele momento. – Se virem logo pra arrumá as coisa.

– Tá qui a bóia deles, Honório. É só lhes dá as gamela e eles podi cumê. Vô vortá com as ropa e pra levá o carderão. Tu conhece o capataz, apressa eles pra não começá mar já no primeiro dia. – Disse Florência e se retirou.

Reparando o comportamento de Honório e da escrava Florência, João notava um certo temor que não vira na Fazenda da Cruz.

– Honório, num me intenda mar, mais parece que ocêis tem medo. Aquela nega, Florência, num olhô nem falô cum nóis. Pur quê? – Questionou João a Honório, enquanto seus companheiros pareciam compartilhar a mesma impressão.

– Já num disse que aqui todo mundo ganha castigo? Ocêis vão vê pur que é ansim. Agora se apresse pra não começa a aprendê já. Arrume já as coisa e vamo ficá quieto. – Como era o encarregado de alojá-los, Honório sabia muito bem que sobrariam chicotadas para ele também caso houvesse demora.

O medo era real, constatou João. Honório, visivelmente, temia o capataz e ao que tudo indicava também o tal sinhô barão. Ante essa realidade resolveu cumprir diligentemente as orientações recebidas até conhecer um pouco mais daquele local. Conforme ensinara Honório, arrumaram os leitos.

Florência retornou e em silêncio entregou as roupas – dois xiripás e um poncho para cada um –, retirando-se em seguida.

– Agora tire as ropa. Isso não presta pro frio. Vô insiná como se usa xiripá. Já vô dizeno, lá na olaria onde ocêis vão trabaiá até começá as matança, tem que puxá as ponta dele bem pra cima na barriga, pra não moia no barro. – Honório tomou o xiripá nas mãos. Era um pano retangular, confeccionado com lã de ovelha crua; tinha cheiro forte, sendo áspero ao toque. Honório passou-o pelo meio das pernas, cruzando as pontas na cintura e sobre isso amarrou uma faixa larga de couro. – Aprenderu? Intão podi visti. O poncho é enfiá o buraco na cabeça. – O poncho era confeccionado com o mesmo tecido do xiripá, mesclado de cinza e preto.

Vendo que os escravos novos cheiravam as vestes, disse-lhes:

– Fede memo, num se importe, no vento agasaia bem. É mió que sinti o minuano no lombo. Dispois, cum o uso passa. Vão cumê ligeiro, que tenho que levá ocêis pra olaria. – Honório sentia compaixão dos negros recém-chegados, mas tudo quanto podia fazer era apressá-los, por isso passou a alcançar para eles recipientes de madeira, em forma que lembrava tigelas, porém bastante pesados, canecas de barro e colheres de pau. – Isso é uma gamela, cada um guarde a sua cum a coié perto dos pelego, dispois se quiserem di noite ocêis podi fazê um lugá pra guardá as coisa, que nem aquele meu, posso inté ajudá. – E apontou uma tosca prateleira feita de madeira verde e com casca, que estava recostada ao lado da parede, acomodando algumas roupas, a gamela, a colher e uma caneca de barro.

Reunidos no centro da senzala, com sua nova indumentária de trabalho, partilharam a refeição que consistia num grosso mingau com pedaços de carne seca e salgada e água. Em seguida rumaram a pé para a olaria, onde iriam trabalhar.

A caminhada exigia certo cuidado, pois os campos eram cheios de gramíneas espinhosas que Honório explicou-lhes serem conhecidas como rosetas, flores secas e espinhosas, que cravavam nos pés facilmente por serem finas e pontiagudas.

– Honório, que trabaio ocê faz na fazenda?

– Oia, João, aqui se faiz muita coisa. É diferente das fazenda lá do norte, da onde tu vem. Sei purque otros comu tu já contaro o que fazia lá. Aqui é charqueada, lugá onde se mata gado e faz charque, a carne que ocêis cumero com mingau. É boia de nego, eles vende pras fazenda lá de cima e do norte. Mais só se mata no verão, quando é quente. Nu inverno se trabaia na olaria, fazeno tijolo, teia, pote, um monte de coisa de barro, cunforme tu mostra competença vão te dá serviço. Se não aprendê fazê nada direito vai amassá barro prus otro. É o mais pesado. Vô lhe mostrá, já tamo chegano. – E apontou um grupo de prédios de tijolos à vista, com altas chaminés expelindo fumaça. – Si amassa barro na parte dos fundo, vamo lá. – Cumprindo a palavra, levou-os até onde os negros trabalhavam o barro. Havia um grande buraco cavado no solo, onde alguns escravos jogavam baldes de água tirada de um poço próximo; outros dentro, peitos descobertos, vestindo apenas o xiripá puxado o mais alto possível, amassavam o barro com os pés. Estavam enlameados e em alguns João notou olhar febril.

– Tem nego doente aí, Honório. – Alertou João, pensando não haver sido notado o estado do escravo.

– Eu sei, João. Nu inverno é comum nóis adoecê. Mais enquanto ficá de pé o capataz bota no serviço. Tem uns que ficam tão duente que inté cospi sangue, tem tossi ruim, num cura. Acabo morreno.[5]

João olhava horrorizado o cativo cair sobre a lama, o corpo estremecendo. O que estava mais próximo puxou-o até a borda do barreiro e deitou-o na grama. Vendo Honório próximo, perguntou-lhe:

– Donde tá o capataz, Honório? Tem que levá esse aí pra senzala e chamá a Florência.

– Num sei do capataz. – Respondeu Honório. – Mais vamo lavá ele, que levo pra senzala e falo pro capataz. – Virando-se para João, pediu:

– Vai inté o poço e pede dois barde de água.

João apressou-se em atender ao pedido de Honório e logo voltava ao local.

– Dá os barde aqui. – Pediu Honório enquanto retirava o xiripá; depois tomou um dos recipientes nas mãos e jogou-o sobre o corpo no do escravo. Logo após, arrancou um punhado de grama com as mãos e passou a esfregar vigorosamente o companheiro doente.

– Num fique aí oiano, João! Pega o pasto e faiz o mesmo que eu aí desse lado.

João novamente obedeceu, mas, incrédulo, perguntou:

– Honório, é ansim que eles se limpa do barro?

– É, João. Quando num é muito frio eles vão pro arroio se lavá. Mais agora num temo tempo pra leva ele lá. Intão se faiz ansim, joga água pra amassiá o barro seco, dispois esfrega bem cum capim e joga outro barde

---

[5] *Nota do autor espiritual: O clima era propício a todo tipo de infecção pulmonar, especialmente a pneumonia.*

nele: tá limpo. Se deitá ansim embarrado estraga os pelego dele e dispois que fica bão num tem cum que durmi. – Explicou Honório.

Dando por terminada a tarefa, colocou-o sobre os ombros, sem muito esforço, pois era franzino o negrinho, aparentando ainda encontrar-se na adolescência.

– Pensando mió, antes de levá ele pra senzala que tá fria, vô dexá ele nas fornaia. Quando o capataz vié, conto pra ele e levo o neguinho pra lá. – Honório preocupava-se com a demora em colocar os recém-chegados no trabalho; sabia que se o capataz José soubesse daquele fato receberia algumas chibatadas.

Apontando o interior do prédio maior, com altas chaminés, Honório convidou-os:

– Ocêis vão cumeçá a trabaiá lá. Vão cuidá dos forno, onde queima o barro. É o mió lugar pra se trabaiá no frio. Cuide pra fazê direito! – Dizia ao grupo recém-chegado. – Lá num é frio, só tome tento pra não saí no frio de gorpe que faiz mar. O Dorico vai insiná ocêis. – Completou, apontando um negro forte e musculoso que ficava próximo às portas do forno. Também estava com o dorso nu, mas suava em razão do calor exalado dos fornos; sobre os cabelos pousavam cinzas que se viam no ar.

Passaram a trabalhar nos fornos da olaria. João rapidamente aprendeu as tarefas. Trabalhou vários meses na olaria. Aprendeu como os demais a temer o capataz e seus homens, que andavam com relhos e rebenques em punho e os aplicavam aos escravos se notassem que paravam um segundo sequer. Era raro o dia em que vários negros não recebiam chicotadas.

Ao lado de Dorico, João trabalhava em silêncio. Procurava lembrar-se de Tião, de sua filosofia de vencer a escravidão sofrendo o menos possível. Via aquela mesma atitude de resistência passiva na velha Bá, que burlava o sistema graças ao afeto que lhe dedicava a sinhazinha Nina, usando essa influência para aliviar o sofrimento dos irmãos de cativeiro.

Ao longo daqueles meses estava sendo vitorioso em seu propósito. Freara as atitudes intempestivas e revoltadas, mas no pensamento ainda acudiam desejos de liberdade, ânsias de fugir, rebelar-se, porém a vigilância era severa na charqueada. O capataz tinha a seu serviço muitos capitães-do-mato e, olhando aqueles negros libertos que caçavam os escravos, João via em seus olhos refletidos os mesmos sentimentos que alimentavam nas guerras tribais em Angola. Também ele naquela época não refletia que destinos teriam seus prisioneiros. Desejava apenas provar ser o melhor, subjugar o outro.

Quando pensava no passado, nas noites frias, deitado nos pelegos da senzala, reconhecia que era interiormente outro homem. Abrandara-se. Desde a viagem no navio negreiro desaparecera a beligerância de seu caráter. Comandara uma rebelião na Fazenda da Cruz, visando à liberdade, mas ela fora frustrada e carregava na consciência a dor da morte de Tião e Raquel. Somente se sentia em paz quando via sinhazinha passeando com Bá nos arredores da casa-grande. A menina sempre sorria para ele. Freqüentemente fugia da velha ama e corria para perto dele em frente à senzala; com a graciosidade própria de criança, pulava em seu colo quando o encontrava sentado à porta e lhe contava o que fazia, como estavam os gatinhos que criava e assuntos de seu universo infantil.

Era bastante comum ver João, altas horas da noite, tecendo balaios, o que aprendera a fazer na Fazenda da Cruz, e cestas para a menina brincar com os bichanos, bem como lhe modelando pequenos objetos em argila que queimava junto com outras peças da olaria para lhe dar de brinquedo; como ela não podia levá-los para a casa-grande, João guardava-os entre suas coisas. Era o seu segredo, compartilhado com Bá e a pequena sinhá Nina.

Demonstra-se amor por meio de pequenos gestos. O temido guerreiro de Angola, o líder rebelado, dobrava-se aos encantos e à ternura de uma menina branca. A vida tem estranhos e justos caminhos para atingir seus propósitos.

Capítulo VII

Bendito Trabalho

"Deus fez da felicidade o prêmio do trabalho e não do favor (...)".[1]

Pai João caminhava placidamente pelos corredores da instituição que abrigava Tião. Era chegado o momento de iniciá-lo nas tarefas de apoio aos escravizados. Nas últimas conversas havia notado claramente a saudade com que ele falava de seus companheiros de existência.

A sabedoria de Deus em deixar que o amor floresça livremente permite que haja situações em que a lógica nos diria ser absolutamente adverso o surgimento de sentimentos profundos. Como alguém pode amar seus carcereiros? Pessoas que contribuem para a manutenção do sofrimento? Mas, fato é que, além da lógica, o homem ama, e necessário é que o faça para sua real libertação dos cativeiros de relações estabelecidas por outros sentimentos de natureza inferior. Jesus recomendava o amor aos inimigos, ainda que se compreenda

---

[1] *1 Allan Kardec,* O Céu e o Inferno, *item 32, cap. VII, primeira parte. Trad. Salvador Gentile. Araras: IDE.*

esse sentimento com nuances muito diferentes daquele amor que devotamos aos amigos. Amar é preciso. É o caminho da liberdade real, pois permite a compreensão de todas as coisas transitórias e sem importância que nos escravizam os sentidos.

Tião conquistara a vitória sobre suas imperfeições; abria-se diante dele o caminho da regeneração. Trabalhara muito, conquistara a felicidade que gozava. Sabia quanto lhe havia custado de compreensão, resignação, piedade e por fim de amor ao trabalho e às pessoas a quem servia. Ele não fora apenas escravo do coronel Firmino, fora o servidor de todos, aquele que se fizera o menor para contribuir ativamente com a paz no meio em que estava inserido e era chamado a trabalhar.

Pai João meditava a respeito da melhor forma de convidá-lo ao retorno, quando parou à porta de seu quarto. Bateu levemente e quase de imediato Tião abriu a porta.

– Vejo que estás bem disposto, Tião. – Disse, à forma de saudação, pai João.

– Muito bem. Tô inté sintino farta de fazê arguma coisa. Inté agora só fiz aprendê. As moça são boa, tem pacença. Mais Tião qué trabaiá. Sabe, pai João, passô todo cansaço de sê véio, num tem mais dor ninhuma. Sei que continuo pareceno véio, mais mi sinto novo.

– Suas forças retornaram, Tião. Para o espírito não existem tempo nem idade, por isso você se sente bem. Já está plenamente desligado da matéria, não lhe sente os efeitos. Essa será sua condição permanente como espírito.

– Intão aqui num se trabaia mais? Só ansim pra num cansá.

– Ao contrário, Tião. Trabalhamos – e muito! A vida é trabalho em toda parte que você observar. Trabalhar é construir nossa felicidade. Veja o seu caso: desencarnou bem, foi atendido, teve um despertar de consciência calmo, tranqüilo, por quê? Já se fez essa pergunta Tião?

– Pai João, Tião tá aprendeno bastante coisa, já sabe inté coisa que nunca imaginô fosse fazê. Tião tem aula, ajuda cuidá dos outro às veiz, foram muito pocas inté agora. Mais num pensô nele, não. Num é ansim cum todo mundo que morre?

– Não, Tião. Nossas condições aqui dependem diretamente de como foi nossa existência na terra. Aqueles que se dedicam à exclusiva satisfação de seus instintos e necessidades não são capazes de lançar um olhar além de suas próprias vidas. Esses não se libertam. Quando desencarnam acabam ficando ligados aos seus interesses, recusam ajuda. Não aprenderam a calma de analisar as situações e a humildade de ouvir o outro; estão presos a seus desejos e sentimentos. Sofrem muito em alguns casos. Somente aqueles que trabalharam seu mundo interior, que cumpriram seus propósitos, que suportaram as adversidades buscando o melhor conseguem despertar felizes. Têm a consciência tranqüila, de nada haverem deixado à retaguarda. Tudo quanto você usufrui não é um favor de Deus, é fruto da sua conquista. Ele nos dá a liberdade de ação diante da vida para que saibamos o exato valor de nossas conquistas. Aprendendo o caminho, podemos colaborar com a criação, trabalhando pelo progresso dos nossos semelhantes.

– É ingraçado falar de liberdade quando fui escravo. Mais só nos primeiro tempo mi senti preso. Tinha raiva, odiava os branco e alguns nego tamém. Achava que a vida num valia nada. Dispois fui mudano, mudano, nem vi comu aconteceu. Só outro dia, quando tava lembrano tudo, que mi dei de conta disso que ocê falô. Eu só fui escravo quando queria tê o que num podia, quando tinha ódio; dispois que isso passô eu mi achava livre, inté esquecia que era escravo do coroné e da sinhá. Aprendi mi interessá pelas coisa, pelos outro e isso mi feiz utir. A vida de Tião era diferente na terra dele, mais num pudia mais vortá, aceitei que tinha perdido e cumecei de novo, de jeito diferente.

– É essa sabedoria que precisamos aprender. Lutar por mudar a nós mesmos, aceitar o que não tem possibilidade de retorno na vida, trabalhar, jamais nos isolarmos do meio em que vivemos, mas interagirmos com respeito ao nosso companheiro, seja ele quem for, de que raça for, isso não importa; interessa lutarmos com as armas que temos por uma sociedade micro ou macro, mas sempre renovada, liberta de ilusões que escravizam e geram sofrimento.

– Gostu tanto de ouvi ocê, pai João! Comu ia fazê bem aos meus nego que ficaro lá na fazenda ouvi essas palavra. – Tião abraçou pai João, surpreendendo-o com a demonstração de afeto. Ele expressava-se não só com palavras, mas parecia ter o desejo de falar com todo o seu ser da alegria e da gratidão que sentia.

Retribuindo o abraço e batendo-lhe gentilmente nas costas, pai João respondeu:

– Mas eles podem me ouvir. Aliás, não só a mim, mas a você também. É por isso que vim até aqui, para convidá-lo a me acompanhar em trabalhos na terra. Como lhe disse, auxiliamos o povo negro escravizado no Brasil; somos muitos e estou convidando você para se juntar a nós. Então, que me diz? Qué trabaiá, nego véio?

A alegria de Tião era imensa. Dizer que seu rosto brilhava de emoção seria pouco; todo o seu ser rejubilava-se. Ele tinha vontade de cantar, dançar, gritar! Não sabia como se expressar, até que toda euforia se acalmou e algumas lágrimas rolaram em seu rosto negro e enrugado. Por fim respondeu:

– Tião num sabe nem agradecê a pai João. Mais se ocê diz que ele podi trabaiá pra ajudá o povo dele, Tião vai cum ocê e bedece tudo que mandá fazê. Tião tem sudade dos nego que era amigo dele... – Confessou, chorando. – Num divia... Tião sabe que aqui todo mundo é bão cum ele, são amigo. Mais Tião senti farta dos otro.

Abraçando novamente o amigo, pai João deitou a cabeça de Tião em seu ombro e o acalentou; com paciência esperou o amigo superar os sentimentos que extravasava e disse-lhe:

– Quem lhe disse que ter saudade é errado? Não é por estar no mundo espiritual que você vai deixar de amar os que ficaram na matéria. Nós só mudamos a forma, não o conteúdo, Tião. Quem ama sente saudade – é natural. Agora fique feliz e deixe as lágrimas para trás, você vai revê-los em breve. Mas precisará de toda sua alegria e serenidade para ser uma boa visita para eles.

– Nóis vamo vortá na fazenda, pai João? Lá na senzala que Tião morava?

– Vamos, Tião! Voltaremos lá e iremos a muitos outros lugares. Prepare-se, logo mais venho buscá-lo.

– Num pudemo i agora? – Tião tinha pressa; dominar sua ansiedade seria tarefa difícil.

– Não, Tião. Tenho outras atividades que me exigem atenção. E você precisa meditar e preparar-se intimamente para o trabalho. Dê um passeio, observe a natureza, procure conquistar a calma interior, acostume-se com a idéia até que ela lhe pareça natural e fale com Deus: exponha seus anseios, peça sua ajuda. Fazendo assim, vai dominar a ansiedade e estará sereno na hora programada. Fique em paz. – Acenando-lhe com a mão, pai João retirou-se sem fechar a porta em um convite silencioso para que Tião seguisse sua orientação.

..*

O longo inverno chegava ao fim nos pagos gaúchos. Lentamente o frio cedia espaço ao céu claro da primavera. As extensas planícies e os campos cobriam-se de flores brancas, lilases e amarelas. As árvores estavam copadas e floridas, e os pássaros enchiam o ar com um alegre trinar.

João, pouco a pouco, passava a apreciar aquela terra tão estranha em seu princípio. Era uma natureza caprichosa e inconstante, como uma mulher temperamental, mas bela sem dúvida. A vastidão de terras que podia contemplar com a visão até unir-se ao firmamento, em um casamento entre o verde e o azul, fazia nascer o desejo de galopar livre e sumir naquele encontro natural. Tudo mudava. Os rigores do frio desapareciam e o renascer da natureza se refletia em todos os seres vivos.

Na charqueada, nos primeiros dias de setembro de 1850, a atividade era intensa. Nem bem raiara o dia e os escravos eram chamados ao trabalho, já chegava a primeira tropa de gado para o abate.

A sociedade rural da época contemplava a existência dos trabalhadores livres, os tropeiros ou os peões, a maior parte de origem platina; habilidosos laçadores e domadores, caçavam o gado xucro existente na grande extensão territorial dos campos neutrais e os vendiam às charqueadas. Essa prática foi diminuindo rapidamente com a escassez do gado xucro, daí surgindo a necessidade da criação de estâncias dedicadas à pecuária para suprir a demanda da próspera indústria saladeiril.

Encantado, João olhava a poeira ao longe levantada pela tropa; podiam-se ouvir o trotear dos animais e os gritos animados dos peões.

Não demorava surgia à porta da charqueada das Tálias a figura imponente do barão Gonçalo, homem forte apesar de seus 50 e poucos anos bem vividos, cabelos grisalhos, testa alta e larga, vivazes olhos escuros, e o rosto marcado por algumas rugas, expressão severa, muito bem trajado com altas botas de couro, com adereços em prata, calças de montaria, camisa e casaco da melhor qualidade, e ao pescoço o lenço vermelho maragato, definidor de suas posições políticas.

Há alguns anos o Acordo de Pedras Altas pusera fim à mais longa guerra interna travada no segundo Império, e justamente em solo gaúcho, tendo por estopim a excessiva cobrança de impostos sobre o charque, principal produto de exportação da Província de São Pedro.

O barão ainda não digerira devidamente o acordo e, como muitos outros, mantinha o lenço vermelho ao pescoço em atitude de desafio ao poder central. Era um homem de personalidade forte, não recuava em seus propósitos, arrogante, orgulhoso, endurecido – assim era o barão daquela charqueada, título, aliás, conquistado ao peso do ouro e não fruto da tradição familiar.

Os títulos nobiliárquicos e o próprio Império constituem um capítulo digno de comédia na história recente, em que tudo era uma imitação européia travestida com ares tropicais. Mas barão Gonçalo muito se orgulhava de sua posição social privilegiada, absolutamente esquecido de que ela se construíra à custa do sangue e do suor do povo africano escravizado.

De onde estava, João ouvia a conversa entre o capataz José e o barão:

– Lá vem a primeira tropa, barão. Tudo já está pronto, do jeito que o senhor gosta. – Dizia respeitosamente o capataz.

– Muito bem, José. Este ano vamos abater mais cabeças do que nos anos anteriores. Precisamos recuperar os prejuízos que nos deixou a campanha farroupilha. Não foram bons anos, em se tratando de finanças. – Falou o barão e, olhando o gado que se aproximava, prosseguiu: – E, pior, ainda não sei por que rumos seguem nossos governantes... Não tinham pior hora para se apiedar dos negros e proibirem a importação de mão-de-obra. É um problema sério porque esses animais não se reproduzem, são muito parecidos com o gado xucro que dia a dia escasseia nos campos. Agora vamos ter que criar negrinhos e, pior, essas negras não emprenham com facilidade, fazem de tudo para pôr a cria fora. Este ano mesmo: já estando difícil a compra de escravos direto da África, tive que comprar mais encrenqueiros do Norte, da mesma forma que os outros charqueadores. Tivemos uma reunião na cidade e, temendo outra revolta como a dos negros de Minas, decidimos aplicar o máximo rigor para eles saberem que se fugirem ou desobedecerem será muito pior. Portanto, capataz, a ordem é não poupar esses negros! Ao menor sinal de rebeldia, desça a chibata! Se tiver problemas mais sérios leve-os para a senzala. Minha neta Nina é muito sensível, puxou a falecida avó nessas coisas... Não pode ver os castigos e ainda é criança, não entende, melhor evitar problemas. Estamos entendidos, capataz?

– Sim, barão. Vai ver que este ano a charqueada vai correr muito bem e não vamos ter problemas de disciplina com os escravos. – Enquanto falava, o capataz sorria e acariciava o longo chicote que carregava na mão.

– E os platinos, onde vão montar acampamento?

– No galpão, barão. Eles não precisam de muito luxo; estão acostumados a dormir ao relento. Cantoria, churrasco e bebida e eles estão satisfeitos. Se incomodarem as negras, farei de conta que não vi, e pelo que o senhor falou até vai ser bom se algumas ficarem prenhas. – Falava o capataz, já descendo as escadas e preparando-se para receber o chefe dos tropeiros. – Vou conferir o gado, barão, e se tudo estiver de acordo acompanho o Castelhano até seu escritório, está bem?

– Como sempre fizemos, José. Vou aguardá-lo.– Com essas palavras, o barão dispensou o capataz que rapidamente se aproximou do cavaleiro que galopava à frente da tropa.

O barão retornou ao interior da casa-grande da charqueada e João ficou no pátio a cismar nas palavras que havia ouvido enquanto aguardava suas tarefas.

– Tu tá parado, João. Se o capataz te pega, tu bem já sentiu as chibatadas dele outro dia. – Advertiu Dorico, que chegava trazendo uma grande quantidade de cordas. Vinha acompanhado de Honório, que o secundava na atividade e com a cabeça fazia gestos de concordância com as palavras de companheiro.

– Ocêis num viru que ele tava de prosa cum o barão? – Mas, para evitar qualquer forma de agressão, aproximou-se dos companheiros e fez de conta que os ajudava – somente assim conseguiam conversar.

– Não, João, essas cordas são pesadas e cortam a carne da gente; tem que tomá cuidado pra carregá, senão ficamo todo esfolado. – Respondeu Dorico – Mais já que tu tava ouvino, podi contá, né?

– O sinhô barão falô um mundo de coisa que num sei direito que era, mais uma coisa prestei muita atenção. Fizero uma tar de lei e pur causa disso, num podi mais trazê nego da África. Eles tão preocupado que os nego vão se findá e querem que a gente tenha fio. O capataz disse inté que pudia deixa os home que tão chegano deita cum as escrava! – Relatou João.

– Feiz bem de ovi, João, mais da próxima veiz se esconda pra evitá que lhe peguem. Ansim que dé, vô falá cum a Bá pra ela avisá as muié que tome cuidado. – Disse Honório. – Agora já abusamo dimais da sorte. Vamo cada um fazê arguma coisa, senão o capataz discunfia.

E, como haviam combinado, cada qual envolveu-se em outros afazeres. Honório, tão logo pôde, avisou a velha Bá dos planos do capataz; ela se encarregaria de alertar as escravas mais jovens. A notícia da proibição da importação de novos escravos dava-lhes enorme alento.

João, que participava pela primeira vez de uma matança, inicialmente gostou da agitação dos peões, das cantorias que faziam no pátio e da forma mais humana como tratavam os negros. Notou que vários deles eram negros e traziam os pés calçados, o que significava que eram libertos e conviviam harmonicamente, apesar de comporem um grupo grande do qual o tal Castelhano era o líder.

Algum tempo depois, quando Castelhano saiu da casa-grande, soou um apito agudo e os negros correram até um brete próximo. A peonada começou a conduzir o gado. Vinham montados a cavalo, laçavam o animal e o derrubavam, às vezes tendo de puxá-lo pelo rabo; faziam isso com vários animais ao mesmo tempo. Então, escravos saltavam dentro do brete com facões em punho e começavam a abater as reses. Ouvia-se o berro sofrido dos animais e toda tropa mugia triste. O som emitido pelos animais lembrou-o dos cantos tristes dos negros da Fazenda da Cruz. Na charqueada, eram severamente punidos se fossem pegos cantando ou dançando; toda diversão e, mais ainda, as crenças primitivas eram proibidas.

Novamente, João conscientizou-se de que, para os senhores brancos, os escravos não passavam de animais, como ouvira o barão dizer. Ignoravam os sofrimentos morais e emocionais dos escravos, muito mais renhidos que os suplícios físicos, porque tinham que agüentar calados cada qual a sua dor. Logo, João viu que dos bois nada sobrava, só o berro triste que para nada servia na charqueada, pois o restante era transformado em produtos para comércio. Em um único dia matava-se uma grande quantidade de animais, restando deles enormes mantas de carne salgada que secavam penduradas em varais ao sol.

Por toda parte impregnava o cheiro de sangue; nos rostos eram visíveis a brutalidade e a expressão feroz. Era a safra de charque que durava até o final do verão. Logo, moscas e mau cheiro dominavam o local. Os negros literalmente atolados no sal sentiam a pele, das pernas e dos braços, queimar sob o duplo efeito do sal e do sol quente.

À noite o ar infestava-se do cheiro de carne assada pelos peões em fogos de chão e o som das cantorias alegrava o ambiente pesado da charqueada. Os negros na senzala ouviam a música e, deitados sobre a palha, cansados e doloridos, dormiam as poucas horas até o raiar de outra madrugada.

João fizera bom relacionamento com Castelhano; com alguma dificuldade entendia o espanhol castiço do peão, e ele prometera acobertar-lhe a fuga e dar-lhe trabalho na tropa, o que, porém, só seria possível ao final do verão. João acalentou por toda a temporada de charque a idéia da fuga. Imaginava-se vivendo como os peões, livre, calçado, dormindo ao relento e não trancado na senzala, podendo cantar e conversar com os parceiros de trabalho sem medo.

Apenas uma tristeza o assaltava: era separar-se da sinhazinha Nina, única alegria de sua vida como cativo. Quando pensava que não mais a veria correr para perto dele e levá-lo, escondido, a brincar no fundo dos prédios, onde ninguém os visse, vigiados pela Bá, sentia um aperto no peito e um pesar muito grande. Somente por ela, a cândida menina, e por seu carinho inocente, ele ficara na charqueada, suportara a pesada carga de trabalho imposta aos escravos, o péssimo tratamento e mesmo não reagira a algumas chibatadas injustas que recebera, embora muito lhe tivesse custado controlar o temperamento guerreiro que aflorava naqueles momentos.

No escuro da senzala, tomava nas mãos os brinquedos de barro que fizera para a menina e apertava-os junto ao peito, pensando em despedir-se para sempre da criança que tão fundo lhe falava aos sentimentos. Sentia seus olhos queimarem com lágrimas, ele que nunca chorara...

..*

Cumprindo o combinado, pai João e Tião retornavam à esfera terrena em atividades de amparo aos negros escravizados no Brasil. Enquanto o barão das charqueadas do Sul revoltava-se contra a Lei Eusébio de Queiroz, eles regozijavam-se, pois anteviam próximo o fim da triste provação de uma coletividade de espíritos reencarnados em solo africano para aprendizado íntimo da lei de sociedade.

As normas que regulam as relações sociais de um povo refletem fielmente seu estado evolutivo, assim, ao mesmo tempo em que visualizavam o fim da escravidão, viam também o progresso geral da sociedade que não mais tolerava os abusos do poder e a exploração da força de trabalho.

Os homens começavam a despertar para uma nova organização social em que o trabalho aparecia como alavanca de progresso, acessível a todos e fator de dignidade pessoal e coletiva. Trabalhar deixava de ser visto como atividade inferior e passava à condição de complemento para realização integral do ser humano. Floresciam na Europa os embriões das lutas operárias e nas Américas era intensa a conscientização do que representava a escravidão e da necessidade de promulgar a abolição.

Tião, inteirado do assunto por pai João, questionava:

– Qué dizê intão que ansim que morrê os nego escravo se findô? Num tem mais comu trazê otros?

– Exatamente, Tião. Mas esperamos que esse fim chegue antes e não precisemos aguardar esse longo martírio por muito tempo. Quando os homens desejam avançar, eles o conseguem com facilidade, mas é preciso empenho. Ao despertar para valores morais elevados nasce a força do ideal no coração humano; se o espírito tiver vontade forte, ele luta e vence. São vários os exemplos que a história registra comprovando essa verdade.

– Intão pai João espera qui os nego seja liberto sem precisá morrê? Mais Tião tava pensano... E se os branco quisé qui agora eles tenha fio? Comu que vai ficá?

– Você é muito observador, Tião; foi por isso que aprendeu tanto. Faz bom emprego de sua inteligência. Realmente esta é uma falha que resta, mas nunca podemos deixar nos abater pelas adversidades ou pelas realizações incompletas, ao contrário, devemos festejar as vitórias, mesmo que pequenas ou incompletas, e aurir forças para prosseguir na luta buscando a conquista plena. Nossos irmãos empenhados na luta abolicionista haverão de ter boa inspiração em seu trabalho.

– Di novo ocê tem razão, pai João, Tião sempre ficava feliz quando cunsiguia fazê coisa nova, falá com nego de outra nação qui num cunhecia.

– São coisas pequenas que compõem as grandes conquistas do espírito, Tião. Jesus ensinava que a cada dia bastava o seu mal, dizendo com isso que não devemos querer vencer todas as barreiras de uma só vez, mas sim uma a cada dia, sem esmorecimento. A luta, como disse antes, deve ser constante.

– Os nego da fazenda cum certeza fizero festa na senzala. I num vão sê bobo de fazê fio pra sê escravo.

– Inúmeros abortos têm sido cometidos no interior das senzalas e das matas brasileiras pelas negras escravizadas. E, apesar de estarem cometendo um sério delito diante das leis divinas, essas mulheres possuem a atenuante da intenção que move tal gesto. Mas, pôr fim à vida, não importa seja ela embrionária ou não, é atestado de rebeldia às deliberações superiores da vida, e um ato assim nunca fica impune. A ninguém cabe o direito de extinguir a viabilidade da existência física para um espírito. Todos precisam reencarnar para se desenvolver e evoluir. As experiências da matéria são nossa escola; vedar as possibilidades do aprendizado, por qualquer meio, vai desencadear um processo de arrependimento e reparação no futuro. Melhor evitar sofrimento.

– Tião viu muitas veiz isso cuntece. Argumas inté morrero tentano tirá criança.

– Qualquer forma de eliminação deliberada da existência é dolorosa. O arrependimento cedo ou tarde se apresenta ao ser humano. Podemos pensar em fugir dele e ante pessoas muito endurecidas chegamos a pensar que são indenes a ele. Mas, não! A sabedoria divina o inseriu na ordem natural da evolução; mais dia, menos dia, o espírito amadurece e toma consciência de seus erros, às vezes de um pretérito distante.

– E aí pai João comu faiz se já se passo tanto tempo?

– O tempo passou, pois isso é inexorável na matéria, mas longe está de significar que limpou o espírito da marca de seus erros. Ele então se enxerga e busca formas de corrigir e apagar as marcas de seu passado. O que você acha que fazem tantos espíritos reencarnados na condição de escravos atualmente?

– Tião pensô nisso. Nas aulas que vai, explicaru muita coisa e se vê que em tudo Deus é justo. – Tião, olhos brilhantes e curiosos, incentivava por suas atitudes a que pai João prosseguisse com seus ensinamentos. Encarava as longas conversas com o bondoso espírito como um carinho especial, um acréscimo a seus conhecimentos.

– É certo que a justiça do Pai é perfeita, como perfeitas são todas as suas deliberações. A condição em que reencarnamos é um fruto direto de nossas realizações passadas. Não recebemos nem mais nem menos, somente aquilo de que necessitamos para nossa evolução. Tudo é planejado para que conquistemos a felicidade com nosso trabalho, assim podendo mensurar seu exato valor. O reencarne como escravos reflete exatamente o que lhe falei. Éramos espíritos bastante comprometidos no que diz respeito ao convívio em sociedade. A muitos prejudicamos por orgulho, vaidade, ambição, inveja e tantas mazelas que enxameiam por nossos seres; abusamos da autoridade em nossa grande maioria. Dessa forma, conquistamos marcas comuns. Um dia nos demos conta delas e predispusemo-nos a superá-las. Tínhamos uma identificação coletiva, nossas marcas passadas, e elas possuem vibração própria que atrai para nós exatamente o remédio necessário a saná-las, fazendo com que a justiça divina recaia com perfeição sobre quem merece, não havendo injustiças sobre a terra senão segundo o conceito limitado da visão material.

– Intão é pur isso que no meio de tanto nego na África, arguns era prisioneiro e viero pra cá comu escravo.

– Compreendeu muito bem, Tião. É como um jogo de montar em que as peças que se encaixam agrupam-se perfeitamente e com lógica.

– Mais e os branco? Intão tá certo eles fazê os nego sofrê?

– Não, Tião. Todo abuso é contrário à lei divina. Alguns homens brancos se acham pertencentes a uma raça superior pela sua condição física; entretanto, não é a matéria que dá a condição de superioridade ou de inferioridade, mas o espírito. Podemos reencarnar em qualquer raça e sexo, conforme nossas necessidades. Já fomos brancos, amarelos, mestiços, tivemos inúmeras nacionalidades e toda diversidade de experiência e condição existe para construir e provar uma unidade divina que a tudo preside. Passamos por todas as diversidades a fim de retirar de cada uma os elementos necessários ao progresso e assim compreendermos a unidade que é a vida. O que há de mais sagrado é viver, Tião. Reverencie a vida que existe em você em toda parte, com a consciência de que estamos intimamente ligados e compondo uma unidade familiar onde apresentamos diferentes formas e a todas devemos respeito, pois são tão sagradas quanto nós. E lembre-se sempre de que sobre essa aparente diversidade há uma unidade presidida pelo Criador com amor, sabedoria e justiça infinitos.

– Intão num tá certo o que eles faiz?

– É o que lhe disse, Tião. Mas do erro deles, surge a possibilidade de acerto dos outros. Há um povo que diz que somente lobos caem em armadilhas para lobos. Isso se aplica à lei de ação e reação que lhe expliquei. Somente caíram em mãos de homens brancos vinculados ao tráfico negreiro, os espíritos encarnados que a seu turno haviam cometido erros que os tornaram suscetíveis a tais armadilhas. A seu tempo, os que agora abusam e exploram um irmão em humanidade amanhã ajustarão contas com a vida pelo desrespeito a seus postulados.

– Vão sê escravo notro lugá, intão? – Continuava indagando Tião.

– Não necessariamente. Pode ocorrer que a maioria da sociedade humana proscreva de seus hábitos a escravidão. Existem muitas formas de ensinar uma mesma lição. Hoje a escravidão tem um caráter de expiação coletiva. Amanhã poderá ocorrer que o número de espíritos comprometidos com abusos contra a sociedade seja menor. Por certo se arrependerão e expiarão suas faltas de outra forma.

– Intão Tião podia tê sido outra coisa que um escravo?

– Podia, Tião. E você já tem conhecimento disso.

– Cumé que ocê sabe disso, pai João? Tião num contô que já se alembrava de seu passado.

– Mas eu sei, Tião. E sei que continua falando assim por amor à sua última existência que lhe redimiu das faltas anteriores. Quando se anda por uma estrada se conhece as curvas que ela tem. O caminho que você está fazendo eu já fiz, por isso reconheço facilmente os sinais. Todas essas perguntas eram apenas para sedimentar sua confiança na conquista de suas memórias.

– Tião nunca vai cunsegui inganá pai João. – Declarou, sorridente, feliz que o amigo o houvesse compreendido. – Num pricisa respondê. Tião sabe que escoieu sê escravo, ansim comu escoieu ficá desse jeito – e fez um sinal apontando para si próprio – purque quis. É mió.

Pai João riu e sacudiu a cabeça sinalizando a compreensão da opção do companheiro. Desejava abrigar-se sob aquele manto simples para ser mais bem compreendido. Conforme os alunos dá-se o professor.

Alegres e harmoniosos, chegaram à Fazenda da Cruz. O tempo parecia haver parado. Tudo voltara às condições anteriores, como se nenhuma rebelião houvesse existido. O escravo João de Deus e seus ideais de liberdade a qualquer preço haviam sido esquecidos, juntamente com os demais que tinham trilhado o mesmo caminho da revolta. Eventualmente um ou dois escravos rebelavam-se e fugiam da lavoura dando ensejo a cenas de violência na fazenda.

Como não mais era permitida a importação de mão-de-obra africana, os negros passaram a ser mais poupados na fazenda. Atentos a seus negócios, os senhores haviam percebido que quanto maior a longevidade dos escravos maior seria a garantia de continuidade dos trabalhos. No interior da casa-grande, coronel Firmino e dona Rosa discutiam a viabilidade da constituição de famílias escravas, a extinção da senzala e a permissão do casamento entre os escravos construindo um pequeno vilarejo. Eram planos visando à adaptação às novas regras, garantindo as posições que usufruíam.

A um canto da grande sala de refeições,Tião e pai João presenciavam o diálogo.

– Sinhá Rosa é muié boa. Tá procupada cum o bem-está dos nego. Será qui tudo isso vai sê verdade? – Indagou Tião, olhando incrédulo seu companheiro.

– É o que lhe falei, Tião. Mesmo o mal dá boas flores. Dona Rosa e o marido não fazem planos de alteração e melhoria na vida dos escravos gratuitamente, mas porque possuem interesses econômicos que seriam, no entendimento deles, seriamente afetados com o fim da mão-de-obra africana. Nada mais lógico e lúcido do que se preocupar e buscar meios de prover a manutenção. São bons planos e serão postos em prática e o futuro mostrará que tinham razão em abrandar o tratamento dispensado ao negro. Ainda que por razões econômicas, a generosidade sempre recebe melhor retribuição que a arrogância no trato com os seres humanos. – Respondeu pai João e, prosseguindo, convidou: – Vamos até a senzala para ver nossos amigos, Tião?

Concordando, retiraram-se em direção à senzala. Sobre os colchões de palha jaziam os corpos adormecidos e cansados da lida na lavoura.

– Tão durmino os nego. Mais só de oiá pra eles Tião já tá feliz. Eles tão em paiz, ninguém tá lanhado de açoite.

– Os corpos dormem, Tião, e o espírito liberta-se. Observe um pouco mais. – Recomendou pai João.

Obedientemente, Tião pôs-se a observar; seu olhar, banhado de intensa alegria, brilhava como uma chama no escuro da senzala; uma leve brisa vinha das altas janelas refrescando a noite quente.

– Óia lá, pai João, num é qui ocê tem mesmo razão? Óia só! Meus cumpanheiro mi viru e se alembraro de Tião. – Declarou o velho, emocionado pelos gestos dos antigos amigos de senzala que com alegria pronunciavam seu nome e corriam a abraçá-lo. Maior ainda foi sua surpresa ao notar que a visita de pai João era rotineira, sendo recebido com muita alegria. Logo formavam uma alegre roda de conversa, onde se ouvia a narrativa de Tião a respeito de seu despertar, das atividades no plano espiritual, sempre pontuado por alegres intervenções de pai João a recomendar a resistência pacífica dos escravos, a aceitação das designações maiores e a insuflar-lhes a esperança da conquista da verdadeira liberdade, muito além dos grilhões da matéria. As horas passaram rapidamente. A mudança nas cores do firmamento prenunciava o breve raiar do dia e o retorno às atividades cotidianas. Pai João, notando tais mudanças pela janela, deu por encerrada a visita e como sempre elevou junto com os negros da fazenda o pensamento ao Criador pedindo forças e esclarecimento, pontes para uma liberdade perene.

Já fora da senzala, acomodados sobre a relva em frente à casa-grande, pai João e Tião acompanhavam o amanhecer.

– Pai João, ocê já vinha aqui antes de Tião parti?

– Muito antes de você chegar, eu já vinha aqui, Tião. – Corrigiu pai João. – Lembra-se da negra Marta, que o ensinou a falar português?

– Ô se alembro dela. Muita coisa ela insinô, num foi só falá.

– Pois é. Ela foi a primeira pessoa que amparei quando comecei meus trabalhos na terra. Era muito dócil às influências dos espíritos, e juntos começamos a construir um local de mais tranqüilidade para os escravos. Depois, veio dona Rosa, mulher sensata e firme, acessível às boas influências. Somando esses esforços, construiu-se um local mais ameno e pacífico. Quando minha boa companheira retornou ao mundo físico, você já estava em bem melhores condições do que quando chegou: mais amadurecido, comedido, inconscientemente trabalhando para assegurar a continuidade de nosso plano. Com o passar do tempo, você assumiu o lugar de Marta. Agora precisamos apenas acompanhar o pensamento de dona Rosa e as coisas na Fazenda da Cruz encaminhar-se-ão como em muitos outros lugares para um passo intermediário entre a escravidão e a libertação dos negros.

– Ocê cridita mesmo, pai João, qui os nego vão sê sorto?

– Plenamente, Tião. Mas, enquanto isso não acontece, a vida segue seu curso e muitos companheiros ainda aprendem a lição do cativeiro. Intão mi conta se gostô de vortá pra senzala, nego véio?

– Ô se gostô! Foi bão dimais. – A expressão de Tião era pura alegria. – Só num pensava qui ia sê ansim, cum os nego durmino. Eles vão se alembrá dispois que acordá?

– Alguns sim, outros não. – Respondeu pai João. – As atividades que desempenhamos durante o sono nem sempre são lembradas em estado de vigília, mas com certeza as experiências não se perdem; conservarão a sensação de uma noite agradável e despertarão refeitos. Um ou outro lembrará de haver sonhado com você. Principalmente os diálogos que mantivemos retornarão como inspirações nos momentos difíceis. Ocê sabe, nego, quando se diz que num sabemo comu foi que deu pra suportá as dô da vida? – Ante a muda aquiescência de Tião, continuou: – Pois é, nego, é das noite que passamo cos amigo espirituá nos acalentano e esclareceno. Aí as lembrança num se apresenta crara, mais o nego sente lá no fundo do coração que num tá sozinho e segue lutano.

– Ocê tamém tem sudade da vida comu escravo? – Perguntou Tião, curioso com as súbitas mudanças de linguagem de pai João.

– Saudade, não; gratidão, sempre! – Respondeu pai João e levantou-se estendendo a mão a Tião num convite para prosseguirem a jornada.

– Pra onde vamo? Os nego agora tão ino pra lavora.

– Você lembra, Tião, das aulas sobre os ensinamentos de Jesus?

– Se alembro sim. São muito bunita as lição dele. Cheia de sabeduria.

– Lembra-se daquela em que ele falava sobre uma ovelha perdida do rebanho, longe do aprisco?

– Sim, ele dexô o rebanho no lugá e foi buscá a perdida, e ficô muito feliz quando encontrô ela e ela quis vortá. Num é ansim?

– Você aprendeu muito bem. Nós vamos nos empenhar em seguir o exemplo de Jesus. Temos duas ovelhas desgarradas de nosso rebanho, Tião. Precisamos verificar se elas já aceitam ajuda para retornar ao abrigo.

– Pai João tá falano de quem? – Questionou Tião.

– De Raquel e João de Deus.

– Adonde que eles tão? Num vi na senzala e agora que pai João falô que dei farta deles, num tinha tumado tento. – O olhar de Tião refletiu um pouco de tristeza por não haver notado antes a falta dos amigos.

– Não se condene, Tião, por viver momentos de alegria. Você estava feliz em reencontrar seus amigos, emocionou-se, é natural que sua atenção tenha sido diminuída. – Tranqüilizou-o pai João. – João está muito distante daqui, materialmente. Foi para o Sul, trabalhar nas charqueadas, e Raquel, bem, você vai saber em breve como ela está. Vamos visitá-la primeiro, depois seguimos para acompanhar João; o local em que ele se encontra é bem penoso de ser trabalhado, contamos com pequena colaboração dos encarnados.

Pensando em rever a jovem companheira, Tião sorriu e logo estava a caminho do encontro com Raquel.

Vendo que se aproximavam das margens do riacho que cortava a propriedade, Tião perguntou:

– Pai João, que nóis tamo fazeno aqui? A Raqué num foi se imbora pro quilombo?

– Não, Tião. Era intenção de Raquel fugir para o quilombo, como era de todos os outros, mas apenas Maria e outros dois escravos conseguiram sucesso na fuga.

– Qui é feito dela intão?

– Raquel fez uma triste opção. Há pouco nós conversávamos sobre a importância de valorizar a vida. Raquel, como detentora de faculdades mediúnicas, mais que qualquer um dos outros sabia que a vida não tem fim e por isso deveria conformar-se, resignar-se às determinações superiores, buscar o apoio e a compreensão dos amigos espirituais com os quais tinha contato e que provas lhe davam da sobrevivência do espírito. Eu mesmo, Tião, muitas vezes utilizei as faculdades de nossa amiga, falei da importância da paz de espírito, recomendei paciência, calma, que buscasse uma visão mais elevada da existência na qual encontraria as respostas e a verdadeira liberdade. Porém, de forma rebelde e desesperada, ela renegou tudo isso, cedendo às ilusões da matéria. Julgou que a morte física lhe daria a tão sonhada libertação. Por isso, estamos encontrando-a neste local.

– Raqué se matô! Inloqueceu? Comu que feiz uma coisa dessa?

– Ela não venceu a luta entre a verdade e a ilusão. Deixou que as coisas materiais lhe falassem mais alto, trocou o sofrimento do corpo, na matéria, pelo sofrimento do espírito, muito mais pungente.

– Quando é que afinar os home vão cumprendê que a gente só ganha ou perdi pra si memo?

– Quando adquirirem uma visão espiritualizada da vida, Tião. Então compreenderão as palavras de Jesus: “Eu venci o mundo”, e seguirão o exemplo vencendo também seu mundo íntimo cheio de equívocos e ilusões.

– Pai João sabe cumé qui ela tá?

– Vim socorrê-la alguns dias após seu desencarne. Esperava encontrá-la arrependida, porém tive uma triste surpresa: ela estava vivendo uma fantasia.

– Comu ansim, pai João?

– Carma, nego véio, ocê às veiz prigunta demais, num sabe? – Disse pai João, brincando com o parceiro de trabalho.

– Tá bão, Tião num vai mais fazê prigunta. Tião vai ficá bem queto. – Respondeu Tião, fazendo-se de amuado ante a advertência amistosa de pai João.

– Muito bem, nego. Ti aquieta e óia a tua vorta cum atenção.

Tião sempre ria quando pai João empregava o mesmo linguajar que ele adotava.

– Purque pai João num falá sempri ansim iguá a Tião?

– Na vida, cada um faz suas escolhas, meu amigo. Como espírito, manifesto-me da forma como melhor me apraz para realização do trabalho de que estou incumbido. Nossa real linguagem é o pensamento. A forma, uso conforme necessito. E por que você acha que não posso brincar, fazê-lo rir? O mundo espiritual é alegre e feliz, Tião, desde que o espírito desfrute de bem-estar. Não há razão para pensar que aqui somos lúgubres e carrancudos. Se compreendermos o quanto somos sagrados e felizes, devemos glorificar o Pai, fazendo bom uso de tudo quanto nos concede. Nada melhor que trabalhar com alegria, conforme nos dá exemplo a natureza. Se você se dispuser a ler o livro da natureza vai encontrar inúmeras lições de trabalho e alegria. Note: os pássaros semeiam a vegetação que cobre o planeta e enquanto fazem isso cantam. Quanto bem há em ser alegre! Eu brinco falando assim, pois sei que você se alegra e ri, e eu também.

Tião silenciou observando ao redor e sentindo a alegria da natureza que trabalhava à sua volta: o riacho corria célere, as copas das árvores pareciam dançar suavemente sacudidas pela brisa e os sons confortavam, acalmavam e infundiam disposição e alegria. Era o exemplo de Deus, refletido em sua obra. Alegria, harmonia, interatividade e trabalho.

– Veja, Tião! – Alertou pai João, notando que o companheiro se entregara à contemplação.

– Raqué! – Exclamou, surpreso, ao notar a amiga em companhia de um grupo de espíritos revoltados, que se apresentavam de formas até bizarras. Ela ria, esbanjando sensualidade, e dançava em meio às matas, como se estivesse em festa.

– Cumé qui acunteceu, pai João?

– Raquel não suportou o sofrimento que lhe chegou como conseqüência natural de seus atos e exilou-se, fugiu de si mesma e da realidade; acredita-se agora um ser à parte da natureza, embora tenha consciência que é um espírito. Vinculou-se a esse grupo alguns dias após o desencarne, por meio de processos magnéticos. Sempre com a concordância dela, esses espíritos infelizes baniram-lhe da memória as lembranças da existência que acabava de terminar e fizeram-na, por hipnose, assumir uma outra identidade e servir-lhes aos propósitos. É bastante comum entre ex-escravos desencarnados e revoltados essa fuga. Agora se crê "uma entidade distinta", uma criação diferenciada na natureza, designada a fazer uma ligação entre os homens e seu criador. Entenda bem, Tião, refiro-me ao criador de sua ilusão, ao espírito que chefia esse grupo e não à Divindade, mas ela crê ser ele o ser mais poderoso que conhece. Se você a olhar bem, notará que traz uma grossa marca arroxeada em torno do pescoço; isso mostra que as ocorrências do passado não foram, e nem poderiam ser, apagadas, mas sim sufocadas. Ao observador atento essas marcas se revelam, na forma e na linguagem, como uma inconfundível prova de desespero, sempre a fugir de um diálogo mais sério, nas gargalhadas e no comportamento que chama atenção. Tudo isso traduz desespero íntimo e falta de paz – trata-se de um grito inconsciente. Mas por ora nada poderemos fazer. Ela escolheu e sua vontade será respeitada. Quando perceber o erro que está cometendo e permitir o desabrochar da consciência que sufoca no presente, então, sim, nós nos aproximaremos, pois ela pedirá ajuda.

– Inté lá, pai João, que se podi fazê?

– Preces, Tião, muitas preces. Não somos os únicos a velar por ela. Acompanharemos à distância a sua trajetória para sabermos exatamente quando chegar o momento de agir. Deixemos essas paragens e sigamos ao encontro de João.

..*

O verão inclemente e trabalhoso estava com seus dias contados nas charqueadas. As folhas amarelavam nas árvores e chuvas freqüentes marcavam a próxima chegada do outono. João, juntamente com os demais escravos do barão, sofrera duros castigos durante aquela safra. Não era permitido aos negros um minuto sequer de descanso. O capataz cumprira sua palavra e fora rigoroso. Pés queimados pelo sal, cortados em chagas sangrentas, a dor lancinante quase não os deixava raciocinar; alguns choravam trabalhando e quando paravam não suportando o sofrimento de pronto o capataz José apresentava-se aplicando alguns açoites como advertência. João olhava aquele povo sofrido e a luta em seu íntimo redobrava. Ainda não podia compreender a justiça daquela situação; via apenas o momento presente: a angústia, a vergonha, os espancamentos.

Nas charqueadas, um novo elemento agora se introduzia: a exploração sexual das escravas com fins reprodutivos. Ali, antes do advento da Lei Eusébio de Queiroz, poucas mulheres negras eram molestadas sexualmente, mas após a proibição de importação de mão-de-obra africana, muitos charqueadores – e entre eles o barão – deram início ao que denominavam "criação própria": forçavam homens e mulheres escravos a manter relações sexuais até que elas engravidassem, escolhiam matrizes e reprodutores, trocavam entre as charqueadas, e liberavam aos tropeiros e escravos libertos as relações sexuais com as escravas. A exploração sexual gerava uma revolta muito grande entre os escravos nas charqueadas. Para eles, não se reproduzirem era ponto capital, princípio tacitamente aceito.

"Que fazer?", questionava-se João. Ele sabia que o medo imperava com muita força entre os cativos. A severidade dos castigos tirava o ânimo e a possibilidade de união entre eles, pois, se não bastasse o castigo infligido pelo dono do escravo rebelado, ainda havia toda uma força policial composta de capitães-do-mato mantida pelos charqueadores que não só caçavam o escravo como o castigavam publicamente na cidade, antes de entregá-lo ao seu proprietário e de este exercer sobre ele seu "legítimo direito de desagravo". João pensava, pensava e apenas uma possibilidade lhe ocorria: era suportar aquele trabalho rude e penoso e fugir ao fim da safra, junto com os tropeiros. Custava-lhe separar-se da menina, porém não conseguia mais praticar os ensinamentos que recebera de Tião ou agir com a diplomacia da velha Bá. Queria sua liberdade, não importava o preço, pois já não mais suportava o peso do cativeiro.

– Ocê enganô eu! Esse trabaio mardito num finda é nunca, Honório! – Disse João.

– Tem carma, nego. O verão tá se findano, sim. Só ocê num vê. É só oiá e vê que o céu tá mais escuro, tem mais nuvi e os passarinho tão ino tudo imbora pro Norte. Ansim a gente sabe que tá findano os abate. Deve sê a úrtima tropa pra charqueá. – Respondeu Honório, gesticulando enquanto falava. – Ocê inté que güentô bein o serviço.

– Num gostei nada. Óia pros pé desses nego; os meu num são diferente, nem os teu! Esses rachado dói e o sar queima feito só, mar cunsigo fica di pé, inda tenho que carregá essas carne nas costa. Tô cum ânsia desse fedô o dia inteiro. Inté eu já cheiro a sangue de boi.

– No verão é sempri ansim, num tem jeito. Óia, se conforme. A Florência feiz a graxa cum as erva pra gente pôr no pé dispois de tirá o sar. Se a sua já findô lhe cedo um poco da minha, João. – Honório se compadecia olhando o estado das chagas que cortavam os pés do companheiro: eram sulcos profundos que lhe marcavam todo o calcanhar atingindo até próximo à altura do tornozelo; com a atividade do dia, a proteção oferecida pelo ungüento caseiro feito pelas escravas não resistia ao contato com a grande quantidade de água salgada e sal puro utilizada para a elaboração do charque.

– Num güento mais, Honório. Isso dói demais. – Não suportando manter-se sobre os pés, João sentou-se e cerrou os dentes como se isso lhe trouxesse algum alívio.

– Te acarma aí. Vô dá um jeito de buscá as coisa pra tratá de ocê. Cum sorte acho a Bá e cunsigo cum ela uns remédio mió. Mais num fique parado, faiz de conta que tá trabaiano! – Honório fez essa recomendação a João e logo se afastou a pretexto de buscar outra manta de carne retirada dos tanques de salmoura para pendurar nos varais onde ficara o amigo. Na verdade, caminhava a esmo entre a grande quantidade de escravos que faziam a trajetória carregando as mantas de carne, buscando com os olhos a figura da velha Bá. A negra, sabedora das dificuldades de seus irmãos de cativeiro, mantinha-se próxima do local das atividades.

Sentada na beira da casa-grande, pela lateral que dava vista ao pátio dos varais de carne a velha escrava observava tanto a pequena sinhá – que brincava com um carreiro de formigas cortadeiras, divertindo-se em vê-las carregar os pequenos galhos e folhas que colocavam em seu caminho – quanto os negros que trabalhavam incansavelmente sob o sol. Logo Honório avistou a mancha branca da menina em meio ao jardim e, esgueirando-se, chegou próximo ao campo de visão da Bá, acenando-lhe. Percebendo a presença de Honório e entendendo o sinal de socorro que usavam, levantou-se, andou até onde estava a sinhá, segurou-lhe a mão disse:

– Sinhazinha, vamo andá um poco mais, tarveiz nóis ache a casinha das formiga...

– Será Bá? – Inteligentemente, a menina olhou ao redor e viu

Honório. – Mas eu acho que a casinha delas fica lá pra aqueles lados... – Apontou com as mãozinhas gordas a direção onde estava Honório.

– A sinhazinha tamém acha isso? Intão vamo até lá pra vê... – Disse rindo a velha escrava. A menina era o encanto de sua vida sofrida e ao notar nela a compaixão pelo povo escravo maior era seu amor pela criança.

– Quem sabe até a gente não fala com Honório? Quem sabe ele conhece o caminho, Bá? – O sorriso da menina deixava muito claro que ela compreendia perfeitamente a intenção da ama em falar com Honório e que apenas estava usando uma desculpa que na verdade era ela mesma.

– Sinhá Nina vai sê sempre cuidada dos orixá!

– Que é orixá Bá? – Indagou a menina, oferecendo docilmente a mão à ama e caminhando a seu lado.

– Sinhô barão num gosta que ocê saiba dessas coisa. Mais é a mesma coisa que dizê pros anjo cuidá da sinhazinha. – Respondeu Bá, apressando o passo.

– Bá! – Chamou Honório. – Priciso de ajuda pro João. Os pé dele tão que num presta mais. O pobre urra de dô feito bicho.

– João tá doente Honório? – Perguntou Nina. – Que é que ele tem?

Abaixando-se para ficar próximo da criança, Honório respondeu:

– É os pé do nego que tão sangrano pur causa do sar, sinhazinha.

– E ele precisa de remédio, aquele que a Florência faz, não é?

– É, sinhazinha! – Concordou o escravo.

Voltando-se para Bá, Nina perguntou:

– Bá, tu tens o remédio?

– Tem qui buscá cum a Florência, sinhazinha. – Respondeu Bá. – Mais o barão num gosta que o Honório dê graxa pros nego durante o dia, diz que eles perdi tempo de trabaio.

– Eu vou lá pedir pra Florência. – Falou Nina, decidida.

– Sinhazinha é pequena. Florência num vai lhe dá atenção. Num tem jeito, só de noite pra dá graxa. – Advertiu Bá.

– João tá doente, Bá. Eu vou lá busca o remédio. – Teimava a criança.

– Intão vá. Mais tome tento sinhazinha. O barão num gosta disso que vai fazê.

Sem dar importância às palavras e aos temores da ama, Nina correu em direção à cozinha da casa-grande onde encontraria Florência. Entrou como um pequeno furacão de saias brancas e rendas.

– Florência, tu ainda faz graxa pros escravos?

– Faço, sinhazinha. Pur qui qué sabê disso? – Perguntou Florência.

– Ouvi a Bá falá que é engraçado. Deixa eu vê?

Acostumada às curiosidades da menina, indicou-lhe um grande pote de barro a um canto da cozinha, ao lado de outros cheios de água.

Nina andou rapidamente até o pote, destampou-o e encheu as mãos de graxa de consistência pastosa, onde se viam folhas de ervas.

Notando a sujeira da criança e a graxa pingando por toda parte onde ela andava, Florência não conteve palavras de repreensão.

– Largue disso, sinhazinha, olhe a imundice que ficou.

Enquanto a escrava falava, a menina correu porta afora em disparada até onde estava sua ama, carregando nas mãozinhas em concha o remédio dos negros. Então Florência compreendeu a travessura da criança e calou-se, voltando à sua cozinha para limpar as manchas de graxa deixadas no chão.

Feliz, Nina entregou a Honório a graxa que conseguira. Bá, vendo a maneira como ela carregara o produto, balançou a cabeça e, olhando à volta, pegou uma folha larga improvisando um recipiente onde depositou o ungüento que a menina trazia nas mãos.

– Corre, Honório! – Mandou Bá, entregando-lhe o remédio e sendo imediatamente obedecida. – E agora, vamo dá jeito de limpá a sinhazinha, pro barão num lhe vê nesse estado. – Tomando a menina nos braços, encaminhou-se para a casa-grande, tagarelando com a sua preciosa sinhazinha.

Sob a sombra de frondosa árvore, pai João e Tião acompanhavam a cena e seguiram Honório.

– Pai João, aqui os nego sofri mais! Óia pra eles! Dá pá vê qui tão qui num se agüenta. Cumé qui nóis vai podê fazê arguma coisa pra esses coitado? Os corpo deles tão ralado! Deve doê demais essas firida.

– É triste, não é mesmo, Tião? Trabalham em condições muito penosas. E o mais triste é que essa mesma atividade faz a riqueza de uma região e provém de tão sofrido trabalhador.

– Pois é, pai João! Quando os home discubri que na outra vida vão sê responsáve por tudo que fizero pros outro, dos abuso que nem esse que a gente tá veno, então as coisa vão miorá. Duvido que vão abusá dotro de novo.

– Quem dera, Tião, fosse realmente tão fácil superar as paixões negativas que movem alguns espíritos. O orgulho e a ganância são sentimentos que se arraigam profundamente no ser; às vezes são necessárias provas duras, até piores que as que estamos vendo, para que o espírito enfim se liberte delas. É preciso conscientizar-se de que possuímos essas imperfeições para combatê-las e elas são espécies de camaleões em nosso íntimo: vestimo-las de diferentes formas, em geral mascarando-as de virtuosas. O barão, o dono desta charqueada que logo você vai conhecer, enquadra-se nesse exemplo. Diante dos olhos do mundo é um indivíduo culto, empreendedor, dizem até que ele está à frente de seu tempo. De fato tem feito também boas obras, é dedicado à família e honesto em seus negócios. Porém abusa da força de trabalho dos escravos, não lhes reconhece o direito de liberdade e disseminou na localidade toda a forma cruel de tratar os negros. Com isso sua influência não se limita apenas aos escravos que estão sob sua propriedade, mas atinge uma grande parcela da população negra que trabalha nesse lucrativo negócio.

– Coitado! Qui será dele quando vié pra cá?

Pai João sorriu ante a exclamação piedosa de Tião.

– A cada dia basta seu mal, nos ensinou Jesus. O futuro pertence a si mesmo, Tião. Não há como responder a essa pergunta. O certo é que sua forma de agir, apesar de legal aos olhos humanos, é contrária à lei divina. Afronta os ensinamentos cristãos.

– Pai João, os dono de escravo qui cunheci era tudo religioso, vivia os padre lá na casa deles, tinha as reza e tudo. Ocê e os outro cumpanheiro da instituição mi falaro de Jesus, mi fizero lembrar das coisas que tinha aprendido notra encarnação sobre ele e mi insinaro mais um monti de coisa que num cumprendia. Cumé qui essa gente num se dá conta que tão fazeno coisa errada tratano os nego ansim, feito bicho?

– Há pouco lhe falei das imperfeições camaleônicas que carregamos, não foi, Tião? – Ante a concordância dele, pai João prosseguiu: – O mesmo fenômeno ocorre com os ensinamentos de Jesus. Por ferirem as ilusões que muitos espíritos carregam, fazendo-os ver a necessidade de abdicarem de prazeres que lhes dominam os sentidos físicos, apontando-lhes o caminho da mudança para vencer o mundo das exterioridades tal qual ele o fez, ou seja, de se renovarem intimamente, trocando valores, eles lentamente começaram a soterrar os ensinos simples e profundos do Mestre de Nazaré em uma série de rituais exteriores e sociais. Basta o cumprimento de obrigações de caráter físico, desde flagelos corporais até doações em dinheiro para suas igrejas, e sentem-se quites com Deus. De tal forma soterraram os ensinamentos cristãos que a noção de Deus como nosso Pai, ensinada por Jesus, não é lembrada. Salientam apenas a ira divina e o temor ao Criador – ensinamentos dos tempos mosaicos, que há muito deveriam ter sido substituídos atendendo ao progresso.

– Dispois que si passa uma existênça qui nem Tião findô, dá pra dizê qui é fácir lutá e vencê. Mais agora que se alembro de tudo que Tião já feiz na vida, nas outra antes, reconheço qui o Pai é bão inté demais. Pois mi tirô tudo e mi largô no mundo de vorta pra eu mi cunhecê e mi endireitá. Cunsegui isso seno escravo, num tinha nada a não sê o qui trazia lá dentro. – Tião fez um gesto colocando a mão sobre o coração, referindo-se ao seu mundo íntimo. – Era sê filiz cum isso ou sofrê, cunforme se via a vida. Óia, pai João, num sei se tinha cunseguido se tivesse tudo que esse tar barão tem. Pros rico deve sê mais difici.

– A riqueza é uma prova bastante exigente, porque oferece todas as facilidades materiais à realização das ilusões que carregamos. É fácil, muito fácil, passar uma existência inutilmente por conta da riqueza. Poucos são os que realmente estão compenetrados da responsabilidade que lhes pesa ao possuírem os bens materiais. A consciência de que a riqueza material é um empréstimo divino que é concedido para fomentar o progresso social e individual por meio do trabalho é patrimônio de poucos espíritos até agora. Tião, nossas inteligências são muito diferentes, cada um está em determinado estado evolutivo, por isso as diferentes habilidades que temos. Aqueles que detêm habilidade de administrar riquezas têm a obrigação moral de empregá-la na criação de trabalho, para que dessa forma venha a desenvolver as inteligências retardatárias e propiciar-lhes meios de subsistência dignos. Em sociedade as diferenças somam para que todos juntos atinjam a evolução.

– Intão as coisa têm qui mudá muito ainda. Trabaio eles dão bastante, mais muito poca dignidade! Eta que pai João gosta de falá bunito.

– Você vai fazer muitas pessoas rirem, Tião. Isso é muito bom. Mas dignidade não é só uma palavra bonita, deve ser um conceito de vida. E realmente as coisas vão mudar, ou melhor, já estão mudando. Em outros países tudo o que vemos aqui já é passado. Buscam construir novas relações de trabalho. A mão-de-obra escrava foi abolida, passando a existir a figura do trabalhador remunerado e livre. E, Tião, guarde bem uma coisa: ninguém está isolado no mundo! Nesse universo tudo se interliga e comunica; os pensamentos andam em ondas levando o progresso; não existem fronteiras ou mistérios. As idéias que mudaram pessoas nesses países chegarão também aqui.

– Mais, pai João, e a minina? Quem é? Vi qui tem luz boa, cumé que se diz falando bunito, "aura", as vibração do pensamento i das emoção.

– Nina é o anjo bom desta charqueada. Reencarnou disposta a lutar pela liberdade e por novas organizações sociais e começou muito cedo a mostrar determinação em realizar seus propósitos. É sensível e de bom coração; sua chegada trouxe já muitas mudanças. Cativa a todos, dentro e fora da casa-grande, por isso consegue mudanças. É uma ponte. Criança na matéria, em verdade um espírito consciente de seus objetivos.

– Vi qui ela tem simpatia por João.

– São espíritos afins, embora Nina esteja em um degrau evolutivo superior ao de João. Não é o acaso que os reúne nesta existência, mas um trabalho comum, um compromisso.

Pai João silenciou. Observando ao redor, percebia tanto o sofrimento dos negros encarnados como um grande número de desencarnados, ignorantes de sua condição, a reviverem suplícios, jurando vingança e praguejando em meio ao campo plano, acarretando uma atmosfera fluídica densa ao redor do local.

Honório parou ao lado de João que, como combinado, fingia trabalhar e disse:

– Cunsegui. Vamo fugi até a bera do rio pra lavá os pé e pô a graxa, dispois a gente faiz hora... Tá quase escureceno, aí ocê num pega sar nessa firida. Vamo!

Os dois caminharam com sacrifício entre os demais. Ao notarem os rastros de sangue deixados por João, os demais escravos os encobriam, penalizados, e assim Honório e João chegaram ao rio, sentaram às margens e o escravo estendeu as pernas, colocando os pés em contato com a água.

– Vô lavá pra ocê. Tô veno que num güenta mais, João. – Falou Honório e imediatamente depositou a graxa sobre a relva e entrou na água para tratar dos pés do amigo.

Pai João notou que a certa distância se encontrava o capataz José e não tardaria a notar a ausência dos dois escravos no trabalho.

– Tião! – Chamou pai João. – Distraia o capataz para que ele não perceba o que se passa aqui. Faça-o desviar a atenção. Sugira-lhe uma necessidade qualquer a ser atendida longe daqui.

– Tião já vai. Pensei em bezê o pé dessi nego qui nem fazia cum otras doença na Fazenda da Cruz. Pai João num cunhece um benzedô pra isso?

– Cunheço sim, nego véio. Vô fazê benzedô no neguinho. – Respondeu pai João, sorrindo ante a perspicácia de seu novo ajudante. Já começava a notar que tinha trabalho a realizar e a tomar a iniciativa de fazê-lo. – Esse benzedô chama-se magnetismo, Tião, e consiste em manipular o laboratório das energias da natureza com o pensamento e a vontade de curar. Vá afastar o capataz para que ele não nos atrapalhe nem inflija castigos a Honório e João.

Tião prontamente se afastou. O velho caminhava sorrindo, pois se divertia saudavelmente no trabalho; achava engraçado ver como os encarnados reagiam facilmente à indução de um pensamento estranho, como eram invigilantes, como se deixavam comandar com facilidade. José não foi diferente. Tião aproximou-se dele e começou a lhe falar sobre o quanto estava quente, comentou que a tarde já ia ao fim, sugeriu que se recolhesse mais cedo para se refrescar... Poucos minutos depois, José imaginou-se em uma banheira, com roupas limpas, mais confortáveis, e começou a achar insuportável seu estado; sem pensar duas vezes, rumou para sua casa a fim de executar suas vontades. Tião, ao vê-lo encaminhar-se apressado para longe do local em que os escravos trabalhavam, sorriu.

Outros escravos que acompanhavam com o olhar a marcha apressada do capataz rumo à sua casa logo deram a notícia e uma onda de alegria esparramou-se entre eles: na ausência de José, eles puderam descansar por alguns momentos.

– É fácir fazê o bem... – Falou Tião para si mesmo observando a alegria dos escravos pelo simples afastamento do capataz. – Eles num sabe pur que fiz isso, nem quem feiz, inté nem cunhece Tião. Isso num importa! Tião é quem ganha fazeno o bem. É bão!

Alegre, encaminhou-se para junto de pai João e dos dois escravos. Aprendera bastante aquele dia. Estava feliz por reencontrar o amigo João. Desde que o vira na Fazenda da Cruz desejara ajudá-lo. Agora podia fazê-lo livremente e com a orientação sábia de pai João.

Capítulo VIII

Planos Frustrados

"O homem sobre a Terra é colocado sob a influência das idéias carnais, não vê em suas provas senão o lado penoso; é por isso que lhe parece natural escolher aquelas que, do seu ponto de vista, podem coexistir com os prazeres materiais. Na vida espiritual, contudo, ele compara esses prazeres fugitivos e grosseiros com a felicidade inalterável que entrevê e, então, que lhe importam alguns sofrimentos passageiros?"[1]

João sobrevivera incólume às atrocidades do navio negreiro, resistira à severa punição imposta pelo coronel Firmino, chegara mesmo a maldizer a própria força física que não o abandonava. Acreditava-se forte. No entanto, agora, tão próximo da realização de seu maior desejo, quando mais precisava estar em pleno vigor, era abatido rudemente por feridas nos pés.

Após o rústico curativo feito por Honório às margens do arroio, João experimentara sensível melhora, como se um bálsamo poderoso lhe tivesse aliviado as chagas, porém, durante a noite, as implacáveis dores haviam retornado. Ele sentia o sal entranhado nas profundas rachaduras abertas. Um líquido malcheiroso escorria das chagas e vergões vermelhos lhe subiam até a canela. A pele ardia quente nas

[1] *Allan Kardec, comentário à questão 266, em* O Livro dos Espíritos. *Trad. Salvador Gentile. Araras: IDE.*

regiões afetadas. Tudo quanto sabiam, os companheiros de senzala fizeram, porém não conseguiram aliviar-lhe o sofrimento, piorado pelo rancor nascido do sentimento de incapacidade que nutria por ver que não conseguiria consumar sua fuga.

A natureza impunha-se às suas pretensões, barrando-lhe impiedosamente o caminho. Os dias iam-se passando e João não apresentava melhora. Honório informara o capataz da doença. João não era o primeiro a ficar cheio de chagas pelo efeito do sal. O mal era conhecido, mas nunca antes se havia dado importância a tratar de um negro, pois facilmente eles podiam ser substituídos; agora, porém, as coisas haviam mudado. O barão desejava inclusive que as negras engravidassem. "Nenhuma cabeça podia ser perdida" – assim costumava dizer. Assim, José adentrou a senzala para ver com os próprios olhos o estado do negro. Encontrou-o sentado sobre um pedaço de tronco de árvore usado como assento, os pés mergulhados em uma gamela com água e ervas. O rosto lívido, banhado de suor, acusava a intensidade das dores que sentia – ele mergulhava as mãos em concha na água e derramava sobre a região vermelha da perna.

– É tu o pestiado? – Indagou o capataz aproximando-se de João e observando-lhe a atividade.

João a custo dominou o temperamento, a animosidade e a repulsa instantânea que sentiu pelo homem que vinha importuná-lo. Nada de bom esperava dele. Bem conhecia sua forma de proceder e de pensar sobre os negros, especialmente os escravos da charqueada. Engolindo o desprezo e o rancor que sentia, João limitou-se a assentir, fazendo gesto com a cabeça.

– E tu não consegue ficá de pé pra trabalhá, nego, ou tá te fazendo pra ficá vagabundeando na senzala?

– Capataz podi oiá se tô mentino. – Respondeu João e retirou um dos pés da gamela elevando-o no ar para mostrá-lo, vermelho, cheio de chagas e rachaduras profundas, inchado – uma verdadeira deformação da anatomia humana.

José olhou de longe e sentiu repulsa pelos ferimentos do escravo. Já vira outras vezes aquela situação; vários haviam sido sacrificados nas matas próximas à charqueada.

– E nas mão tu também tem ferida?

João exibiu-lhe as mãos com a pele avermelhada e fina nas palmas e entre os dedos, levemente inchadas.

– É... Ainda não é de todo imprestável. Vou falar com o barão e ver como ele vai proceder com isso agora. Sabe se tem outros negros assim?

– Muitos, capataz. Mas eles tão agüentano inté caí, qui nem eu. Arguns já nem têm mais força nas mão pra levantá as manta de charque. – Respondeu João, lamentando os companheiros que ouvira gemer durante a noite com pés e mãos cobertos pela graxa feita por Florência.

– O remédio que a negra Florência fez não adiantou?

João continuava dominando com dificuldade a fúria, a raiva e a impotência que sentia; as perguntas descabidas do capataz lhe agravavam o estado íntimo de irritação. Evitava falar com José, evitava inclusive olhá-lo de frente, pois sabia que não disfarçaria os sentimentos que ele lhe despertava, por isso, cabeça baixa, continuando a banhar as pernas, simplesmente moveu a cabeça em negativa à pergunta formulada.

O capataz, sem mais palavras, retirou-se da senzala, lá deixando João na semi-obscuridade e na pobreza do local a tratar de suas mazelas e rugindo intimamente. O escravo vira os dias passarem e sabia que na manhã seguinte os peões de Castelhano estariam de partida. Haviam trazido a última tropa, o outono ia a meio, breve viriam os dias frios e a atividade da charqueada somente recomeçaria na primavera. Se não melhorasse, João sabia que teria pela frente outro longo inverno trabalhando incansavelmente, quer fosse na olaria, na curtição do couro, na produção de sabão e outros derivados.

– Mais um inverno frio, nessa senzala, escravo do barão qui nem sabe qui eu existo. Só trabaio, sofrimento, castigo. Num güento mais essa vida! – João falava baixinho consigo mesmo, extravasando seu conflitado mundo interior.

João monologava acreditando-se sozinho, xingava e em determinado momento tão bravo estava que nem percebeu que voltara a falar em sua língua nativa. Mas nunca estamos sós, há sempre uma nuvem de testemunhas a nosso redor, acompanhando nossos atos e pensamentos.

Os velhos adversários de João, que na espiritualidade o acompanhavam e vibravam por sua ruína, naquele momento aproximaram-se, debochando de seu sofrimento.

– Ah, Angola, tá vendo como é bom? – Dizia ironicamente um espírito aos ouvidos de João, enquanto os outros riam e faziam piadas. – Sofre, Angola! Grande guerreiro vencido por pedras de sal. Guerreia agora. – E vendo que João cedia à sua influência e acolhia as vibrações sentindo-se cada vez mais impotente e irado perante a situação, dizia aos companheiros: – Vejam o grande guerreiro! Olhem, o Angola não guerreia mais. – E, voltando-se para João com o rosto transtornado de ódio, gritava: – Vais sofrer muito mais Angola, é só o começo.

Na porta da senzala, pai João e Tião adentravam.

– Qui tá acunteceno cum João? – Perplexo, questionou Tião. – Quem é eles?

– Desafetos de João. Foram também trazidos como escravos para o Brasil. Culpavam João, o guerreiro de Angola que os capturara, pelo seu destino. Deixaram os corpos vitimados pelos castigos e maus-tratos, eram estranhos entre si, mas tinham um único traço de afinidade: o ódio a João. Em espírito, uniram-se para derrotá-lo. Clamam vingança. Tão perturbados estão que julgam que foram eles que conseguiram fazer de João um escravo.

– Intão eles se esquecero das força da natureza, do poder que comanda tudo? Num sabe de Deus e da justiça dele?

– É, Tião, esqueceram. O sentimento é força. Em desequilíbrio, indisciplinado, gera dor e sofrimento, mas o espírito sente uma força muito grande e julga-se poderoso, quando em verdade está apenas avaliando, sentindo seu estado de desequilíbrio. Mas, iludidos por essa força cuja origem não reconhecem, sentem-se poderosos e julgam que podem interferir na vida cotidiana das pessoas que, invigilantes, os acolhem.

– Eles tava fazeno a mesma coisa que fiz pra afastá o capataz.

– Sim, os homens, ou melhor, os espíritos na matéria ou fora dela são portadores de grande sensibilidade para captar o pensamento uns dos outros. Esse é o grande elo de ligação entre o mundo físico e o espiritual, Tião. É a linguagem usada nessa comunicação. Jesus, quando falava na importância de vigiarmos, não se referia só à importância da cautela material, mas especialmente do cuidado que devemos ter em educar nosso pensamento, em conhecer e disciplinar nossos sentimentos, pois é por meio deles que atraímos nossa companhia espiritual. Você apenas conseguiu afastar o José quando lhe pedi, porque ele estava invigilante com a própria mente; qualquer pensamento que lhe soprassem com um pouco de insistência seria captado. Você deseja fazer o bem e apenas lhe sugeriu um motivo para se afastar; se ele estivesse compenetrado de seus desejos você não teria tido tanta facilidade como encontrou, talvez fosse mesmo muito difícil e, dependendo de sua intenção, até impossível comunicar-se com ele. Mas na situação de João está muito fácil. Ele entregou-se à tristeza, aos pensamentos derrotistas, tem pouco amor a si mesmo neste momento e, ainda, abriga ira. Começou sozinho, atraiu facilmente a companhia de seus desafetos que agora se divertem infligindo-lhe maior dose de sofrimento. Note como ele se curva! Entregou-se à má influência.

– Qui vamo fazê, pai João? Comu ajudá o amigo? Ele ia tão bem, inté essa mardita idéia de fugi parecê di novo.

– A idéia retornou porque João ainda não sedimentou suas crenças. Esforçou-se por trocar a conduta externa; internamente, porém, apenas sufocou as emoções e os pensamentos, por isso seus desafetos retornaram e o encontraram frágil e com facilidade de executar seu desejo imediato. João ainda não venceu integralmente a si mesmo. Esboçou uma tentativa, que falhou pela opção errada. Ele não travou o bom combate consigo mesmo, não buscou conhecer as origens de seu drama pessoal, nem compreender as leis que regem a vida e situar-se dentro do universo. Ele permanece um homem velho. O novo João ainda vai surgir. Vamos ajudá-lo! Ele tem firmes propósitos de mudança, por isso está aqui.

– Comu se faiz, pai João?

– Vamos orar, vibrar paz sobre nosso amigo. Vamos tentar recordá-lo de Nina. O afeto que ele tem por ela é forte e positivo, capaz de construir um caminho novo neste momento. Concentre-se e ore. Depois nos aproximaremos. Confie. Lembre a lição da natureza: o sol da manhã afasta a escuridão da noite, mas começa lentamente pela madrugada a clarear o dia. Nada de sobressaltos.

Enquanto oravam, uma sensação de estranha calma insinuou-se em João. Lentamente, ele foi parando de falar, depois sua atenção voltou-se ao imediato de suas dores e, por fim, seus olhos pousaram sobre o poncho que ganhara de Nina quando chegara ao Sul, depois sobre os brinquedos de barro que confeccionara e sua mente encheu-se da lembrança da menina e da ternura que lhe invadia o ser na presença dela. Lentamente os obsessores foram perdendo sua capacidade sobre João e, olhando-se, compreenderam que perdiam domínio sobre ele; então identificaram uma luz suave a envolvê-lo.

– Deixa o Angola! Esses amigos novos dele devem estar por perto. Ele mudou, não dá mais para mandarmos nele. Vamos esperar outra oportunidade. Ele está fraco, não guerreia mais. – Disse um dos adversários do escravo que havia estado se divertindo muito com a influência que o parceiro exercera minutos antes sobre João. Atestando a veracidade da opinião emitida pelo comparsa, o espírito que liderava o pequeno grupo consentiu e afastou-se junto com os outros, dizendo: – Notei uma certa diferença, melhor ficar longe desses amigos do Angola. Eles não aprovam o que fazemos, porque não foi eles que o maldito Angola aprisionou.

Tião, que observava a partida, balançou a cabeça, num gesto muito seu, lamentando-os. Pai João sorriu e disse:

– Cada coisa a seu tempo, Tião. Um dia eles mudarão.

..*

Na biblioteca da casa-grande, o barão entregava-se à contabilidade de seus haveres; a safra chegava ao fim e lhe permitia entrever bons lucros. Uma batida na porta lhe interrompeu o trabalho; ele levantou a cabeça do livro que escriturava e exclamou em alto e bom som.

– Entra!

Atendendo à ordem, rapidamente adentrou a sala o capataz, chapéu na mão, mangas de camisa enroladas.

– Dá licença, barão. Desculpa atrapalhá seu trabalho, mais tenho um caso sério na senzala e com as mudança da lei, resolvi vim lhe consultá. – Declarou José.

– Pode falar, homem. – Respondeu o barão recostando-se na cadeira. Conhecia bem seu capataz, se ele viera consultá-lo sobre problemas com os escravos era por ser algo sério.

– É a peste do sal, barão. Tem um escravo, um tal de João, com os pés nas últimas e as mãos começando a pestiá também. Não consegue ficar de pé. O barão bem sabe desse problema. Se não fosse a ordem que o senhor deu para poupar as cabeças nem teria vindo lhe perguntá o que fazê! Tinha levado pro mato e dado fim nele, mais como o senhor disse que era importante não se perdê negro resolvi vim lhe consultar primeiro.

– Maldição! – Exclamou o Barão, batendo com a mão fechada sobre o livro. – Há outros pestiados?

– O escravo disse que são vários.

– Negros de pele ruim! Não agüentam o trabalho. Todos os anos a mesma coisa no fim da safra. Parece que esses escravos não sobrevivem mais de um ano. São poucos os que resistem aqui. Se não morrem no inverno dos pulmões, morrem no fim do verão queimados do sal. Antes era fácil resolver esse problema: substituía-se com facilidade a mão-de-obra negra, mas agora é diferente. – Parecia que o barão falava mais para si mesmo do que para José. O capataz, parado no mesmo local, aguardava uma resposta. – Fez bem em me comunicar esse problema. Realmente não poderemos proceder como de costume. O que eles estão fazendo com o negro doente?

– A Florência fez um ungüento com graxa e agora de poco vi ele com os pé de molho numa gamela com água e umas erva. Será que isso tem cura, barão?

– Não sabemos. Mas vamos descobrir. Deixe o negro viver. Reúna os outros que estão amolados com a peste e deixe na senzala. Mande a Florência cuidar deles. Vamos aguardar alguns dias e ver o que acontece.

– Eles não vão trabalhá, barão?! – A surpresa de José ante a decisão do barão não poderia ser maior. Contava receber ordem de sacrificar todos os doentes. Fora consultá-lo por questão de consciência, não esperava que o barão poupasse os negros.

– Os que não estiverem com as mãos comprometidas podem tecer e fazer laços e arreios com o couro curtido. Quanto aos outros, que fazer? Vamos ter que suportá-los sem fazer nada. Agora, de fato, é possível que a mão-de-obra escrava se torne muito cara, mas é um risco com que teremos de arcar. Era só, capataz?

– Sim, barão, era só. Vou cumprir suas ordens. Com sua licença, vou procurar a Florência e mandá que vá para a senzala cuidá dos pestiados.

O barão limitou-se a aquiescer com a cabeça e, retornando à posição inicial, retomou a escrita contábil, dando por encerrada a conversa com José.

O capataz avançou a passos rápidos até a cozinha da casa-grande onde transmitiu as ordens do barão a Florência. A velha Bá, que estava na cozinha, quase engasgou de surpresa ante a notícia de que os escravos pestiados deveriam ser tratados.

– Ô Florência, tô véia e inda mi assombro cum os home branco. Num sei comu que vivi tanto tempo! – Falava Bá. O comum era os escravos das charqueadas morrerem jovens; duravam poucos anos no trabalho: se não morriam nos rigorosos castigos infligidos, morriam nos rigores do inverno ou com a peste do sal que os levava ao sacrifício. Raros negros alcançavam idade próxima aos 40 ou 50 anos, quando já eram considerados velhos e suas fisionomias retratavam idade bem superior. – Mas vivi inté pra ouvi isso. Vão tentá curá os nego do mar do sar. É nego sortudo esse João!

Florência, agarrada à vassoura de palha, ao ouvir as palavras da Bá, ficou olhando para a velha e depois se pôs a observar o movimento no pátio onde ficavam os varais de charque. Vendo os negros jovens e fortes em intensa atividade, disse:

– Será qui é bão mesmo, Bá? Num sei se João tem sorte. Ninguém inda viu se dá pra curá as ferida do sar e comu vai ficá dispois. Mais que ele vai pená de dô, isso eu já vi. – O rosto da escrava refletia a descrença que carregava na vida e a crença no alívio com a morte.

– Florência, tu veio pra cá muito moça, nem te alembra dos teu e eles num pudero ti ensiná muita coisa. O barão num dexa a gente fazê nossas crença, mais ele num sabe que isso num impede da gente falá cum as arma dos nossos que já foro, nem cum os espito da terra. Eu cunversu às veiz cum eles e sei qui poco dianta morrê, a vida cuntinua lá e pra sê boa tem qui i quando ele, Oxalá, chama. Enquanto ele num chama tem que vivê comu podi, do mió jeito que sabe.

Florência se agachou ao lado da cadeira onde estava a velha Bá e deitou a cabeça em seus joelhos, mantendo-se, porém, alerta à aparição de outras pessoas.

– Ah, Bá, comu mi faiz farta tê a mesma fé que tu. Eu mi esforço mais as veiz dá uma tristeza tão grande essa vida. Tô sempre sozinha, mi vendero pra cá era criança; inda bem que sabia das lida da cozinha e num fui pra lida do charque nem das olaria, mais sinto farta da minha mãe, mi lembro o dia que mi levaro imbora, comu ela chorava, coitada, meus irmão tudo agarrado nas ropa dela, ela olhava pra mim e pra eles e os óio dela dizia que sabia que iam vendê todos negrinho dela. Pur isso eu num pego fio, Bá, num quero sofrê mais, nem vê ninguém sofrê. Faço tanto chá pra nega botá fio fora quanto fô preciso. Nosso povo sofre muito nessa terra, Bá. Cumé que vô curá esses pestiado? Num sei que fazê.

– Carma, fia. – Bá acariciava tranqüilamente a companheira como que desejando lhe infundir ânimo. – Faiz o qui sabe, de coração. Mais de noite, dispois que a sinhazinha durmi, vô pedi ajuda pros espito. Se Oxalá quisé, os neguinho vão ficá bão. Se ele ensiná arguma coisa eu conto e tu faiz.

– Bá, posso i junto pra vê isso?

– Tu vai pra senzala cuidá deles. Bá vai também e lá num cantinho vamo vê se eles fala cum a gente, mais os outro num podi sabê. Tem nego cum língua de trapo na senzala. Agora vorte a trabaiá, vô lá acordá a sinhazinha, ela já cestiou demais. – Disse Bá, levantando-se, assim que Florência reiniciava a varrer. Ligeira sumiu no pátio interno da casa em direção ao quarto da menina.

À noite, cumprindo o programado, compareceram à senzala, onde encontraram João abatido e cabisbaixo. Aquela era a noite com a qual tanto sonhara, planejara fazer dela a data de sua libertação e tudo quanto restara fora a dor, o sofrimento, o absoluto impedimento de realizar sua vontade e a consciência de que os tropeiros voltariam somente depois de um longo inverno. Soubera por escravos mais antigos do tratamento reservado aos negros que adquiriam a "peste do sal". Aguardava a morte, sem poder conter a revolta em seu interior.

Vendo-o, na pouca claridade da senzala, Bá se aproximou:

– Intão João, cumé que tu tá?

– Esperano os home do capataz. Num posso lutá mais. Cabô, Bá.

– Num fale ansim, João! – Interveio Florência. – Sei que as veiz dá vontade de morrê, mais é mió esperá o tempo certo, num é ansim, Bá?

A velha escrava apenas aquiesceu e fixamente olhava o companheiro notando o quanto estava abatido.

– E tu vai ficá esperano muito tempo, João. – Continuou Florência. – O barão num vai mandá matá ninhum nego, pur causo que num podi comprá mais dispois. Mandô nóis – gesticulou apontando Bá – pra tratá os pestiado.

Ante aquela notícia, João ergueu o rosto onde se estampava a incredulidade.

– Num se espante! É verdade! – Declarou Florência.

– Argum dos nosso já escapô dessa peste, Bá? – Indagou João. – Ô será qui é só mais um jeito de mi fazê sofrê que a disgramada da vida cunseguiu?

– Óia, João, sei muito mais que tu cumé ruim sê escrava. Tô véia nessa vida, mais num digo o que tu falô pur nada. Tu tá ansim pur que num tem fé em nada, só em tu mesmo e agora tu viu que acabô. Tu num luta mais, num tem podê ninhum. Chegô no finar e num sobrô nada. Pois eu num sô ansim, tem que oiá a vida longe, de pertinho só se resorve as coisa que tão bem na frente. Mais se tu oiá ela longe, tu vai descobri que tudo tem motivo e razão, as coisa tão no lugá e na hora certa. Nosso povo sofre, mais muito pocos se dizem "povo". Faiz que nem tu: é a tua liberdade, é tua vida, a tua força. Ansim não se cunsegue nada! Tem qui oiá de longe e vê os que tão na frente, tem qui cunfiá em Oxalá. – Bá respondeu severamente. – Tu num tem sentido pra tua vida, pur isso tá ansim que nem foia no vento, perdido. Dexa de pensá só em tu mesmo e vê o que podi fazê pra teus irmão. Intão tu vai aprendê. Honório já mi contô tuas proeza lá no Norte. Aqui tu viu qui num dava e dexô de pensá nos outro. Só qui tu pensa nos outro do jeito errado. Num é resorveno a vida deles, num é tirano eles daqui, da senzala, isso é fácir inté. Tu sabe dos quilombo? Puis é uns nego qui nem nóis, se revortaro, fugiro, mais tem qui vê que num vamo cunsigui vortá pra nossa terra, pra nossa gente. E fora daqui é inda mais ruim, só come o que dá no mato, fruta pequena, araçá, guabiroba, come bicho que caça. Eles passa fome, seguido tem nego fujão que vem pega bóia da Florência e ropa no frio, a maioria é caçado de vorta e levado lá pra cidade, são açoitado pra tudo mundo vê. Se levô otros cum ele, inté a outra safra matava enforcado, num lugá lá meio perto da cidade, pra servi de mostra pros otro. Tem inté um cemitério de nego enforcado do lado, é um campo grande, eles abre uns buraco e joga os neguinho cum corda e tudo pra dentro, se tá bem morto nem óia, joga uns quantos pra dentro, que nem se faz cum os osso das rês dispois da charqueada, enterra num buraco fundo pra num ficá fedeno na terra. Ansim eles trata os que foge aqui.

– A Bá vai sempre pra cidade pur causa da sinhazinha Nina, ela sabe do qui tá falano, João. – Advertiu Bá.

– Puis é... – João estava de cabeça baixa. Nunca um outro escravo lhe falara com tanta severidade quanto Bá; somente Tião lhe fazia advertências, mas eram brandas e doces, como se fossem convites. As palavras da velha Bá, ao contrário, eram claras, verdadeiras sem serem agressivas: era um retrato em poucas palavras de seu mundo interior. Em verdade, desde que estava a bordo do navio negreiro vindo de Angola. – Bá tá certa, nunca de verdade pensei nos outro, quiria sê livre e lá no Norte tentei libertá os cumpanheiro, mais num pensei no qui ia fazê dispois. O qui mais quiria era sê livre di novo.

Vendo que João refletia sobre suas palavras, Bá manteve o mesmo tom severo:

– I aí João? Qui foi qui tu cunseguiu cum a revorta?

João recordava um a um os momentos da rebelião até o castigo no tronco, amarrado ao cadáver de Raquel, a morte de Tião, a dor dos escravos e o desprezo que lhe devotaram após o insucesso.

– Castigo. Dô pra mim e pros otro.

– I num te chegô a lição, inda ia fazê de novo. – Repreendeu Bá.

– Cumé que ocê sabe qui quiria fugi daqui? – João não comentara seus planos com ninguém e surpreendia-se com a segurança de

Bá ao afirmar suas intenções.

– Sô véia, tu num vê? Prendi muita coisa nessa lida, e nem só cum palavra qui os home falô. Quando num sabia a língua dos branco, prendi a sabê qui qui eles quiria ou ia fazê só oiando e sempre deu certo. Os óio diz as coisa que a boca num fala, João. Eu vi tu cum a sinhazinha, tu oiava pra ela cum sudade, comu se fosse dexá de vê a minina, teu coração falava nas mão, João, fazeno os brinquedo de barro pra ela guardá e isso tava na tua cara qui tu tinha dúvida de dexá isso aqui pur causa da criança qui tu gosta, mais nos úrtimo dia tu quiria ficá longe dela comu sê num quisesse mais vê e intão tu preguntava se ela tava bem. Tudo isso eu ouvi tu dizê, João, e cumprendi qui tu ia fugi de novo. Mais Oxalá qué pra ti outra coisa e tu num se foi, a peste te pegô antes.

Florência, que ouvia calada, já costumada à severidade de Bá, mas sabendo que ela o advertia buscando despertar-lhe melhores sentimentos e compreensão da vida, reflexionava, nas palavras da velha cativa, o que poderia servir à sua própria vivência.

– Qui é qui o barão mandô fazê cumigo? – Questionou João, dando mostra de maior serenidade e que as palavras da companheira haviam-lhe tocado o espírito.

– Num é só de tu qui nóis temo qui cuidá. O barão mandô tratá todos pestiado. Vi o capataz dizê que acha qui ele vai trocá ocêis de serviço, se curá as firida. – Respondeu Florência.

– Ocê num respondeu, Bá: essa peste tem cura? – Tornou João a indagar.

– Num se sabe, João. Antes o barão mandava matá os nego que ficava em firida. Agora mandô tratá ocêis e eu vim mais a Florência pra vê se os espito da terra num vêm benzê as firida ô insiná cumé qui podi tratá elas.

– Se o barão pegá ocêis fazeno isso, já sabe qui vão pra ali? – Falou João, olhando diretamente para a sala usada para os castigos.

– Tamo sabeno, João. Mais é diferente apanhá se fô pra ajudá os otro. Tem sentido. As arma dos nosso qui já se foro vorta pra dá força e espera os qui tão partino. Já vi isso acunteçê cum uns quantos, quando os castigo era no pátio. Se for ansim num tenho medo.

Juntando as palavras à ação, Bá fez um gesto de silêncio, chamou Florência para seu lado, deu-lhe breve explicação, e, acocoradas, começaram um canto dorido e repetitivo, até que Bá começou a girar rapidamente e de súbito parou, respirou a largos haustos e, curvada, aproximou-se de João, tomou-lhe os pés entre suas mãos e pôs-se a massageá-los começando pelos joelhos; depois de algum tempo, largou-os e tomou-lhe as mãos, procedendo da mesma forma, do cotovelo em direção à ponta dos dedos. Depois, segurando as mãos, soprou-as. Olhando para João, a entidade que se manifestava falou-lhe em seu idioma natal, comovendo-o até as lágrimas.

– Guerreiro de Angola, como te entregas? Não corre em tuas veias o sangue livre das matas? Não respiras a força da vida natural que te criou e fortaleceu? Não tens em ti o brilho da luz que vara as trevas nas densas matas de tua terra natal? Não guardas na lembrança a força dos afetos que deixaste? Por eles não és capaz de um esforço maior? Como te encontro assim abatido, derrotado por ti mesmo? Levanta, guerreiro, mas não ergue tua mão contra um irmão teu, seja ele de que cor for. Ergue-te interiormente, encontra tua liberdade real, luta contigo mesmo a verdadeira batalha, tem pra ti que ela será a última e que tu te sairás vencedor. Ergue-te, guerreiro de Angola, e mostra teu valor! Mas não te ergue perante os poderes materiais, te ergue junto ao reino divino de que fazes parte como ser imortal! Lança fora de ti as ilusões e enfrenta a tua realidade e a realidade da vida que te criou e protege. Descobre as leis que regem a grande nação e te afeiçoa a elas! Encontra teu caminho! Liberta teus prisioneiros íntimos! Segue só aceitando a companhia de quem queira andar contigo, mas não te faças guia de ninguém! Aguarda, guerreiro, firme e intrépido, o chamado da luta maior! Tuas ânsias de liberdade serão ouvidas e momento haverá em que unirás tuas forças físicas às de outros companheiros e marcharão sobre preconceitos e ilusões de poder que dominam o meio em que te encontras. Mas, quando esse momento chegar, é preciso que estejas pronto, que saibas compreender e aceitar as novas formas de luta que travarás. Acima de tudo, será preciso que tenhas guerreado contigo e encontrado tua liberdade para que possas ensinar esse caminho a quem desejar caminhar contigo. Por ora, levanta-te, guerreiro, e enfrenta a ti mesmo.

Florência ouvia e reconhecia o idioma do qual poucas palavras dominava; era uma filha da escravidão já nascida em terras brasileiras. Assustava-se com o fenômeno que presenciava, embora o admirasse. O pouco conhecimento não lhe permitia entender o teor da comunicação que se processava, mas sentia as vibrações firmes e amorosas da entidade que dominava o aparelho psíquico de Bá.

João, emocionado, chorava e lembrava da primeira vez em que sentira as mesmas vibrações, ainda no porão da quarentena. Após um longo suspiro, refreou a emoção e indagou no mesmo idioma:

– Quem me fala com tanta autoridade e carinho?

– O mesmo que te falou à tua chegada: pai João. Tenho acompanhado tua trajetória desde o início. Vim te alertar para que bem aproveites a oportunidade que te é concedida e não te percas por trilhas ilusórias que a lugar algum te conduzirão.

– Tenho pensado muito em minha vida desde a rebelião na Fazenda da Cruz. Mas não me conformo com essa vida de servidão. A falta de tudo ao "nosso povo", a destruição de nossa dignidade me revoltam e meus propósitos se perdem. Lembro de um amigo de lá que morreu ensinando a paciência e lutando a seu modo para que os negros da senzala não sofressem. Seu exemplo marcou, porém me faltam forças para segui-lo. Meu sangue se rebela, sou guerreiro e não consigo esperar. – Com essas palavras, João desabafava seus sentimentos, embora tentasse justificar-se diante do que ouvira.

– Meu filho, preste atenção no que disse. Você empregou palavras muito profundas, mas sobre as quais pouco refletiu, senão não poderia sentir-se como me contou e veria muitas coisas positivas em tudo quanto se enfrenta. – Retrucou pai João.

– Não lhe entendo...

– É simples, João, mas tem que querer ter olhos de ver, ou seja, ver isento das paixões e dos preconceitos, ponderadamente. Você referiu-se ao "nosso povo". Eu lhe pergunto: existe mesmo um só povo? Se existe, onde ele se formou e por quê? Você há de reconhecer que ele se forja sob o calor da escravidão; do sofrimento nasce a solidariedade, que é a base para a existência de uma nação. Cessaram as disputas mesquinhas que geravam as guerras tribais e todos se voltam a um interesse maior e comum. A nação negra – a consciência de um povo – nasce e deve se ampliar nestas terras. Viu como não devemos julgar precipitadamente? Só as conseqüências de um ato são capazes de nos dizer se ele é construtivo ou não. Aprenda a aguardar, aprendendo. Quanto à dignidade, você precisa pensar mais e conhecer-se melhor. Dignidade não se perde nunca, uma vez conquistada. Ela é interior, é conquista da alma que se reflete na nossa conduta. O que você refere é orgulho ferido, abatido, que incomoda e grita, sufocando a voz da nova consciência que floresce em você. O que passa o "nosso povo" são privações materiais e provações morais. Aqueles que conquistam a dignidade ultrapassam privações e provações, erguidos intimamente, firmes e seguros da condução superior de suas vidas. Não se abatem porque compreendem a transitoriedade das coisas materiais. Por último, meu filho, não culpe o corpo que o abriga dos erros que seu espírito comete. Teu sangue e tua carne tão-somente compõem a matéria física; teu espírito é senhor soberano de teus sentimentos e de tua inteligência. O reino espiritual perene comanda a matéria transitória. Portanto, não o culpes por teus atos, pois a conseqüência é atribuir ao Grande Senhor da Vida – que te concedeu essa oportunidade – a responsabilidade por teus deslizes e isso é absurdo, bem o sabes.

O espírito de pai João fez uma breve pausa; como não houvesse qualquer manifestação por parte de João, prosseguiu:

– Esperar faz parte da compreensão dos mecanismos da vida que a tudo determinam um tempo certo. Não se come o fruto verde, nem se aguardam flores no inverno. Tudo na natureza nos fala de trabalho, perseverança e paciência. Põe tua mente a aprender os ensinos que estão escritos nela e compreenderás a necessidade da paciência que te falei outra vez. E hoje não venho só, teu companheiro Tião está comigo. – A essa informação, as lágrimas verteram copiosas em João. – Ele é feliz e verdadeiramente livre, também te acompanha e zela por ti. Estamos aqui para trazer alívio ao teu padecimento físico e ao dos demais doentes. Repete tudo quanto eu te disser para Florência, a fim de que ela possa providenciar o tratamento. Além das ervas vou ensinar uma reza, como chamam, para curar essas feridas, mas todos que estão com essa doença não poderão mais trabalhar junto ao sal, a menos que tenham pés e mãos protegidos.

Pai João, tocando com as mãos as chagas do escravo, passou a ditar o tratamento a ser realizado, recomendando que à noite fossem feitas cataplasmas com ervas e proferida uma prece, cujas palavras ditou, pedindo que a rezassem diariamente por nove noites e, se não melhorasse, que tudo fosse repetido. Terminado o ditado, Bá afastou-se e voltou a rodar com menor intensidade do que antes, até que por fim quedou-se sendo amparada por Florência.

– Ô Bá, tu tá bem? – Indagava a escrava, batendo levemente no rosto da companheira até que ela abriu os olhos e sentou-se no chão a seu lado. Enquanto os três escravos entretinham-se em conversas em voz baixa no fundo da senzala, os demais, cansados e um tanto distantes, dormiam, ignorando tudo quanto se passara.

Tião observara a ação de pai João e o aguardava cheio de perguntas. Vendo o completo distanciamento psíquico entre pai João e Bá, prontamente passou a literalmente despejar perguntas:

– Pai João num contô pra Tião que fazia disso tamém. Pur que pai João mandô a nega fazê reza nos otro? Num pudia fazê qui nem a outra veiz qui pai João feiz isso sozinho? Pur que tem qui sê nove veiz e dispois repeti?

Pai João, pacientemente, tomou o companheiro pelo braço e, sorrindo, convidou-o a afastarem-se da senzala. Já distantes da charqueada, começou a explicar-lhe:

– Tião, quando desejamos ajudar, temos que nos colocar disponíveis para usar tudo quanto a Divina Providência nos oportunize da melhor forma possível. Temos mais de um recurso à mão, que bom! Veja a sabedoria do Pai que não nos deixou apenas um caminho, mas vários. A reza que pedi na verdade é uma prece e com isso Florência e Bá exteriorizarão, confiantes, sua vontade de curar os doentes, que, para sua completa melhoria, necessitam de energias materiais e espirituais; assim, no momento em que elas fizerem as "rezas", nós nos uniremos a elas combinando essas energias e potencializando o poder curativo.

Tião ouvia a explicação atentamente e tornou a perguntar:

– Pai João inda num explicô pra Tião pur que nove veiz.

– Contamos com a boa vontade dessas amigas, mas sabemos do pouco conhecimento que possuem das realidades espirituais e dos intricados mecanismos da natureza dessas energias, por isso lhes determinei um certo período de tempo recomendando-lhe que aqueles casos que não se resolvessem nesse tempo continuassem mais uma série de vezes. Se lhes dissesse que simplesmente teriam que fazer isso até que cada organismo recebesse essas energias, encontrasse seu equilíbrio e processasse a substituição das células físicas atingidas por outras sadias, elas não compreenderiam e por conseqüência nada fariam. Assim, dizendo-lhes que por tanto tempo tinham que fazer tais coisas, não só elas compreenderam, mas também, quando relatarem aos doentes o tratamento que receberão, o tempo demarcado lhes restabelecerá a esperança, então serão receptivos ao trabalho que faremos. – Esclareceu pai João.

– Cumé qui pai João é tão sabido?!

Pai João riu do espanto de Tião e alegremente regressaram à

instituição que os abrigava no plano espiritual.

O tempo lançou seu manto inexorável sobre os acontecimentos e passadas as nove noites prescritas por pai João, os escravos estavam em franco restabelecimento. O barão, feliz com a perspectiva de manter mão-de-obra, não questionou muito acerca de como Florência e Bá haviam realizado tal proeza. A fama de ambas correu por entre os charqueadores que instaram pedidos ao barão para que as negras curandeiras pudessem tratar dos demais escravos e muitos realmente encontraram a cura, embora a doença deixasse seqüelas que interferiam na livre movimentação das juntas ósseas, acarretando uma perda de agilidade.

A fim de preservar o número de escravos, procedeu-se à troca de afazeres: os acometidos pela moléstia do sal passaram a servir na casa-grande, a aprender os serviços de ferreiro, coureiro, manufatura de sabões e por fim na fabricação de grosseiros sapatos e tamancos que passaram a ser usados pelos escravos que lidavam diretamente no sal.

João, por ter sido o mais afetado pela peste do sal, foi designado para servir na casa-grande, aprendendo as artes da cozinha com Florência.

Capítulo IX

A Morte Ronda

"(...) A crença no futuro é intuitiva, e infinitamente mais geral do que a do nada".[1]

A vida após a "peste" trouxe a João muitas alegrias e novos aprendizados. Desenvolveu crescente afinidade com Florência. Compartilhavam a mesma luta entre a rebelião e a resignação, conversavam horas a fio enquanto trabalhavam. João não cansava de falar-lhe da liberdade perdida nas matas africanas, da família que deixara, das memórias que amealhava na escravidão. Por sua vez, ele ouvia as histórias da resistência dos negros em terras brasileiras, desde levantes e insurreições violentos, formação de quilombos e palmares, até as formas de resistência passiva como lerdeza na realização do trabalho, a aparente submissão, as vinganças isoladas contra senhores escravagistas e o recurso derradeiro, infelizmente muito utilizado, especialmente no Sul, o suicídio do negro escravizado.

Bá, sempre presente às tarefas da cozinha no horário de cesta da

---

[1] *Allan Kardec, item 1, cap. II, primeira parte, em* O Céu e o Inferno. *Trad. Salvador Gentile. Araras: IDE.*

sinhazinha, comungava da nova rotina, porém, com a severidade e o carinho que lhe marcavam o caráter, não alimentava as conversações saudosistas, que por vezes insuflavam os sentimentos de revolta; ao contrário: advertia-os para a realidade do momento e suas lutas.

– Do passado, meus nego, só servi o que se aprendeu. Guardi as coisa boa qui lhes insinaro os qui vivero antes, as esperança, a fé, o modo di vivê. O resto num servi mais, é mior esquecê, sinão faiz sofrê di novo. Tem qui dá lugá pras coisa boa qui acuntece hoje, por menó qui seja. – Ensinava a velha escrava, incansavelmente.

Um pouco por serem freqüentemente advertidos, outro tanto por esgotarem em si as fontes do tema, drenando as velhas e conflituosas lembranças, enfim apagando-as, o fato é que, passados alguns meses de convivência, Florência e João desenvolveram outros interesses.

A "peste do sal" dera, a Bá e a Florência, notoriedade como curandeiras entre os escravos acrescentando mais trabalho à sua rotina. Porém, para essa atividade sempre estavam dispostas; encontravam gratificação em aliviar o sofrimento de seus irmãos de cativeiro e em ver sorrisos se abrirem à sua chegada. Descobriram a realidade além das divisas da charqueada e passaram a gozar de uma até então desconhecida confiança junto ao capataz e ao próprio barão, que lhes permitia sair da propriedade, acompanhadas por João. Essa pequena liberdade veio a fortalecer ainda mais os laços existentes entre os três.

Durante as longas caminhadas à beira do arroio, entre uma charqueada e outra, Bá ensinava-lhes sobre a continuidade da vida, o intercâmbio com os ancestrais, a utilização de chás e ervas no tratamento de diversas moléstias, rezas e o culto a suas divindades, porém com especial atenção lhes falava da importância da fé, do cultivo da paciência e do bem em todos os momentos.

Nas matas ribeirinhas, ensinou-lhes a prática do contato com o mundo espiritual, educando de maneira primitiva as faculdades mediúnicas manifestas em João, tornando-o consciente da ação que os espíritos têm sobre a matéria, esclarecendo os motivos de seus pesadelos e visões desde a viagem no navio negreiro.

Certo dia, durante uma das visitas à charqueada vizinha, pararam sob a sombra de um corticeiro às margens do arroio, para mais uma reunião improvisada e livre de vigilância. Falavam da ação insistente que os espíritos inimigos de João procuravam exercer sobre ele e da luta que agora travava para reconstruir suas relações com eles em novos moldes.

– É pur causo dessas coisa qui sempri lhes digo, meus nego, qui num vale a pena carrega má lembrança, guardá ódio e malquerença. Nóis dexemo esse corpo cansado e siguimo viveno e podemo vortá e nos aproximá dos outro, fazê bem o mar, qui nem si faiz agora. Intão guardi cum ocêis as coisa boa, num preste atenção às ruindade. As coisa têm seu tempo e sua razão, nóis temo é qui aprendê cum isso. Sempri digo: óia de longe, vê comu vai ficá dispois. – Dizia Bá, completando: – É mior perdoá, João! Faça reza pra essas arma sufrida qui lhi rodeia, pra elas incontrá o caminho bão no outro mundo.

– Tô lhi intendeno, Bá. Já lhi contei do nego Tião, lá do Norte. Ele insinava essas coisa tamém. Tinha a Raqué, qui sabia falá cum os espito, mais naquele tempo num pensava qui si podia aprendê tanto cum eles, muito meno qui eu ia cunsegui fazê isso. Ocê mi ajuda muito Bá, nunca vô lhe sê grato qui chegue. Intendo qui fiz errado cum eles antes e agora eles tão cum reiva de mim, pur isso num vô guardá malquerença. Num é de graça qui eles tão cumigo. Vô rezá e pidi perdão.

Bá sorria porque em verdade para ela era também motivo de imensa alegria passar avante os conhecimentos recebidos em seus tempos de moça, junto da sua gente; nunca pensara que, em meio à escravidão, poderia legar a única herança que possuía aos companheiros. Cansada, com o peso dos maus-tratos sofridos em sua existência, ela sentia com as novas relações um renascimento de alma. Orientar aqueles jovens cativos lhe devolvia o senso de pertencer a uma família. Tomando uma das mãos de Florência e outra de João, respondeu:

– Num perca seu tempo cum gradecimento! Trabaie e use bem as coisa qui lhe insino e sempri dondi qué qui seja vô tá filiz cuntigo e Florência. Agora vamo sigui ligero qui já nos demoremo muito e o barão podi num gostá. Eu tenho qui ficá de oio na sinhazinha, minina levada!

À lembrança da criança, que em seus corações compunha o círculo familiar que haviam construído, sorriram e, apressando o passo, rapidamente chegaram ao pátio da casa-grande onde logo a avistaram sentada nos degraus da calçada, observando o vaivém incessante das formigas carregadeiras. Pressentindo a aproximação dos amigos, ela levantou a cabeça, balançando os caracóis negros de seus cabelos primorosamente arranjados com laços de fita. Ao vê-los sorriu, de pronto levantando-se para encontrá-los.

– Onde vocês foram? – Indagou Nina. – Por que não posso ir junto passear?

Bá abaixou-se para tomar a menina nos braços e disse-lhe:

– Sinhazinha sabe qui nóis fumo cuidá duns nego doente, lá na charqueada do sinhô Domingos.

– E eles ficaram bons, Bá?

Os olhos de Nina falavam de bons sentimentos. Ela crescia, porém não revelava em seu íntimo sinais de mudança nas atitudes com os escravos. Os conceitos sociais vigentes não a afetavam – era refratária a absorvê-los.

João, que sentia intenso afeto por Nina e que muita alegria encontrava na proximidade maior de que agora desfrutavam, disse-lhe:

– Si eles fizé direito o qui a Bá mandô e tivé fé, vão ficá bão, sinhazinha.

Novamente sorridente, Nina estendeu os braços em direção a João, dizendo:

– O João é maior que tu, Bá, eu fico bem grande no colo dele, enxergo lá longe no arroio! Quero que ele me leve.

João tomou a criança nos braços e, vendo que ninguém da família os observava, rodopiou com a menina nos braços e com deleite ouviu-lhe o riso alegre e cristalino, sentindo seus roliços bracinhos envolverem-lhe o pescoço com confiança.

Florência e Bá olhavam a cena, enternecidas.

Um tempo de paz e esclarecimento visitava a existência de João.

O trabalho, a assistência espiritual e física aos cativos, a sólida ligação com Bá e Florência, acrescidos da alegria de compartilhar a infância de Nina, enfim solidificavam o terreno das mudanças internas de que João necessitava, dando novo sentido à sua existência.

Esse processo foi amorosa e zelosamente acompanhado por pai João e Tião, que nenhuma oportunidade haviam perdido de esclarecê-los e confortá-los, coadjuvando os esforços para aliviar o sofrimento dos cativos das charqueadas.

..*

Passara célere mais um inverno. Novamente retornavam os pássaros e o céu tornava-se claro e luminoso no sul do Brasil. Nova safra de charque se avizinhava e os preparativos corriam para a chegada das primeiras tropas.

Um faeton, pequena carruagem de quatro rodas, ligeira e descoberta, aproximava-se velozmente da entrada da charqueada, deixando atrás de si uma nuvem de poeira.

Como em todos os dias ensolarados, Nina brincava no gramado em frente à casa-grande acompanhada da ama. Vendo a aproximação do veículo, alegre anunciou:

– Bá, é meu avozinho que está voltando da cidade! – Mal acabara de dizer isso, pôs-se a correr de encontro ao faeton.

O barão, vendo a correria da adorada criança, determinou que o veículo parasse, pois bem sabia que a intenção de Nina era passear e receber os doces que lhe trazia. A menina aproximou-se e foi tomada nos braços pelo avô.

– Sua mãe não gostaria de ver uma mocinha correr assim levantando as saias, Nina. – Advertiu carinhosamente o barão, rindo para a neta. – Tu já estás uma moça, em breve vais estudar na cidade e precisarás agir como uma jovem dama.

– Não gosto da cidade, vovô. Prefiro ficar aqui com o senhor. – Respondeu Nina prontamente. – Na cidade não tem nada que eu goste.

A educação da neta caçula era uma preocupação do barão. Tivera um único filho, Alberto. Enviuvara cedo, criando-o sozinho, pois não desejara casar-se com outra mulher. Assim, dedicara-se à educação do filho e aos negócios, tornando-os ambos bem-sucedidos. Alberto encaminhava-se para a carreira política, o que muito agradava ao barão. Era uma necessidade da próspera cidade – que nascia sob o amparo dos charqueadores e seu ouro – que tivesse uma representatividade política à altura de seu poder econômico. O filho casara-se com uma jovem de distinta família de vizinhos charqueadores; haviam tido três filhos, sendo dois meninos – que estudavam na cidade onde residia a maior parte do tempo dona Marieta, sua nora – e a pequena Nina, que era a alegria da charqueada, de onde ninguém conseguia afastá-la. Como seus desejos eram de pronto satisfeitos pelo avô, ninguém a contrariava.

A velha escrava que lhe tutelara desde os primeiros dias encarregava-se de criá-la; era como mais tarde muito justamente a menina a chamaria: "sua mãe preta". Todo o afeto maternal, todo o carinho e todo o zelo por sua segurança no dia-a-dia quem lhe dispensava era a amorosa figura de Bá. O barão estava consciente de que a menina ficava muito tempo sob os cuidados da escrava, e que isso teria que ser modificado. Desejava vê-la educada, culta, elegante, preparada para assumir as responsabilidades de uma família quando chegasse a época. Isso a velha Bá não poderia fazer. Mas adiava a transferência da menina para junto da nora, apesar dos insistentes pedidos de dona Marieta.

Após anos de solidão e viuvez, a bela criança era a dona do coração do barão. Em sua companhia, florescia o homem afetuoso que a perda prematura da esposa fizera apagar-se.

Afagando-lhe os sedosos cabelos negros, o barão sorriu e afastou as preocupações.

– Tu és muito inteligente, Nina. Aqui é bem melhor que na cidade, por mais bonita que ela esteja ficando. Estão construindo lindos casarões e praças, mas teremos muito tempo para viver lá. Aqui na charqueada, junto com o vovô, podes brincar livre e correr bastante. – Disse o barão.

– Às vezes a Bá me deixa tomar banho no arroio quando é calor; lá na cidade também não posso fazer isso, não tem arroio. Lá também não dá pra pescar. E a Bá não gosta de ir pra cidade, ela fica triste. – Disse Nina e começou a remexer os bolsos do avô, despertando o riso alegre do barão. – Vovô não trouxe doces? – Perguntou, por fim, fazendo beicinho.

– Trouxe, mas escondi! Tu vais ter que esperar até nós chegarmos em casa.

O faeton voltou a movimentar-se, ouvindo-se o estalar das rédeas; abraçados, o avô e a neta prosseguiram o curto trajeto que os distanciava da residência.

Parados à porta esperavam Bá e o capataz José.

– Descurpe, barão, mais a sinhazinha me fugiu; quando vi ela já tava com o sinhô no faito. – Disse Bá, fingindo-se preocupada.

– Está bem, Bá, mas cuide que ela não faça isso com outros veículos que cheguem aqui. – Descendo com Nina nos braços, logo a colocou no chão e voltou-se ao interior do veículo, retirando de baixo do assento uma pequena caixa de balas que deu à menina, advertindo: – Não coma todas em um só dia, Nina. Guarde para ter até quando o vovô for à cidade novamente. Agora que seu pai está viajando isso vai demorar.

– Hum, hum – Resmungou a menina à guisa de aceitação da ordem do barão. De mãos dadas com ele, ingressou na casa.

– José, trago péssimas notícias da cidade! – Declarou o barão, já alojado em confortável poltrona na sala de estar da casa-grande. – Reina por lá, nos últimos dias, uma doença muito séria. Várias pessoas já morreram, os médicos dizem que é cólera e que pega. Vamos tomar cuidado para que aqui da charqueada não se vá muito à cidade evitando trazer a doença.

– Isso seria muito ruim, barão, principalmente com a safra do charque chegando logo ali. O ano passado foi bom, mas teve a "peste do sal"; para esta safra, os escravos que trabalham na saladeira já terão tamancos, isso vai evitar pestiados. Este ano não precisamos dessa tal de cólera. – Comentou José.

– É bom tomar muito cuidado, José, porque essa doença é diferente da peste do sal, ela atinge qualquer um, seja branco ou preto. – Enfatizou o barão.

Nina, sentada no colo do avô, acariciava-lhe a barba.

– Acho tão bonito os negros caminhando com esses tamancos. Você já olhou, vovô, o jeito de eles caminharem? É engraçado. – Declarou Nina. Em sua inocência infantil, não compreendia que a forma de caminhar dos negros se devia à rusticidade dos calçados, altamente desconfortáveis e pesados, que os fazia arrastar os pés e que muitos deles ainda tinham a agravante das seqüelas deixadas pela "peste do sal" que lhes dificultava os movimentos. – E também eles não devem sentir tanto frio e nem se machucar nas rosetas, como quando andavam descalços.

– Tu ainda és muito pequena, por isso tens todas essas preocupações com os negros. Quando tu ficares grande, vais entender como se deve tratá-los. São dinheiro, mercadoria.

Voltando-se para José, o barão prosseguiu: – E estão muito caros! Os jornais da cidade ofertam escravos a preços altíssimos. Tudo em razão da maldita Lei de 1850! E o pior é que está correndo um boato de que querem libertar os escravos acima de 60 anos.

A essa notícia, o capataz riu com gosto e disse:

– Ora, barão, isso não deve nos preocupar! Quantos escravos temos com mais de 60 anos?

Compartilhando a idéia do capataz, o barão também riu:

– Tu tens razão, José. Esses abolicionistas não conseguem nada!

Nossos políticos são muito habilidosos. Essa medida será sem efeito. Os escravos não vivem tanto e mesmo se vivessem depois dessa idade seria só despesa mesmo – melhor que se fossem.

– É, não dá modificação nenhuma. Mas, os defensores da liberdade – e o capataz dizia isso com muita ironia – se gabam de fazer grande coisa pelos escravos.

– Talvez atinja uma meia dúzia mais no centro do Império. Aqui no Sul, essa idéia é para fazer rir mesmo.

Bá, que encostada à parede ouvia o diálogo, sentiu uma tristeza profunda cortar-lhe por dentro. Reconhecia que muito poucos escravos nas charqueadas seriam atingidos por aquela lei, quando ela viesse a existir. Mesmo assim, pensava: "Só vai servi di conforto pra dizê qui morrero livre. Do qui vai vivê um nego véio forro[2] ?".

Nos dias que se seguiram ao diálogo entre o barão e José, as ordens de evitar sair da charqueada foram rigorosamente cumpridas. Com isso, as caminhadas de Bá, Florência e João sofreram suspensão.

Uma falha houve na tentativa do barão de evitar o contágio da cólera na charqueada. Os tropeiros logo chegariam e com eles o vírus mortal.

..*

Ao lado do grande portão de acesso à charqueada do barão, pai João e Tião observavam o início de nova temporada.

– Corre os dia, né, pai João? Quando a genti tá na carne nem vê e já tá véio oiano pra traiz e veno o qui se feiz. Fora dela, se vê as coisa cuntecê, parece qui si presta mais atenção.

– Assim é, Tião, porque nos atemos apenas ao que realmente importa, enquanto quando encarnados muitas vezes nos perdemos no

---

[2] *Nota do autor espiritual: Forro era uma expressão usual dos escravos para se referirem àqueles que conquistavam a liberdade. Alforriado.*

corre-corre dos dias, sem atentar para as realizações verdadeiras. Muito poucos têm ainda o hábito de se auto-observarem de um dia para o outro para notarem as modificações. Por isso só na velhice se analisam, e ouso dizer nem sempre. O barão, por exemplo, é adiantado nos anos como encarnado, mas nem dá sinal de analisar suas crenças e atitudes.

– É bicho induricido! Mas num falei isso pensano nele, mais em João. Se alembrei do João qui chegô aqui mais de um ano atráis e do João de agora. Ele tá mudado, num há qui si negá.

Olhar fixo no horizonte, observando a revoada dos pássaros e o balanço da natureza ao sabor do vento primaveril, comum nas manhãs de setembro, pai João respondeu:

– Ele está mudando, Tião. Note a diferença. A renovação interior é um processo lento, como uma fruta que matura; cumpre etapas nas quais se sedimentam novos conceitos, novas idéias e novos posicionamentos que se transferirão para as atitudes. João está se renovando conceitualmente. Sua visão da vida está se alterando e com isso ele alarga horizontes de compreensão.

– Mais, pai João, o neguinho tá mudado, num é mais revortado, nem pensa de fugi, ele tá num bão caminho. – Insistiu Tião, inconformado com a resposta.

– Também noto isso, mas veja por que aconteceu. A doença limitou-lhe as atividades físicas. As seqüelas deixadas pela peste do sal impossibilitam uma aventura – como seria tentar fugir com os tropeiros e cruzar a fronteira uruguaia... Tantos escravos do Sul viram aí a possibilidade de realizar o sonho de liberdade e grande parte acabou engrossando fileiras de soldados do general Artigas.

Tião recordou as excursões na companhia de pai João, quando visitavam aqueles pobres acampamentos militares, vendo tantos negros guerreando de armas na mão, morrendo por causas que não lhes diziam respeito, envoltos na revolta e no rancor contra os brancos. Em geral, não lhes importava quem matavam e não queriam saber por que matavam; deliciavam-se na violência em verdadeira festa dos instintos bárbaros.

Notando que seu aprendiz fazia retrospectiva da excursão de alguns dias passados, continuou fitando-o bondosamente.

– A limitação física impõe para João a renúncia e felizmente ele a aceita; poderia ter piorado sua revolta e feito dele um suicida a mais nesta região. – Fazendo um minuto de silêncio e vendo que Tião o aguardava, prosseguiu: – Com essa aceitação, ele pacificou-se intimamente e por conseqüência abriu espaços para novas experiências. Se seu mundo íntimo estivesse em revolução, isso não teria sido possível.

– Qué dizê qui se num houvé paiz no coração num si consegue mudá, pai João? É por isso qui diz que João tá mudano e não mudado?

– Sem pacificação interior, ou seja, Tião, sem que nós nos aceitemos tal qual somos, nos reconhecendo honestamente, com virtudes e vícios, não é possível o processo de mudança. A pacificação de que eu falo não é a inércia, Tião. É a atitude corajosa de olhar para si mesmo tal qual é, sem desculpas tão comuns para os nossos erros. Muitas pessoas não admitem as próprias faltas, estão erradas em sua forma de viver e ainda se julgam vítimas, jogando a responsabilidade sobre os outros que com elas convivem. Essas pessoas justificam-se de todas as formas, sendo que nunca são as responsáveis por nada! Estão numa posição defensiva, são as coitadas.

Tião olhava admirado para seu amigo. Pai João prosseguiu:

– Outros há que caem numa inércia dolorosa nesse processo de renovação. Quando reconhecem um vício que gerou sofrimento em si mesmos ou em outrem, sentem-se culpados e julgam-se inferiores. Esse problema é ainda mais agravado pela imposição da culpa que permeia toda uma noção adulterada do Cristianismo, difundida pelas Igrejas. Algumas pessoas caem nesse momento apenas por reconhecer que trazem marcas em si das condenações capitais.

– Tião viu disso lá na Fazenda da Cruz. Sinhá, mãe do coroné Firmino, vivia de joeio no chão, fazeno pinitência.

– A postura é reveladora, Tião. Uma pessoa de joelhos, olhos baixos, encurvada está dobrada ao peso de algo muito forte: a culpa. Enquanto se mantiver nessa postura, dobrada sobre si mesma, nada produzirá, nem verá coisas novas. Está em geral sozinha. Esquecem lições preciosas de Jesus, que nunca incentivou a culpa! Ao contrário: apoiava os que encontrava assim caídos sob o peso desse estigma. Levantou a mulher adúltera e conclamou que jogassem a primeira pedra aqueles que se julgassem isentos de pecados. A ela, Jesus disse: "vá e não tornes a pecar". A lição é clara! Todos que nos encontramos neste plano temos ainda vícios e virtudes. Nosso estado evolutivo é semelhante, portanto o sentimento de inferioridade não tem sentido. Depois, veja bem: Jesus não pediu à pecadora que se arrependesse e ficasse incansavelmente remoendo seu erro; ao contrário, mandou-a à vida comum com a recomendação de que modificasse a atitude. Esse é o caminho do crescimento. E, para nós que sabemos da continuidade da vida e de nossos inúmeros retornos à matéria em busca de aperfeiçoamento, mais claro se torna o ensinamento: a justiça divina não condena, mas exige que aprendamos, transformando nossos equívocos em acertos. É como disse a lição: repetindo a experiência e não tornando a pecar.

– Cumé bonita a vida! – Tião corria os olhos pela caprichosa natureza dos primeiros dias de primavera nos pampas gaúchos, quando o verde carregado de vida parece brotar da terra, da madeira, e no ar e na água se vê a vida. Pai João acompanhou-o em sua contemplação que abarcava a natureza da qual somos parte e suas sábias leis, resultando no que chamamos vida, criação divina.

Ao longe, levantava-se uma nuvem de poeira que subia contra o céu azul em tons acinzentados e logo se ouviam gritos, assobios e o trotar da vacaria.

– Tão chegano di novo os bicho. Vai cumeçá aquela sangueira di novo. Dá inté nojo o chero do sangue dos bicho.

– São trabalhos necessários, Tião. Grosseiros, é verdade. Exploram a força de trabalho cativa, porém vejamos que produzem alimento para milhares.

– Tá bão, pai João, já sei qui tudo tem qui oiá o lado bão.

– Vamos acompanhar mais uma safra, Tião. Nosso amigo João este ano vai viver uma experiência nova.

– Todo dia é uma experiença nova... – Alertou Tião em tom jocoso, devolvendo a advertência fraterna há pouco recebida do instrutor.

– Tá certo, preto, cumé qui dizim os home daqui: "Tu tá danado". – Devolveu alegremente pai João e afastou-se, fazendo um gesto para que Tião o seguisse.

..*

Na cozinha da charqueada a atividade era intensa. João não imaginara a grande carga de trabalho suportada pelos escravos que davam sustentação à atividade principal, preparando refeições e acomodações para um contingente maior de mão-de-obra.

O barão, buscando incrementar seus negócios, aumentara as exportações. Os charqueadores conjuntamente haviam adquirido uma embarcação a vapor, destinada a fazer o transporte rápido do charque até a vizinha cidade dotada de porto marítimo por onde passava a escoar a produção local com destino não só ao centro do país, mas ao mercado europeu e ao norte americano.

Em virtude disso, ocorreu um grande aumento no número de escravos, alguns adquiridos do Norte, onde se estabelecera um forte mercado de contrabando de negros – uns vindos de Angola, outros escravos do Sul, alugados pelos seus senhores às charqueadas.

Nesse período a população negra na região atingia dois terços do total: eram mais de seis mil escravos. Seis mil espíritos em triste provação.

A consciência do rude tratamento que era dispensado ao grande contingente escravizado fazia com que os charqueadores temessem rebeliões. Para se protegerem, criaram todo um sistema de aparato jurídico e policial vigente na cidade onde as mais atrozes penas eram impostas. Além disso, tomavam medidas particulares, com especial cuidado nas construções que lhes serviam de moradia. Em sua quase totalidade, as charqueadas seguiam uma arquitetura colonial portuguesa; a casa-grande da charqueada do barão não diferia das demais: era um sólido prédio térreo, em forma de quadrado, tendo em um de seus lados um grande portão. Esses desenhos imitavam antigos fortes, pois em seu interior existia um pátio interno, para o qual a maioria das dependências dava acesso. A senzala ficava a certa distância da residência. O objetivo era claro: ocorrendo uma rebelião, os senhores, os capatazes e os trabalhadores brancos livres resguardar-se-iam no interior da construção, fechando portões e portas de acesso. O pátio tornava-se, assim, um coração, abrigado e seguro, no interior da casa.

O portão lateral fechava a residência do barão. Transpondo suas largas paredes, logo à direita encontrava-se a dependência conhecida como galpão: era uma peça rústica, coberta pelo telhado e tendo como piso, apenas tijolos; com poucas janelas, era comprido e servia de abrigo aos tropeiros; ao lado ficava um refeitório composto de uma grande mesa em madeira e ladeado de bancos, tendo em uma parede um óculo, espécie de janela, por onde as escravas serviam a comida aos tropeiros, sem que fossem vistas, evitando que se estabelecessem relações entre eles por razões óbvias: após 1850, muitos charqueadores, inclusive o barão, haviam passado a ver com outros olhos relacionamentos amorosos dos tropeiros com suas cativas.

Essas construções eram seguras contra levantes negros, porém, levando-se em conta a ocorrência de uma epidemia como a que estava havendo, ofereciam um sério risco: o galpão e o refeitório se localizavam no interior da casa-grande, bastante próximos das dependências utilizadas pela família. E foram justamente esse zelo pela segurança e a disposição arquitetônica da charqueada que levaram ao convívio do barão o temível vírus da cólera, que grassava na cidade erguida a alguns quilômetros das margens do arroio, fazendo dezenas de vítimas fatais diariamente naqueles tempos.

Aproximava-se o Natal. A safra iniciara-se auspiciosa. Tudo corria tranqüilamente na charqueada, porém, naquela madrugada, havia chegado uma tropa bastante grande com vários peões e, ao fim da manhã, um deles não passara bem, chegara febril e seu estado se agravava.

O capataz José, que supervisionava a matança do gado e demais atividades, foi chamado com urgência ao galpão pelo chefe dos tropeiros. Tão logo recebeu o aviso, José encaminhou-se ao local.

Empurrou uma das folhas do portão, ouvindo o ranger da grossa dobradiça de ferro; a penumbra dificultou-lhe a visão, por isso parou, deixando que a luz do dia facilitasse a percepção do local. O homem jazia prostrado sobre um colchão de palhas, mortalmente pálido e visivelmente delirante; a seu lado, receoso, Castelhano olhava-o e, ouvindo o ranger da porta, sem voltar-se disse:

– Te aprochega, José. Esse vivente tá mal! Acho que não passa de hoje e vai se juntá a São Pedro. É o terceiro peão que se vai em menos de um mês.

Aproximando-se, José constatou a gravidade do estado do doente. Aflito, indagou:

– Como, Castelhano, que me dizes com essa calma que é o terceiro dos teus peão que morre este mês? Diz que todos se foram assim – e apontou para o moribundo – desse jeito?

– Foi. – Respondeu Castelhano como se nada houvesse a fazer.

– Algum médico viu os outros? Disse que doença é essa?

– O primeiro morreu logo dispois que deixamo a primeira tropa e passamo pela cidade. Sabe como é, né? Os home têm direito a se alegrá um poco e no dia seguinte, quando nóis tava acampado lá pros lado da Lagoa Mirim, ele começô que nem esse daí, não tinha recurso, nada pra fazê, morreu lá. O segundo foi antes de ontem, mais também não tinha nada que fazê, a tropa tava a caminho, longe de quarqué recurso. Por isso mandei lhe chamá pra lhe pedi que mandasse buscá um médico. Tenho que descobri o que tá acontecendo.

– Vou contar isso ao barão. Ele vai manda busca o doutor Miguel, com certeza. Mas não tô gostando disso.

Lançando um último olhar assustado ao doente que piorava a olhos vistos e parecia consumir-se em dores intensas no baixo ventre, pois se retorcia e abraçava o próprio corpo em chamas, suando muito, José afastou-se rapidamente.

Adentrando a sala da casa-grande, o capataz logo se encaminhou para a biblioteca do barão, local onde ele passava a maior parte do dia, em meio a leituras, projetos e escrituração dos livros da charqueada. Bateu e não aguardou a permissão para entrar, abrindo logo a porta.

– Desculpe, barão, mais é muito grave o que tenho pra lhe falá e não podia esperá.

– Pois então fale logo, homem.

– Acho que a tropa que chegou esta madrugada está doente e podi sê a tal doença que tá matando muita gente lá na cidade.

– Não diga uma coisa dessas nem brincando! – Alertou o barão, levantando-se de sua cadeira com a expressão preocupada.

– Não é troça, não, barão! Dois tropeiros já morreram do mesmo jeito e tem outro mal lá no galpão. O Castelhano me chamou faz pouco e me disse; pediu um médico pra sabê o que os homens têm.

– Eles estiveram na cidade nos últimos tempos?

– O Castelhano me contou que da outra veiz pararam na cidade pra se alegrá um pouco e logo dispois começô essa peste no meio deles.

– Todos adoeceram da mesma maneira?

– Também perguntei a mesma coisa, barão, e ele disse que sim. Isso me assustou e vim ligeiro lhe falá.

– Fez bem, José. Mande logo o Honório até a cidade buscar o doutor Miguel e chame aqui a Bá.

– Sim, senhor.

Sozinho, o barão sentou-se novamente e, olhando o céu pela janela, pensava quando o Sul recuperaria a paz e a prosperidade. Desde o fim da Revolução Farroupilha sempre havia alguma coisa que tumultuava o bom andamento dos negócios e lhe trazia preocupações.

– Licença, sinhô barão! – Pediu Bá, parada à porta da biblioteca.

– Pode entrar, Bá. Tenho um assunto muito sério a tratar. Preste atenção, não vou lhe perdoar se alguma coisa acontecer a Nina.

Bá olhou o barão e viu que estava com o semblante fechado; seu olhar denotava preocupação e seriedade. "Hum... boa coisa num vem", pensou a cativa, porém nada disse, permanecendo numa postura de total obediência.

– Está havendo uma epidemia, uma doença muito grave lá na cidade. Já falei sobre isso aqui. Pois bem: o capataz receia que um peão do Castelhano esteja com essa doença. Ele está no galpão bastante mal. Quero que mantenha Nina afastada do contato com essa gente. Não quero vê-la na rua por nada, até que o doutor Miguel dê sua opinião. Tu vais mantê-la no quarto. Está entendido?

– Sim, sinhô, podi sussegá! A sinhazinha num vai saí do quarto.

– Então vá.

Mais do que depressa, Bá correu ao local onde deixara Nina fazendo a refeição. Florência, que acompanhava a alimentação da criança, notou a aflição de Bá tão logo ela aproximou-se.

– Que qui aconteceu?

– Coisa ruim di novo. A tar peste qui tá matano um bucado de gente. O sinhô barão acha que os tropero do Castelhano tão tomado dela. Num qué a sinhazinha fora do quarto inté o dotô Migué dizê se é ou não a tar peste.

Nina, tranqüila e alheia às preocupações, mexia sua comida de um lado para outro, brincando com a refeição, visivelmente sem disposição para ingeri-la. Bá logo notou.

– A sinhazinha já comeu, Florência?

– Muito poco. Esses dia, ansim quente, ela come qui nem passarinho.

– Intão já chegô. Come tu o resto, Florência. – Disse Bá retirando o prato de Nina e entregando-o à companheira. – O Barão mandô ficá lá no quarto da sinhazinha, pra num adoece. Então vô fazê tu dormi e dispois a Florência leva mais comida.

Bá levantou-se, limpou o rosto e as mãos de Nina com um guardanapo e, tomando-a pela mão, disse:

– Florência, num vá se esquecê di avisá os nego pra tomá cuidado cum a tar da peste nova. Essa num sei se os espito sabe curá.

Aquiescendo, Florência logo terminou de comer o resto da comida de Nina e levantou-se dizendo:

– Vá, Bá. Eu digo pro João dá o recado.

– Depois que eu dormir o João não pode ir brincar com a gente lá no quarto, Bá? – Perguntou Nina.

– Eu mando ele levá a comida pra ocêis dispois da céstia, aí ele brinca um poco com a sinhazinha. – Respondeu Florência.

Bá e Nina logo se recolheram ao quarto, sendo que a primeira temia dificuldades.

Honório foi enviado com urgência à cidade em busca do doutor Miguel e horas depois retornava à charqueada.

Montado em pêlo sobre veloz cavalo baio, Honório vinha acompanhado de outro cavaleiro, alto, esbelto, aparentando trinta e poucos anos, cabelos claros e expressivos olhos escuros, feições bem definidas e simpáticas. Ele usava um costume preto, com o qual contrastava vivamente o lenço colorado, bandeira de suas convicções políticas, e trazia presa à cela sua inseparável maleta. Logo se aproximaram dos portões de acesso à casa-grande onde os aguardavam Castelhano e José.

– Boa-tarde, doutor. Vamos! Apeie logo que o caso é grave e preocupa por demais o barão.

– Estou ciente, José. Honório já adiantou o assunto, conforme lhe ordenaram.

– É um negro obediente; coisa rara... – Declarou José e, falando a Honório, que aguardava montado, continuou: – Vá! Largue esse animal nas cocheiras e siga pro seu serviço.

Honório, segurando as crinas do cavalo, calçou-lhe os calcanhares fazendo-o virar na direção determinada e silenciosamente se afastou.

Miguel lançou um olhar piedoso ao cativo que baixava a cabeça e cumpria a ordem recebida. Era fácil ao seu olhar conhecedor das chagas interpretar as inúmeras cicatrizes que lhe marcavam o corpo e mensurar o sofrimento que passara, bem como não lhe escapavam os evidentes sinais de fadiga, fome e debilidade orgânica. "Até quando meus olhos enxergarão tal sofrimento?", pensava o médico, observando o contingente escravo que trabalhava e dava vida à charqueada e a forma como eram tratados. E, sem que percebesse, balançou a cabeça e falou em voz alta:

– Mais triste é saber que esta é mais uma entre tantas dezenas de estabelecimentos iguais.

– Que disse, hombre? No te compreendo! – Castelhano esforçava-se para aprender o português, língua nativa de seus clientes charqueadores, em sua grande maioria colonizadores portugueses, mas quando ficava nervoso atrapalhava-se e misturava os idiomas, falando quase um dialeto. Era figura bastante conhecida na jovem cidade, bem-quista por sua natureza alegre.

Notando que expressara em voz alta seu pensamento e vendo o ar grave que marcava a expressão do capataz José, o médico percebeu que suas palavras haviam sido perfeitamente compreendidas e a censura ao regime escravagista e especialmente à crueldade com que era exercido nas charqueadas fora perfeitamente assimilada. Ele logo se corrigiu, modificando a atitude. Miguel sabia que aquele não era o momento para entrar em choque com o poderoso barão. Ele tinha plena consciência de que por trás da organização e da pujança que se semeavam na nova cidade estava o gênio financeiro e intelectual do dono daquela propriedade, reconhecido defensor do sistema de trabalho escravo. Não fosse por esse detalhe, a afinidade entre eles se poderia dizer completa.

Por isso desceu do cavalo, passou as rédeas em torno da "cabeça-de-frade" postado próximo, amarrando-as firmemente, retirou sua maleta e, passando o braço sobre Castelhano, falou alegremente:

– Calma, Castelhano, senão sou eu que não te compreendo. Conta-me como foi que teu peão se atrapalhou.

Caminhando a passos rápidos e seguidos de perto por José, chegaram ao galpão e no curto percurso Castelhano narrou-lhe as ocorrências com a tropa.

– Vejamos... Aí está o homem! – Miguel foi o único a aproximar-se. Desde que se instalara a suspeita de cólera ninguém mais sequer falava com o doente. O médico acercou-se, começou a examiná-lo detidamente, fez mais perguntas a Castelhano e, finda pouco mais de meia hora, levantou-se, lavou as mãos e disse: – José, de fato este homem está com cólera. Leve-me imediatamente ao barão. Preciso lhe falar.

– Venha comigo, doutor Miguel.

José estava aflito. Previa que a notícia não agradaria ao barão e não sabia que medidas tomar, nem a extensão que o mal poderia ocasionar. Preocupava-se com a própria saúde, pois mais de uma vez naquele dia estivera em contato com o peão.

– Não é bom ter a cólera tão perto. Até agora a doença não havia se alastrado pelas charqueadas. Mas mantenhamos a tranqüilidade, José. Dar-se-á um jeito no problema. O barão é um homem muito inteligente e sensato.

Miguel tentava transmitir calma ao capataz. Essa era a primeira vez que o via visivelmente alterado. Seu rosto costumava ser uma máscara bastante impiedosa e cruel. Todos sabiam que José e o barão formavam uma dupla coesa na condução da mais próspera charqueada e que os métodos de disciplina empregados eram os mais severos.

– Não se brinca com doença, mais ainda se sem cura. – Defendeu-se José, justificando sua atitude.

Pararam em frente à porta do escritório do barão. José bateu, anunciando as presenças, e novamente não aguardou a ordem de entrada.

– Licença, barão. Trouxe o doutor Miguel, que deseja lhe falar sobre o peão adoentado.

– Fez bem, José. Sabe que este assunto me preocupou. Deixe-me a sós com o doutor. Mande Florência nos servir conhaque.

José tomou o chapéu que trazia em uma das mãos, colocou-o e saiu da sala, batendo com o chicote nas botas de cano longo que calçava.

– O José está nervoso. Os negros hoje vão trabalhar em dobro até que ele se acalme... – O barão ria, passando a mão na barba. – Mas sente, doutor Miguel. Não foi para ouvir falar de meus negros que o senhor foi chamado aqui. Então, qual é o seu diagnóstico sobre a doença do peão?

Sentado em frente ao barão, numa confortável cadeira estofada e torneada – aliás, todos os móveis do escritório do barão eram pesados, escuros, de excelente qualidade e muito bom gosto –, o médico analisava seu interlocutor e debatia-se entre a admiração e a repulsa. Eram correligionários políticos, porém o tema "relações de trabalho" não fazia parte dos interesses locais e era nesse tocante que eles discordavam frontalmente. Daí o médico haver compreendido bastante bem a alusão do barão aos seus escravos.

– De fato, barão, não vim para discutirmos a questão dos escravos, embora tenha o máximo interesse em discuti-la quando o senhor desejar. Assim, vou logo ao assunto. O peão está com a cólera. Como sabe, tem havido muitas mortes por conta dela. Vou prescrever um tratamento, mas sou sincero: não creio que vá dar resultados. O mais importante agora é saber se não há outros peões contaminados, pois podem estar espalhando a doença.

O barão respirou profundamente, como se dessa forma encontrasse as forças necessárias para enfrentar o novo percalço.

– São necessárias medidas de controle do contágio. Recomendo isolamento dos tropeiros dos demais habitantes, bem como que o peão doente seja levado a um local onde possa ficar só. É a única forma de garantirmos um mínimo de proteção. – Completou o facultativo.

– Reconheço sua capacidade, doutor Miguel. Tudo quanto prescrever será rigorosamente executado. Eu mesmo supervisionarei.

Ouviu-se uma leve batida na porta, interrompendo o diálogo.

– Entre! – Ordenou o barão, e voltando novamente sua atenção ao visitante esclareceu: – Havia mandado Florência nos servir um conhaque.

A escrava, silenciosa e cabisbaixa, ingressou na sala e depositou sobre a escrivaninha a bandeja de prata portuguesa contendo a garrafa de conhaque e os cálices. Serviu-os e retirou-se. O diálogo entre eles prosseguiu até que ficassem acertadas todas as providências necessárias à segurança da charqueada e dos arredores contra a temível doença, até então circunscrita à zona urbana.

Ficou acertado que o médico viria diariamente à charqueada acompanhar o andamento da situação.

Dois dias depois, o peão morria vitimado pelo vírus e dois outros tropeiros manifestavam os primeiros sintomas do mal. Entre os escravos também havia indícios de contaminação, para desespero de Bá que, confinada ao quarto com Nina, somente tinha notícias do que se passava na senzala por meio de João e Florência.

A quarentena estava instalada.

Na manhã do terceiro dia, chegava à charqueada um mensageiro da cidade informando ao barão que dona Marieta partira com os dois filhos para a fazenda de seus pais na serra dos Tapes a fim de fugir do alastramento da doença na cidade. Ela pedia ao barão que enviasse a pequena Nina e sua ama a seu encontro.

O pedido vinha tarde demais. Na madrugada, mal raiavam as primeiras luzes sob um céu marcado de azul e laranja, esgueirava-se trôpega pelo pátio externo a velha ama queimando em febre, com vômitos e dores abdominais.

Na senzala os negros já se movimentavam. Florência e João distribuíam mingau, pão de milho e banha, que constituíam a primeira refeição do dia. Havia muito ruído, conversas paralelas, queixas pipocavam por todo lado quanto ao recrudescimento no tratamento. José, temendo a doença instalada na charqueada, estava ansioso, nervoso e descontava nos negros ofertando chibatadas com grande prodigalidade. A sala dos castigos estava bastante movimentada naqueles dias. Ao lado, num recanto escuro, sobre uma grande tina com sal grosso, jazia uma negra de aproximadamente 16 anos que fora posta a ferros e espancada violentamente pelo capataz. Fatos assim revoltavam e agitavam os habitantes da senzala, submetidos a um regime de trabalho rigoroso e intenso, com alimentação insuficiente. Mas era a violência o que deixava mais marcas naqueles corações.

João vira a pobre moça e prometera-lhe que após alimentarem os demais iria tratá-la. Conversava com Florência a respeito, quando súbito silêncio se fez e as cabeças voltaram-se para os grossos portões de madeira da senzala que com muito custo se abriam. Ouviram-se gemidos e o barulho surdo da queda de um corpo.

– É a Bá! – Gritaram os cativos mais próximos da entrada, reconhecendo a recém-chegada. – Florência, vem cá! Ela tá mar.

De imediato João e Florência largaram os afazeres e se apressaram a atender ao chamado. Tão logo Florência viu a amiga, uma palidez espalhou-se por seu rosto magro e nos olhos refletiu-se o medo. João, vendo sua reação, advertiu:

– Ande, muié! Onde tá tua corage? – Sacudiu-a levemente e prosseguiu: – Vamo fazê arguma coisa.

Florência, saindo do estado de choque, aproximou-se de Bá, que jazia caída ao chão, desmaiada. Tocou-lhe o peito e, sentindo o coração bater, tranqüilizou-se.

– Preciso de água, bastante água. – Prontamente um rapaz jovem, quase adolescente, correu ao poço para atender ao pedido. Florência, que com o olhar acompanhava a reação dos assenzalados, determinou: – João, me ajude a levá Bá até um pelego. Ela inda vive. – A essa declaração ouviram-se vários suspiros aliviados, que atestavam o carinho de todos para com a velha companheira de infortúnio.

João abaixou-se e tomou o corpo de Bá nos braços, carregando-a até seu próprio pelego. Logo chegava um balde de água e Florência tentava reanimá-la, lavando-lhe o rosto e molhando seus lábios. Com alegria, viu a doente abrir os olhos.

– Florência, vim te chamá. A doença mardita pegô. Num temo pur mim, tô véia, se mi fô vai se inté bão. – Bá pronunciava as palavras com dificuldade, arfando por causa da febre. – Mas a minina num tá bem... Cuida dela, tu e o João.

– Carma, Bá, nóis vamo cuidá de todos. Tem qui avisá o barão. Ele vai mandá busca o dotô lá na cidade. Vô pra cozinha e vorto com chá pra essa febre. – Com essas palavras, Florência pretendia tranqüilizar a ama, os demais escravos e a si mesma. Bem sabia que o fato de mandarem vir o médico não faria diferença para eles, pois o senhor não lhes oferecia qualquer tipo de atendimento à saúde.

Levantando-se, Florência entregou o balde e a gamela com que molhava os lábios de Bá a uma das escravas que estava a seu lado, orientou-a quanto ao que deveria fazer e disse aos demais:

– Vão pra fora. Deixe a Bá sozinha, senão todos vão ficá doente. Essa peste é de pegá. João, vamo pra dentro da casa vê a sinhazinha.

Rapidamente eles saíram da senzala, atravessaram o pátio e adentraram a casa-grande pela porta da cozinha, dirigindo-se ao quarto onde descansava a criança. Encontraram a porta aberta, o ambiente totalmente desarrumado e malcheiroso. No chão, ao lado da porta, ficava o colchão de palha sobre o qual dormia a ama; estava sujo, deixando claro o mal-estar que a acometera durante a noite. Sobre a cama, num sono agitado, os cabelos negros revoltos sobre a imaculada fronha branca e rendada do travesseiro, movimentando mãos e pés, Nina dava sinais evidentes de estar febril, possivelmente contaminada pela cólera.

João chegou perto de cama, tocou-lhe a testa, como aprendera com Bá, constando a alta temperatura. Silencioso, sentindo a gravidade do momento. Acariciou os longos cachos de cabelo da criança e, ao levantar a cabeça para encontrar o olhar de Florência, trazia já a vista turbada.

– Qué que vamo fazê? Elas pegaro a mardita cólera.

– Tô veno, João. O mió é chamá o barão. Tu vai no quarto dele e traiz ele aqui pra vê a sinhazinha.

– Cuida bem dela.

Acenando com a cabeça em gesto afirmativo, Florência deu início a uma rápida arrumação no quarto; abriu a janela para ventilar e aproveitou para pôr para fora o colchão sujo. Tomou a jarra e a bacia que ficavam sobre uma cômoda, despejou um pouco da água em um copo e o restante na bacia de louça; improvisando compressas frias, pôs-se a cuidar da criança, sentando-se ao lado da cama.

João nunca dirigira a palavra ao barão, pois, à exceção de Bá e Florência, ele não falava com os negros que lhe serviam. Mas era um caso muito grave e pela criança que tanto amava João quebraria qualquer regra, desafiaria a quem quer que fosse. Naquele momento não estava indo falar com seu senhor, mas sim com o homem que tinha meios de tentar salvar a vida de Nina. Era o guerreiro de Angola lutando por amor. Toda sua força, sua coragem e sua valentia serviam agora a uma outra causa.

Sem titubear, parou à porta do quarto do barão e bateu. Não recebendo resposta, bateu novamente e entrou. Era um aposento luxuoso, dominado por uma grande cama de casal com dossel donde pendia um mosquiteiro até o chão assoalhado em madeira, coberto por tapetes alegres e coloridos; móveis escuros, pesados e torneados compunham o conjunto. Na parede em frente à cama, um quadro pintado a óleo retratava o barão e sua esposa. Ele, de pé, muito elegante, descansava protetoramente a mão sobre o ombro da esposa, que jazia sentada numa cadeira a seu lado. Por um momento João contemplou o rosto que sorria sereno no retrato. Era uma mulher bonita, sua expressão era bondosa, meiga, olhar amoroso. Via-se que o casal tivera um grande afeto entre si.

O barão dormia profundamente. Parecia ter sono pesado. Não restava a João outra alternativa a não ser acordá-lo.

João, trajado com camisa e calça de linho azul grosseiro, pés disformes e descalços, contrastava vivamente com o quarto. Ali parado, olhando o barão adormecido, o escravo lembrava-se apenas da menina febril que deixara no outro aposento. Aproximou-se e, tocando no braço do avô de Nina, disse:

– Acorde, barão!

Num sobressalto o senhor acordou e, um tanto atordoado, viu o negro parado a seu lado. Logo imaginou uma rebelião dos escravos e, procurando a arma que deixava sob os travesseiros da cama, declarou:

– Não pense que me assusto com um negro. Mato-te e termino com os outros. Animais! Quem pensam que são?

João surpreendeu-se ao ver a arma apontada para si, mas não recuou:

– Vim lhe chamá, barão, pur causa da sinhazinha Nina. Num tenho intenção de lhe fazê mar.

Ao ouvir o nome da neta o barão acordou completamente. Ainda assim manteve a arma apontada para o escravo.

– Que houve? Como te atreveste a invadir assim o meu quarto? Ninguém tem permissão para fazer isso.

– Bem sei, sinhô barão. Mais é causo que a sinhazinha tá doente, a Bá tá mar lá na senzala. Num tinha outro jeito sinão vim lhe avisá.

João era guerreiro, mostrava sua alma firme encarando o senhor sem vacilar sob a mira de seu revólver. Essa atitude impressionou o barão. Saltando da cama, vestiu apressadamente as roupas, enquanto era informado das ocorrências.

Afoito, o barão chegou no quarto de Nina.

– O que há com ela? – Indagou de Florência.

– Não sei, sinhô barão, mais tenho medo da tar cólera. A Bá foi chamá logo cedo na senzala e pelo jeito tá iguá os peão do Castelhano e os outro escravo qui morrero.

– Ah, meu Deus! – Disse o Barão, olhando a menina adormecida e próxima do delírio. Tocou-lhe a testa, acariciou-lhe as mãozinhas e disse baixinho: – Vovô vai te curar. Não importa o que se tenha que fazer. – Voltando-se para João, ordenou: – Procure o Honório e diga que lhe mandei buscar o doutor Miguel. E rápido!

– Sinhô, o Honório tá matando o gado, pur causa que um dos nego qui fazia isso morreu da peste. Se ele fô vai pará o serviço.

Reconhecendo a sensatez das palavras do escravo, o barão olhou-o pela segunda vez naquele dia. Quem era aquele negro? Não via medo em seu olhar, nem em suas palavras.

– Então vai tu, e logo!

– Vô mais ligero qui o vento, barão!

João correu como pôde até os estábulos, tomou o cavalo montado por Honório, montou e saiu galopando como se perseguido por demônios. O capataz José, que saía de sua casa próxima, localizada entre os estábulos e a senzala, ao ver o negro montado em disparada saindo da charqueada, ergueu a mão para bater o sino como alarme de fuga, quando um dos homens avisou:

– Não te alarma, José! O negro foi pra cidade a mando do barão buscá o médico. A neta adoeceu esta madrugada.

José baixou a mão, enfiou o chapéu na cabeça e, a passos ágeis, rumou para a casa-grande.

Horas depois, na charqueada, doutor Miguel confirmava o diagnóstico. Bá estava contaminada pelo vírus.

Ao fim daquela mesma tarde, a velha ama entregava o corpo a terra, partindo para a vida espiritual. Em seus últimos momentos, pedira a presença de João e Florência e, tomando-lhes as mãos, como tantas vezes fizera em suas caminhadas entre as charqueadas, atendendo os escravos, pediu-lhes que não esquecessem o que lhes ensinara.

– Guardi de mim o que teve de bão. Num lamente que vô morrê. Tô indo pra sê livre, cumpri meu tempo na terra. Lá donde eu tivé, se Oxalá dexá, tô oiando ocêis e a nossa minina. Tenho poco tempo, os meu – dizia a ama referindo-se aos seus familiares e amigos desencarnados – já tão chegano. – Repentinamente chorou. Lágrimas copiosas escorriam por suas faces, porém não havia desespero e sim saudade na expressão de seus sentimentos – É minha mãe qui veio me buscá...

Nos olhos da velha escrava, o brilho febril foi substituído pelo encantamento; em meio às lágrimas, sorriu, estendendo os braços para o ser que somente ela via. Seus braços de repente caíram, a cabeça voltou-se para a entrada da senzala, seu rosto cobriu-se de serenidade; nos olhos, agora sem vida, ainda era possível ver a marca que a felicidade derradeira imprimira a seu último olhar.

João ajoelhou-se ao lado do corpo da velha mestra, tomou-lhe as mãos depositando beijos de gratidão, depois as cruzou sobre o peito da morta, fechando-lhe os olhos.

– Vá em paz, Bá, pra junto de nosso povo livre e feliz na outra vida. Pra ti a escravidão terminou.

Um silêncio profundo e cheio de significado dominou a senzala. Até mesmo a escrava, que se curava dos açoites, reunindo suas últimas forças levantou-se para se reunir aos demais no adeus à benfeitora.

Quebrando o silêncio ouviu-se um canto, em iorubá. Florência entoava o canto que lhe ensinara a velha ama. Notas de dor e alegria alternavam-se na melodiosa voz da escrava que pouco a pouco se erguia mais alta, sendo depois acompanhada por João e pelos demais.

Na casa-grande, ao ouvir o canto dos africanos, o barão soube da morte de Bá. Somente uma outra vez havia ouvido aquela música: fora quando morrera sua esposa, adorada também pelos escravos.

Capítulo X

Uma Nova Relação

"Não creiais na esterilidade e no endurecimento do coração humano; ele cede, a seu malgrado, ao amor verdadeiro (...)".[1]

– José! – Chamou o barão, à porta do quarto de Nina. – José! Onde andará esse homem que não me ouve?

A casa-grande estava silenciosa. Mesmo temendo deixar a menina sozinha, o barão obrigou-se a vasculhar as dependências da casa à busca do capataz ou de algum escravo que o fosse encontrar.

– José! – Chamava o barão. Da porta dos fundos da construção, viu grande agitação no pátio. Enquanto os africanos cantavam na senzala, vários outros, reconhecendo o hino de morte, paravam o serviço e o entoavam; muitos deixaram o trabalho e dirigiram-se à senzala. Todos sabiam da gravidade do estado de saúde de Bá e naquele momento extremo sua liderança tornava-se clara. Durante toda vida mascarara a influência que exercia sobre os cativos, mas

---

[1] *1 Allan Kardec, item 9, cap. XI, em* O Evangelho Segundo o Espiritismo. *Trad. Salvador Gentile. Araras: IDE.*

naquele instante todos espontaneamente rendiam homenagem ao generoso espírito que partia.

Tomados de surpresa, os homens do capataz esbravejavam e açoitavam alguns dos negros a fim de que retomassem o trabalho, mas mesmo ante o estalar dos rudes chicotes de couro os escravos não obedeciam. Era como um efeito dominó: nos extensos eitos da charqueada, onde chegasse a notícia da morte da velha ama, o trabalho era interrompido, e o hino entoado como despedida se elevava ao ar.

– Por Deus, Nosso Senhor! Que é isso? – O barão da porta acompanhava os acontecimentos e, vendo José ao centro do pátio, chamou-o novamente, agora aos gritos: – José! Venha aqui!

O capataz, reconhecendo o som da voz do barão, levantou a cabeça e viu o patrão; obedecendo à ordem, caminhou ligeiro em sua direção.

– Explique-me o que está acontecendo! – Exigiu o barão. – Que confusão é essa?

– Os negros não obedecem, senhor. Parecem cavalos empacados, nem ao chicote se mexem. Tudo isso porque morreu a velha Bá. – Justificou José.

– Parece que você lida com os escravos há poucos dias, José. – Falou, irritado, o barão. – Não adianta bater agora. Só há um jeito de fazê-los cessar esse canto infernal. Enterre logo a negra morta.

– É pra já, barão! – Respondeu José.

Com um gesto de respeito, afastou-se do dono da charqueada, reuniu seus homens e rumou para a senzala.

A tarde caía rapidamente; o interior da senzala estava iluminado por tochas e os escravos permaneciam cantando reverentes ante o corpo da velha benfeitora.

Florência e João permaneciam ao lado da morta. Compungidos pela dor da perda, os assenzalados não perceberam a chegada do capataz e de seus homens, até que eles, aos empurrões, abriram caminho até próximo do leito fúnebre.

– Saiam da frente! O barão mandou enterrar a morta imediatamente. Saiam! – Ante a imobilidade dos assistentes, José insistiu: – Saiam, seus animais teimosos!

João, não suportando a atitude violenta e desrespeitosa de José diante da dor que a morte provocava nos companheiros, levantou-se e enfrentou-o, falando com energia:

– Tenha pacença uma veiz na vida, capataz José! Num tá vendo que nóis sofre? Nossa véia amiga dexô o corpo. É desejo de nossos coração cantá pra ela fazê bão caminho na otra vida. I ocêis vão esperá!

– Negro insolente! Como te atreves a falar dessa forma comigo? – Respondeu José. – Tens vontade de sentir o peso de meu chicote no teu couro? – Erguia a mão para dar expressão física a suas palavras quando sentiu a força de uma mão negra apertar-lhe o pulso até fazê-lo abrir a mão e deixar tombar ao chão o famigerado chicote.

João dominava-lhe o braço torcendo-o fortemente, deixando José sem ação, absolutamente subjugado à sua força. Vendo a atitude do companheiro, outros escravos haviam rendido os homens que o acompanhavam.

Notando a pronta resposta dos escravos, João assustou-se, pois não tinha a intenção de liderar mais nenhuma revolta. Baixou o olhar, defrontou o rosto sereno do cadáver a seus pés e lembrou as muitas lições de concórdia e humildade que ela ofertara a todos. Como num flash, passou-lhe pela mente o enterro do amigo Tião, que acompanhara pendurado no tronco, alerta das dores que a violência podia gerar. Pensando um pouco, disse:

– Óia, capataz, seus home tão rendido. Mais nóis num vamo lutá, nem rebelá contra o barão; num tenho interesse nisso. Mais nóis vamo segurá ocêis inté terminá nossos canto. Intão nóis vamo levá a Bá pra enterrá na mata. Tá certo?

– Negro insolente! O barão vai sabê disso! Tu vai te arrependê dessa ousadia! – Esbravejava o capataz.

Ignorando as ameaças do capataz, calmamente João ergueu a voz retomando o canto, no que foi logo seguido pelos demais.

O barão, que retornara ao quarto de Nina, ouviu novamente o canto e impacientou-se, porém não podia afastar-se do leito da neta. Mas aquele canto ecoava em sua alma evocando a dor da perda de sua amada esposa. Em verdade, ele sufocara os sentimentos, mas não aceitara a decisão do destino que os havia afastado. Em meio à preocupação com a saúde da neta, evocava lembranças de dona Mariana. Julgava-se só, na presença da criança doente, por isso deu livre curso ao pranto, fruto da saudade e do medo de perder outro ser que adorava.

..*

Pai João observava a cena silencioso, em atitude respeitosa ao sofrimento que presenciava. Tião aproximou-se. Vinha da senzala, onde acompanhara os eventos mais recentes ao lado de João. O velho estacou, surpreso, à porta do quarto. Afagando o barão, encontrava-se um espírito, sob formas femininas, tez muito rosada, olhos grandes com expressão terna e tranqüila, cabelos enrolados no alto da cabeça em um coque, vestido simples porém elegante e de bom gosto, marcado na cintura por uma grande laço de fita e babados nos punhos, no pescoço e na barra; pendia-lhe do pescoço um fio de pequenas pérolas. Parecia querer infundir-lhe novo ânimo, pacificá-lo.

Sem sofrear a curiosidade, Tião indagou:

– Pai João, qué qui tá acunteceno? O bicho num é intão tão duro ansim?

– Tião, modere sua linguagem! O barão é um homem endurecido, é verdade, mas guarde bem a cena que está vendo e lembre-se: não há ninguém tão endurecido que não ceda à força do amor verdadeiro. O poderoso charqueador sofre em seu íntimo dores atrozes, fruto da saudade e da irresignação. Pouco compreende da vida física, menos ainda da vida espiritual. Tem horror à morte, entendendo-a como fim, um monstro, uma injustiça que afasta as pessoas, levando de preferência os bons aos maus. Teme agora pela vida da pequena Nina. O espírito que você vê abraçando-o e tentando confortá-lo é dona Mariana; ela foi sua esposa enquanto encarnada. É um ser bondoso e amante da verdade. Veio auxiliar a manutenção da paz na charqueada neste momento difícil. – Respondeu pai João, calmamente. – Por falar nisso, como está a situação na senzala?

– Sufrida. Os nego tão sintido. – Disse Tião, depois abriu um largo sorriso e com visível orgulho continuou: – João ganhô a luta dessa veiz. Veio pra fora o chefe qui ele é, mais feiz as coisa certa. Os home do capataz obedeceru ele à força, mais os nego reconhecero o comando dele. João feiz coisa boa, cunseguiu qui os nego pudesse menageá e enterrá a Bá comu queria os coração deles. Mais cabô tudo em paiz. Interraro o corpo na mata perto do arroio. Ela já se foi adurmecida junto da mãe dela lá pra instituição.

– Muito bem. Logo iremos vê-la. Esperamos que João continue agindo com prudência daqui pra frente. Os próximos dias serão fundamentais para o bom andamento do que ele se propôs realizar nesta jornada.

Alheio ao que se passava no plano espiritual, o barão ainda chorava; porém, lentamente seu pranto foi abrandado e a dor violenta da saudade mesclada à irresignação e ao medo pela saúde da neta cedia lugar a uma estranha nostalgia. Momentos felizes vividos ao lado de dona Mariana lhe vinham à memória. Em todo seu ser uma doce suavidade se fazia presente. Esqueceu por momentos onde estava e as circunstâncias do presente.

"Doce Mariana, como sinto tua falta. Tua calma me auxiliava a moderar minhas atitudes por vezes extremadas; bem sei que muito te fiz sofrer por causa delas. Quantas vezes sorrindo à minha frente, eu sei que choravas por dentro e teu olhar me falava disso e sem que preciso fosse que usasses uma palavra eu sabia o que havia causado aquela dor. Perdoa-me as vezes que não reparei uma atitude e tua dor prosseguiu. Hoje, a cada momento, eu me arrependo de não haver usufruido cada dia a teu lado como se fosse o último de minha vida; creio que assim não teria ficado um sentimento tão grande de arrependimento de não haver aproveitado mais a felicidade que tínhamos. Ah! Mariana! Que fora feito de ti?”.

A bondosa entidade que envolvia o barão, de cujos eflúvios ele lentamente se apercebia, captou-lhe o pensamento torturado e, abaixando-se ao lado da cadeira onde ele estava sentado, respondeu-lhe em pensamento:

– Calma, Gonçalo, não te aflijas pelo passado. Compreende que estou bem, viva e ao teu lado e de nossa querida Nina. Sei o quanto me amavas. Continuo a dedicar-lhe o mesmo terno amor que marcou nosso casamento, agora ampliado pela compreensão da vida maior que desfruto. O amor é mais paciente e compreensivo, apenas perdeu os ardores da matéria; é como um fogo lento que nos aquece e dá bem-estar nas longas noites frias. A morte é uma entre muitas ilusões que nos fazem sofrer quando ignoramos as realidades da vida espiritual, primeira e última destinação de nossos espíritos. A encarnação, ou a vida corporal, é transitória e necessária ao nosso aprimoramento; nossas existências na Terra são escolas que temos de freqüentar. Mas, creia, meu querido, é possível compreender o mundo onde estou ainda enquanto estás na matéria. Cessa tuas lágrimas e a irresignação prolongada em teu espírito. Busca conhecer a verdade e verás quanto conforto encontrarás.

O barão relaxou e inspirou profundamente. Sua respiração tornou-se regular, suas lágrimas cessaram; sentia um bem-estar indefinível, uma paz que desfrutara apenas quando vivia ao lado da esposa. Entregando-se àquela sensação sem reservas, ficou num estado de semi-adormecimento.

Dona Mariana, observando o estado de Gonçalo, consultou com um olhar pai João – que permanecia respeitoso, acompanhado de um Tião absolutamente surpreso e silencioso – e recebeu dele um aceno positivo.

– Qué qui ela tá fazeno? – Indagou Tião, curioso ante a muda combinação que presenciara entre dona Mariana e pai João.

– Não seja bisbilhoteiro, Tião! – Advertiu pai João, muito sereno. – Vamos deixá-los a sós por um momento. Respeitar os sentimentos e a privacidade dos outros é fundamental. Você não percebeu que desde o desencarne de dona Mariana o marido nunca mais a havia visto, embora ela tenha visitado a família diversas vezes nesse período?

Pai João falava fixando diretamente os olhos de Tião e não pôde deixar de sorrir ao perceber a expressão de surpresa ceder espaço à piedade na expressão do aprendiz.

– É assim, Tião, que nós aprendemos que não há endurecimento no coração humano que resista ao amor. E é sentindo essa piedade, essa ternura pelo nosso semelhante, que aprendemos uma outra face do amor, aquela capaz de estender-se a uma coletividade, de dedicar-se a desconhecidos de forma incondicional.

Lançando um último olhar ao quarto onde estava o barão, Tião baixou a cabeça e, antecipando-se a pai João, afastou-se pelo corredor. Feliz com a compreensão do companheiro, pai João sorriu em despedida para dona Mariana, unindo as mãos em prece, querendo, com aquele gesto, dizer-lhe que agradecia a Deus sua companhia naquele momento, para em seguida encontrar Tião.

Dona Mariana, aproveitando o estado de semi-emancipação em que estava o barão, acercou-se dele dizendo:

– Gonçalo, sou eu, Mariana. Meu querido marido, vim dizer-lhe que estou bem e ao seu lado. Não tema por Nina. Ela ficará bem.

Às palavras o espírito de dona Mariana uniu delicadas carícias no rosto do marido, que de repente acordou, levando de imediato a mão ao rosto onde levemente sentira o toque e rapidamente registrara a visão do rosto sereno e feliz da esposa.

– Mariana?

– Viva feliz, Gonçalo. Estou bem e o espero. – Respondeu o espírito de dona Mariana, que se desfazia à visão do barão conforme este se tornava mais desperto.

Ouvindo a respiração acelerada de Nina, a atenção do barão desviou-se, mas tão logo se certificou da manutenção do estado de saúde da neta, seus pensamentos recuaram à recente experiência vivida. Fora nítido demais. Lembrava a expressão da esposa; ela trajava seu vestido favorito e usava o colar com que ele a presenteara quando ainda eram noivos. Ela não havia sido enterrada com aquela vestimenta. Parecera mais jovem e jurava ter ouvido sua voz.

– Não sei explicar o que aconteceu. Também, não importa. Quisera poder vê-la todos os dias. – Instalara-se no barão a certeza do contato com a esposa depois da morte. – Por que demoraste tanto, Mariana?

Ao lado da cama da menina, o espírito de dona Mariana sorria e, juntando os dedos, jogou um beijo no ar em resposta ao pensamento do marido.

– Não fui eu quem demorou, Gonçalo...

Baixando o olhar para a menina e notando a febre que não cedia, dona Mariana iniciou uma série de passes dispersivos ao longo do pequeno corpo da criança. Ao fim de alguns minutos, notando-a ligeiramente mais tranqüila, a esposa de Gonçalo voltou a aproximar-se do marido, sugerindo-lhe a presença de Florência.

O barão trocava a compressa de água fria que mantinha sobre a testa da neta, quando se lembrou que as mulheres, mesmo as escravas, eram mais sensíveis para tratar de crianças, especialmente doentes. Sua mente, que estivera distante dos últimos acontecimentos, aguçou-se buscando perceber a realidade à sua volta.

Na charqueada reinava o silêncio. Os africanos haviam parado o canto de morte, sinal de que sua ordem fora cumprida. Mandaria vir a negra Florência para o lugar de Bá. Daria ordens ao capataz para que a escrava queimasse tudo o que fora da velha ama, depois fizesse a higiene conforme determinara o doutor Miguel, para evitar contágio. O barão pensava essas coisas, certo de serem suas as idéias que lhe acorriam.

Dando vida aos pensamentos, terminou a troca de compressas, levantou-se e foi em busca de José, encontrando-o no pátio organizando a retomada do trabalho após o sepultamento. Deu-lhe a ordem pretendida e retornou para o lado da pequena enferma.

Sentou-se e começou a falar com a criança adormecida:

– Nina, vovô está te cuidando. Fique boa logo. O doutor Miguel disse que tu és forte e valente. Ele não tem certeza ainda sobre que doença tens. Essa febre é estranha. Pelo que houver de sagrado, não há de ser a maldita cólera.

Florência e João, rostos tristes, olhos úmidos, mas firmes, com passos rápidos chegaram ao quarto da menina, assistidos espiritualmente por pai João. Era o início de novos tempos...

Percebendo a chegada do casal de escravos, o barão disse:

– Florência, toma conta da sinhazinha. Estarei no meu gabinete. Manda me avisar caso haja qualquer novidade no estado da pequena. Pretendo resolver rapidamente os negócios e voltar para cá. – Alheio ao fato de ser observado de perto por João, muito surpreso por notar o senhor com os olhos vermelhos e envolvido em trocar compressas.

"Inté parece gente. Num é qui ele senti arguma coisa?", pensava João, analisando o comportamento do barão. Desde a notícia da doença da neta ele não se afastara do lado de seu leito.

– Sim, sinhô. Podi dexá, vô cuidá muito bem da sinhazinha. – Respondeu Florência.

Sem dar atenção às palavras da escrava, o barão levantou-se e, notando a presença de João, indagou de Florência:

– Mandei chamá-la, não a este outro. Que ele siga o trabalho na cozinha. – Determinou, asperamente. – Agora temos menos mãos do que antes; precisamos duplicar esforços. Enquanto durar esta maldita epidemia não adianta fazer investimentos em novos escravos. É jogar dinheiro fora.

Ouvindo as palavras do barão, João reviu sua recente opinião sobre o senhor da charqueada. "Ele num é mesmo gente de carne e osso qui nem os otro. É duro feitu pedra", pensou, porém em voz alta respondeu, ignorando o fato de não haver sido chamado ao diálogo:

– O barão num se preocupe qui o serviço vai sê feito. Mais vô tamém auxiliá a Florência a cuidá da sinhazinha.

– Tu és insolente, negro. Não te dei permissão para me dirigir a palavra. – Ralhou o barão, enfurecido com a ousadia do escravo. – Quanto mais para decidir por tua conta e risco o que farás. Ora veja só, onde pensas que estás?

– Na sua charqueada, barão. – Respondeu calmamente João. – Sei qui sô seu escravo, qui o sinhô manda nas minhas mão e pé, diz tudo que tenho ou não di fazê. Mais já prendi qui num home existe mais que mão e pé. Num sei qui qué dizê a palavra qui o sinhô falô de mim e num importa. Só quero dizê qui vô lhe obedecê, mais vô tamém ficá junto da sinhazinha purque é o qui meu coração pede. Desde qui virei escravo – João fez uma pausa e voltou a falar, sustentando o olhar do barão sem revelar qualquer postura de subserviência, mas nesse ponto desviou o olhar lançando-o sobre a criança febril que delirava e se remexia sob os cuidados de Florência –, só a sinhazinha me tratô feito gente, barão. Num tenho otra coisa pra fazê qui não sê escravo, mais dela sô mais escravo qui do sinhô, purque dela aceito quarqué coisa de bão grado. I inquanto ela tivé doente, trabaio de dia, mas ninguém me tira de perto dela de noite.

"Que negro estranho...", pensava o barão. Logo cedo se haviam defrontado e ficara surpreendido com as atitudes dele. Agora, novamente. Nenhum de seus escravos nunca lhe falara de como se sentia. Por isso nunca pensara no assunto. Mas as palavras simples do escravo tinham muita eloqüência. Ele falava de sentimentos e liberdade. Definira muito bem o limite em que reconhecia a autoridade do charqueador. Declarara à sua neta devoção incondicional. Num lampejo o barão avaliou a capacidade de amar do homem à sua frente, reconhecendo em seu olhar a força do sentimento. Nunca fizera isso antes.

Em silêncio, Gonçalo ouvira as palavras do escravo, sustentara seu olhar determinado e testemunhara a mudança da expressão do cativo quando fitara Nina. Concluindo que não havia o que temer de um homem que ama, disse:

– Tu és insolente, negro. Ninguém me fala assim impunemente. Sabias disso?

– Num temo castigo, sinhô. – E, dando-lhe as costas, João levantou a camisa de algodão grosso que vestia pondo a descoberto as largas e profundas cicatrizes que lhe marcavam o corpo. – Todos lá da senzala sabe qui o sinhô castiga e inté mata.

– E mesmo assim te expões à minha ira. Que pretendes?

Florência, apavorada, sentada ao lado do leito da doente implorava com o olhar a João que parasse aquela conversa, obedecesse às ordens e saísse.

– Ficá perto da sinhazinha. – Respondeu objetivamente João.

Era a confirmação que o barão esperava. O negro era movido por pura devoção à sua neta. Ele era forte e relativamente jovem, não devia contar 30 anos. Poderia ser útil e de confiança nos assuntos que envolvessem a segurança de Nina. Tudo foi meticulosamente avaliado pelo charqueador, antes de dar sua decisão.

– Sabes algo sobre cuidado de crianças doentes?

– Ajudei Bá mais Florência a cuidá de muito doente nessas charqueada nos úrtimos tempo. E num pense o sinhô qui era só preto qui vinha pedi cunselho da Bá! Inté o sinhô Domingos pediu cunselho e reza de nóis.

– Então a Bá lhe ensinou o que sabia? Muito bem! É bom saber disso. Tu faças o serviço teu e de Florência. Quando terminar, podes vir para cá. Mas que nada falte na cozinha. Vou avisar José que ao primeiro problema na cozinha lhe aplique 50 açoites e lhe ponha a ferros na senzala.

Florência engolia em seco. Sabia que o senhor não fazia ameaças vãs. João simplesmente tinha conseguido uma carga desumana de trabalho e a certeza de que à menor falha seria severamente punido.

Instalou-se o silêncio no quarto, quebrado apenas pela respiração acelerada da doente.

Dando sinais de aceitação das ordens, João voltou-se e seguiu no corredor em direção à cozinha. Tinha um desafio pela frente e esperava vencê-lo. O Barão não teria o prazer de vê-lo a ferro na senzala; com certeza, logo mais ele estaria perto de Nina.

Dias de muito trabalho se estabeleceram na vida de João, acompanhados de noites de vigília ao lado do leito da pequena Carolina, sentado no chão sobre um pelego e tendo como companheiro o barão. Dois homens de temperamento forte e posições sociais diametralmente opostas irmanavam-se no sentimento de amor dedicado a uma criança e no zelo pelo restabelecimento de sua saúde.

Doutor Miguel fazia regularmente, pela manhã, visitas à doente. A primeira vez em que defrontara aquele quadro, julgara ter sido também acometido da estranha febre de Nina e delirar. Passados cinco dias, o estado de Nina não sofrera alteração. Seus momentos de lucidez eram rápidos; acordava com dificuldade, era alimentada com líquidos e caldos, conforme prescrição médica, e logo a febre retornava. Incansáveis ao lado da menina, João e Florência desdobravam-se para dar conta das tarefas que lhes cabiam normalmente e da atenção necessária à doente.

Igualmente, o avô desdobrava-se no atendimento à pequena e aos negócios volumosos naquela safra. Mandara buscar a nora na casa dos pais, dando-lhe ciência do estado da menina, mas o difícil trajeto exigia paciência e demorada era a locomoção.

O médico, que com estranheza vira surgir aquela situação, acompanhava-a com interesse. Ao raiar o dia, montava seu cavalo, prendia à cela a inseparável maleta com seus instrumentos e afastava-se da cidade em direção às margens do arroio onde se localizavam as charqueadas. A região distante alguns quilômetros da sede municipal fora a última a ser atingida pela epidemia, mas era lá que a doença estava fazendo a maioria de suas vítimas, pois ali se localizavam 50%

da população escrava. Nas senzalas, sem assistência, condições adequadas de higiene e cuidados médicos, o vírus proliferava.

Conhecido pelo seu caráter afável e humanitário, o médico colocara-se à disposição para atender não só brancos, mas também os negros e mestiços, sendo que o tratamento destes últimos era gratuito. Pela primeira vez na cidade alguns escravos recebiam assistência médica.

Abolicionista convicto, doutor Miguel revoltava-se com o tratamento cruel e desumano dado à população negra. Em seus inflamados discursos na sede do partido, vezes sem fim proclamara: "O luxo, o conforto e a riqueza da próspera cidade que se desenvolve, rivalizando e sendo em muitos aspectos superior à capital da província, devem-se, reconhecidamente, ao gênio empreendedor da elite do charque que comanda a Câmara Municipal. Mas – completava sempre com grande ênfase – sem a força dos negros largamente usada nada daquilo existiria, pois desde seus imponentes casarões e palacetes, praças e parques até as rústicas senzalas e os grosseiros utensílios e vestuários usados pelo povo africano, em tudo está presente a mão escrava!". Quando exaltado por haver presenciado uma das muitas atrocidades cometidas em forma de castigos contra os cativos, subia à tribuna e defendia ironicamente: "Tamanha é a riqueza local, mais de 80% da riqueza produzida na província, que a bandeira da cidade deveria ser de fundo vermelho, tendo ao centro uma grande mão negra! Em torno, gado vacum e moedas de ouro. O vermelho, obviamente, é o sangue derramado em profusão dos ditos animais, pelos barões escravagistas, ou seja, os negros e os bovinos... A mão negra é a geradora do ouro, que extrai do gado a riqueza". Mandou confeccionar tal estandarte e o hasteava em frente à sua residência sempre que ocorriam execuções ou impiedosos flagelos de negros. Mais tarde substitui-o por flores vermelhas – "as flores do sal, rubras de sangue".

A epidemia oferecia-lhe um aspecto positivo. Há alguns anos, doutor Miguel lutava pelo direito dos escravos a receber atendimento médico. Conhecia a cruel realidade das doenças infecto-contagiosas existentes entre os escravos – a pior delas, a tuberculose, a "tosse ruim", como a chamavam os negros. Informá-los de métodos de evitar o contágio era o mínimo que desejava fazer. Suas corajosas posições políticas nem sempre eram bem-aceitas entre a elite dominante, porém seu carisma pessoal e a competência com que desenvolvia seu ofício garantiam-lhe salvo-conduto. A Lei Eusébio de Queiroz tornava necessário um grande zelo em resguardar a mão-de-obra escrava. Cessara a facilidade de reposição. A aquisição de um escravo transformara-se em algo muito dispendioso.

O barão fora o primeiro a consentir no tratamento dos negros. Com isso a situação da cólera na charqueada estava sob controle. Houvera algumas mortes entre os pretos e os tropeiros, mas a normalidade retornava lentamente. Apenas Nina apresentava a estranha febre, sem outros sintomas do vírus.

Mais uma manhã o médico chegava à charqueada das Tálias. Recebido pelo capataz José, foi logo conduzido para a casa-grande onde Florência o recepcionou à porta:

– Bom-dia, dotô. Vamo entrando.

– Bom-dia, Florência! – Respondeu Miguel. – Como tem passado a pequena Nina?

– Miorô um poco essa noite. João disse qui ela cunversô cum ele. Pergunto da Bá, a pobrezinha inda num sabe qui a Bá dela morreu. – Florência, ao falar da amiga morta recentemente, ainda mostrava fisionomia entristecida. – Comu passa os dia ligero, num é memo, dotô? Já faiz quase uma semana. Inda parece qui vô vê ela arrumano, dano cumida e cuidano da sinhazinha. Ela faiz muita farta. João num teve corage de conta pra sinhazinha que a Bá tinha morrido.

Compreendendo que, mais do que cuidar da neta do barão, a velha ama na verdade cuidava como podia de todos os escravos na charqueada – daí a dor mais acentuada que todos eles estampavam no olhar naqueles dias –, o visitante tentou como pôde confortá-la, dizendo:

– É a vida, Florência. Uns nascem, outros morrem. Assim se procede a mudanças na sociedade. Quem sabe não surge alguém que substitua a Bá?

Florência ergueu os olhos ao alto, refletindo alguns segundos sobre o que ouvira; mentalmente pediu aos deuses de sua crença que o médico tivesse razão. Voltando a fitá-lo rapidamente, declarou:

– É Deus qui sabe, dotô. Vou lhi acompanhá inté o quarto da sinhazinha.

Sem aguardar resposta, a escrava baixou a cabeça e, a passos céleres, seguiu, acompanhada por Miguel, pelos corredores até os aposentos da doente, onde ainda se encontravam o barão e João zelosamente velando a enferma. Os sinais de cansaço e preocupação eram visíveis em ambos, mas a esperança brilhava em seus olhos. As longas vigílias noturnas haviam feito com que aqueles dois homens se descobrissem, independentemente de posições sociais. As madrugadas insones haviam servido como palco para diálogos importantes. O barão descobrira sentimento no escravo; pela primeira vez ouvira relatos da vida na África, da cultura e dos costumes do povo. Presenciara, cada dia com maior consciência, a devoção que a neta despertava em João.

Por outro lado, João passara a conviver não com o poderoso barão, dono da famosa charqueada das Tálias, líder político regional, mas com o avô de Nina. Um homem precocemente envelhecido, endurecido por dores que ele vislumbrava a intensidade, mas desconhecia a causa. Tinha como companheiro das longas vigílias um outro homem, que compartilhava com um escravo a preocupação e a aflição causadas pela doença da criança que, como ficara bem evidente, era seu universo emocional.

Abrindo a porta do quarto, o médico deparou com a costumeira cena. João, sentado ao chão sobre pelegos aos pés da cama de Nina, e o barão, assentado em sua poltrona favorita que mandara transportar da sala para os aposentos da neta. O escravo lhe servia o chimarrão.

– Pois bem, João, parece que Nina enfim dá sinais de melhora. Espero que isso se confirme ao longo do dia. Aguardo para qualquer momento a chegada de minha nora e será bom para todos que ela se recupere. – Dizia o barão.

João ouvia e dividia sua atenção lançando freqüentes olhares à criança que ressonava tranqüila. Os cachos escuros dos cabelos de Nina, colados à pele muito alva, o rosto miúdo marcado por olheiras, a boquinha muito vermelha, a testa suada que ele logo enxugou carinhosamente, acomodando depois as cobertas que a envolviam – tudo isso fazia com que sentisse o coração apertado.

– Deus premita qui o sinhô tenha razão. Num güento mais vê a sinhazinha ansim doente. – Respondeu João.

– Tu tens muita fé, negro.

Olhando para o barão, o escravo disse-lhe:

– Num tenho, não, sinhô. Faiz muito poco tempo que aprendi quanto ela faiz farta e o bem qui traiz junto. Nessa vida tive mostra de genti cum muita fé, qui nem a Bá e meu amigo Tião, lá do Norte. Perto deles tenho poca fé. Mais ela cresce cunforme a gente si importa de pensá e querê intendê a vontade dos que são maior que nóis, dos espito bão, das força da natureza ou, como si diz aqui, de Jesus, o deus dos branco.

Saboreando o chimarrão, Gonçalo ponderava nas palavras do escravo. Sabia que os negros conheciam muito de magia, falavam muito em espíritos. “Saberia João alguma explicação para a morte diferente da que ele conhecia? Será que conhecia o contato com os espíritos?”, indagava-se em pensamento, decidindo se questionava o escravo a respeito ou não. Foi então que se deu conta da presença do médico parado à porta.

– Doutor Miguel, bom-dia! – Cumprimentou o barão, erguendo-se da cadeira e estendendo a mão ao recém-chegado. – Chegou cedo esta manhã.

– Bom-dia, barão. Mas não é tão cedo. O sol já vai alto. Visitei a senzala do tenente Domingos; meus pacientes parecem que se recuperam e rápido vim para cá. Como passou Nina? – Indagou o médico.

– Melhor. Acredito que a febre tenha cedido nas últimas horas. Acordou várias vezes durante a noite, conversou conosco, disse ter muita sede. Está mais tranqüila. – Esclareceu o barão.

– Muito bom! – Disse o médico, entregando a maleta a João, que a colocou sobre a cômoda ao lado da janela. Miguel retirou o casaco, arregaçou as mangas da camisa, e dirigiu-se para o leito da menina: – Vamos examiná-la. – Tocando gentilmente o rosto da criança, despertou-a.

– Preguiçosa! – Exclamou carinhosamente o médico, sorrindo para a menina que o olhava ainda abatida. – Acorde, vim ver se tu já estás boa para correr lá fora, atrás dos quero-queros.

Com esforço, Nina riu e respondeu:

– Nunca consegui pegar um quero-quero. O senhor já pegou algum?

– Vários. Assim que tu estiveres boa, vamos sair pelo campo e pegar um quero-quero para ti. – Enquanto falava com a criança sobre os pássaros comuns na localidade, realizava o exame, auscultando-a. Dando-se por satisfeito, provocou: – Se tu me ajudares, te ensino um segredo que vai ajudar bastante na caçada.

Desperta e participativa, como não fora nos outros dias, Nina, apesar da febre, mostrava interesse na proposta do médico. Ante a insinuação de aprender um segredo para aprisionar quero-quero seus olhos negros brilharam travessos. João e o barão trocaram olhares carregados de alegria pela visível melhora no estado de saúde de Nina. A conversa do médico com a criança fez com que João estampasse um largo sorriso no rosto cansado.

– O que eu tenho que fazer, doutor Miguel? É só dizer! – E, correndo o olhar pelo aposento, Nina identificou a figura de João. – João, tu estas me cuidando também? – Ante um gesto afirmativo do escravo, Nina distendeu os lábios rubros num sorriso confiante e voltou-se para o avô, dizendo: – João é meu amigo, vovô. Desde que ele chegou me cuida quando a Bá não pode. Ele é bom. Posso pedir para ele ficar aqui perto com a gente para ouvir o segredo do doutor Miguel?

O barão, aliviado pela reação da neta à doença, aproximou-se e, beijando-lhe os cabelos, respondeu:

– Claro que o negro João pode ouvir o segredo junto conosco. – Acomodando-se ao lado dos travesseiros da neta, ordenou ao escravo: – Fica do outro lado da cama da sinhazinha, João. Precisamos aprender esse segredo do doutor Miguel.

O médico, que observava a cena, custava a crer no que seus olhos viam e no que ouvia. O barão referia-se àquele escravo sem a costumeira hostilidade que empregava no tratamento com os demais.

João prontamente postou-se ao lado da menina que de imediato lhe tomou a mão. Incapaz de refrear o carinho que sentia por Nina, o escravo, emocionado, apertou entre as suas grossas mãos os frágeis dedinhos da mão gorducha que desde o primeiro dia o encantara lembrando-o dos anjos pintados na capela da Fazenda da Cruz. O gesto não passou despercebido ao barão, muito menos ao médico, porém ambos resolveram nada mencionar. E prosseguiu o exame.

– Muito bem, veja o que tu fizeste, sinhazinha Nina. Agora vou ter que contar meu segredo também para eles. – Falou o médico, fingindo-se zangado. A menina riu da cara de bravo que o facultativo fazia e a isso ele respondeu aproximando-se com um aparelho para examinar a garganta. – Agora tu vais ter de me obedecer porque para pegar quero-quero é preciso que se consiga ficar com a boca aberta bastante tempo e fazer "ah" bem forte. Vou te ajudar com este instrumento, mas lá no campo tu vais ter de fazer isso sozinha.

A criança submeteu-se docilmente ao exame, crente de que aprendia um grande segredo para aprisionar pássaros. Pouco depois, doutor Miguel erguia-se, dando por terminado o exame.

– Barão, sua neta não apresenta qualquer sinal de infecção nos pulmões ou nos ouvidos; apenas na garganta noto sinais de algumas placas. O estômago e os intestinos estão normais. Creio que posso afirmar com certeza que ela não está contaminada pelo vírus da cólera.

– Não imagina, caro doutor Miguel, o quanto isso me alivia. – Declarou o barão, cujo alívio era evidente.

– Precisaremos prosseguir com cuidados. Vou deixar os medicamentos com Florência. Ela deve permanecer em repouso mais uma semana, mas espero que a contar de hoje a febre comece a ceder.

Ao ouvir essas notícias, Nina protestou:

– Então só na semana que vem vou poder pegar quero-quero?

João, feliz, pois entendera que a pequena sinhá não estava contaminada pela terrível doença que assolava a região, abaixou-se e cochichou no ouvido da criança:

– Pacença, sinhazinha! Enquanto num pudemo pegá quero-quero de verdade vô fazê uns de barro pra i tomano prática cum o bichinho.

– Tu vais fazer mesmo, João? Mas de que jeito se a olaria não tá trabalhando? – Indagou a pequena.

– Nu forno da cozinha, quando assá o pão.

Batendo palmas, Nina voltou a indagar:

– Quando vai ficar pronto?

– Só mais tardi.

O barão, que ao longo daqueles dias aprendera a apreciar a companhia de João e reconhecia nele imenso afeto por sua neta, contemplou a cena com tranqüilidade. Nina possuía brinquedos belíssimos, bonecas de porcelana, vestidas com sedas e veludos, mas sempre notara que ela tinha predileção pelas bonecas de pano costuradas pela Bá ao seu lado e enchidas com flores de marcela, por isso não ficou surpreso ao ouvir falar de brinquedos de barro. Apenas sacudiu a cabeça e fez sinal ao médico para que se retirassem. À porta, voltou-se e falou:

– João, fique com a sinhazinha até a chegada de Florência com a refeição da manhã. E tu, Nina, seja obediente. Vovô vai acompanhar o doutor Miguel no café e depois volta para te ver.

Nina, sentada na cama, recostada nos travesseiros, apenas concordou com o avô acenando-lhe, entretida que estava nas brincadeiras que João improvisava com uma das mãos sob os lençóis, imitando animais.

Feliz e aliviado pela melhora de sua amada criança, o barão apontou ao médico o caminho da sala de refeições onde, como de costume, mandara servir o café da manhã que dividia com Miguel. Enquanto saboreavam pão, bolos, biscoitos e doces, conversavam sobre o assunto predileto de ambos: a política e a economia da cidade que progredia visivelmente, enriquecendo seus habitantes, especialmente os charqueadores.

– Excelente refeição, barão. Muito lhe agradeço a hospitalidade. – Disse Miguel ao terminar o farto desjejum. – Meu dia começou muito cedo e até esta hora o estômago havia recebido apenas o chimarrão.

– É o que acontece a quem trabalha para quem não pode pagar... – Alfinetou o barão, fazendo velada crítica ao atendimento que o médico prestava aos escravos. – Mas, para sua sorte e de sua esposa e filhos, o senhor é muito benquisto em nossa cidade. Nunca lhe falta trabalho bem-remunerado.

Sentindo o sangue subir-lhe às faces de indignação ante a arrogância do charqueador, o médico, sem conter, como era seu costume, as opiniões que defendia, prontamente respondeu:

– De fato é uma sorte esta terra culta e civilizada, embora plantada em meio à barbárie de nossa província, contar com legítimos defensores do progresso, entre os quais desejo me enquadrar. Não basta que do sangue de animais e escravos brote o ouro, barão, se essa fortuna, nas mãos de alguns, apenas serve para erguer monumentais residências, verdadeiros palacetes dignos de figurar nas melhores cidades européias e sustentar a aparência de modernidade, se o pensamento de seus habitantes é arcaico e desumano. Hipócritas é que os são. Gabam-se de estar à frente de seu tempo, mas em verdade tudo quanto conquistam lhes serve ao redor do umbigo. Verdadeiros incapazes de vislumbrar uma sociedade progressista.

– E com bandeiras esse tal progresso virá, caro doutor? Ou será que devemos todos trabalhar gratuitamente, mas não regatearmos de aproveitar o banquete que nos oferecem os retrógrados? – Provocou o barão.

– Melhor estava meu estômago com o chimarrão amigo ofertado de coração pelos pobres tropeiros e escravos que visitei, e de quem nada recebi a não ser o sincero agradecimento, do que farto agora com este lauto banquete, como disse. Pesa-me a alimentação ingerida! Nela sinto o ranço de um pensamento mesquinho! Como pode o senhor, barão Gonçalo, um dos homens mais cultos e ricos desta província, crer que aquelas centenas de homens e mulheres que habitam a sua senzala sejam diferentes do senhor ou de mim? Um homem viajado como o senhor devia reconhecer que a nossa distinção é tão-somente de cor.

– Por meus méritos desfruto essa posição. Custo eu a crer que o doutor, inteligente como é, não perceba a deficiência de sua própria argumentação em favor desses negros. Homens e mulheres! – Exclamou, com mofa e desdém. – Negros selvagens e incultos, isso é o que são. Raça inferior! Animais! Prestam ao trabalho pesado, não têm raciocínio.

– Basta, barão! – Declarou o médico, levantando-se. – Estou em sua residência e lhe devo respeito pela hospitalidade. Sabemos o quanto nossas opiniões são divergentes no tocante ao regime escravagista que macula o nosso país. O senhor jamais proferiu uma palavra de incentivo ao colonialismo que vigia entre nós; ao contrário, desde cedo propagandeava o ideal da liberdade em relação a Portugal. Fomos e somos defensores dessa posição ainda em nossos dias, por isso não compreendo que negue o direito de liberdade aos africanos, igualmente colonizados pela coroa portuguesa! Diga-se de passagem, assim como impingiram pesados impostos e fizeram sangrar as riquezas brasileiras, os governantes portugueses exploram o continente africano, só que explorando a mais preciosa de todas as coisas – a vida humana, escravizando indivíduos. Não posso entender como o exemplo da luta pelo reconhecimento dos direitos humanos, tão próximo de Portugal, ainda não tenha sensibilizado "os religiosos" – e pronunciou com ironia a última palavra – governantes que ainda desconhecem o fundamental direito à liberdade. – Levantando-se, depositou o alvo guardanapo de linho ao lado das louças e afastou a cadeira. – Antes que nossa cordial convivência seja mais abalada, voltarei ao quarto da pequena Nina para me despedir.

– Que seja, doutor Miguel! – Concordou o barão, igualmente abandonando a mesa de refeição. – Dizem os sábios que quando falta a força do argumento, usa-se o argumento da força. Como tal não ocorre entre pessoas esclarecidas, paremos nossa conversa por aqui.

O brilho no olhar do barão deixava claro seu pensamento: achava que quem não possuía argumentação para afrontá-lo era o visitante, por isso honrosamente lhe concedia a oportunidade de suspender o debate. A verdade, porém, é que ambos apreciavam-se apesar das opiniões contrárias. O médico admirava o gênio empreendedor e visionário do barão, e este apreciava o ser humano íntegro, inteligente e altruísta representado na figura do "médico dos pobres", como era cognominado Miguel.

Os dois homens retornaram ao quarto da menina e constataram que, apesar de febril, ela reagia bravamente à doença, demonstrando interesse nas brincadeiras executadas pelo escravo, que se desdobrava para mantê-la entretida e acamada, conforme a orientação que recebera.

A ternura com que João tratava a criança era visível em seu olhar e nas maneiras, ainda que incultas, com que a servia.

Observando as atitudes de Nina e o desvelo de João em cuidá-la, o médico não pôde perder a oportunidade de cutucar seu adversário:

– Sou obrigado a concordar com os padres quando dizem que, ao morrerem, as crianças tornam-se anjos do Senhor. Veja, barão, sua neta, tão pura como um anjo, não vê as mesmas diferenças que Vossa Senhoria me apontou em nosso recente diálogo. As crianças são realmente anjos. Permita Deus que ela cresça e continue angelical.

Ao ouvir a nítida provocação, o barão lançou um olhar a João, lembrando-se das conversas que tivera com ele durante as madrugadas naquela semana, a forma como o havia afrontado e a corajosa resistência para ficar ao lado de Nina. Reconhecera naquele escravo sentimento de devoção por sua neta. Como mentir não fazia parte dos procedimentos do poderoso charqueador, ele calmamente retrucou:

– Doutor Miguel, lá fora tenho mais de uma dúzia de cães. Somente um deles me acompanha até a casa-grande e me reconhece a distância. Capitão, o ovelheiro marrom, é de uma fidelidade invejável. Deparamos o mesmo fenômeno.

Sacudindo a cabeça, contrafeito, o médico desistiu de responder àquela absurda comparação, limitando-se a lançar ao interlocutor um olhar de censura. Aproximou-se da paciente e foi informado por ela de que João lhe faria um quero-quero de barro. Trocou mais algumas palavras de interesse do universo infantil da menina e, cumprimentando a todos, retirou-se.

No pátio externo da charqueada, observando a nuvem de pó que o cavalo do médico levantava na estrada, o barão ponderava sobre o brilhantismo de sua explicação para a existência do relacionamento que se travava com o escravo João. Capitão também lhe conquistara a estima. Se tinha um cão de estimação, por que não poderia dar-se o luxo de ter um negro na mesma condição?

Capítulo XI

Passaram-se os Anos

"Como o progresso intelectual pode conduzir ao progresso moral?"
– "Fazendo compreender o bem e o mal: o homem então pode escolher. O desenvolvimento do livre-arbítrio segue o desenvolvimento da inteligência e aumenta a responsabilidade dos atos".[1]

Inverno de 1867.

Amanhecia na elegante e refinada cidade dos charqueadores.

As luzes da alvorada lentamente rompiam as trevas da noite. Um céu azul e límpido prenunciava um novo dia. Rasgos de luzes vermelho-alaranjadas anunciavam o sol e contrastavam lindamente com o firmamento.

A noite de frio intenso fizera com que a madrugada cobrisse com um manto branco de geada os canteiros da praça central, os telhados e as calçadas. Os córregos e cacimbas amanheciam congelados. Apesar de muito cedo, notava-se alguma movimentação de animais e pessoas com pesados agasalhos nas ruas planas que marcavam o perímetro urbano, planejadas à imitação de um tabuleiro de xadrez. O ar gélido fazia com que vapores se desprendessem das ventas dos animais atre-

[1] *1 Allan Kardec,* O Livro dos Espíritos, *questão 780. Trad. Salvador Gentile. Araras: IDE.*

lados aos carros. As chaminés das luxuosas residências lançavam tímidas fumaças dando ciência que os escravos iniciavam sua rotina de trabalho doméstico.

Pai João e Tião, sentados em um banco da praça, admiravam o trabalho incansável e sempre renovado da natureza, meditando nas belezas que o Pai nos oportuniza ver a fim de sensibilizar nossos sentimentos, aprimorando-os ao mesmo tempo em que dessa análise surgem questionamentos que nos levam a compreender e aceitar logicamente Sua existência.

Olhos fixos nos raios de sol que brilhavam sobre a capa branca da geada, pai João orava, envolvendo-se em profunda comunhão com Deus.

– Pai, bendita Tua luz que nos aquece clareando nossa jornada terrena. – Dizia, sendo acompanhado mentalmente por Tião. – Abençoa mais um dia de nosso labor. Que sejamos pequenos sóis a iluminar consciências, a aquecer corações frios, a confortar àqueles que se encontram nas trevas da incompreensão, da rebeldia, e a irradiar energia e luz àqueles que compartilham conosco o esforço pela elevação espiritual.

A prece é alimento da alma. E Tião, convicto dessa necessidade, acompanhava-o mentalmente. Orar é ato de amor e confiança. Nenhum outro ato de devoção o supera, pois que nasce na fonte cristalina do amor a Deus. É a comunhão com Ele e Sua criação.

Por meio da prece adquirimos força e lucidez para enfrentarmos e enxergarmos a vida dentro de sua real significação e beleza. O hábito da oração nos proporciona um estado superior de consciência que permite ultrapassar a camada dos interesses materiais, cheia de aparentes injustiças e incoerências, e divisar a realidade sem as ilusões que as paixões materiais excitam, fazendo-nos ver de forma distorcida a existência. Abre nossa intuição ao contato com os espíritos superiores, revigorando-nos.

Ao longo dos anos de convivência com seu amoroso instrutor,

Tião aprendera o quanto aquele sábio espírito era devotado à prece; era uma necessidade vital dialogar com o Criador, fazê-lo um ser presente e participante de sua vida. Aprendera que desses hábitos zelosamente cultivados pai João extraía sua extraordinária capacidade de compreensão ao seu próximo e o conhecimento de si mesmo, fatores fundamentais para a conquista do êxito de qualquer empreendimento e da felicidade pessoal por serem as chaves da compreensão dos limites próprios e alheios.

Após a prece matinal, permaneciam os dois silenciosos admirando o espetáculo de luzes ofertado pela natureza, agora acompanhado pela sinfonia dos pássaros que despertavam.

– Como é fácil sentir a paz. São pequenas coisas, momentos de entrega e comunhão com a criação da qual somos parte e ela nos envolve, nos preenche, invade nosso ser. Estufamos o peito e nos sentimos alegres, pacificados, até mesmo esquecidos dos conflitos e das desarmonias que rondam nossas mentes, por vezes invigilantes. Como ganhariam os homens que se deixam turbar pelas paixões se exercitassem esse contato com o universo. Momentos de reflexão, de meditação, de conversa com Deus – falando o que nos dita o coração, com a confiança e a simplicidade de um filho que se reconhece amado pelo Pai – infundem uma paz profunda, transmitem serenidade a toda a nossa organização biológica, extravasando-se além de nós e alcançando outros seres que dividem a existência conosco em diversos papéis, por meio das vibrações de nossas emoções possibilitando mudanças verdadeiramente incríveis...

– Mais os home têm pressa, pai João. – Respondeu Tião. E prosseguiu em suas reflexões: – E o mais ingraçado é que a maioria num sabe direito quem é, nem pra onde vai. Vive ansim iguá a essas foia que cai das árvore e lá pelo meio da manhã o vento levanta junto cum a geada e rola campo afora sem distino nem paradero.

Ponderando sobre as palavras do companheiro, pai João complementou:

– São pessoas sem diretrizes. Com esse proceder, enredam-se em sentimentos e atitudes que fazem sofrer e poderiam perfeitamente ser evitadas muitas calamidades originadas dessa irreflexão. Descobrir o sentido da vida nos dá firmeza de propósitos, compreensão nas dificuldades e a certeza do sucesso.

– Mais pra isso é priciso pensá e senti... – Tornou Tião. – Principalmente se fazê humirde. Madurece o amô. Os home dominado pelo orgúio, inveja e vaidade inda são "criança emocionar", num vêm nada disso qui nóis tá cumentano. Num é ansim qui insinaro lá na instituição, pai João?

– O sentimento de humildade dá ao homem a capacidade de integrar-se, de compartilhar. Aprendeste muito bem, Tião, o conceito de maturidade emocional-espiritual. Enquanto nos deixamos iludir pelas idéias de orgulho, vaidade e inveja, franqueamos livre acesso ao egoísmo que representa a manifestação do amor infantil, centrado em si mesmo. Tal qual a criança, o ser nessa fase da evolução julga que o universo gira em redor dele, exclusivamente para atender a suas necessidades e anseios. Qualquer um que afronte essa percepção é prontamente rechaçado, daí se originando desde conflitos domésticos até guerras. Temos de compreender que por determinado período isso é natural na evolução do espírito. O progresso, porém, impõe que avancemos, expandindo esse sentimento gradativamente até alcançarmos o estado de maturidade emocional. Então seremos plenos de amor, capazes de amar a nós mesmos, ao próximo e a Deus, extinguindo comportamentos tipicamente da infância e da adolescência emocional-espiritual como o orgulho, o egoísmo, a tola vaidade e a inveja.

– Ouvino pai João falá é tão simples... Pur que se custa tanto a intendê essas verdade? – Indagou Tião.

Sorrindo, pai João olhou pacientemente ao redor buscando uma forma de fazer clara sua explicação. Após alguns segundos, falou, fazendo um amplo gesto com a mão, que abarcava o local onde se encontravam:

– Olhe à nossa volta, Tião. O que você contempla?

– Um lugá muito bunito e bem-cuidado. Se vê qui tem gente trabaiano bastante pra dexá ele ansim. – Descreveu prontamente Tião.

– De fato esta praça está muito aprazível. Já não lembra mais os horrores a que serviu de palco. Você não fez referência alguma ao fato de que aqui, até algum tempo, ficavam o tronco e o pelourinho, instrumentos de tortura e punição aos escravos. Isso exigiu mudança de atitude e trabalho constante. Hoje ela é local onde passeiam os nobres e gentis homens desta terra. A mesma situação ocorre com o espírito encarnado ou desencarnado. Cansado dos horrores que livremente se impõe, quando não acompanha o progresso e evolui espiritualmente abandonando as fases primárias da compreensão, ele pára, auto-analisa-se, aprofunda a percepção sobre a vida e empenha-se em uma mudança de rumos. Sua nova atitude determinará os trabalhos com os quais apagará o passado desastrado, lançando bases para um futuro de honrosa realização. É assim que, com o bom aproveitamento do tempo e muita dedicação, transformamos uma feiúra temporária em formosura perene.

Analisando as expressões que se sucediam no semblante do aprendiz, pai João silenciou por alguns momentos a fim de facilitar-lhe a assimilação dos conceitos e depois continuou:

– A demora na compreensão dessas verdades guarda relação direta com as ilusões que cada qual carrega consigo. Desvencilhar-se delas por vezes é dolorido como apertar uma ferida, e muitas organizações sociais, tanto na esfera material quanto espiritual, têm interesse em explorar os iludidos, vivendo à custa de seu desvario e de seu sofrimento. Por isso, aparentemente o progresso tarda, mas é só aparência, pois ele se realiza sempre no tempo certo de cada indivíduo.

– Pai João tá cheio de razão... – Concordou Tião, muito sério, olhando ao longe como que desejando alcançar com a vista o final da rua larga que passava em frente à praça terminando num extenso terreno com algumas árvores altas e muito plano.

Observando seu amigo e aprendiz, pai João notou-lhe a direção da vista, a expressão séria, marcada por uma dor profunda. Sem que Tião expressasse seus pensamentos ou sentimentos, ele os compreendia. Buscando alentar o parceiro, disse:

– Esperança, nego véio. Num dexe esmorecê a vontade de lutá e a cunfiança em Deus.

Um sorriso triste marcou a face enrugada de Tião. Seu olhar, costumeiramente doce e afável, por um momento se nublou e seus olhos ficaram rasos d'água. Respirando profundamente, ergueu o olhar contemplando as cores magníficas que tingiam o céu ao amanhecer, logrando conquistar maior domínio sobre suas emoções. Após alguns segundos, já refeito, esclareceu:

– Tião num perde as esperança, pai João. Mais num pude dexá de pensá qui é verdade qui esse lugá – e gesticulou, apontando a praça e as imponentes construções que a cercavam – Miorô muito. Já num se açoita mais ali – falou, apontando o centro da praça – nem se mata ninhum dos nego condenado por querê sê livre. Mais isso num qué dizê qui os home daqui num faiz mais isso. A verdade é que eles escondi deles mesmo as coisa feia qui faiz. Agora o pelorinho, o tronco e a coisa de matá – Tião referia-se à guilhotina e aos demais instrumentos de tortura e morte empregados na cidade para o cumprimento de sentenças condenatórias de escravos e um ou outro arruaceiro... Depois de ligeira pausa continuou – foro levado pra lá. Pra longe das casa bunita, do teatro, do colejo, do palacete da Câmara dos charqueadô, das loja cheia de coisa vinda de longe... Pra bem longe dos óio. Mais num dexaro de fazê, só escondero. Os nego aqui num podi entrá mais de dois numa dessas loja bunita, pur que eles cuntinua cum medo qui os preto se revorte e tome a cidade. Num podi um nego andá na mesma carçada qui um branco, nem sê visto di noite caminhano por aí, já vai preso e é açoitado. Essas coisa entristece Tião. Não porque seja de branco e preto, de escravo e sinhô, mais pur que são tudo do memo bicho home.

– Esconder seus atos é o mecanismo de alguns lutarem contra o progresso. Aparentemente, e apenas aparentemente, compartilham idéias de renovação e participam de movimentos sociais, mas em verdade o fazem apenas para contemporizar e manter seus interesses intocados. É o conservadorismo mascarado de progressista. As mesmas pessoas que trouxeram toda esta riqueza e esta prosperidade a esta terra são as que retiraram desta praça esses instrumentos e agora a adornam com charmosas fontes importadas que vertem água doce que sacia a população onde antes jorravam fartamente as lágrimas e o sangue africanos. Por ironia da lei de destruição, eles mesmos trazem o seu contra-veneno, importando tantas coisas, copiando tanto o estilo de vida dos centros europeus... Enviaram para lá seus próprios filhos, em busca de saber e renovação, que agora se recambiaram cheios de novos ideais. A lei divina é sábia! Chegado o tempo, tudo se destrói e cede espaço a novas formas. O próprio homem carrega no corpo, desde o nascimento, os vermes que lhe corroerão o cadáver. Os corvos e abutres não são os pássaros mais formosos que podem ser vistos, mas são extremamente úteis! Eles servem ao propósito de limpeza.

– Pai João tá dizeno qui os barão tão se enforcano no próprio laço, comu diz os tropero? – Indagou Tião, atento às explicações de seu orientador.

– É ansim memo, nego véio. – Concordou pai João, sorridente. E, estendendo um braço sobre os ombros de Tião, prosseguiu:

– O dinheiro lhes deu condições de progredir materialmente, de desenvolver o intelecto com maior facilidade. Agora o caminho está aberto aos vôos da evolução moral e espiritual, pois compreendem com mais facilidade o bem e o mal; o discernimento entre o certo e o errado está mais claro em suas mentes. A humanidade vive o século das luzes, da racionalidade, da indústria e, preste atenção, Tião, ensaia o descobrimento da liberdade e da igualdade. Tal qual este amanhecer esplendoroso do inverno no pampa gaúcho são as inúmeras luzes que se ascendem na Terra. O progresso virá, Tião, a seu tempo.

– É duro di aceitá a ceguera qui faiz os home se iludi cum as coisa da matéria. Si jurgá uns mais qui os outro e tê essas diferença toda, as judiaria qui eles faiz, as matança, e vê qui tudo no fim é pur causa de egoísmo di uns.

– Graças a Deus que já podemos dizer que todas as atrocidades se dão por egoísmo de alguns. Antes eram maiores, pois maior era o número desses chagados. Busque compreendê-los. São crianças emocionais. Está lembrado? E, além do mais, sabemos que ninguém chega a uma determinada situação sem que a tenha provocado com seu proceder, seja nesta ou em outra vida. Muitos dos escravos que vemos penando em meio ao sal e à crueldade expurgam suas mazelas de egoísmo e suas derivadas ações orgulhosas, vaidosas, plenas de soberba e autoridade de eras passadas. É a lei de justiça fazendo com que cada um aprenda a lição incompreendida. Tal qual os abutres feios e desajeitados, os egoístas também servem aos propósitos divinos, ainda que iludidos. Essas estruturas sociais servem como escolas, oferecendo estágios e aprendizado àqueles espíritos que desejam superar de vez essa etapa e alçar vôos maiores. Tal qual os abutres, uns devoram os outros em sua transformação até a extinção completa desse estágio evolutivo.

– Deus é de muita sabidoria! Nada nem ninguém é inútir na obra dele. É só vê: do feio nasce o bunito, do claro, o iscuro, do chão seco verti água e inté dos gaio seco das arve nasce foia verdi na primavera. Do home mau tamém nasce um home bão.

– São as transformações, Tião, e por falar nisso veja como se dissipa o nevoeiro rapidamente com os raios solares.

A inflexão confiante e determinada das palavras de pai João teve o poder de retirar Tião do estado introspectivo em que havia mergulhado; voltando a observar o magnífico espetáculo da caprichosa natureza do Sul, teve sua atenção despertada pelo trotar das parelhas de cavalos puxando uma pequena carruagem que se aproximava a passos lentos da praça.

Pai João e seu fiel aprendiz abandonaram o banco em que se assentavam e se dirigiram ao alto portão de ferro torneado que dava acesso à praça por uma de suas laterais. Postaram-se, então, no passeio público calçado, como toda a cidade, com grandes placas de cerâmica vermelha, produzida nas olarias durante a entressafra do charque.

– Sê bem-vindo à tua terra, bravo emissário de novas lutas! – Exclamou pai João à passagem da carruagem.

Como se pressentisse o cumprimento do nobre espírito, o jovem passageiro da carruagem afastou a cortina com a mão enluvada, deixando entrever um rosto determinado, de traços clássicos, pele clara, dono de um olhar cativante que exprimia determinação, apesar dos gestos e do porte delicados.

– Pai João cunhece o moço? – Indagou Tião, tomado de curiosidade ante a recepção que presenciava ao jovem.

– De muito tempo, Tião. De muito, muito tempo... – Tião refletia em sua fisionomia toda surpresa de que havia sido tomado. Observando o amigo, pai João disse: – Nego, seu rosto é um espeio; ocê num iscondi nada do qui senti; isso é muito bão, é verdadero. – E, adiantando-se alguns passos, chamou-o: – Vamos acompanhá-lo e você entenderá, Tião, o que lhe disse.

Aquiescendo a orientação recebida, Tião uniu-se a pai João. O jovem passageiro da carruagem prosseguiu pela mesma via deixando para trás a praça e levando consigo dois acompanhantes que seu olhar não vislumbrava, mas cuja serena e alegre vibração o enchia de bem-estar. Ainda sem ter estado com os seus, o moço já se sentia em casa e entre amigos depois de tantos anos fora...

A carruagem percorria sozinha a rua de calçamento de pedra irregular fazendo ecoar a batida dos cascos dos cavalos. Observando a cidade natal depois de quase 15 anos de ausência, não podia conter o espanto com a transformação que presenciava. Trazia ainda na lembrança as imagens meramente promissoras de um grande canteiro de obras que ficara paralisado durante a Revolução e que quando partira buscava a custo reerguer-se impregnando os verões com o cheiro ocre de carne e sangue, denunciando as atividades de charqueada, quando soprava o vento nordeste.

A cidade vivia seu esplendor. Onde se deitasse o olhar era possível ver riqueza, progresso, cultura, arte e beleza.

"Isto parece a descrição de um oásis em meio ao deserto", comparou em pensamento o rapaz. As imensas extensões de terra da província abrigavam uma população pobre, inculta, de mulheres tímidas e ásperas e de homens valentes e grosseiros. Haviam conquistado a fronteira sul do país e a desenhado a espada e sangue no mapa. Lembrava-se muito bem das viagens aos povoados vizinhos acompanhando o trabalho do pai. E agora se rendia, surpreso: o local prosperara, contrastando vivamente com os arredores.

Reconhecendo a casa de sua infância, onde residira até os dez anos, ergueu a bengala e bateu três vezes consecutivas no teto da carruagem, ordenando ao cocheiro que parasse.

Observando da janela da carruagem, o jovem notou que pouca coisa mudara na residência de seus pais. Alguns detalhes do moderno estilo neoclássico haviam sido incorporados ao casarão térreo de altas paredes que ocupava totalmente a esquina, com suas janelas de vidros coloridos. A entrada se fazia pela lateral direita confronte à rua por onde chegara; havia um portão que dava acesso a uma escadaria de poucos degraus que culminava nas pesadas portas duplas de madeira entalhada. Sem mais se conter, abriu a porta e saltou do carro. Sorriu ao sentir o frio na pele e, dirigindo-se ao condutor, determinou cortesmente:

– Por gentileza, senhor, desça minha bagagem.

Sem esperar o cumprimento de suas ordens, o rapaz ajeitou a capa de lã preta que trazia sobre os ombros. Tornara-se um apreciador do bem-vestir. Trajava as roupas da moda, finas e elegantes. Sob a capa trazia um traje completo em discreto tom de cinza, completado por uma camisa branca com rendas e um lenço negro preso ao pescoço. Apressadamente, adentrou o pequeno jardim e subiu as escadas. Parando em frente à porta dupla com entalhes na madeira, fez soar a aldrava, repercutindo forte o som no interior da casa adormecida.

Não compreendendo a impaciência de seu passageiro, o condutor reparava na cena; já estava acostumado a ver aqueles rapazes de modos estranhos e não compreendia como os pais podiam orgulhar-se de mandar estudar fora um filho e recebê-lo de volta com aqueles hábitos, por isso, sacudindo a cabeça, pensou: "Tô velho, não vai adiantá querer entender essas modernidades; se isso é bonito para um homem, já não sei mais nada desta vida grande sem porteira. Esse mundo tá perdido; nem São Pedro dá mais jeito". E pulou da boleia, começando o desembarque das volumosas bagagens do moço que aguardava à porta e foi empilhando-as ao lado da escada.

Com dificuldade, a pesada porta foi aberta e do outro lado do batente surgia a figura de uma velha negra gorda, estatura baixa, cabelos grisalhos presos num coque na nuca; ela usava um vestido de chita florido, avental branco e um pesado xale de lã crua descia dos ombros até abaixo dos quadris arredondados. As faces e os olhos caídos denunciavam sua longa existência. Ao cumprimentar o visitante, os lábios da velha tremeram, denunciando grande emoção.

– Deus, nosso Sinhô! Virgi mãe Maria! – Disse a trabalhadora. – Tô véia, mais meus óio e meu coração não se engana: é nosso minino Álvaro! – Apertando as mãos no avental nervosamente, chamou: – Dotô Migué! Dona Eulália! Venham cá na sala pra ocêis vê quem chegô.

Sorrindo da atrapalhação da velha servidora que fora sua ama-de-leite e babá, Álvaro disse:

– Mas onde está a hospitalidade deste povo, Rosinha? Vai me deixar congelar aqui fora até meus pais acordarem? Vamos, minha preta, me dá um abraço que voltei de vez! – Expansivo, Álvaro abraçou forte e carinhosamente a velha servidora, que o acolheu sinceramente emocionada.

Após o abraço, Rosinha ergueu as mãos e tocou as faces do rapaz à sua frente. Reparando suas roupas e olhando-o nos olhos com ternura maternal, disse:

– Mi alembro de ti pecurruchinho mamando nos meus peito. Agora tá home criado e bonito, deve tê dexado muita muié chorano lá em Coimbra.

– Nem tantas assim, Rosinha. Estudei muito, não tinha tempo para diversões. – Retrucou, risonho, o rapaz.

O cocheiro, que agora carregava as bagagens para o interior da casa, não pôde deixar de reparar, mais uma vez, nas inusitadas atitudes do moço. Largando a última caixa sobre o piso, falou:

– Tá pronto o serviço, doutor. Espero que tenha sido do seu agrado.

Voltando a atenção ao homem, Álvaro retirou algumas notas de dinheiro do bolso e entregou-as em pagamento, dizendo:

– Peço-lhe que confira!

Notando que o homem contava rapidamente as cédulas e as enfiava de qualquer maneira no bolso das calças, prosseguiu:

– Agradeço seus serviços; vou recomendá-lo a meus amigos. Passar bem, senhor.

Levando a mão ao chapéu de feltro, o cocheiro ergueu-o rapidamente à guisa de cumprimento e voltou a enterrá-lo na cabeça. Saindo a passos largos da casa, logo subia na carruagem e desaparecia.

– Dotô Migué! Dona Eulália! – Continuava chamando Rosinha. – Se apresse! O minino chegô inté qui infim.

Ouviu-se o som de portas abrindo e fechando e o ruído de pessoas caminhando apressadamente. Ainda em trajes de dormir, mas estampando imensa alegria nos semblantes, surgiam os pais de Álvaro, que correu a abraçá-los.

– Mamãe! Papai! Que saudade! – Apertando de encontro ao peito o casal, o jovem não cansava de beijá-los. Por fim, serenada a emoção primeira, tomou o rosto da mãe entre as mãos e ficou a contemplá-la embevecido: – Linda senhora dona Eulália, os anos não marcam seu rosto senão com a beleza e a sabedoria...

Beijando-lhe as faces, continuou:

– Quanta falta senti de seus carinhos e chamegos enquanto estudava em Portugal... E vou lhe confessar: não foram poucas as vezes em que trazia sua lembrança à mente e conversávamos longamente... Muitas vezes abracei meu travesseiro com saudade da senhora.

As palavras do querido filho caçula trouxeram lágrimas aos olhos de dona Eulália; imitando o gesto do filho, ela tomou-lhe o rosto entre as finas mãos, acariciando-o:

– Meu pequeno Álvaro, pergunte a seu pai quantas vezes clamei sua presença e sofri de saudade e remorso por haver concordado que se fosse para tão longe...

A custo controlava a alegria que lhe explodia no peito. O fim da longa ansiedade e da saudade – pois por anos tivera do filho apenas notícias escritas – era emoção tão forte que, sem saber como expressá-la, por fim deixou correr as lágrimas, sorrindo ao mesmo tempo. Afastando-se um pouco, olhos brilhantes de contentamento, mãe e filho observaram-se.

– Como tu estás lindo, meu filho! Saiu daqui pouco mais que um moleque e volta homem feito.

– Chega de choramingos, Eulália e Álvaro! Agora estamos todos juntos e assim ficaremos enquanto Deus permitir. – Interrompeu Miguel, um pouco preocupado com a forte emoção da esposa. Isso não era recomendável a Eulália, dado seu estado de saúde, problema que o médico sabia não ser do conhecimento de seu filho.

– Rosinha, prepare um café da manhã reforçado. Álvaro, sua mãe, em todos estes anos, não permitiu que ninguém usasse teu quarto; ela mesma o arrumava, creio que para se sentir mais próxima de ti... Portanto, vais encontrar tudo como deixaste. Desde ontem que te aguardávamos, por isso lá encontrarás tudo o que precisas.

Com a esposa fortemente aconchegada contra seu peito, o médico prosseguiu:

– Vou levar tua mãe para que se torne uma mulher elegante e posta na sociedade. – Vendo o olhar de rebeldia que lhe endereçou a mulher, apressou-se em esclarecer: – Calma, dona Eulália, estava apenas brincando. A senhora bem sabe que, arrumada ou descomposta, é a dona do coração dos homens desta família, a começar pelo meu.

Tomando as mãos dos pais, Álvaro sorria. Como sentira falta do carinho daquele lar, do afeto dos pais...

– Vão, meus queridos... – Disse o filho, soltando as mãos dos pais. – Encontrar-nos-emos para a refeição.

Abraçado e sorridente, o casal apressou-se em retornar aos aposentos. Álvaro, cantarolando, pegou o chapéu e a capa e dirigiu-se pelo corredor até as dependências que ocupava na residência.

– Qui benção! Obrigada, minha Nossa Senhora, pur trazê o minino Álvaro são e sarvo. – Exclamou Rosinha, mãos postas junto aos lábios como se murmurasse uma prece, enquanto, lépida, se dirigia para a cozinha.

No ambiente festivo e impregnado de emoção, restaram somente Tião e pai João, cujo olhar era transpassado pela mais pura alegria.

– Tô veno qui o moço é benquisto di verdade!

– É uma grande alegria vê-lo de volta. Acompanhei um tanto a distância sua infância e sua adolescência. O trabalho que fazemos ocupa-nos muito tempo, mas sempre que possível observava Álvaro. É um espírito muito afável, determinado, idealista, mas não sonhador. É daqueles que ajudam o progresso, Tião, sendo mãos construtoras na Terra.

– Comu ansim?

– Há, Tião, aqueles que idealizam, teorizam maravilhas, possuem vasto cabedal de conhecimento adquirindo títulos de academias de saber terreno, mas, mesmo de posse de tudo isso, são incapazes de construir, pois se dedicam a sonhar o ideal, decepcionam-se com as realidades adversas que defrontam e acabam por isolar-se da sociedade. São improdutivos. Álvaro é idealista, almeja um mundo melhor, reconhece as dificuldades, evitando decepções. Ele luta para realizar seus propósitos. É humilde de coração, inteligente...

– Inté vô ficá cum ciúme do moço. Donde qui pai João cunhece ele?

– Óia... – Pai João, brincando, apontou o dedo no nariz de Tião, fingindo-se bravo –, num ti faiz de bobo, nego véio. Já se viu tê ciúme do moço Álvaro?

– Ué – respondeu Tião, também com o dedo em riste e no mesmo tom –, pai João só faiz bem dizê do moço...

Tomando a mão do companheiro, pai João olhou em redor, dizendo:

– O mal sempre encontra muito espaço na boca das pessoas. Por isso estranhas que eu teça elogios ao Álvaro. Mas saiba que são verdadeiros, e reconhecer suas virtudes não é o mesmo que dizer que ele não possua imperfeições.

Sorrindo matreiro, Tião disse:

– Pai João inda num cunhece Tião. – E ria. – Já tô sabeno di tudo do moço Álvaro...

– Agora sou eu que pergunto: Como assim?!

– A Bá! – Disse Tião, simplesmente.

– Óia – disse pai João, contagiado pelo riso franco de Tião –, ocêis dois tão mi saindo dois faladô! Sim, sinhô! E eu qui penso qui tão trabaiano lá na instituição e tão lá di prosa qui nem nego sem serviço.

– Pur falá nisso, temo de vortá lá, num é memo?

– É, vamos retornar e ver como estão os recém-chegados.

Risonhos, os amigos espirituais se afastaram em busca da instituição à qual se vinculavam.

Na grande residência de Miguel, ouviam-se os ruídos característicos da cozinha e a alegre voz do rapaz cantarolando.

Os dias subseqüentes, marcados pela atmosfera festiva, foram dedicados integralmente ao convívio familiar. Após anos de afastamento material, mas nunca afetivo e espiritual, havia muitos assuntos a serem comentados, notícias e informações sobre parentes e amigos. Como não poderia deixar de ser, as questões políticas da província e do Império ocuparam muitas tardes de conversação entre pai e filho.

A última notícia transmitida a Álvaro foi a respeito da moléstia cardíaca que acometia dona Eulália havia algum tempo, enfraquecendo-a e exigindo cuidados quanto a esforços físicos e abalos emocionais. Preocupado, o jovem desejou saber tudo acerca do estado de sua mãe. Miguel conseguiu tranqüilizá-lo, explicando-lhe que o atendimento médico que dispensava à esposa era baseado nos melhores conhecimentos da época. Doutor Miguel estava sempre atualizado por estudos e literatura especializada provenientes dos centros europeus.

Encontravam-se, num fim de tarde, sentados na ampla sala que servia de biblioteca ao médico. Inteiramente tomada por prateleiras de livros, apenas uma parede da sala estava a descoberto – era onde ficava a janela alta com vidros coloridos em azul, verde e vermelho iluminando perfeitamente a dependência e lançando uma miríade de cores sobre o piso de madeira. Ao centro ficavam algumas poltronas estofadas sobre um tapete e logo à frente da janela, a mesa de leitura, em ébano, com belos pés torneados.

– Vejo que o senhor se mantém mais bem-informado que muitos colegas de profissão com os quais convivi em Portugal. – Comentou Álvaro, admirado da grande biblioteca profissional do pai.

– É necessário, meu filho. Desejo bem atender os meus pacientes e lhe confesso que estudar para mim é uma necessidade. Se analisares bem, encontrarás muitas obras além das de interesse profissional... – Respondeu o médico.

– Já as vi. Temos romances, teologia, um pouco de astronomia, história... É bem variada... – Falou Álvaro, desfilando diante das prateleiras repletas de livros encadernados. – Há algum tempo que estou de retorno e ainda me surpreendo com o estilo de vida que conquistamos em nossa cidade. Jamais imaginei encontrar tamanho progresso. Pensava que sentiria muito mais a mudança de ambiente.

– Filho ingrato! – Exclamou, jocoso, doutor Miguel. – Então julgavas um sacrifício fixar-te entre nós novamente?

– Longe disso, papai. – Álvaro apressou-se em responder. – O desejo de tornar ao lar era enorme e estou imensamente feliz por estar aqui. Mas, a bem da verdade, digo que calculava dificuldades de adaptação maiores. Hoje encontro aqui praticamente o mesmo que se desfruta em grandes cidades.

– Bem sei do que falas. Entendi perfeitamente teu raciocínio, mas devo advertir-te de que nem tudo são palacetes e fortunas por aqui. Há muita miséria, verdadeira exploração. Não te deixes iludir pelo brilho fugaz do ouro, meu filho. Lamentavelmente, a par de tanto progresso material existe um grande débito social. Populações inteiras em estado miserável.

– Falas dos escravos. Nos passeios que fiz com mamãe, notei o grande contingente de africanos. Quando parti, isso já era assim; lembro de suas bandeiradas.

– A doença de tua mãe obrigou-me a adotar postura mais discreta de oposição aos barões do charque. As contendas que enfrentávamos não eram salutares a ela. – Esclareceu Miguel. – Mas, filho, não mudei em nada meu posicionamento, tanto que aqui em casa não temos um único escravo a nosso serviço.

– Rosinha já me participou essa grata notícia. Felicito-lhe, meu pai, pelo nobre ato. Não esperava coisa diversa do senhor e da mamãe.

– Custou-nos algumas escaramuças na cidade. O temor dos charqueadores é grande.

– Temem a pena de Talião, literalmente com o ferro ferem e com ele temem ser feridos. Vi alguns absurdos nas ruas. Creio que seja a miséria à qual o senhor fazia referência.

Atrás da mesa de leitura, confortavelmente instalado, Miguel olhava o filho parado em frente às prateleiras aguardando calado que ele prosseguisse suas colocações.

– Tenho visto, com mais freqüência do que gostaria, negros exibindo grossas coleiras de ferro ao pescoço. Quando penso nas dificuldades que tal instrumento impõe ao pobre escravo, revolto-me profundamente. É desumano, senhor meu pai. Pense bem: quem carrega a dita coleira enfrenta dificuldade para respirar, para se alimentar, já que pelo que pude ver é bastante apertada, sem falar que verga o pescoço. Deve causar cefaléias horríveis, dores nas costas e nem sei quantos outros padecimentos.

– Tens razão, é desumano e poucos chegam com vida ao fim de tais sentenças. Segundo os proprietários, isso é uma forma de dobrar a cabeça dos escravos rebeldes. – Informou o médico.

– Com a cultura e os conhecimentos que possuem os escravos, como não se rebelar contra as formas de tratamento que lhes são oferecidas aqui? – Questionou Álvaro e ele próprio respondeu: – Acredito, meu pai, que todos trazemos gravadas em nossa consciência as noções de justiça e moral, de certo e errado, e, conforme esse código de leis naturais, a liberdade e a igualdade são direitos fundamentais de todos os seres humanos. Por isso deve ser muito difícil resignar-se às imposições da escravidão, e a rebeldia manifesta-se naturalmente.

Deliciado com as colocações do filho, doutor Miguel olhava-o, cheio de orgulho. Não tinha com Lucas, o filho mais velho, a mesma afinidade de pensamentos e sentimentos que compartilhava com Álvaro. Sem esconder a admiração, disse-lhe:

– Discursando dessa forma, custo a crer que tenhas te formado em Medicina e realmente te disposto a exercer a profissão na cidade. Mais parece teu irmão defendendo as teorias legais e fazendo discursos políticos na capital.

– Não é preciso ser bacharel em Direito para falar de justiça. É um sentimento humano, uma aspiração de todos.

– Agora me permito discordar. Como tu explicas esse sentimento de justiça na mão dos senhores de escravos, juízes e autoridades policiais que cumprem legislações vergonhosas e proferem sentenças cruéis?

Os olhos de Álvaro brilharam ante o questionamento proposto

pelo pai. Meditou alguns momentos como que escolhendo as palavras e respondeu:

– Esse sentimento se manifesta em todos, meu pai, eu repito. Porém, difere em suas exteriorizações, correspondendo ao desenvolvimento e à compreensão de cada ser. As pessoas que referiu, por certo, são moralmente pouco evoluídas, sendo natural para elas que o sentimento de justiça se limite à satisfação de seus prazeres e interesses. São egoístas. Só é justo o que lhes satisfaz.

– Lindo pensamento. – Concedeu Miguel. – Mas, diga-me agora: se essas pessoas detêm o poder, como fazer avançar a sociedade?

– Combater o egoísmo é a receita. Entretanto, para bem combatê-lo é necessário compreender sua origem. Ele nasce nas fontes do amor, meu pai, mas um amor torturado, desmedido a si mesmo. Para despertar os valores de justiça que jazem na consciência, um bom caminho é transformar o sentimento de egoísmo em altruísmo, deixando de ver a si próprio como centro do universo e descobrindo que integra uma coletividade maior onde a abnegação e o desprendimento podem fazer muito pelo bem comum. – Notou que o pai fazia certo esforço por interpretar-lhe a resposta. – Resumindo, meu pai, creio que só existe uma transformação social duradoura: é aquela que nasce no interior do ser humano. Quando cada um modifica seus pensamentos e atitudes assumindo e incorporando valores mais humanitários, então de fato há progresso e transformação. As revoluções verdadeiras são de idéias e não de armas.

– És uma surpresa, Álvaro, pois passas das leis à filosofia sem que se perceba a troca de assunto. É inegável tua habilidade política. Tens realmente certeza de que desejas te entregar à prática da Medicina seguindo meus passos e não à carreira de teu avô e de teu irmão?

– Certeza absoluta, meu pai. Nas primeiras horas de amanhã poderás testemunhar esse fato. Mas confesso que me interesso por compreender as pessoas tanto quanto me seja possível e devo essa, como direi – Álvaro buscava a palavra para expressar seu propósito –, busca, se me faço compreender, a um mestre e amigo da Universidade de Coimbra.

Consultando o relógio que trazia em um bolso de seu colete, constatou:

– A tarde se foi e o jantar se aproxima. Mamãe me informou que iremos receber visitas, portanto seremos obrigados a continuar nossa conversa mais tarde.

Ainda agradavelmente surpreendido com a maestria com que o filho caçula expressava-se, bem como com as idéias que defendia, Miguel respondeu ao cumprimento maquinalmente e permaneceu sentado, refletindo sobre a conversa interrompida. Gostara das argumentações, precisava investigar até onde ia o domínio do filho sobre aquele tema.

Porém, aquela noite estendeu-se em longo e agradável jantar com famílias amigas e o esperado retorno ao diálogo com o filho caçula não se oportunizou.

Na manhã seguinte, mal clareava o dia, Miguel saía de casa em direção ao hospital.

– Apesar das afirmações de Álvaro, não o vi esta manhã. Deve estar cansado pelo sarau de ontem. Bem, se desejar que vá mais tarde. – Falava o médico em voz alta para si mesmo ao sair à porta da casa e sentir a aragem fria da manhã. – Não o culpo; está terrivelmente gelado. – Envolvendo-se na grossa capa, passou o cachecol pelo pescoço, firmou o chapéu e, baixando a cabeça para se proteger, avançou a passos rápidos para a pequena carruagem que o aguardava.

– Bom-dia, Ernesto. – Cumprimentou o médico educadamente, porém sem levantar a cabeça para fitar o serviçal que o atendia. – Manhã fria, não? Este inverno está mais longo que o anterior, não lhe parece?

Sentado à boléia da carruagem, Ernesto, envolto em grosso poncho, divertia-se em lançar ao ar frio longas baforadas fazendo bolas de fumaça. Distraidamente, respondeu:

– Bom-dia, doutor. Tá achando ruim agora? Espere a geada levantar com o minuano lá pelas oito e meia ou nove horas, aí sim vai ser ruim. Tá tudo branco de gelo aí fora.

– Nem me fale, Ernesto. Vamos embora. – Ordenou o médico, entrando na carruagem e surpreendendo-se com a presença do filho que o esperava sentado no interior do carro.

– É bom mesmo, pois o frio não é motivo para nos atrasarmos em meu primeiro dia de trabalho. – Falou Álvaro, alegremente.

– Ora, meu filho, pensei que não irias ao hospital.

– O filho do doutor Miguel não falta à palavra dada. Já o espero há alguns bons minutos.

– Estamos a caminho... – Declarou o médico assim que a carruagem pôs-se em movimento pelas ruas semidesertas da cidade.

O hospital – ou, como era conhecido, o "Palácio da Saúde" – constituía-se em majestoso prédio de três andares, com altas janelas envidraçadas. Ao fim de uma pequena escadaria em mármore duas colunas gregas sustentavam uma área que dava acesso à larga porta de madeira dupla, com janelas na parte superior gradeadas com ferro torneado. O hall de entrada tinha um nicho com uma imagem de Nossa Senhora na parede à direita. Do teto trabalhado pendia um grande lustre de cristal e à frente duas escadarias de mármore branco como o piso davam acesso aos andares superiores. De ambos os lados viam-se largos corredores com altas portas duplas, pintadas em cinza-claro, encimadas por vidraças que faziam supor apartamentos para atendimento dos doentes. O prédio era quase gigantesco se comparado ao tamanho da cidade. Pátios internos ajardinados eram visíveis pelos vitrais que acompanhavam as escadarias.

Álvaro não escondia o contentamento.

– É maravilhoso. Tão moderno, de muito bom gosto. Diga-me: a aparelhagem de que dispomos é da mesma qualidade?

– Tudo de primeiríssima qualidade, meu filho. – Respondeu Miguel.

– Meus cumprimentos, papai. Lembro o quanto o senhor lutava para conscientizar os charqueadores da necessidade de valorizar a saúde. Este hospital existe e acredito que em grande parte o devemos à sua tenacidade em persistir nos seus objetivos.

– Obrigado, Álvaro. De fato sempre lutei por melhorar as condições de saúde em nossa cidade, mas não estava sozinho. Doutor Edmundo ajudou-me muito, depois vieram os italianos que você ainda não conhece, doutor Giovanni e doutor Matheus, ótimos profissionais. Foram familiares deles que projetaram o prédio que pelo que vejo o encantou.

– Não poderia ser diferente. É um belo local.

Enquanto conversavam, andavam pelos longos corredores do hospital e Álvaro familiarizava-se com as dependências ao mesmo tempo em que tomava conhecimento da história da construção, dos projetos de melhorias e da nova luta abraçada pelo pai: a construção de uma ala para atendimento dos negros, dos pobres e dos índios. Miguel explicou ao filho que até aquele momento existiam apenas alguns quartos já construídos e separados do prédio principal.

Justamente naquela nova ala, ainda em construção, o jovem médico encontrou o ambiente onde, dali em diante, mais prazer encontrou em trabalhar. Cumprido seu plantão no Palácio da Saúde, ele passou a dirigir-se alegremente para o trabalho voluntário na ala dos indigentes. Ali, além de médico, era amigo dos pacientes, ouvindo-lhes as histórias do cativeiro, da pobreza e da marginalidade.

Contrariando a suntuosidade do prédio principal, naquela ala havia apenas o estritamente necessário. A construção era rústica e sem beleza estética. Faltavam mantas, cobertores, lençóis e roupas aos pacientes, em sua maioria vitimados pela tuberculose ou pela sífilis, vivendo seus últimos dias sobre a Terra.

Na segunda metade do mês de agosto, já familiarizado com a rotina de trabalho e perfeitamente ambientado na cidade, Álvaro calmamente deixava o prédio principal do hospital e se dirigia à ala dos indigentes quando teve sua atenção despertada para uma carroça que parava em frente à porta. Observou um homem negro, de presumíveis 40 anos, saltar. Era forte, porém apresentava séria deformidade nos pés que lhe dificultava o andar, por isso com certa lentidão dirigiu-se à entrada. Enquanto o visitante aguardava, o novo médico chegou ao local.

À chegada de Álvaro, prontamente o visitante saudou-o, com respeito.

– Boa-tarde, doutor.

– Boa-tarde! – Devolveu Álvaro, notando, um tanto espantado, a correção com que falava o africano. – Sou doutor Álvaro, novo médico da cidade. – Apresentando-se enquanto girava a maçaneta e abria a porta, convidou: – Entre, aqui não dispomos de porteiros.

– Agradecido. – Disse o visitante. E, inclinando levemente a cabeça, mãos juntas em frente ao corpo, sobre um poncho cinza e preto visivelmente bastante usado e denunciando pelas cores sua condição de escravo, completou: – João, seu criado.

– A que casa pertences, João?

– Não tenho permissão para dizer, doutor.

– Muito bem, se é assim diga o que deseja. – Resignou-se Álvaro.

– O doutor é novo, ainda não me conhece. Todo mês venho aqui desde que começou a obra. Trago doações da minha sinhá. – Esclareceu João.

– Realmente não sabia. Como costumas proceder? Creio que somente eu estou aqui, por isso terá de me informar.

"Homem bom, esse médico novo. Simples. Parece não notar que sou escravo. Será o filho do doutor Miguel?", pensou João.

– É bastante simples: descarrego as doações da sinhá na despensa que fica lá no fundo.

– Hum, a peça que está praticamente vazia. Ótimo! Pode me entregar que levarei as doações para lá.

– O doutor não entendeu. Tenho que descarregar a carroça, tudo que está lá é doação.

Voltando-se, Álvaro olhou a carroça parada diante da porta. Estava apinhada de sacos, trouxas e mantas de charque. Rapidamente, Álvaro retirou o guarda-pó branco que usava sobre a roupa depositando-o sobre um banco de madeira que jazia encostado a uma parede, e, encarando o escravo, declarou:

– Estou pronto a ajudá-lo. Vamos!

– Não é necessário, doutor. Tenho condições de realizar o trabalho sozinho. Não se incomode. – Protestou João.

– Não é incômodo algum. Fico feliz em saber que alguém se interessa pelos nossos indigentes. Nesta ala fazemos de tudo; por que não ajudar a descarregar a carroça? – Insistiu Álvaro já a caminho.

– Não fica bem um doutor trabalhar ao lado de um escravo. – Argumentou João, ainda que entendesse que dificilmente o médico mudaria de idéia, pois já começava a abrir a traseira da carroça para descer os donativos.

– João – informou serenamente Álvaro olhando-o nos olhos –, a mim não interessa o que fica ou não fica bem a um médico fazer. Também não vejo demérito em trabalhar a seu lado. Sou abolicionista convicto! – Declarou, como se fosse uma religião que professasse. – Além disso, sem comida e agasalho para os pacientes não há médico que possa fazer bom trabalho. Não somos milagreiros.

Desistindo de recusar a oferta do médico, João seguiu ao lado dele até a carroça e empreenderam juntos a tarefa de descarga e acomodação dos gêneros alimentícios e dos agasalhos. Terminado o trabalho, Álvaro insistiu:

– A quem devo agradecer tão generosa contribuição?

– Minha sinhá não permite declarar o nome dela. Receba a doação e faça bom uso, é só o que ela pede.

– Ainda assim, transmita-lhe meus sinceros agradecimentos em nome de nossos pacientes menos favorecidos. – Pediu Álvaro.

– Isso eu posso fazer, doutor. – Subindo na carroça, João assentou-se no banco; tomando as rédeas, acenou ao médico em despedida e partiu.

..*

Em frente à praça erguia-se o sobrado do barão Gonçalo. Lá residia dona Marieta, quando se encontrava na cidade. O barão passava ali algum tempo durante os meses de inverno. Quem de fato permanecia o inverno inteiro era Nina, que para a cidade fora transferida logo após os eventos da epidemia de cólera a fim de estudar. João, fiel ao afeto à sinhazinha, fora designado para protegê-la acompanhando assim todos os lances de seu crescimento.

Nina, sentada em frente à janela na sala lateral, observava o movimento da rua através da diáfana cortina que vedava aos olhos dos pedestres a residência da família e servia de anteparo ao cortinado de veludo verde com acabamentos dourados que ornava as aberturas.

A certa distância viu dobrar a carroça conduzida por João e lançou um olhar surpreso ao relógio de parede. "Algo houve para que João retorne tão rápido. Que terá sido?", indagava-se em pensamento enquanto as luzes do entardecer iam se apagando.

Mergulhada em seus pensamentos, não ouviu os passos de dona Marieta, nem prestou atenção a seus chamados, até que sentiu um toque leve em seu ombro.

– Minha filha, estou a lhe chamar e não me respondes. – Reclamou dona Marieta, contrariada. – Bem sabes que não aprecio esses teus descasos. Não fica bem a uma moça de tua classe ser tão desatenta.

– Perdão, senhora... – Disse Nina sem desviar o olhar da rua, permanecendo tão alheia quanto antes se encontrava.

– É tudo que tens a me dizer?

Um profundo suspiro brotou do peito da jovem, que lentamente se moveu pela sala e sentou-se na banqueta em frente ao piano que ocupava boa parte do cômodo. Expressão concentrada, correu os dedos pelas teclas fazendo soar algumas notas de sua sonata preferida.

– Não entendo o que se passa contigo, Carolina. Nada te falta, entretanto noto em teu olhar uma tristeza imprópria à tua idade. – Comentou dona Marieta, insistindo em fazer a filha expor-se e recebendo como resposta apenas gestos de indiferença. – Participas de saraus, parece-me que quase sempre por obrigação, pois não penses tu que não sei que muitas vezes tuas desculpas para se eximir de receber nossos convidados são mentirosas. As únicas coisas que realmente vejo despertarem teu interesse são o teatro, a literatura e a música. Passas horas naquelas enfadonhas conversas com teu avô. Mas quando te convido para passear comigo, fazer compras, ir à casa de amigos, é com custo que me acompanhas e sempre tens pressa em retornar a esta casa. Hoje mesmo saímos e tu me apressavas para que nos fôssemos logo... Visitamos algumas lojas e já todo teu entusiasmo se havia evaporado.

Nina ouvia o discurso um tanto irado da mãe, mas não prestava atenção às rotineiras reclamações de sua conduta. Prosseguia dedilhando o piano, sem nada responder. Vez por outra um brilho travesso e fugaz lhe incendiava os negros olhos, mas estavam completamente fora do raio de visão da mãe que assim não tinha acesso aos sentimentos que eles revelavam.

– Errei em deixar-te tanto tempo quando pequena na charqueada com teu avô. – Ouvindo sua própria confissão, logo se justificou: – Não me era concedida escolha. O barão desde que te olhou quando recém-nascida tomou-se de afeto por ti, tanto que ainda hoje bem sabes que tudo consegues do velho.

– Não gosto quando a senhora se refere dessa forma ao vovô. – Manifestou-se Nina em defesa do barão. – Reconheço que ele é um homem duro, teimoso e um tanto prepotente, mas é afável, inteligente, carinhoso. Todo o luxo que a senhora usufrui deve ao gênio financeiro e administrativo que ele representa. Aliás, esta cidade deve isso a ele. – Baixando a voz a um quase murmúrio, prosseguiu: – Pena que também deva outras atitudes desabonadoras a ele também.

– Quero ver como será quando te casares. Teu noivo não virá viver nesta cidade. Duvido que deixe o Rio de Janeiro para vir fazer política na província. Mas não pensem que me enganam! Bem sei que o barão apenas consente nesse longo noivado e não realiza de uma vez o casamento com doutor Pedro porque sabe que ele te levará daqui.

A menção ao noivado fez Nina suspirar novamente; seu rosto cobriu-se de preocupação e nos olhos fixou-se uma expressão de incerteza.

– Como a senhora tanto se dedica a me recordar, há coisas que não ficam bem a uma jovem da minha posição. Uma delas é apressar o noivo ao casamento. Além disso, a distância é realmente um fator relevante. Desde que foi firmado o compromisso entre papai e o marquês, meu futuro sogro, temos tido pouca convivência. Entretanto, recebo suas cartas e seus presentes todas as semanas e sei das atividades que realiza juntamente com papai na área política do governo. Vovô está muitíssimo satisfeito, diz que a aliança não poderia ter sido mais oportuna. Por minha vez, aprecio muito as visitas do doutor Pedro. É um homem moço, tem boa aparência, é galante e culto. – Nina falava sem emoção, como se desejasse que, ouvindo suas próprias palavras, se convencesse das idéias que elas exprimiam. – Serei feliz ao seu lado, porém no tempo certo.

Vendo que a filha pouca importância dava a seus reclamos, acabou dona Marieta por cansar-se da discussão e, após mais umas poucas frases de crítica ao comportamento da filha, subiu as escadas em direção a seus aposentos, deixando a jovem novamente só.

Nina permaneceu na sala mais alguns minutos para se assegurar de que a mãe estava recolhida e, levantando-se ágil, rumou para os fundos da casa, atravessando um pequeno pátio interno ajardinado com uma fonte revestida de contas marinhas que acabava em uma piscina circular com diversidade de espécimes de plantas e flores aquáticas. Bancos igualmente decorados com contas marinhas ladeavam a piscina.

Os escravos acendiam as tochas para iluminar a estrebaria. Ao lado, dois grandes aposentos serviam de quarto coletivo aos escravos que trabalhavam no sobrado. Um para as mulheres, outro para os homens. Diferentemente do que ocorria na senzala da charqueada ou nos porões dos palacetes e mansões da cidade, Nina fizera questão de prover-lhes camas, cobertores e pelegos em profusão. Em um dos cantos, havia uma grande mesa sobre a qual se empilhavam pratos, talheres e canecas. Alguns bancos se espalhavam pelo local. Tudo bastante simples, porém limpo e digno. Janelas ventilavam e iluminavam salutarmente o cômodo destinado aos escravos.

Desde que Nina crescera e assumira a administração do sobrado, pois dona Marieta freqüentemente viajava para visitar o marido na capital do Império e pouco interesse possuía pelas questões domésticas, dispensara aos escravos tratamento mais humano. Haviam cessado os castigos, a alimentação era farta, cativara-lhes mais ainda a confiança e o afeto, estabelecendo com eles um relacionamento tão pacífico que culminara com a dispensa do feitor que lá residia. João era seu administrador entre os negros. O resultado não poderia ser mais satisfatório: ali reinava um ambiente de paz no relacionamento sinhá e escravos, por benevolência estendido ao barão e aos demais familiares.

Na estrebaria, João acomodava os animais que lhe haviam servido, escovando-os e dando-lhes feno e água.

– João! – Chamou Nina à entrada.

– Aqui sinhazinha! – Respondeu João, acenando ao lado de uma baia.

Ajustando a visão ao ambiente, Nina visualizou João e para seu lado encaminhou-se, indagando:

– Como foi sua visita à ala dos indigentes?

– Correu tudo como combinado, sinhá Nina. A única novidade é que conheci o novo médico, doutor Álvaro.

E João relatou-lhe a visita e as boas impressões que Álvaro havia-lhe causado. Satisfeita, Nina despediu-se e, pensando nas informações recebidas, retornou ao sobrado seguindo para seus aposentos.

Deitado em sua cama, Álvaro recordava os eventos do dia e a curiosidade sobre a benfeitora da ala dos indigentes grassava soberana em seu ser. Quem seria a dama?

Capítulo XII

Sinhá Nina

"Entretanto, estou entre os felizes da Terra, porque não me lembro de ter provado a tristeza real".[1]

Naquela terra, lado a lado, conviviam a riqueza e a miséria, a ternura e o endurecimento dos corações, a confiança e a vilania, a paz e a violência. De tão íntimo esse contato, difícil era precisar seus limites. Dir-se-ia que era um estranho arco-íris moral, onde as tonalidades da nobreza e da inferioridade de caráter se mesclavam tão gradativamente que não se via a linha divisória.

Somos um pouco esse estranho arco-íris. Não há ser humano destituído de virtudes, assim como, em nosso estágio evolutivo, não os há sem vícios, tão próximos são esses nossos "lados" que se torna difícil o reconhecimento.

Santos e demônios. Inocentes e perversos. Bondosos e egoístas. Passionais e indiferentes. Desejar compreender a humanidade sem

[1] *1 Allan Kardec,* O Céu e o Inferno, *cap. II, 2ª parte, p. 194. Trad. Salvador Gentile. Araras: IDE.*

reconhecer nossa dualidade, nossa adolescência espiritual-emocional é tarefa inglória que sempre conduzirá ao sectarismo, à intransigência, velhos responsáveis por inúmeras dores.

Aceitar em nós essa dualidade de momento existencial é o caminho para a libertação de culpas e exigências descabidas quanto a nós mesmos e aos outros, possibilitando um real autoconhecimento, apreciativo de nosso lado "anjo" e de nosso lado "demônio", processo indispensável à fixação e à predominância dos valores superiores do bem em nossa personalidade.

Ao julgarmos que pertencemos aos "bons", condenamos a serem "maus" os que pensam de forma diversa, estabelecemos a separação, os lados opostos, e o embate torna-se inevitável. Quando duelam nossos lados demoníacos a violência é o produto final.

A ostentação, a opulência, o fino trato social dos cidadãos contrastavam vivamente com a miséria, a rudeza e o tratamento violento e cruel dispensado aos escravos.

Estranho fenômeno de repetição histórica se iniciava naquele momento.

Regada a muito ouro, a cidade era sinônimo de beleza e bom gosto, verdadeira jóia incrustada em terra inculta.

O traço arquitetônico revivia a majestade e a imponente beleza do estilo clássico, simbolizando, com perfeição, os conceitos daquela sociedade que reproduzia, em novos moldes, quiçá inconscientemente, a constituição social da velha Roma: patrícios, plebeus e escravos. Na terra dos charqueadores, a divisão se dava nos seguintes moldes: os nobres; a plebe, constituída por comerciantes, militares, profissionais liberais economicamente bem-postos; os escravos, que eram os negros e pobres brancos ou mestiços.

Aos nobres todas as demais classes estavam de uma forma ou de outra submetidas; os escravos e os pobres sem qualquer direito serviam a todos. Assim como na velha Roma, o autoritarismo dos imperadores predominava no cenário político, o que também se dava na política dos charqueadores.

A separação das classes era nítida. Havia as ruas destinadas ao comércio, onde predominavam construções assobradadas, em cujo andar térreo funcionava a atividade comercial; invariavelmente havia uma porta menor, ao lado da fachada comercial, que dava acesso à escadaria que conduzia ao piso superior onde residia o comerciante.

As áreas destinadas às residências, da mesma forma, dividiam-se, ficando no centro da cidade os palacetes e mansões dos nobres mais abastados; ali também se localizavam as sedes dos poderes que lhes sustentavam: a Câmara Municipal, a sede do policiamento e da administração da Justiça, depois já mais afastadas as residências dos profissionais liberais e militares. O clero pouca influência exercia no município, por isso a sede da matriz não gozava do mesmo destaque e ficava distanciada. Apenas para erguer à condição de cidade, o então vilarejo, os charqueadores haviam realizado empenho junto à Igreja. Conquistado seu objetivo, as atividades eclesiásticas tinham mera conotação social.

Enquanto a atividade econômica predominante no Império era agrícola, os charqueadores fincados no extremo sul lançavam bases de uma sociedade industrial e capitalista prevendo o futuro, porém alicerçada na pirâmide social da velha Roma dos césares, reproduzindo em escala menor sua beleza e sua grandiosidade e igualmente suas crassas deficiências e seus débitos sociais.

Álvaro, dia a dia dedicado ao trabalho no hospital, ouvia, de um lado, os ricos senhores de escravos que freqüentemente batiam às portas do estabelecimento, vitimados pelas vinganças dos escravos, em sua maioria envenenamentos utilizando ervas ou tocaias de negros quilombolas que assaltavam e espancavam sem piedade os senhores brancos, deixando-os exangues à margem das estradas próximas à cidade. Eram histórias de violência. Quando Álvaro cruzava o extenso terreno que dividia o prédio principal da ala dos indigentes, defrontava-se com a inanição, o abuso da força de trabalho, o rebaixamento da auto-estima, a crueldade física e a degradação material e moral a que os senhores submetiam os escravos redundando em doenças físicas e mentais. Eram histórias amargas, repassadas de revolta. Aos olhos do jovem médico, ambos eram vítimas de um modelo social arcaico e retrógrado. Só uma solução havia: promover o progresso. Mas as lutas... ah, as lutas seriam inenarráveis. Não poderia ter pressa, eis que elas tinham por palco a consciência de cada pessoa ali residente, independentemente de sua classe social.

Sentado atrás de tosca mesa na ala dos indigentes, doutor Álvaro revisava seus apontamentos sobre seus pacientes. Ergueu a cabeça e olhou ao redor, observando, frustrado, um bom número de pacientes deitados sobre pelegos no piso frio do corredor, pois não havia mais leitos disponíveis. Os apelos para ampliação da ala e aquisição de novos leitos feitos por ele, e encaminhados por seu pai com o aval dos demais médicos, haviam sido recebidos com frieza e indiferença pela Câmara dos charqueadores. A situação precária comprometia o trabalho; a maioria dos internos era composta por portadores de doença contagiosa e alguns poucos casos de alienação mental haviam sido entregues aos cuidados da ala, pois haviam sido largados nas ruas e mendigos não eram aceitos na cidade.

O olhar de Álvaro fixou-se em uma mulher negra que chorava ininterruptamente. Parada encostada à parede, tinha no olhar uma expressão de dor profunda. Chegara fazia alguns dias; havia poucas informações a seu respeito, apenas as fornecidas por outros pacientes que diziam saber que ela vivia, em pranto constante, há muitos anos. Ela não falava, pouco comia, perambulava pela ala sem parecer notar a diferença de local.

– Num tem jeito, dotô. Essa daí tá ansim de tanto qui dero nela. Chora dia e noite faiz tempo. – Dissera-lhe um outro escravo.

No íntimo do jovem médico cresciam a irresignação e a revolta. Levantou-se, olhos postos no alto sem ver o teto rústico, e clamou mentalmente: “Senhor, até quando? Já não suporto mais. Sinto-me um

Midas[2] às avessas, pois tudo que vejo e toco se transforma em miséria humana. Até quando, Senhor?", e, lembrando a si mesmo da necessidade de cultivar a esperança, pediu: "Dá-me, por piedade, uma luz, um alento só, para que eu persista".

Buscando reconquistar o equilíbrio íntimo, avançou em direção à porta e, desprezando o frio da tarde cinzenta, pôs-se a caminhar pelos jardins que circundavam o hospital.

– Boa-tarde, doutor Álvaro! – Cumprimentou Ernesto, enrolado no grosso poncho, parado ao lado da carruagem. – Vai mais cedo pra casa hoje?

Álvaro, envolto em suas preocupações, não havia percebido a presença do cocheiro de sua família. Ao reconhecer-lhe a voz, ergueu os olhos; antes de responder, porém, consultou o relógio.

– Não está sendo uma tarde nada boa, Ernesto. – Retrucou, com azedume. Como precisasse falar, deu livre curso às palavras: – Está difícil de agüentar essa sociedade desgraçada que se construiu aqui. – Apontando para os prédios do hospital, continuou seu desabafo: – Olhe lá! De um lado, os nobres e ricos; do outro, os pobres e escravos. Dois mundos bárbaros unidos pela violência e pela degradação moral. Eu e os outros colegas estamos há semanas tratando e curando trapos de guerra. Vejo absurdos. Outro dia chegou-me uma criança escrava, um molequinho, cego e surdo do olho e do ouvido esquerdo. Sabe por quê?

Ante o sinal negativo que lhe fazia o empregado, prosseguiu:

– Negros não são gente para a maioria dos senhores deste município; logo, criança negra não tem infância. Assim que possa ficar em pé sozinha e saiba entender o que se diz, deve trabalhar, obedecer a ordens. Pois bem! O pobre negrinho tinha de trabalhar espantando

---

[2]Midas é o nome grego de Mita, rei de Mushki (Frígia, norte da Ásia Menor), personagem real que viveu na época de Sargão, rei da Assíria (-722/-705). Das numerosas lendas que contam a seu respeito, a mais especialmente popular era a que tudo que ele tocava tranformava-se em ouro - Nota da editora.

os pássaros da horta, mas acabou por se distrair e, criança que é, pôs-se a brincar com um cachorro que estava por lá. O capataz da maldita fazenda viu o menino distraído do serviço e atirou-lhe uma pedra que o acertou no lado esquerdo do rosto com violência desmedida pelo estrago que constatei. Nenhum tratamento foi dado à ferida, isso ainda na época da cifra, no verão, e moscas infestaram de larvas o ferimento.

– Compreendo-lhe, doutor! – Interrompeu Ernesto. – Fez que nem no gado, a gente chama uma bicheira.

– É isso mesmo. – Concordou Álvaro, fervendo de indignação. Trazia o rosto vermelho, o olhar incendiado. Falava sem parar. Relatou, ou melhor, despejou sobre os ouvidos do cocheiro todos os acontecimentos que estavam se dando, principalmente os relacionados à precariedade da ala dos indigentes. – Não sei o que fazer, nem a quem apelar... – Concluiu, descontente. – Tenho fé em Deus, Ernesto, mas foram tantos os horrores que vi nestes últimos dias que penso que esta terra é mais distante Dele do que as outras. – Notando que o servidor o olhava espantado, balançou a cabeça, enfiando as mãos nos bolsos do jaleco. – Esqueça essa frase infeliz, meu bom Ernesto. Se minha mãe souber que eu disse tais palavras nem imagino o que fará. Ela ensinou-me o amor e a gratidão ao Criador; certamente lhe daria uma grande tristeza saber que fui capaz de proferir palavras de descrença.

Ernesto, que servia à família havia muitos anos, entendia perfeitamente as colocações de Álvaro. Os pais do jovem médico não eram pessoas devotas à Igreja; cumpriam com as obrigações sociais e religiosas com extrema parcimônia, apenas o estritamente necessário a satisfazer os padrões sociais. Porém, em seu lar reinava um profundo senso de espiritualidade, de ligação com Deus, de leituras, conversas, de livre interpretação acerca do Evangelho de Jesus. Nesses saraus domésticos até os ex-escravos, Rosinha e Ernesto, transformados em empregados, tomavam parte.

– Tenha confiança, doutor Álvaro. Veja as pessoas boas que tem nesta cidade... Quem sabe alguém vem ajudá? – Confortou Ernesto.

– Enquanto espero por isso devo voltar à ala. É hora de prosseguir o trabalho com o pouco que temos. Irei para casa mais tarde.

– O doutor tá trabalhando demais. Todas noite chega tarde. Essa noite vai sê muito fria, olhe as nuvem escura no céu, é tudo gelo. Vai acabá doente desse jeito. Doutor Miguel outro dia me disse que tá preocupado com o senhor. Descanse mais cedo hoje! Quem sabe amanhã o dia não seja melhor?

Um meio sorriso se esboçou no rosto de Álvaro, mas não lhe chegou aos olhos sempre sinceros. Sem dar atenção à advertência do empregado, retomou sua caminhada e, escolhendo a alameda do meio do jardim, lentamente dirigiu-se à ala dos indigentes.

Ernesto olhava o jovem médico e lembrava as informações que recebera. Sabia a quem procurar. Olhou novamente o céu cinzento, com densas nuvens rodeadas de um azul-noite; calculou que horas deveriam ser e concluiu que doutor Miguel ainda deveria demorar mais de uma hora para sair do hospital, portanto havia tempo suficiente para o que precisava fazer.

Decidido, Ernesto desencostou-se da carruagem, subiu na boléia e, tomando as rédeas, fez os cavalos partirem rapidamente em direção ao centro da cidade. A fim de não chamar atenção, deixou a carruagem a certa distância do sobrado do barão Gonçalo. As relações entre as duas famílias há quase dez anos estavam estremecidas. Cuidadosamente, rodeou a construção, parando em frente aos portões de madeira que levavam às cocheiras. Entoou um canto africano de poucas palavras, depois deu duas batidas com os punhos cerrados na porta e afastou-se caminhando muito lentamente.

Mal dera três passos, ouviu abrir-se a porta. Vendo um escravo espiar a rua, fez-lhe um sinal com a mão esquerda, recebendo como resposta um aceno afirmativo de cabeça; a porta voltou a fechar-se. Ernesto apressou o passo e contornou toda a quadra. Quando passava novamente em frente ao sobrado, deparou com João na calçada.

– Então? – Indagou João.

– Problema sério no hospital. A ala dos negro tá cheia. Tão amuntuado. O doutor Álvaro e os médico não têm com que trabalhá. O doutor disse que como tem muito negro doente dos pulmão os outros podi pegá a doença. É história grande, não dá pra contá tudo. Mais tá feia a coisa lá. A Câmara negô o dinheiro que eles precisava pra comprá mais cama e coisa pra cuidá dos doente. – Relatou Ernesto enquanto caminhava um pouco atrás de João. Quem os visse não suspeitaria que trocavam informações.

– Muito bem. Estamos sabendo. – Respondeu João e, sem se despedir, entrou na porta lateral do sobrado.

Ernesto, notando que a rua estava deserta, deu meia-volta e, apressando o passo, rumou para a carruagem e de lá para o hospital.

No interior do sobrado, João encaminhou-se para a cozinha e, chamando a mucama que atendia Nina, ordenou-lhe:

– Avise sinhá Nina que é hora de fazer os exercícios do piano.

Sem questionar a ordem recebida, a jovem escrava subiu apressadamente as escadarias que levavam aos aposentos de Nina. Bateu e, recebendo autorização, entrou.

– O que foi, Dorinha? – Perguntou Nina.

– João disse pra lembrá a sinhá que é hora de tocá piano. – Respondeu a mucama.

No olhar de Nina imediatamente se refletiu uma nota de preocupação. Colocando sobre os ombros um belíssimo xale de lã branco com grandes franjas, abriu a porta e desceu rapidamente até a sala onde ficava o piano. Sentou-se e começou a executar uma sonata que exprimia em suas modulações muita tristeza.

Na cozinha, ao ouvir o som do piano, João sorriu e foi ao encontro da amada sinhá.

– O que aconteceu, João? – Indagou Nina, sem parar de executar a sonata, assim que o escravo parou a seu lado.

– Vieram avisar que há sérias dificuldades na ala dos indigentes. – Informou João, relatando resumidamente os fatos de que tivera conhecimento. Nina ouviu sem interromper, aparentando concentração na música.

– Como estão nossas reservas? – Perguntou Nina, quando João terminou as explicações.

Buscando na memória o dado solicitado, João informou uma sifra bastante significativa.

Nina afastou o olhar das teclas do piano; pelas vidraças das janelas contemplou as primeiras estrelas que surgiam anunciando a noite.

– Amanhã, irás até o hospital o mais cedo que puderes, João. Mamãe e vovô desejam que eu vá a um sarau na casa da família Marcel. Vou fazer com que cheguemos bastante tarde, portanto dormirão mais que o habitual pela manhã. Esteja pronto.

– A sinhá é a santa protetora do meu povo nesta terra! – Declarou João.

– Não diga bobagens, João! – Ralhou Nina, candidamente. – É o mínimo que posso fazer. Não conseguiria dormir se tivesse que assistir a esse estado de coisas sem fazer nada para ao menos aliviá-lo.

João olhava com admiração a bela moça tocando piano. Seus longos cabelos presos em um coque bem arrumado deixavam ver alguns poucos fios encaracolados e rebeldes escaparem da prisão dos grampos. No rosto de traços delicados e pele alva, o destaque especial eram os grandes olhos negros, cercados por espessos e longos cílios. Neles se espelhava a alma de Nina, era uma visão de ternura e força interior. Era de estatura mediana, formas levemente arredondadas. O escravo devotara-lhe a vida e não se arrependia. Quanto mais passava o tempo, mais se convencia de que a impressão que tivera ao vê-la pela primeira vez ainda menina estava certa: Nina era um anjo bom. Vendo-o ainda parado, Nina cessou a execução da sonata e disse:

– Será uma noite de sacrifício. Nunca ouvirão pianista melhor nesta cidade, nem mais disposta à arte. O sarau será longo...

João sorriu e respondeu:

– Não tenha pressa, minha sinhá. Estarei esperando em frente à casa dos Marcel envolto no poncho velho. E amanhã bem cedo cumprirei as ordens.

Combinados, João e Nina separaram-se.

Aquela foi uma noite de glória para dona Marieta. Nina portava-se como a filha de seus sonhos: uma dama elegante, educada, que encantava a todos com suas músicas e poesias. O barão Gonçalo, sabedor do gosto e do pendor da neta para as artes, trazia o peito estufado de orgulho ao notar a admiração que Nina causava nos demais convidados.

João, sentado na boléia da carruagem do barão, ouvia os sons da festa, as execuções dos grandes compositores europeus que Nina realizava com perfeição e os aplausos dos convivas que a todo momento irrompiam; sozinho na noite fria, ele também aplaudia a grande mulher que era sua sinhá.

No dia seguinte, enquanto todos dormiam no sobrado, João pegava um pequeno embrulho deixado por Nina na despensa ao lado da cozinha. Fora do casarão, montou num cavalo que havia deixado preparado e silenciosamente partiu.

Logo chegava à ala dos indigentes. Apeou do cavalo, deixando-o amarrado em uma cabeça-de-frade próximo aos jardins. A passos lentos, aproximou-se da porta e bateu na madeira. Aguardou, mas não foi atendido. Apurando a audição, percebeu ruídos que denotavam movimentação no local. Insistiu, batendo com mais força. A porta foi aberta e João deparou com uma escrava, mulher relativamente jovem, entre 25 e 30 anos. Alta e muito magra – os ossos de sua face estavam salientes –, trajava um vestido surrado. Trazia o rosto banhado de lágrimas, mas não se ouvia um único som de seus lábios. Notando o extremo sofrimento que aquela criatura devia suportar, João sentiu profunda compaixão.

– Como te chamas? – Perguntou o escravo, desejando poder conversar um pouco com a desventurada.

Ela apenas balançou a cabeça e em seus olhos refletiu-se o medo; encolheu-se e ficou parada diante de João.

– Não queres conversar, não precisa. Apenas me diga se há algum médico agora.

A mulher apontou um dos corredores. João encaminhou-se para lá. Sabia que os médicos usavam uma pequena sala à direita, sem reboco, com piso de cerâmica usado nas calçadas da cidade; não havia porta, apenas uma cortina de algodão grosseiro.

Afastando a cortina, João pigarreou, anunciando sua presença. Sentado atrás da mesa, mal-acomodado em uma pequena cadeira de acento em palha, tapado com um poncho de escravo, cabeça recostada sobre a mesa, doutor Álvaro dormia.

Vendo que o médico não acordara, aproximou-se e tocou-lhe o braço, chamando:

– Doutor Álvaro, acorde! Já é dia!

Assustado com o toque e a voz estranha, Álvaro sobressaltou-se. Sonolento, encarou João.

– O que disse? – Indagou o médico.

– Acordei o doutor. Já é dia, por certo o senhor adormeceu aqui mesmo. – Respondeu João

Levantando-se, Álvaro sentiu dores nas costas e nos braços, dando-se conta de que ficara até tarde na noite anterior tentando imaginar uma forma de fazer alguma coisa para melhorar a situação aflitiva dos indigentes. Acabara adormecendo. Sentiu um peso sobre o ombro deslizar e cair ao chão; abaixou-se e surpreendeu-se por encontrar um poncho cinza e preto. Ao levantar-se, trazia nos lábios um sorriso.

– João é o seu nome, se bem lembro. – Recebendo a aquiescência do escravo, prosseguiu mostrando-lhe o poncho: – Alguém me cobriu durante a noite. Preocupou-se comigo, foi solidário; com certeza teve que dividir agasalho com outra pessoa. Um gesto me traz mais contentamento que pagamento em ouro. Ainda não passou um mês desde sua outra visita. Então me diga: o que o traz aqui?

Sorrindo por ver que o jovem recordava sua última visita, João entregou-lhe um pequeno saco de algodão, fechado com uma fita negra.

Recebendo o saco, Álvaro olhou para João, surpreso e desconfiado, e moveu as mãos tentando, pelo tato, descobrir o que continha.

– Abra, doutor Álvaro! Garanto pro senhor que é de fonte honesta. Não roubei ninguém. Foi minha sinhá quem mandou para servir aos indigentes. – Esclareceu João, notando a expressão do médico.

Álvaro abriu a fita. Olhando o interior do saco, vislumbrou moedas e notas de dinheiro – pelo volume era uma quantia representativa.

– Mas o que é isso?! – A surpresa de Álvaro era muito maior do que quando recebera a primeira doação, dias atrás. – É uma quantia muito boa. Tem certeza, João, de que sua sinhá deseja doar todo este valor? Olhe, não vá se envolver em confusão.

– Não tem perigo de me envolver em confusão, doutor. Já fiz muita loucura nesta vida, quando não aceitava minha sina. Agora sou outro homem. Sou da paz, não roubaria ninguém, muito menos desrespeitaria minha sinhá. Estou cumprindo exatamente o que ela mandou fazer.

Pensando em todas as benfeitorias que poderia fazer com o dinheiro, Álvaro ria feliz: chegara o alívio à dor dos indigentes.

– Sua sinhá é uma santa! – Disse Álvaro a João. – Servi-la deve ser um prazer, mesmo que seja na condição de escravo.

– O doutor disse uma verdade! Minha sinhá é um anjo, desde pequena. Sou escravo do avô dela, mas sirvo a sinhá faz muitos anos e junto dela esqueci que ainda sou propriedade de outra pessoa. Ela fez eu me sentir gente, me ensinou a falar direito, a ler, fazer conta, nunca mandou castigar nenhum escravo, muito pelo contrário: podendo, ela faz tudo para aliviar a vida dos negros.

– É, sem sombra de dúvida, uma grande dama. Preciso agradecer-lhe a generosidade. Pode confiar em mim: diga-me o nome de sua sinhá! – Pediu Álvaro. Notando a expressão fechada de João, insistiu: – Pelas atitudes dessa senhora vejo que eu e ela temos muito em comum. Por certo ela é abolicionista também, além de seus outros predicados.

– Não posso lhe dizer o nome de minha sinhá, por favor, não insista.

– Tu és muito devotado a ela. Admiro essa atitude. Não vou insistir em saber o nome dessa bondosa senhora. Peço-lhe apenas que me dê alguns minutos para lhe escrever umas linhas de agradecimento. Você poderá levar-lhe minha carta?

– Só lhe peço que não se demore; meu tempo é escasso.

Remexendo na única gaveta que a mesa possuía, Álvaro encontrou algumas folhas de papel e a caneta-tinteiro. Sentou-se rapidamente, escreveu algumas linhas, depois tomou um exemplar de um livro que carregava em sua maleta, copiou vários parágrafos e encerrou a missiva, dobrando-a e entregando-a a João.

– Diga à sua sinhá que mando a carta sem lacre, pois não temos esse material na ala; que ela desculpe a indelicadeza.

– Minha sinhá não dará importância a esse detalhe, doutor. – Assegurou João, pegando a carta. – Pode confiar que não lerei suas palavras.

– Ora, João, isso não me preocupa. Não há nada que possa comprometer-me em mandar uma carta a alguém que nem sei o nome.

Notando que o escravo fazia menção de afastar-se e desejando cativar-lhe a confiança para desvendar aquele mistério, o médico convidou:

– Vou fazer um café; não quer tomar uma xícara comigo?

– Não posso, doutor. Além disso, não fica bem para o doutor dar café a um escravo.

– Já lhe disse que não dou a menor importância ao que fica ou não bem um médico fazer. Faça-me companhia e me sentirei grato.

Olhando o dia já perfeitamente claro, João respondeu:

– Outro dia, então, doutor. Hoje está tarde, tenho que regressar à casa. Passar bem.

Vendo que não tinha como reter João por mais tempo, Álvaro acompanhou-o até a porta.

– Posso lhe pedir outro favor, João?

Em silêncio, João olhou o jovem médico e acenou afirmativamente.

– Dê um recado em minha casa: diga, por favor, que fiquei a noite toda no hospital, que estou bem e que irei almoçar.

Ouvindo o pedido do rapaz com quem muito simpatizava, João calculou o risco que representava tal demora. A fim de obter maiores dados, perguntou:

– Onde o doutor reside?

– Ah, nem havia lhe dito onde moro. Sou filho do doutor Miguel. Sabe onde fica nossa casa?

– Lamento, doutor Álvaro, mas não poderei fazer o que me pede. – Respondeu João, diante da confirmação de sua suspeita de que o jovem médico era filho do doutor Miguel. Estava fora de cogitação tamanho risco, por isso rapidamente disse: – Tenha um bom dia, doutor Álvaro.

Parado à porta e tomado de curiosidade, Álvaro pensava: "De onde virá João? Não o vi na rua uma única vez ao longo desses dias, e bem que prestei atenção a todos para ver se identificava o mensageiro misterioso da sinhá. Tudo em vão. E essa agora... Será que foi impressão minha ou realmente João, ao ouvir o nome do meu pai, voltou atrás e recusou-se a atender ao meu pedido?". Lembrou-se da doação que jazia sobre a mesa. Era a solução dos problemas mais aflitivos; os outros teriam que esperar, já que não era possível erguer um pavilhão hospitalar em poucos meses. "Preciso lembrar-me do exemplo de meu pai", dizia Álvaro para si mesmo. "Ele trabalhou anos para que se construísse o hospital e muita luta enfrentou para dar um mínimo de assistência médica nas senzalas. Imagina quanto será preciso para erguer um pavilhão para os indigentes".

Vendo sair um dos colegas médicos do prédio principal, acenou-lhe e rapidamente dirigiu-se ao seu encontro. Em poucas palavras, solicitou o favor de enviar um recado a dona Eulália, e retornou feliz à ala dos indigentes para dar uso ao dinheiro recebido.

Na sala do sobrado do barão, Nina recebia das mãos de João a carta de Álvaro, enquanto ele lhe relatava os sucessos da manhã. Sentou-se em sua cadeira preferida junto à janela onde batia o sol da manhã e abriu a correspondência.

"Nobre senhora,

Hoje, além de aliviar inúmeras dores de nossos pobres pacientes, vossa atitude salvou um coração de naufragar na descrença do bem. Confesso-lhe que há poucas horas sentia-me dominado por ira, revolta e impotência diante da dura realidade que se me apresenta aos olhos.

Cheguei de Coimbra há poucos meses e encantei-me com nossa cidade, mas a realidade mostrou-me a face oculta de tanta beleza e ela me confrange até o âmago. Por suas atitudes sei que temos um ideal comum – a abolição irrestrita dos africanos. Por isso, falo com tanta liberdade de meus sentimentos, certo de que serei bem compreendido.

Não tenho palavras suficientes para lhe agradecer o generoso apoio à nossa causa e principalmente por me restituir a paz e a confiança na bondade dos homens. Permito-me compartilhar com a senhora trechos de uma página que li alguns dias atrás e que em meu recente desespero duvidei pudesse ser verdadeira. Tem por título: 'Os infortúnios ocultos'.

'(...) Quem é esta mulher de ar distinto, vestida de maneira simples mas cuidada, seguida de uma jovem vestida também modestamente? Entra numa casa de sórdida aparência, onde é conhecida, sem dúvida, porque, à porta, a saúdam com respeito. Onde vai ela? Sobe até a mansarda: lá mora uma mãe de família cercada de filhos pequenos; à sua chegada, a alegria brilha nes-

ses semblantes emagrecidos; é que ela vem acalmar todas as dores; traz o necessário, temperado com doces e consoladoras palavras, que fazem aceitar o benefício sem corar, porque esses infortunados não são mendigos profissionais.

(...) No canto da rua a espera uma viatura, verdadeira loja de tudo o que leva aos seus protegidos, que visita assim sucessivamente; não lhes pergunta nem sua crença, nem sua opinião, porque, para ela, todos os homens são irmãos e filhos de Deus. Terminada a excursão, ela se diz: Comecei bem o meu dia. Qual o seu nome? Onde mora? Ninguém o sabe; para os infelizes, é um nome que não revela nada; mas é o anjo da consolação; e, à noite, uma sinfonia de bênçãos se eleva para ela até o Criador: católicos, judeus, protestantes, todos a bendizem.

(...) No seu lar é a mulher do mundo, porque a sua posição o exige; mas ignora-se o que ela faz, porque não quer outra aprovação senão a de Deus e de sua consciência. Um dia, porém, uma circunstância imprevista conduziu até ela uma de suas protegidas, que lhe produzia obras; esta a reconheceu e quis abençoar a sua benfeitora: – Silêncio! – Disse-lhe. – Não o digas a ninguém. (...)'.

Ignoro o seu nome, mas sei que estou escrevendo a alguém cuja alma ouso dizer que conheço e admiro, por isso vou despedir-me do anjo de consolação do qual muito prezaria merecer a confiança para lhe conhecer a identidade, mas na impossibilidade silencio.

Eternamente grato,

Álvaro".

Ao término da leitura, Nina estampava um largo sorriso no rosto que lhe iluminava as feições, tornando-a radiante e de uma angelical beleza.

– Por favor, João, arrume a carruagem. – Ela pediu.

– A sinhá não disse que sairia esta manhã. Aonde vamos? – Indagou João, intrigado pela súbita decisão de Nina.

– João, eu irei sozinha. Tu não poderás me acompanhar. Peça a

Juvenal que apronte tudo. Em meia hora quero sair. Não me faça perguntas, João. – Notando a expressão de espanto e decepção na fisionomia de João, com ternura aproximou-se, tomou-lhe a mão e, olhando-o nos olhos, disse: – Ainda não posso responder-te, apenas confia em mim. Para o bem de nossas atividades, desta vez tu não poderás me acompanhar.

João era incapaz de guardar qualquer mágoa pelas atitudes de sua sinhá; apertando-lhe a pequena mão, respondeu:

– Acho que sei aonde a sinhazinha vai e por que não posso ir junto. A sinhá vai procurar o doutor Álvaro.

Tímida, pois nem ela mesma sabia explicar os motivos de sua decisão ou a emoção que lhe despertara a carta do jovem médico, baixou os olhos e afastou as mãos das de João.

– Tu conheces todos os meus pensamentos, João. Realmente é isso que vou fazer, mas não se preocupe: acima de qualquer curiosidade feminina de minha parte estão nossos propósitos. É apenas um desejo de menina. – Arrematou em tom de brincadeira e pouca importância. Em seguida, voltou-se para as escadas e dirigiu-se a seus aposentos.

João, sem outra alternativa que não cumprir as ordens de Nina, caminhava lentamente em direção à cocheira e pensava: "Será só um desejo de menina, ou será um desejo de mulher?".

Com um sorriso travesso estampado no rosto, parcialmente encoberto pelo capuz do agasalho azul-noite que lhe cobria o singelo vestido de lã branca, Nina caminhava rapidamente em direção à carruagem, fazendo balançar a pequena bolsa enfeitada com rendas que fazia conjunto com o vestido.

– Sinhá Nina tome cuidado! – Pediu João. – Pense bem antes de qualquer atitude. Não estou pedindo isso pela causa dos escravos, mas pela felicidade da menina. Muitas vezes em um só momento da vida fazemos coisas das quais nos arrependemos muitos anos ou que acabam por nos acrescer muitos tropeços.

Ampliando ainda mais o sorriso, Nina aproximou-se de João e cochichou em seu ouvido:

– João, sou feliz porque sempre fiz o que me pediu o coração e o que a minha consciência consentiu.

Após tocar suavemente os lábios na face de João, Nina subiu na carruagem, acenou-lhe com a mão e deu ordens a Juvenal para que partisse.

Dona Marieta caminhava pela casa à procura de Nina. Como não a encontrasse, estando próximo do meio-dia, julgou que a filha estivesse no gabinete do avô.

– Não me resta outra alternativa senão ir até o gabinete do meu sogro... – Falava, em voz alta, dona Marieta, enquanto caminhava pelos extensos corredores do sobrado. Desceu a escadaria, contornou as salas principais da residência, chegando ao local de trabalho do barão, uma dependência afastada, bastante reservada; bateu e ficou aguardando permissão para entrar. Ouvindo a ordem curta e seca do sogro, adentrou.

Surpreso pela visita da nora que raríssimas vezes fora a seu gabinete, indagou:

– Dona Marieta, o que a traz a meu gabinete, onde, aliás, sabe que não gosto de ser interrompido?

Constrangida pela gélida acolhida do barão, dona Marieta apressou-se em responder:

– Desculpe, meu sogro, se lhe causo transtorno. Mas procuro por Nina. Como não foi encontrada em nenhum local da casa julguei que estivesse aqui com o senhor. – Sem esconder o ciúme da estreita ligação entre o poderoso chefe da família e a filha, disse provocativamente: – Todos sabem que aqui passam as manhãs em compridas conversas.

O relacionamento entre o barão e a nora não poderia ser considerado nem ao menos bom: era apenas verniz social, pois conviviam com grande esforço de tolerância.

– Nina é uma jovem sagaz, inteligente e culta, graças à educação que lhe dei. Mademoisele Lefreve foi uma preceptora de excepcional qualidade, que soube despertar nela um gosto apurado e fez com que lhe aflorassem nobres sentimentos. É uma lástima que mesmo tendo assistido a suas aulas ao longo de tantos anos a senhora tenha aproveitado bem menos, dona Marieta. – Notando o rubor que tingia as faces da nora, o barão impiedosamente prosseguiu: – Até o negro João beneficiou-se mais das aulas de mademoisele... – Para rematar, declarou: – Além disso, Nina se parece com Mariana; ambas têm a mesma meiguice e a mesma bondade. Não vive apenas para frivolidades. Não é enfadonha como a maioria das mulheres destes dias.

Dona Marieta literalmente espumava de raiva e, sem medir palavras e com o único intuito de retribuir a agressão, revidou:

– É uma lástima que na esmerada educação que o senhor deu a ela, tenha esquecido de fazê-la compreender a distância que há entre senhores e escravos e sejamos obrigados a tolerar suas liberalidades para com os negros.

A velada referência às regalias que João desfrutava na casa fez rir o barão.

– Dona Marieta, se não lhe agrada a forma como vivemos nesta cidade, fique junto de meu filho na capital do Império. Quanto às regalias que Nina concede ao negro João, não há mal algum! Ela não tem qualquer outro animal de estimação... Além disso, desde menina João a acompanha, é de extrema dedicação a ela. Quando ela era criança e veio para a cidade, eu ficava tranqüilo ao saber que ele a protegeria; não precisava me preocupar que os negros a usassem em alguma vingança estando ele por perto. Deixe-o lá no canto dele.

Olhando a indignação muda de dona Marieta, o barão prosseguiu:

– Nenhuma falta nos faz o pequeno cômodo que João utiliza, e os móveis que lá estão não são luxuosos. E, como eu lhe disse, o fato de ele dormir dentro de casa dava-me certeza da segurança de Nina – e hoje podemos dizer "de todos nós". Nina é uma ótima administradora doméstica. É muito econômico não precisar de um feitor aqui na cidade. – Não resistindo, alfinetou novamente a nora: – Ele é bastante útil, aprendeu a falar corretamente, é bom nos cálculos, lê e escreve com perfeição, coisa para as quais muitas mulheres bem-postas não têm suficiente inteligência...

A menção à dificuldade de dona Marieta com as letras e principalmente com os números era claríssima:

– João é útil. Serve a diversas atividades, até mesmo para ler para mim. É o que freqüentemente fazemos neste gabinete eu, Nina e ele.

– O senhor não sabe informar onde se encontra Nina? – Indagou dona Marieta, contendo a revolta causada pela humilhação de ser comparada a um escravo.

– Como vê – respondeu o barão, fazendo um gesto com a mão que apontava em derredor –, aqui ela não se encontra. Se era esse o motivo de sua interrupção ao meu trabalho, retire-se.

Tomando as fartas saias do vestido, dona Marieta afastou-se, passos duros ecoando na madeira polida do assoalho, batendo a porta, sem dizer uma palavra ao sogro.

Sem dar importância ao diálogo com a nora, o barão Gonçalo acomodou os óculos sobre o nariz, ajeitou-se na cadeira, aprumou as vestes e prosseguiu a análise dos informativos a respeito do preço do charque no centro do país e no exterior.

À hora do almoço, o charqueador encontrou a extensa mesa guarnecida com finas porcelanas, cristais, bandejas e talheres de prata. A um canto da sala, uma escrava aguardava para servir a refeição.

– Onde está minha neta? – Indagou o barão, deduzindo que a nora, após o encontro da manhã, não desejava vê-lo, o que lhe trazia alívio.

– Saiu divia de sê umas deiz hora e inda não vortô, sinhô.

Estranhando a informação, pois Nina sempre lhe avisava aonde ia quando se encontrava na cidade, determinou:

– Chame o João.

A escrava afastou-se e minutos depois retornava acompanhada por João.

– Onde está Nina?

– Saiu com Juvenal, barão. Disse que ia à igreja se confessar. – Respondeu João sem titubear.

– Mas já são 12 horas! Disseram-me que ela saiu às 10.

– As penitências do frei são grandes, demoradas de cumprir, sinhô. A sinhazinha deve estar chegando. – Contemporizou João. – O sinhô deseja que lhe seja servido o almoço ou vai aguardar um pouco mais?

Enquanto o barão pensava, temendo que algum mal acontecesse a Nina, ouviu-se o ruído do trotar dos cavalos sobre a pedra irregular. João, lançando um olhar pela janela da sala de refeições, identificou a carruagem usada por Nina, informando, alegremente:

– A sinhazinha chegou, barão Gonçalo! – A fim de desconversar para ter motivo para encontrar Nina antes que ela entrasse na sala, perguntou: – Posso mandar servir a sopa?

Calado, porém calmo, o barão fez um gesto afirmativo com a cabeça, e João correu ao encontro de Nina, dando-lhe ciência das explicações que inventara para sua saída.

A jovem trazia estampado no rosto uma alegria difícil de esconder. Agradeceu a João as informações e, sorrindo confiante, foi ao encontro do avô.

Vendo-se abandonado pela sinhá no pátio, João indagou de Juvenal:

– O que foi que aconteceu?

– Num entendi nada, João. A sinhazinha mi mandô ficá na carruage lá perto do hospital, mais o menos umas duas quadra, e disse qui ia passiá di a pé. Passô um tempo e vortô toda contente. Num sei donde qui ela foi, nem o qui acunteceu. – Relatou Juvenal, ainda sentado na boléia da carruagem. Era um escravo que contava aproximadamente 15 anos. Para ele conduzir a sinhá na carruagem tinha sido um grande trabalho, por isso, sem dar importância à preocupação de João, declarou, ainda com as rédeas nas mãos: – Quando eu sê livre, João, vou sê cocheiro di carruage que traiz os viajante qui chega na capital ou no porto de mar da cidade vizinha. Tu vai vê! – Completou, categoricamente.

Ao ouvir os planos do jovem escravo, João pensou: "São mais de 300 anos de escravidão e o sonho da liberdade não morreu. Deus! Ele é tão forte e natural como respirar".

Nina entrou no luxuoso sobrado que lhe servia de residência e rapidamente se arrumou para se apresentar à mesa do almoço. Tagarelou com muita vivacidade, conversando sobre diversos assuntos com o avô. O barão, ante os encantos da neta, logo esqueceu suas ligeiras preocupações sobre a repentina saída e o atraso.

Nos dias que se seguiram, freqüentemente Nina utilizava os serviços de Juvenal em longos passeios aos quais ia desacompanhada de João.

O dedicado escravo fizera inúmeras tentativas visando descobrir o que ocorrera no dia em que sua sinhá fora ao encontro do doutor Álvaro, porém apenas um sorriso misterioso pairava no rosto da jovem. Nada lhe disse a respeito, desconversava ante a insistência de João em tornar ao assunto, chegando mesmo a dizer-lhe que estava achando muito divertido ter um segredo, pois ele tudo sabia acerca de seu modo de ser, pensar e agir, muito mais que seus familiares com os quais algumas vezes lançava mão de expedientes ardilosos para disfarçá-los.

..*

Na ala dos indigentes, o estado de penúria encontrou grande alívio com a aquisição de leitos, cobertores, remédios e com a realização de pequenas obras que deram maior conforto aos internos. A cada nova melhoria, Álvaro não podia furtar-se a pensar na anônima benfeitora, intimamente agradecendo-lhe a generosidade. Várias vezes ao dia, tinha seu pensamento tomado pelo "anjo de consolação" como a chamava e ardia por conhecê-la. Perdera a conta das ocasiões em que saíra a esmo pelas ruas da cidade observando atentamente os escravos para tentar localizar João e ter ao menos uma pista de quem seria a nobre senhora. À noite, deitado em sua cama, fazia exercícios mentais. Compondo um retrato, imaginava-a uma matrona bondosa, não conseguindo distanciar-se muito da imagem de sua própria mãe. Sentia nessa estranha benfeitora uma grande afinidade de pensamentos e ideais que não compartilhava em mesmo grau nem com o pai, a quem admirava profundamente.

Ela, o "anjo de consolação", não lhe dirigira uma única palavra, nunca lhe contemplara os olhos, mas suas atitudes haviam desnudado a própria alma, fazendo nascer nele um sentimento profundo de identificação, respeito, gratidão, admiração e imensa curiosidade.

As visitas de João tornaram-se mais freqüentes à ala; conversava muito com Álvaro e facilmente se estabeleceu entre eles uma franca amizade, na qual entre os assuntos recorrentes estava a sinhá.

Certo dia, durante uma dessas visitas, Álvaro pediu:

– João, faça-me uma gentileza! Descreva-me sua sinhá.

Tomado de surpresa, João compreendeu que Álvaro não conhecia Nina. Ela mantivera em segredo seus passeios e nunca relatara o encontro com o jovem médico, fazendo-o supor que se haviam conhecido e que por respeito ao seu pedido de não ser identificada este nunca lhe mencionara o nome.

– O doutor não conhece a sinhá?! – Perguntou João, expressando sua surpresa.

– E acaso deveria conhecê-la? Já fomos apresentados? Ela me conhece? Sabe quem sou?

– Ah! Aquela capeta! – João ria, compreendendo as travessuras de Nina. A expressão do escravo refletia o profundo afeto que nutria pela sinhá. Ela cumprira a palavra e não colocara o menor risco às atividades clandestinas que realizavam visando melhorar a vida da população cativa. – Desde pequena que não há o que ela deseje que não consiga uma forma de obter. Garanto-lhe, doutor Álvaro: a sinhá o conhece e sabe quem é o senhor.

– Como "desde pequena"? – Inquiriu Álvaro, atento a todos os detalhes das palavras de João a fim de captar informações sobre a dama, objeto de sua curiosidade e simpatia. – Você não é muito velho. Quarenta anos, mais ou menos? – João concordou com a idade aproximada. – Como sei que veio para cá adulto e há aproximadamente quase duas décadas, não poderia ter conhecido sua sinhá na infância. Então ela é muito mais jovem do que você e, por conseqüência, não é a matrona que estou pensando, mas, sim, uma jovem mulher.

– Que diferença faz, doutor, a idade da minha sinhá? – Muito esperto, João encaminhou a conversa para uma radical troca de assuntos.

– Apenas gostaria de saber como ela é. Encare como um desejo, uma necessidade. Tenho observado e ficou fácil descobrir que há uma grande rede de informações, uma organização clandestina, que atua em benefício dos escravos. É fácil também ver que muitos fios dessa rede, senão todos, acabam nas mãos da sua sinhá. – Álvaro fez uma pausa para imprimir maior ênfase a suas revelações, notando, pela palidez de João, que suas suposições o atingiam e eram verdadeiras: – Fique tranqüilo, João, jamais usaria esse conhecimento para impedir ou causar qualquer transtorno ao trabalho que fazem. Ao contrário: admiro-o muito e gostaria de integrar-me a ele.

– O senhor é muito perspicaz, doutor. – Declarou João, friamente. Raciocinava, porém não via que palavras usar para dissoadir o médico da verdade contida nas palavras que professara, resolvendo por fim capitular. – Observou muito bem as ocorrências da cidade. Mas como o doutor crê que possa ser útil à nossa causa?

– Integrando-me a ela. Emaranhando-me em suas tramas, fazendo parte em todas as empreitadas em que julguem meu trabalho e as minhas idéias úteis.

– Está certo, doutor Álvaro, vou falar com a sinhá a respeito dos seus desejos. A decisão caberá somente a ela. – Advertiu João, procurando pôr freios aos anseios do jovem médico.

..*

No sobrado, a atividade era intensa. Dona Marieta, eufórica, após receber correspondência do marido informando que pretendia estar na cidade no mês de outubro juntamente com o noivo de Nina e seus pais, iniciara logo e sem mais pensar os preparativos para recepcioná-los.

Nina, distante da residência, passeava pelos jardins que cercavam o hospital, pensando em seu último diálogo com João. A manhã era ainda bastante fria no início de setembro; não se viam formações de geada, mas uma forte cerração ofuscava o sol, umedecendo os brotos das árvores, da vegetação de um verde pálido que renascia após os rigores do inverno. Levantando o olhar ao céu, como em busca de uma resposta a suas indagações íntimas, a moça observou, encantada, os raios de sol atravessando a bruma, incidindo sobre a natureza molhada. "Como são belos os exemplos da natureza", pensava ela. "Renovação, esperança e esforço para vencer as sombras...". Ainda com o rosto voltado ao sol tímido, embalada pela esperança de novos tempos que lhe surgira da contemplação da paisagem, voltou a cabeça em direção à ala dos indigentes, onde há pouco vira entrar Álvaro. Fixou o olhar na porta e, com passos decididos, encaminhou-se ao local, deixando para trás os jardins e andando sobre a relva malcuidada no terreno descampado que cercava a construção sujando a bainha do vestido claro.

Álvaro, desconhecendo a surpresa que aquele dia lhe guardava, iniciara a manhã rotineiramente tratando de seus pacientes no hospital e, depois de algumas horas, dirigira-se à ala dos indigentes. Mal acomodara seus pertences na rústica dependência utilizada como consultório, ouviu repetidas batidas à porta.

– Queira, por favor, atender à porta. – Pediu a um dos internos que, já em restabelecimento, auxiliava em algumas tarefas. Sabendo que seria prontamente obedecido, o médico continuou a atividade, conferindo os medicamentos que dispunha em um pequeno armário. Não notou a chegada da visitante que, parada à porta, afastando com a mão a cortina de algodão, observava-o.

– Bom-dia! – Cumprimentou Nina, desejando anunciar sua presença.

– Bom-dia! – Respondeu o médico sem interromper o que fazia. – Por favor, espere apenas um segundo e já vou examiná-la. Pela sua voz não está com nenhuma dor muito forte.

O som de uma espontânea risada encheu o ar naquele ambiente em geral marcado pela miséria e pela tristeza. Como era raríssimo ver um escravo rir, Álvaro imediatamente abandonou o que fazia para descobrir quem era a recém-chegada.

"A moça do jardim!", foi o primeiro pensamento que lhe veio à mente reconhecendo-lhe a capa que invariavelmente trajava escondendo o rosto sob o capuz.

– Vejo a senhorita passeando pelos jardins do hospital, não é verdade? – Ante a muda concordância de Nina, indagou: – Parece-me bastante saudável... – Os olhos de Álvaro percorriam o rosto e o corpo de Nina, não escondendo o brilho de admiração pelos encantos da jovem. – Mas se veio até aqui por certo precisa de meus serviços. É algum familiar seu que está hospitalizado?

– Não, doutor Álvaro. – Nina muitas vezes pensara em como iria apresentar-se ao médico, mas nunca imaginara o sentimento de felicidade que o momento lhe oferecia. – Felizmente meus familiares gozam de excelente saúde e eu igualmente. Mas tenho muitos "amigos" sob seus cuidados.

– Por favor, entre! – Corrigiu-se Álvaro ao notar que, enquanto contemplava a moça, esquecera totalmente a boa educação e a deixara parada à porta. O jovem médico correu a oferecer-lhe uma cadeira, retirando algumas caixas ali depositadas. – Quanta grosseria, nem parece que cheguei da Europa há pouco, já esqueci todas as regras de etiqueta. Perdoe-me. Queira sentar-se, senhorita, para que possamos conversar sobre seus "amigos" que, como disse, são meus pacientes.

Vendo Nina fazer menção de retirar a capa de lã, prontamente adiantou-se, tomando-a de seus ombros e colocando-a em um cabideiro de madeira fixo na parede.

– Quem são os seus amigos que estão hospitalizados? Confesso-lhe que tenho vários pacientes no hospital, sendo difícil conhecer as relações de todos. Aliás, ainda não me apresentei. – Álvaro atrapalhava-se com as palavras. Não sabia por quê, mas a jovem sorridente e segura que tinha à sua frente despertava-lhe tumultuada e forte emoção, dificultando-lhe o raciocínio.

– Já sei seu nome, doutor Álvaro, e várias coisas a seu respeito. Confesso-lhe que admiro seu trabalho, a dedicação a meus "amigos". Mas, de fato, o senhor não sabe meu nome, embora afirme me conhecer. Sou Carolina, mas pode chamar-me de Nina. – Ao dizer essas palavras, Nina estendeu-lhe a mão que Álvaro beijou respeitosamente, porém segurando-a mais do que seria educado.

Com o olhar fixo nos olhos escuros e profundos da jovem, ao ouvir-lhe as palavras grande alegria invadiu o peito do médico, estampando-se em seu rosto. Como ainda segurava a mão de Nina, voltou a beijá-la com fervor, sussurrando:

– Meu anjo de consolação... – Deixando claro que a identificara e que não conseguia afastar o olhar do rosto da moça.

A manhã transcorreu em encantamento e agradável conversa. Nina e Álvaro discutiram muito a questão da escravidão. A neta do barão pediu que o médico guardasse segredo sobre o pouco que sabia das atividades que ela e João realizavam. Apesar da instantânea confiança que sentira, nada mais revelou a Álvaro. Acompanhou-o no atendimento aos pacientes da ala, testemunhando o carinho com que era recebido por aqueles seres judiados e maltratados nas charqueadas e mansões da cidade. Alguns a identificaram como a neta do barão Gonçalo, porém silenciaram ante o gesto delicado mas imperioso de Nina pedindo sigilo.

Após percorrer as dependências precárias da ala, eles retornaram ao local que servia de consultório ao médico.

– Foi uma manhã muito agradável, doutor Álvaro.

– Somente a senhorita poderia dizer uma coisa dessas. Nenhuma outra mulher da cidade jamais colocou os pés neste local e reconheço que a visão não é agradável.

– Concordo que o local precisa de muitas melhorias. Mas afirmo-lhe que foi uma manhã muito agradável. Mais importante que a beleza externa dos locais, são as vivências que ali se dão. Aqui presenciei atitudes dignas e admiráveis, tanto do senhor quanto de "nossos amigos". Dedicação e gratidão nem sempre se encontram na mesma convivência, doutor Álvaro. – Notando que o médico mais e mais se mostrava encantado com sua presença, Nina sorriu e estendeu-lhe a mão: – Preciso ir, doutor. Passar bem.

Sem perder a oportunidade de tocar a delicada mão da jovem, Álvaro voltou a beijá-la educadamente e ajudou-a a vestir a capa. Acompanhando-a até a porta, parou e, consultando o relógio, exclamou:

– Meu Deus! Faltam apenas 15 minutos para as 12 horas! Senhorita Nina, apreciei demais sua visita e principalmente a confiança que depositou em minha pessoa. Jamais a trairei, tenha certeza. – Silenciou por alguns minutos enquanto passeava o olhar pelas feições da jovem admirando-a intimamente. – Seria muito inconveniente se eu a convidasse para passear comigo? Gostaria, sinceramente, de revê-la. Como sabe, cheguei há pouco, não tenho muitos amigos, apenas alguns de infância, que já estão casados e têm interesses muito diferentes dos meus.

– Muito me agradará passear com o senhor. Porém, não posso marcar nenhuma data. Pedirei a João para avisá-lo quando será possível, está bem? – Respondeu Nina com o rosto levemente ruborizado.

Beijando-lhe novamente a mão, deu-se conta de que gostaria de não mais se afastar da jovem retendo-a junto de si.

– Aguardarei ansioso seu aviso, meu lindo anjo de consolação.

Sorrindo feliz, Nina afastou-se caminhando apressadamente em direção à carruagem que a aguardava duas quadras além dos jardins. Álvaro, enquanto tinha a jovem em seu raio de visão, não se afastou da porta, acompanhando-a a distância. "Nina... Nina...", mentalmente repetia seu nome. Finalmente a benfeitora que tanto admirava tinha um rosto, um nome e uma belíssima voz.

Capítulo XIII

O Homem Pintado

"Aquele que prega é muito melhor escutado quando pode dizer: Eu suportei mais que vós; suportei sem lamentar-me".[1]

– Miguel, o que está acontecendo com nosso filho? – Indagava Eulália, apoiada nos travesseiros, enquanto observava o marido preparar-se para deitar.

– Tu o achas estranho? – Miguel devolveu a pergunta, distraído, acomodando-se ao lado da esposa e abraçando-a gentilmente.

– Claro! Se não, por que perguntaria? Como ele fica mais tempo a seu lado, julguei que soubesse o que se passa com ele.

– Realmente, Álvaro passa muito de seu tempo comigo. É o trabalho no hospital. Nosso menino é um excelente colega de profissão. Sinto imenso orgulho ao ver como é querido por todos. Se não fosse seu pai e se já não estivesse um tanto velho, eu teria ciúme, pois antigos pacientes preferem seus cuidados aos meus.

---

[1] *Allan Kardec,* O Céu e o Inferno, *cap. II, 2ª parte, p. 192. Trad. Salvador Gentile. Araras: IDE.*

– Não é disso que falo, Miguel. No sarau de hoje, ele estava distraído e pouco participou das conversas. Parecia ter-nos acompanhado na visita aos Almeida simplesmente por cortesia. Não me pareceu desfrutar o menor prazer. Nem às moças que o rodeiam, sempre interessadas em sua conversa e em suas poesias, ele deu algum apreço. Venho notando há vários dias que seu olhar está triste. Será que sente saudade de Coimbra?

– Seria natural. Afinal ele viveu boa parte de sua vida lá. Pela quantidade de cartas que recebe, vê-se que nosso filho deixou muitos amigos em Portugal.

– É. – Concordou Eulália, sorrindo ao sentir o beijo do marido em seus cabelos. – Vários mestres da universidade correspondem-se com ele regularmente, remetem livros e publicações da Europa. Concordo contigo: temos que nos orgulhar muito de nosso caçula. Mas ainda assim preocupa-me essa atitude estranha.

– Não se aflija, minha amada! Conversarei com ele amanhã e prometo esclarecer tudo. Vai ver é apenas excesso de zelo materno. Típico de ti, Eulália. – Miguel sorria, falando afetuosamente com a esposa, apertando-a levemente como que para adverti-la. Depois afrouxou o abraço, tomou o apagador de velas e escureceu o quarto, que só não mergulhou em completa penumbra porque dos vãos das venezianas penetrava a luz clara da lua cheia. – Vamos dormir. – Disse o médico.

Várias velas ainda iluminavam o quarto de Álvaro. O rapaz, insone, dedicava-se à leitura dos livros recebidos de Portugal.

O mestre Albuquerque e Mendonça enviara-lhe alguns exemplares da *Revue Spirite Journal D'Ètudes Psychologiques*, publicada em Paris sob a direção de Allan Kardec. Álvaro interessou-se, a princípio, pelos artigos que se relacionavam à sua profissão, como o que tinha por título "As três causas principais das doenças", assinado pelo espírito do doutor Morel Lavallée, publicado em fevereiro daquele ano, e um outro, intitulado "Da homeopatia nas doenças morais". Porém, ao deparar com a mensagem ditada pelo espírito Cárita, "A missão da mulher", como não se lembrar de Nina se o texto era como um retrato dela? Em determinado trecho, dizia: "*(...) Ela não calculou nada, nada temeu, ela foi onde a chamava o seu coração, como a brisa vai refrescar as flores murchas e endireitar seus talos vacilantes. (...) Coragem, pois! Ó vós que viveis humildemente trabalhando para melhorar vosso interior, Deus vos sorri, porque vos deu essa amenidade que caracteriza a mulher; que elas sejam imperatrizes, irmãs de caridade, humildes trabalhadoras ou doces mães de família, são todas filiadas sob a mesma bandeira e levam escritas na fronte e no coração estas duas palavras mágicas que enchem a eternidade: Amor e caridade*".[2]

Já se haviam passado algumas semanas desde aquele inesquecível primeiro encontro. Eles comunicavam-se com freqüência, ora encontrando-se pessoalmente em longos passeios no parque localizado à margem do Santa Bárbara, próximo ao hospital e pouco visitado durante a semana, ora por meio de longas cartas das quais era emissário o escravo João.

Suspirando profundamente, expressão do olhar enlevada, Álvaro entregava-se às lembranças daquela que de assalto tomara-lhe inteiramente o pensamento e o coração.

Amava-a, não tinha a menor dúvida. Loucamente, como não o faria a qualquer outra. Era devotamento, paixão, carinho, desejo de protegê-la, de estar a seu lado, de compartilhar seus pensamentos, sentimentos e ideais. Viver dia a dia a seu lado, rindo ou chorando, mas sempre a amando, pois assim sente um homem verdadeiramente apaixonado.

Mas, em seu íntimo, algo o perturbava. Sabia correspondido o seu afeto, porém sentia no olhar de Nina, que se velava em muitos momen-

---

[2] *Nota do autor espiritual: Os textos referidos encontram-se na* Revista Espírita, *ano de 1867, respectivamente nos meses de fevereiro, março e abril.*

tos, um impedimento de entregar-se livremente àquele sentimento. Algumas vezes, ela falava como se sentisse uma profunda saudade do presente, como se o futuro lhe negasse a oportunidade de ser feliz.

"Existem mistérios no coração de minha amada... Pacientemente os desvendarei", pensava ele.

..*

Notas tristes soavam nos silenciosos corredores e salas do sobrado. A música falava de amor e saudade. Era executada com maestria, numa interpretação profunda da pianista. Ouvindo os acordes, João identificou o estado de espírito de Nina. Sempre que ela tocava aquela melodia estava triste, melancólica.

Parado no corredor, João apreciava a execução. Aquela música falava ao seu coração. Lembrava o amor do passado e vinha-lhe a saudade, sua constante companheira. Por sua memória desfilavam cenas de sua juventude, a alegria do amor da companheira, a felicidade desfrutada livremente nas praias de Angola. Quanto tempo...

Transformações haviam-se operado. Hoje ele era um homem livre, legal e intimamente, porém permanecera como cativo, consciente de que assim em verdade se libertava para sempre dos grilhões da própria consciência.

Dezoito meses haviam-se passado, precisamente. Fora na data do noivado de Nina. Lembrava a alegria da sinhazinha com o presente que o avô lhe dera: uma linda jóia e a transferência legal da propriedade de João para seu nome.

Na manhã seguinte à comemoração do compromisso nupcial, ela o chamara à saleta onde costumava organizar os documentos do sobrado.

– João, sente-se! Hoje é um dia muito especial. – Dissera.

– A sinhazinha está feliz com o noivado com o moço da capital. Acordou cedo e já está tão disposta.

– Estou feliz, sim, João. – Respondera Nina e, estendendo as mãos, tomara as dele, sentando-se na cadeira a seu lado: – Quero lhe dar uma notícia que espero o deixe tão feliz quanto estou agora.

– A sinhá gosta de fazer suspense. Qual é a notícia que me fará feliz? Bem sabes que, apesar da condição em que me encontro, aprendi a ser feliz. E, a bem da verdade, vivendo a seu lado tenho melhor sorte que todos os escravos da cidade reunidos. Aprendi a ler, escrever, fazer contas, até mesmo sei tocar algumas músicas ao piano. Tenho boa casa, comida, saúde e amigos. Que mais poderia desejar um escravo africano?

– É justamente isso que desejo que tu não sejas mais!

João lembrava-se da carta de alforria nas mãos da moça, fechada com duas fitas, uma preta e outra azul, a cor preferida de Nina. – Tome! – Dissera ela, estendendo-lhe o documento. – É sua! A partir de hoje você é um homem livre, João!

Como chorara naquele momento! Ficara literalmente tonto de felicidade. Seu primeiro impulso fora pegar suas poucas coisas e partir de volta para Angola, reencontrar sua mulher, conhecer seu filho ou filha, com sorte reencontrar seus pais idosos.

Segurara aquela carta e, após aliviar a emoção, olhara o documento e não pudera evitar um pensamento: "Aqui estão os últimos 15 anos de minha vida, representados em uma única folha de papel".

Não podia aceitar esse fato, era muito pouco. Não representava a verdade. Enxugara as lágrimas com as costas das mãos, respirara fundo, tornara a olhar a jovem que suavemente lhe apertava o ombro.

Na mente de João, naquele momento, haviam desfilado os fatos. Tantos anos haviam-se passado... Ele ainda lembrava do pequeno anjo sentado à porta da charqueada das Tálias, naquele dia frio em que chegara ao Sul. As alegrias e aflições de acompanhar seu crescimento. A dor que sentira em deixá-la quando quisera fugir com os tropeiros. As noites de angústia ao lado do barão quando ela adoecera, que haviam sido decisivas em sua vida. A mudança para a cidade. Quantas vezes a confortara quando não se resignava em ficar longe da charqueada, principalmente quando lamentava, desconsolada, a ausência de Bá, acordando altas horas da noite e chamando a velha ama? Depois, por fim, a menina dissera que a escrava falecida viera lhe visitar e algumas vezes brincar pela manhã como faziam antes de sua morte. João lhe falara das transformações da vida como a velha Bá e o amigo Tião o haviam ensinado, mostrando-lhe as larvas, os casulos e as borboletas e explicando a respeito de todas as transformações de um mesmo ser em várias formas de existência, até que a menina compreendeu e aceitou a morte da ama. Depois viera a preceptora francesa. O carinho daquela mulher e o fato de ela haver aceitado a presença de João haviam inaugurado um novo tempo. Ele e Nina tinham aprendido juntos. Haviam estudado as primeiras lições. Como suas dificuldades eram maiores, a sinhazinha logo descobrira uma nova brincadeira: passara a ser sua professora, e assim passavam as tardes. Dessa forma, João tornara-se o que se poderia chamar um escravo culto.

Aquele momento parecia ter sido contado com minutos de eternidade, absolutamente fora do tempo normal. Ambos haviam-se perdido em lembranças.

Por fim, João levantara-se sem dizer uma única palavra, abraçara fortemente a moça, e anunciara:

– A sinhá é a pessoa mais importante da minha vida. De nada adianta tentar voltar para minha terra; os meus, já não sei mais onde andam e o que fazem. Saí de lá um guerreiro feroz, um chefe temido e abatido como presa valiosa. Hoje eu seria um estranho. Prefiro guardar as lembranças e prosseguir a seu lado, sinhá Nina. – Silenciara um momento, ficando pensativo. Depois prosseguira: – Quando cheguei, Tião me mostrou muitos caminhos para suportar e lutar com a escravidão, compreendendo o que a vida desejava me ensinar. Por rebeldia, não aceitei e paguei um preço muito alto. Mas, desde que viajei no navio negreiro, sei que tenho uma sorte madrasta a me amparar – riu, emocionado, tentando fazer troça com as duras recordações –, e ela me colocou ao seu lado. Hoje a sinhá me faz um homem livre. Eu lhe agradeço, minha devoção será eterna, mas não peça para deixá-la, porque mesmo livre tudo que eu desejo é trabalhar a seu lado pelos meus irmãos de cativeiro.

Nina abrira um largo sorriso e confessara:

– João, tu nunca foste escravo aos meus olhos, mas sim um grande companheiro. Confesso que nada me fez mais feliz do que te dar a liberdade, mas temi que te fostes para longe e não mais te visse.

– Não tema isso jamais, sinhá Nina. Nem mesmo depois que eu morrer. Sabe, sinhá, um dia, lá na fazenda da Cruz, no Norte, eu liderei uma debandada...

– Tu já me contaste essa história muitas vezes! – Interrompeu Nina.

– Mas talvez nunca tenha lhe falado do que me disse Tião, na noite anterior à debandada. Somente agora, com esta carta de alforria nas mãos, compreendo o quanto o velho era sábio. Ele me disse que não precisava fugir porque era livre de espírito e ninguém tiraria isso dele; disse que ficaria porque não tinha ilusões, nem rancores, que vivia um dia depois do outro, procurando ajudar os negros que chegavam lá, dando conforto, escutando-os, ajudando-os. Ele me disse que na senzala tinha aprendido a sentir o que o outro sente, a se colocar no lugar de outra pessoa e a vida como escravo havia lhe ensinado essa lição, coisa que se tivesse permanecido livre na África não teria conquistado.

– Que ensinamento de vida lindo! Gostaria muito de ter conhecido Tião. – Refletiu Nina, em voz alta.

– Sinhá Nina, depois de tantos anos entendi que é isso que a vida deseja ensinar para mim: ser livre de ilusões e capaz de colocar-me no lugar de outra pessoa. Pela memória de meu amigo Tião, desejo continuar a seu lado e que ninguém saiba que sou um negro forro. Prosseguirei, para todos os efeitos, seu escravo.

Voltando ao presente, ele aguçou os ouvidos e, em meio às notas da música, ouviu os soluços de Nina. Sabia o que era sentir-se escravo, sem opção, forçado a realizar alguma coisa contra os desejos de seu coração. Bem podia avaliar por que Nina chorava.

Sem fazer ruídos, encaminhou-se para a sala de música. Nada dizendo, sentou-se ao lado da jovem e dedilhou as notas seguintes da música, propondo-lhe, sem palavras, uma execução a quatro mãos. Sabia que não podia qualificar-se como um pianista, na verdade estragava a magnífica execução da moça, mas deseja dizer-lhe que compreendia e compartilhava seus sentimentos, e acima de tudo que estava a seu lado naquele momento. Bastaram poucas notas, uma troca de olhares, um esboço de sorriso em meio aos soluços e Nina atirou-se nos braços de João chorando, como fazia quando criança. Ele embalava-a entoando baixinho um canto africano ensinado pela velha Bá, que tinha o dom de tranqüilizá-la. Ao redor do piano, sem serem percebidos pelos encarnados, pai João, Tião e dona Mariana assistiam à cena trocando olhares de preocupação.

– Calma. – Pediu João, após alguns minutos que julgou suficientes ao desabafo emocional da moça. – Tudo nesta vida tem solução. Por que essa tristeza e essas lágrimas tão fartas?

– João – respondeu Nina, esforçando-se por serenar as emoções –, enredei-me em minha própria trama. Não culpo ninguém por meu sofrimento. Mas, olho à volta e a solução que vejo não me faz feliz, ao contrário, me aperta o peito, me causa angústia. Sinto sufocar.

– Sinhá, sempre que nos sentimos sufocar é porque estamos reprimindo algo dentro de nós. Na verdade, há um sentimento que queremos empurrar para bem longe, bem fundo: é ele que está sufocando a sinhá. Que sentimento é esse que a menina quer ver longe?

– Ah! Nem eu mesma sei responder. É tão confusa minha mente. Eu que sempre fui zelosa de organizar rapidamente todos os meus atos e pensamentos, agora me sinto assim perdida, confusa...

João acariciava meigamente os longos cachos de cabelos que cobriam as costas de Nina.

– Vou ajudar a sinhazinha. Também já fui moço, já senti tudo isso. Algo me diz que o doutor Álvaro tem muito a ver com isso. Estou errado?

Nina permaneceu calada, aceitando os afagos do amigo. Refeita da avalanche de sentimentos que a haviam dominado, declarou, com voz tranqüila:

– Estás certo. Para ser sincera, gostaria de passar a vida toda ao lado de Álvaro. Estranhamente, não me pergunte como, mas eu sei que ao lado dele seria feliz. Às vezes, na minha imaginação, olho o futuro, me vejo com ele, com você, imagino tanta coisa que poderíamos fazer os três para melhorar as condições de vida nesta cidade e que passam necessariamente pela luta abolicionista. Mas nem mesmo essa árdua tarefa de conscientizar os charqueadores e fazendeiros me tira a certeza dessa felicidade, ao contrário, é aí que sinto bater mais forte meu coração.

– A sinhá descobriu o que é amar alguém. – Constatou João, confirmando o que intimamente já sabia. – É esse amor que tu queres sufocar?

– Não, não quero. Preciso, ou melhor, estou obrigada a sufocar. – As palavras de Nina traduziam seu estado de confusão interior.

João ouviu-lhe a resposta buscando compreender a sociedade dos brancos e seus hábitos quanto ao casamento, ao mesmo tempo em que pedia inspiração para confortar Nina.

Pai João olhou significativamente para o espírito de dona Mariana. Esta, interpretando a mensagem muda, acercou-se de João e, procurando fazer-se percebida, segredou-lhe ao ouvido:

– João, quem está a te falar é dona Mariana, avó de Nina. Sei que me ouves, por isso te peço que transmitas estas palavras à minha neta.

João captou as expressões de dona Mariana, pela sensibilidade mediúnica audiente que, ao longo dos anos, após a rudimentar iniciação aos cuidados de Bá, acabara por se firmar em sua aparelhagem psíquica. Ao mesmo tempo em que sentia envolvê-lo as vibrações repletas de ternura e segurança do espírito comunicante, uma paz infundia-lhe profunda calma. Afastando levemente Nina de seu ombro até que pudesse ver-lhe os olhos, o ex-escravo relatou normalmente:

– A sinhá sabe que a vida não termina aqui neste mundo. Lembra quando lhe falava dos espíritos com os quais a Bá me ensinou a conviver? – Ante o olhar interrogativo de Nina, decidiu deixar os preâmbulos de lado e foi direto ao assunto: – Estou ouvindo as palavras de um espírito que se identifica como dona Mariana, sua avó. Ela deseja lhe falar e pediu que eu transmitisse as suas palavras.

– Minha avó... – Disse Nina, pensativamente. – Claro que desejo conversar com ela. Pode falar, João. O que ela está lhe dizendo?

– Fiquemos alguns minutos em silêncio para que eu possa ouvi-la e lhe dizer o que ela fala.

João sentou-se ereto, expressão tranqüila, mãos postas sobre os joelhos, cabeça levemente abaixada, olhos fixos no piso. Transcorridos breves segundos, começou a falar, dizendo de forma clara cada palavra:

– Carolina, quero que saiba que a amo muito. Ainda que afastadas pelas dimensões da vida, acompanho nossa família sempre que me é permitido. Visito-os, alegro-me com suas conquistas, com você especialmente pelas atividades que realizas em favor dos escravos. Enquanto estive na matéria, preocupava-me a triste sorte deles. Sempre procurei influenciar teu avô a ser menos rigoroso com eles. Creio que tive sucesso, porém a morte separou-nos e o deixei com nosso Alberto ainda pequeno. Gonçalo tornou-se bastante endurecido, inflexível, exigente ao extremo. Cessou nele a pouca fé que abrigava. Muito de seu sofrimento ele descontou nas costas dos negros, castigando-os severamente. Esqueceu rapidamente, em meio à dor da perda, o leve interesse pela causa abolicionista que tinha base em interesses comerciais e não altruísticos. Ele prosperou financeiramente, mas moralmente só veio a ter alguma melhora com teu nascimento. Minha querida, aqui no mundo onde me encontro, ensinam-nos que as mulheres têm a tarefa de ser as medianeiras entre Deus e o homem. Presta bem atenção a esta influência em tua vida. Encontrarás aqueles que sejam espíritos ardentes, em quem o sangue ferve nas veias, os injustos, os caídos, abatidos pelas ilusões da matéria. Presta atenção, Nina: Deus colocou-nos nos olhos a doçura e na voz a carícia; olha-os, fala-lhes e verás as coisas tomarem o rumo da calma, da justiça, a cólera ser abandonada e se ele estiver caído reerguer-se. Não pense que essa nossa tarefa seja isenta de sofrimentos. Mas, quando te sentires abatida, lembra que ajudaste teu companheiro a evitar um tropeço na jornada. Não importa esteja ele na figura de teu avô, pai, irmão, marido, noivo ou simplesmente teu amigo. Agindo assim, cumpriste bem a tua tarefa. Deus criou o homem e a mulher, formando uma cadeia indissolúvel que a infelicidade não pode romper, que a ingratidão não deve penetrar. Está nas leis da natureza, é uma cadeia divina, que nada romperá. Quando, por força da tua condição de mulher, sofreres, alegra-te, Nina, e lembra que na harmonia da vida Deus nos deu a mais bela parte, colocando em nossas mãos difundir o amor, a consolação e a conciliação. Não deixa, querida, que nada manche a doçura que como mulher deves carregar na alma.

Nina, atenta, bebia-lhe as palavras esperando ouvir a cada expressão a resposta para as dúvidas pungentes que lhe dilaceravam os sentimentos.

Como captasse as expectativas da jovem, o espírito de dona Mariana ditou a João: – Nina, medita em tudo quanto te disse e encontrarás as "tuas respostas", não as minhas. Cada um de nós é responsável por sua própria felicidade ou desgraça. Teus atos serão para sempre responsabilidade tua, portanto age sempre com prudência e conforme a tua consciência. Eu não te ditarei caminhos, mas te asseguro: estarei sempre ao teu lado, ainda que não me possas ver ou sentir. Preciso partir. – Após um breve momento de silêncio, despediu-se a entidade familiar ditando suas últimas palavras: – Deus te abençoe, querida.

João permaneceu algum tempo calado, tentando recordar a lição ouvida. Nina, confortada, estava profundamente pensativa.

– Ah! Por que não me foi dado saber que teria oportunidade tão valiosa? Pegou-me de surpresa. As palavras de vovó, como você disse, foram tão tocantes e profundas... Quisera ter podido anotá-las. Mas foi tudo tão rápido. – Lamentou Nina. – Se ficasse escrito poderia ler e reler, analisar suas palavras, traçar meu caminho.

– Deixe de ser ingrata, sinhazinha! – Advertiu, educadamente, João. – Não se brinca com os espíritos. Quer escrever as palavras de dona Mariana, tome papel e caneta e anote-as antes que esqueça. Mas não fique se queixando. Os espíritos merecem respeito, nossos familiares estão próximos, cuidam de nós como faziam antes. Se sua avó estivesse "viva", como se diz, a sinhá não ia se queixar que ela não lhe dava conselhos por escrito. Dê-se por contente que ela veio lhe ajudar quando estavas chorando não faz muito.

– Está bem, João. – Nina completou, sorrindo: – Foi apenas uma idéia. Vou fazer o que tu recomendas. Anotar antes que esqueça. Lembrando, vou aprofundar a compreensão de seu ensino e quem sabe encontrar "minhas respostas", como ela sugeriu.

A jovem levantou-se do banco do piano, arrumou a saia azul, passou as mãos no rosto e no cabelo procurando recompor a aparência e, com expressão calma, andou até a porta e voltou-se, dizendo:

– Obrigada, João. Esse seu conhecimento – referia-se à faculdade de manter contato com os desencarnados – é impagável. Lembro como me ajudou a suportar a ausência da Bá e depois a compreender suas visitas. Parece que sempre que vivo um momento difícil "eles" lembram de ti.

– Não há o que agradecer, sinhazinha. Os espíritos bons lembram de nós sempre. Nós é que lembramos deles só quando acontece alguma coisa ruim ou quando não sabemos o que fazer da vida. Não é mesmo?

– É. – Concordou Nina simplesmente e, acenando um adeus,

despediu-se de João.

Nina crescera ao lado do ex-escravo. Aprendera a conhecer as crenças africanas na imortalidade do espírito e na possibilidade de comunicação dos "mortos" com o mundo dos "vivos". Aceitava com naturalidade a ocorrência que não era a primeira em sua existência.

Em seus aposentos, a neta do barão aproximou-se da cômoda retirando de sua gaveta um diário onde zelosamente fazia as anotações mais importantes de sua vida. Buscou na lembrança reconstruir os ensinos recebidos e escreveu-os. Ao fechar o volume encadernado e encontrar as cartas de Álvaro, suspirou e pensou: "Preciso de paciência para encontrar a saída desse emaranhado de sentimentos que virou o meu coração. Meditarei nas palavras do espírito de vovó. Quem sabe amanhã, com doçura, eu não consiga conciliar todos os interesses?".

Uma chuva fina e uma forte ventania marcavam a manhã. Apenas interesses inadiáveis justificavam o dissabor de sair às ruas naquelas condições. Nina caminhava de um lado a outro, na sala de música; de vez em quando parava à janela e olhava desconsolada a praça vazia e molhada: por toda parte viam-se poças d'água. O céu cinzento refletia seu estado interior. Era sua intenção encontrar-se com Álvaro. Desde o dia em que fora a seu encontro pela primeira vez, criara uma rotina: sempre às terças-feiras, aproveitando a ausência do avô, que supervisava a charqueada só retornando na quinta, visitava a ala dos indigentes, passando a manhã em companhia de Álvaro, e, às quartas-feiras, passeavam à tarde pelos parques e jardins próximos ao hospital.

– Será que este dia não vai melhorar? – Nina, inquieta, falava em voz alta, alheia ao fato de ser ou não ser ouvida pela mãe que folheava distraidamente um almanaque.

– Não vejo por que tanta impaciência, Nina. – Retrucou dona Marieta. – São manhãs de setembro, é sempre assim. Graças a Deus esta é a última semana. Venha, sente-se a meu lado. – Convidou, acariciando o estofado aveludado a seu lado. – Amanhã, o dia deve estar melhor. Vamos poder, com certeza, ir receber nossas encomendas na loja do senhor Américo. Já deve ter chegado tudo o que pedimos.

Nina olhou a mãe, analisando-a criticamente. Via uma mulher elegante, bem-conservada, de gosto refinado e boas maneiras. Era uma companhia agradável em festas, uma anfitriã de primeiríssima qualidade. Mas, para convivência diária, era enfadonha e repetitiva. Era impossível conversar com dona Marieta por mais do que uma hora ao dia. Ela era inteiramente movida por futilidades e absolutamente dependente da aprovação alheia a seu comportamento. Nina desconfiava que a mãe seria incapaz de afrontar qualquer padrão social, ainda que para lutar pela sua própria felicidade. Sua vida girava em torno do mundo acanhado da sociedade, saraus, festas e fofocas.

Olhando a mãe, Nina não pôde se furtar à tristeza e à piedade em relação àquela mulher, aliás, justamente porque ela lhe despertava esses sentimentos que não trazia marcas da infância pelo descaso com que a mãe a tratara na época. Desde menina compreendia quão pobre era o espírito de sua genitora. Ela era em verdade mais escrava que Bá. Quantas lições de independência e resistência recebera da ama... A forma como ela liderava os negros sem ser percebida pelos senhores, minorando a crueldade que imperava na charqueada das Tálias, seria inesquecível para Nina. Apesar da pouca idade, aprendera a copiar as atitudes da escrava, da sua "mãe preta", como intimamente a sentia e chamava.

Enquanto a jovem se encaminhava para o lado de dona Marieta, em pensamento prosseguia comparando-as: uma tão sofrida, mas tão rica em ternura, preocupando-se em aliviar a dor dos seus companheiros sem preocupar-se com a que preço; a outra sempre vivera entre os privilegiados, cercada de todo luxo e conforto, mas tão vazia, tão fria, egoísta. "Ah! Meu Deus, que avaliação dura faço de minha mãe. Perdoa-me. Dá-me paciência, Senhor", pedia Nina em pensamento.

Sentou-se ao lado de dona Marieta e, fingindo algum interesse pelas encomendas de roupas que aguardavam, deixou-se ficar ao lado da mãe, embora seu pensamento voasse para o local onde seus sentimentos a levavam. Para junto de Álvaro e da luta pelas causas sociais e humanitárias, para as longas conversas sobre arte, para ouvi-lo falar de uma concepção de vida e de Deus tão nova e libertadora da qual ainda pouco sabia, mas que escutava atenta, enlevada.

– Nina! – Ralhou dona Marieta, sacudindo-a delicadamente. – Não suporto essa sua falta de gentileza, de sensibilidade. Estou te perguntando pela terceira vez qual será o vestido que pretendes usar para aguardar a chegada de teu noivo no sábado!

Nina levantou-se e caminhou até a janela. Os olhos sem brilho, velados por uma profunda preocupação, tiravam do rosto da jovem a usual vivacidade, deixando-a apática.

– Não lhe respondi porque ainda não pensei sobre isso. Hoje é quarta-feira, ainda faltam muitos dias até sábado. – Declarou Nina, irritada.

– Viu? É como digo: você é rude, Nina! Precisa mudar. Em breve estará casada. Irá morar na capital, na corte. Seu noivo segue os passos do pai e logo deve estar servindo ao país em algum cargo no gabinete. Precisará de uma esposa exemplar e de refinada educação. Seja mais esforçada...

– Basta, mamãe! – Cortou Nina o conhecido discurso de dona Marieta. – Ou o doutor Pedro me aceita tal qual sou, ou, se julgar que, como sou, não sirvo para o "cargo" de sua esposa, que me deixe e procure outra! – Às palavras de Nina seguiam-se pequenos gritos da mãe, expressões de horror. Palidez cadavérica apossou-se do rosto de dona Marieta.

Nina continuou:

– Ele poderá melhor me apreciar nessa estada que se avizinha, pois será nossa mais longa convivência desde que se firmou o compromisso.

– Não diga uma bobagem dessas! Bem se vê que você não passa de uma criança mimada e ingênua. Onde pensa que seu pai conseguirá outra aliança tão vantajosa? Nem mesmo o barão Gonçalo aceitaria isso! Seria uma desonra! Toda a cidade comentaria o porquê de o noivo desfazer o compromisso! – Alertou dona Marieta, zangada.

– Ao inferno com os comentários! – Xingou Nina, perdendo a paciência com os argumentos da mãe. – Certamente, por causa dos “comentários”, do que os outros falam, eu deveria me submeter a ser infeliz. Ora, mamãe, ingênua é a senhora! Viver para se adequar ao que os outros pensam, querem ou falam é uma rematada insanidade! Eles que cuidem de suas vidas, que por certo devem ser pouco atrativas e cheias de insatisfações e medos, por isso se metem onde não são chamados.

Dona Marieta, de pé, olhava apavorada para a filha. Será que Nina realmente pensava em desfazer o compromisso com a família do doutor Pedro ou estava apenas nervosa e falando sem medir conseqüências?

Vendo o pavor que suas palavras haviam despertado em sua mãe, Nina resolveu calar-se, afinal ela mesma ainda não tinha tomado uma decisão final. E nem poderia, pois qualquer decisão deveria passar por uma inadiável e esclarecedora conversa com Álvaro, que desconhecia inúmeros fatos.

– Não estamos em um bom dia para conversar, mamãe. Vou ler no gabinete do vovô. – Declarou Nina, retirando-se da sala.

..*

Acomodados no improvisado consultório da ala de indigentes, Álvaro e o pai entretinham-se em prolongada conversa com dois pacientes escravos, dando-lhes algumas instruções acerca dos remédios que deviam prosseguir, usando dos cuidados com os objetos de uso pessoal e no contato com outras pessoas evitando assim o contágio da doença. Encerradas as instruções, ficaram a sós e Álvaro, expressão cansada, sentou-se atrás da mesa, colocando os braços à altura da nuca e alongando o tronco. Respirou profundamente ao término do rápido exercício.

Alertado pela esposa, Miguel passara a prestar o máximo de atenção ao comportamento do filho e logo comprovara a exatidão das impressões da mulher.

– Álvaro, sempre fui homem muito franco e direto em toda a minha vida, apesar de algumas vezes me haver custado caro tal procedimento. Apesar dos anos que passamos afastados, bem sei que somos uma família muito unida, especialmente eu e tu. Por isso, aproveitando este momento, bem raro em nossas atividades, vou colocar alguns assuntos que te dizem respeito, para que possamos discuti-los juntos. Tua mãe está muito preocupada contigo e como sabes isso não lhe faz bem à saúde. Prometi-lhe que hoje conversaríamos e é o que estou fazendo.

– Ora, pai, diga logo o que deseja saber. Nada tenho a lhes esconder e asseguro-lhe que vocês não têm motivos para apreensões.

– Temos te achado um tanto triste nos últimos dias. Distraído. No sarau dos Almeida, ficaste a maior parte do tempo sozinho. Nem mesmo as moças sempre à tua volta pareceram te alegrar. E hoje notei que estás com uma expressão abatida, parece angustiado. Estou errado?

Um leve sorriso dobrou os lábios de Álvaro. Estendendo a mão, tocou no braço de seu pai do lado oposto da mesa e admitiu:

– Não, pai, o senhor não está errado. Realmente me sinto assim como disse. Desculpe-me se não fui boa companhia.

– Por quê? – Indagou Miguel, perscrutando o filho com o olhar sagaz, como que desejando desvendar-lhe a alma.

– O motivo é nobre, meu pai. – Tranqüilizou Álvaro, agora sorrindo inteiramente e com intenso brilho nos olhos. – Encontrei um anjo em forma de mulher. Linda em todos os aspectos. Meu ideal feminino personificado. Coisa que julgava talvez impossível.

Conhecedor do temperamento idealista e romântico do filho, Miguel não estranhava suas expressões. Álvaro sempre fora arrebatado no uso das palavras, um orador apaixonado que convencia com grande facilidade aos ouvintes.

– Estás apaixonado! – Disse, alegremente, como quem diagnostica a cura de um paciente. O velho médico estava aliviado. Preocupara-o a hipótese de Álvaro desejar retornar a Coimbra como havia sugerido a esposa.

– Apaixonado, não. – Corrigiu Álvaro. – A paixão é coisa passageira, é incêndio dos sentidos que mais gera desequilíbrio e sofrimento do que alegria. Não, meu pai, já me apaixonei por várias portuguesas em Coimbra, bem sei o que é a paixão. – Calou-se um momento fitando o teto de telhas irregulares moldadas nas coxas dos escravos. Expressão segura, encarou o pai e continuou: – Nina é a mulher que eu amo. O senhor deve saber a diferença entre um sentimento e outro.

A alegria na expressão de Miguel arrefeceu ao ouvir o nome da moça; uma sombra de dúvida passou por seu olhar. "Não, por Deus, não pode ser a amada de meu filho a neta do barão Gonçalo! Que ironia! Álvaro não merece esse sofrimento!", pensava ele.

– Nina... – Repetiu Miguel como se buscasse na mente identificar de quem se tratava. – Como a conheceste? Não a vi presente em nenhuma das reuniões que compareceste conosco.

– É uma longa história, que por amor e dever para com ela não posso contar-lhe ainda. Mas, quando o senhor a conhecer, tenho certeza de que a admirará profundamente. – Empolgado por poder falar livremente sobre Nina com alguém diferente de João, Álvaro deu livre vazão aos sentimentos, extravasando, em palavras, a profunda admiração que nutria por Nina. Não lhe poupava elogios. Ponderado, Miguel ouvia atentamente a exposição do filho, investigando elementos que confirmassem sua suspeita.

– Que moça misteriosa foste encontrar, meu filho. Pelo que me dizes, digna de teu afeto, quero crer. Mas misteriosa...

Nesse momento, ouviram-se rápidas e fortes batidas na porta. De pronto Álvaro se levantou para atender.

– João, que bom que tenhas vindo! Com este dia julguei que seria impossível nos vermos hoje. – A pouca distância entre os cômodos e a ausência de portas permitiam a Miguel ouvir nitidamente o que se passava na soleira, à entrada da ala.

– Estamos próximos das 12 horas e não há sinal de melhora no tempo. – Concordou o visitante. – Vim trazer-lhe uma carta da sinhá. Esta semana ela não poderá mais encontrá-lo e aqui explica os motivos.

O velho médico ouviu ruídos de papel sendo desdobrado e logo ouviu a voz do filho respondendo:

– Nina mandou-me uma carta selada?! – A voz demonstrava estranheza quanto a esse comportamento da jovem. – Mas há anexo um pequeno bilhete. – O diálogo silenciara. Após um breve instante, Álvaro declarou: – Diga que a encontrarei nas condições em que ela pediu.

– Vou dar sua resposta, doutor Álvaro. Precisamos saber também como estão as "coisas", pois este mês teremos algumas dificuldades na realização do trabalho. – Disse o visitante.

– Por ora, nas mesmas condições de sempre. – Respondeu Álvaro.

– Muito bem. Passar bem, doutor. – Despediu-se João. Miguel ouviu o som de passos se afastando.

– João, espere! – Chamou Álvaro. – Diga a ela que sentirei enorme saudade e contarei todos os dias até nosso encontro.

Ouviu-se no rústico consultório apenas o som de risos que se seguiram às últimas palavras do jovem médico.

– Coincidência, heim? – Disse Miguel no retorno do filho. – Como falaram suficientemente alto, ouvi sua conversa com o mensageiro da moça. Mandou-lhe uma carta?

– João trouxe-me uma correspondência. Tínhamos um encontro hoje, mas quando vi a forma horrível como havia amanhecido o dia já esperava pelo comunicado de Nina cancelando.

– E por que não vais visitá-la em sua casa?

– É tudo quanto desejo, mas, como o senhor disse, Nina tem alguns mistérios até mesmo para mim. Mas isso será temporário, garanto-lhe! – Afirmou Álvaro, seguro.

– Assim seja, meu filho.

Chamados de um paciente interromperam a conversa; pai e filho entregaram-se aos afazeres da profissão.

De retorno ao lar, no final da tarde, com muito tato Miguel participou à esposa o resultado de sua conversa com o filho e a suspeita de que a jovem por quem ele estava enamorado era a neta do barão Gonçalo.

–Miguel, não vamos pensar nisso. Quem sabe é uma outra jovem que não conhecemos? – Sugeriu Eulália ao fim do relato do marido. – Será muito triste para nosso filho se realmente a jovem for a pessoa que tu estás pensando.

– Tenho quase certeza, Eulália. Vou pensar em como preparar o espírito de Álvaro. Acredito que ele desconheça uma série de fatos que envolvem a moça.

– Ah, Miguel, por que tinha que ser justo essa jovem? – Reclamava Eulália, torcendo nervosamente as mãos. – E o pior é que reconheço ser ela uma excelente moça, realmente perfeita para nosso Álvaro.

– Concordo contigo, Eulália. Conheço Nina desde que nasceu, e sei como foi que eles se conheceram; as doações anônimas para os indigentes eu sei que são dela.

– Um amor sem esperança. Essa moça é noiva há algum tempo e comenta-se que o casamento deve se realizar este ano. Se não me engano a senhora Almeida me falou qualquer coisa que o noivo chegaria por estes dias com os familiares para os últimos arranjos e preparativos. Mas, mesmo que esse noivo não existisse, dificilmente o barão Gonçalo consentiria numa união da neta com nosso filho. Todos sabem que a neta é o seu xodó. Os pais sequer palpitaram na educação da menina. – Falava D. Eulália, fazendo conjecturas para o futuro sobre uma análise do passado. – As tuas relações com o barão estão rompidas há quase nove anos, não é mesmo?

Em resposta, Miguel concordou, com um rápido aceno de cabeça, e disse:

– Preciso me banhar; o dia no hospital foi exaustivo. – Beijando a testa da esposa, despediu-se seguindo em direção aos aposentos do casal.

Eulália, solitária, sentada na sala de visitas, olhava a noite chuvosa pela janela e pensava na conversa que acabara de ter com o marido.

..*

No gabinete de trabalho do barão, como costumeiramente faziam, Nina, o avô e João entretinham-se em leituras e conversações. Aquela fora a forma que o barão encontrara para dar continuidade à educação da moça e aperfeiçoá-la. Após a partida de mademoisele Lefreve, ele próprio assumira a tarefa de cultivar os hábitos culturais legados pela preceptora. Os melhores livros clássicos e atuais, nacionais e estrangeiros, especialmente literatura francesa, eram lidos e comentados.

Admirador da inteligência humana, o barão lamentava a sociedade da época que negava à mulher o desenvolvimento intelectual. Mariana, sua esposa, houvera sido uma companheira singular, insubstituível realmente; após sua morte, não encontrara na companhia de outra mulher prazer de convivência igual. Era doce, sensível e inteligente, colaborando com ele em todos os assuntos pelos quais se interessava.

Admirando os traços da neta que lembravam os da falecida esposa, recordou-se dos primeiros dias do matrimônio. Havia sido um casamento arranjado. Tinham sido apresentados pessoalmente alguns dias antes e a dificuldade de relacionamento nos primeiros tempos somente fora superada pela curiosidade e pelo interesse em apreender que descobrira na adolescente com quem se casara. As lembranças povoaram a mente do barão levando-o de volta no tempo; sua fisionomia abrandou-se, um brilho juvenil cobriu as rugas e sulcos que a idade abrira em sua face.

Notando a mudança na expressão do avô, Nina fez sinal a João para que se retirasse. João acenou-lhe afirmativamente, compreendendo a mensagem, e levantou-se, saindo silenciosamente.

Nina fechou o livro, depositando-o na cadeira ao lado. Aproximou-se do velho charqueador, acariciou suavemente seus cabelos grisalhos e beijou de leve o alto de sua cabeça, chamando-o, com voz terna:

– Vovô, o senhor me deixou sozinha e fugiu para um mundo só seu. Isso não é justo! – Beijando novamente a cabeça do barão, pediu, graciosamente: – Toc, toc, me deixe entrar... O avô sorriu, segurou a mão da neta que repousava em seu ombro, afastou a cadeira e convidou-a a sentar-se em seu colo como fazia quando menina. Manhosa e delicada, Nina prontamente aceitou o convite, enlaçando o pescoço do avô a quem dedicava profunda afeição. Ele era, juntamente com João, sua real família.

– Estou velho, minha pequena, é isso. Os velhos têm muito tempo para pensar e coisas para recordar. – Justificou o barão.

– E não poderia dividir comigo essas recordações? – Sugeriu Nina.

– São coisas tão antigas... Nem seu pai era nascido ainda. Eu te olhava, dedicada aos estudos, e lembrava tua avó. Era isso. – A voz do barão traía um tom saudoso.

– Como deve ser bonito amar alguém assim como o senhor amava a vovó... Foi por isso que não se casou com outra? – Indagou a jovem, insistindo no assunto.

– Foi. Jamais pude esquecê-la e não encontraria com outra mulher a mesma felicidade. – Pensando um pouco, completou: – Seria macular uma felicidade muito grande que vivi, se tivesse me casado com outra a quem eu não daria o mesmo afeto; se alguma felicidade conseguisse, seria sempre menor, eu sei.

– O casamento de vocês também foi arranjado, não é?

– Tu sabes que sim, Nina. – Disse o avô olhando o rosto da jovem. Num repente, notou transformações no olhar da neta: havia sofrimento nos lindos e meigos olhos negros. – O que há contigo, minha guria? Teu olhar está diferente... Pareces preocupada.

– Temerosa talvez seja mais certo... – Confessou Nina. – Amanhã chegam doutor Pedro e seus familiares. Estou insegura.

– É o casamento que te aflige? – Nina balançou a cabeça e enroscou-se no colo do avô, encostando a cabeça em seu ombro. Pacientemente, o velho charqueador abraçou a neta como se ela ainda fosse aquele bebê de pouco mais de um ano que levara para a charqueada das Tálias e fora sua inseparável amiga nos últimos anos. – Nina, a convivência estabelece todos os laços; antes dela, todos os nossos pensamentos são de pouca importância. Quando me casei com Mariana, era muito jovem; meu pai comunicou-me que havia encontrado uma boa família que tinha uma filha adolescente e que nosso casamento estava acertado para o outono, depois da safra. Conheci sua avó duas semanas antes da cerimônia e ela não me despertou nenhum sentimento maior, ao contrário, tinha um olhar tão assustado, mal falava, era muito magra, parecia uma gatinha sem dono; somente notei que era muito obediente e saudável, por isso dei-me por satisfeito. Casamo-nos. Os primeiros tempos foram difíceis, éramos dois estranhos, vivendo como marido e mulher. Sabe, Nina, vejo em muitos casais essa frieza cerimoniosa e acredito que ela venha de não terem superado esse momento da convivência. – Notando a atenção com que era ouvido, prosseguiu: – Nosso relacionamento começou a mudar quando descobri que Mariana tinha o desejo de aprender a ler. Ensinei-a e acho que, a partir daí, descobrimos um ao outro. Ela tinha sede de saber, era inteligente, eu lhe permiti conhecer tudo quanto fazia e ela, interessada, participou da construção de tudo o que temos. Criamos intimidade, respeito um pelo outro, daí nasceu o amor que nos uniu.

– Tenho medo que meu casamento com doutor Pedro não consiga ultrapassar essa etapa da frieza e sejamos um casal assim como meus pais. Um em cada cidade, unidos eventualmente pelas imposições sociais e conveniências políticas.

– Meu filho não é um homem de sorte no casamento. Assim como seu noivado, o dele também não lhe foi imposto. Conversamos e ele aceitou. Digo até mais: ele "escolheu" dona Marieta, pois poderia ter optado por qualquer outra de suas irmãs, já que eram todas solteiras na época. Ele desejou a mais bonita e a tem. – Contou o barão, resignado, e como os traços de sofrimento não se apagassem do olhar de Nina, disse: – Essa visita será muito boa; poderás conviver com teu noivo e dissiparas essas dúvidas.

– Pode ser. Mas e se elas aumentarem?

– Então conversaremos de novo. E encontraremos uma solução. – Confortou-a o barão.

Com uma esperança nova nascendo em seu coração, Nina sorriu para o avô. O barão devolveu-lhe o sorriso e disse:

– Amanhã eles chegarão, Nina. Permanecerão conosco por duas ou três semanas. É um bom tempo para que tu encontres a segurança que te falta. Agora vamos ao almoço, que esta tarde temos muitos afazeres. Essa visita, por outro lado, prejudica um pouco a atenção ao trabalho na charqueada. – E, retirando Nina de seu colo, levantou-se fazendo careta: – Os políticos gostam de nosso dinheiro, mas não dos problemas de nosso trabalho... – Referia-se ao mau cheiro da charqueada, ao trabalho intenso, aos escravos, ao gado, enfim, a todo o universo real tão distante dos discursos das câmaras e dos gabinetes.

O almoço transcorreu em perfeita harmonia. Dona Marieta tagarelou incessantemente, misturando em suas falas doces, modas e fuxicos que corriam na cidade a respeito do próximo casamento de Nina. Um leve rubor tingiu as faces da jovem; por seus olhos perpassou uma expressão de rebeldia à menção do enlace matrimonial, o que não passou despercebido ao vigilante barão Gonçalo.

"Essa guria mudou. Nunca morreu de amores pelo noivo, mas lhe tinha simpatia, fora obediente quanto ao noivado e até ficara feliz. Algo deve estar acontecendo que justifique essa súbita mudança", pensava o barão, entre uma garfada e outra, observando as reações da neta às colocações da mãe.

Terminada a refeição, dona Marieta retirou-se imediatamente para descansar. Levantando-se, Nina comunicou alegremente ao barão:

– Vovô, enquanto o senhor e a mamãe descansam, vou aproveitar e dar um longo passeio no faeton. Esta semana os dias foram tão feios que fiquei trancada em casa. Amanhã chegam nossos hóspedes e por certo não poderei passear a meu gosto. Mamãe ficaria furiosa. Pedi que fizessem uma cesta, com um lanche para tarde. Vou demorar algumas horas. Não fique preocupado, pois João irá comigo.

– Hum, que idéia agradável! Pensando bem, acompanhá-la pode ser melhor do que descansar em meu quarto. – Declarou o barão, acompanhando atentamente as reações da neta à sua proposta.

Nina alterou rápidas expressões de surpresa, medo, decepção e por fim venceu uma expressão quase infantil. O olhar tinha o brilho igual ao de uma criança peralta ao maquinar uma brincadeira perigosa. Suavemente, sentou-se em sua cadeira, remexeu no guardanapo de linho bordado que largara ao lado das louças e falou:

– Seria muito bom. O senhor lembra quando eu era criança e a Bá fazia piquenique comigo nas figueiras da charqueada das Tálias, perto do arroio? O senhor sempre chegava na hora do bolo. – O avô, astuto, observava-a, fingindo recordar as cenas da infância da moça, simplesmente aquiescendo. – Se o senhor quiser ir comigo, vai precisar ser paciente, porque depois do passeio tenho que retirar as encomendas na loja do senhor Américo e provar alguns vestidos... quase sempre precisam de alguns ajustes. Ah! Também precisarei falar com o frei Siqueira, pois ele me pediu algumas doações para a obra da matriz. – Nina, fazendo ar de cansaço, sabendo que assuntos ligados à igreja eram simplesmente tolerados pelo avô, continuou: – E o senhor bem conhece o frei: conversa, vinho e churrasco não têm limites. – Fez uma pequena pausa, depois o encarou com amplo sorriso: – Posso mandar colocar mais louças e bolo na cesta?

"Menina inteligente", pensou o barão, orgulhoso. "Habilidosa em convencer alguém a fazer o que ela deseja; não nega meu sangue que corre em suas veias. Ela venceu".

– Pensando melhor, acho que o bom desse passeio será muito curto comparado aos inconvenientes. Outro dia, quando tu tiveres apenas o desejo de passear, irei contigo. – Declarou o barão, frisando a última frase.

Nina, feliz pelo sucesso de sua estratégia para dissoadir o avô de acompanhá-la, nem percebeu que o velho passava a mão nos grandes bigodes e acompanhava-a com um olhar divertido e curioso.

Afogueada, faces coradas e olhos brilhantes, Nina subiu no faeton onde a esperava o zeloso João.

– Vamos, João, que estamos atrasados! – Pediu Nina.

– Houve algum problema? – Indagou João, à sua chegada. – A sinhazinha demorou tanto que julguei estar algo errado.

– Imagine, João, que o vovô, no último minuto, disse que queria acompanhar-me no passeio. – Falou Nina, afoita. – Precisei lançar mão de algumas histórias para fazê-lo desistir da idéia. Aliás, tu lembraste o Juvenal da ida à loja do senhor Américo?

Vendo que João assentia calado, continuou: – Também da carta e da doação ao frei Siqueira? Ótimo! – Disse quando ele confirmou todos os preparativos.

– O barão está espiando atrás da cortina da sala de música. A sinhá tem certeza de que ele não desconfiou de nada?

– Vamos, João. Deixe de preocupações! – Declarou Nina enfaticamente e, olhando para a janela da sala de música, sorriu e acenou para o avô, demonstrando que sabia estar sendo observada. – O quilombo é longe e Álvaro está à nossa espera.

– É longe, sim, mas daqui duas horas, talvez um pouco mais, estaremos chegando.

– Apresse os cavalos. O assunto hoje é muito sério! – Pediu Nina.

Instantes depois, contornavam as margens do canal Santa Bárbara e encontravam Álvaro sentado na relva, sob a sombra de um salso chorão. Tão logo viu o faeton aproximar-se, o jovem médico ficou de pé.

– Doutor Álvaro! – Chamou João. – Vamos?

– Claro. – Respondeu prontamente o moço, subindo no carro. – Boa-tarde! – Cumprimentou, tomando a mão de Nina e beijando-a enquanto lhe lançava olhares repletos de carinho.

Entre solavancos, poeira e coxilhas, algumas horas depois eles chegavam a um local desconhecido para Álvaro.

– Onde estamos, meu anjo? – Perguntou ele a Nina, enquanto ela desembarcava.

– Não se assuste, estamos em terreno amigo. Aqui é um quilombo. – Vendo a expressão de surpresa no rosto de Álvaro, ela sorriu: – Pensaste que só ao hospital eu e João tínhamos acesso?

– Não, sempre desconfiei que tua bondade era maior. – A voz de Álvaro expressava a admiração cada vez maior pela ousadia da moça. – Mas confesso que nunca imaginei ver uma jovem de aristocrática família – e não me olhe com esse ar de estranheza, pois isso percebo em teu porte – pisar em um quilombo e ser bem-recebida.

Nina sorriu. Tomando-lhe a mão, caminharam rumo a um local de mata mais densa, onde se embrenharam com João à frente seguidamente emitindo assobios curtos e agudos à imitação de animais.

O percurso era acidentado; a mata, fechada e sombria; apenas uns poucos raios de sol eventualmente cortavam a copa das árvores. O solo úmido e fofo dificultava a caminhada, fazendo-os avançar lentamente.

Álvaro seguia atrás, acompanhando cada movimento de João e Nina. Em determinado momento, ele disse:

– Sempre ouvi falar dos quilombos, mas jamais pensei conhecer um. Isso é extraordinário.

– Silêncio! – Pediu Nina. – Os capitães-do-mato andam por toda parte, não podemos nos descuidar. Conversas geram movimentos nos pássaros e em outros animais que acabam chamando a atenção. – Explicou, pacientemente.

O jovem médico silenciou no mesmo instante, concordando com a gentil advertência.

Enfim chegaram a uma espécie de clareira, onde a vegetação se tornava menos densa, as árvores altas misturavam-se a outras de pequeno porte e viam-se trilhas indeléveis.

– Chegamos! – Falou Nina, baixinho. – Aqui fora não se fala, apenas cumprimente o Manoel Ferreiro, o chefe, e siga-nos.

– Certo. – Respondeu Álvaro.

João parou à frente, tendo Nina a seu lado e Álvaro à retaguarda. Erguendo um couro curtido que servia de porta a uma cabana improvisada, camuflada para se misturar à vegetação, saiu um homem negro, forte, trajando apenas uma calça de algodão rústico, bastante suja de terra. Ele trazia preso ao pescoço, em um tira de couro, uma pedra tosca com formato de lança. Manoel, reconhecendo os visitantes, apressou-se a encontrá-los.

– Epa! – Saudou, batendo no ombro de João, e, baixando a cabeça, dirigiu-se a Nina, dizendo: – Sinhá!

Álvaro foi encarado com desconfiança até João abraçá-lo demonstrando que o jovem era amigo. Então Manoel sorriu e, virando o corpo, caminhou em direção à cabana, sendo seguido pelo trio de forasteiros.

A cabana até que era bastante espaçosa; havia em seu interior um leito de palhas e algumas peças de roupa.

– Vamo sentá! – Convidou Manoel. – Quem é o moço?

– Sou Álvaro! – Adiantou-se o médico. – Trabalho no hospital. Sou filho do doutor Miguel.

Manoel trocou um olhar significativo com Nina, que esclareceu:

– Álvaro é médico e tem feito um trabalho exemplar pelos indigentes na cidade. Por isso está aqui. Tu podes confiar nele, Manoel, tanto quanto em mim e em João.

– Sinhá sabe qui num é bão trazê pessoa de fora inté aqui. Óia, dotô, nóis aqui somu caçado pior qui bicho. Tem nego por toda essa serra e os capitão sabe e pra eles isso é dinhero, mesmo qui a genti viva ansim do jeito que o sinhô tá veno. Pur causo disso num podemo nos juntá muito e isso dificurta a luta.

– Há quanto tempo vocês vivem aqui? – Perguntou Álvaro, olhando a jovem negra e uma criança pequena que se acocoravam ao lado de Manoel.

– Faiz um tempo, num sei precisá quanto. Já deu tempo di nascê o neguinho aqui, de ele caminhá e corrê livre aí em vorta, quando tamo de oio nele.

João esclareceu:

– Manoel era escravo na charqueada do Canal, doutor Álvaro. É um dos escravos mais especializados em fugas que eu conheço. É matreiro como poucos. Criou este quilombo. Aqui vivem mais três casais e duas crianças maiores que o pequeno Tobias. – Disse, olhando o infante.

– Tobias – repetiu Nina olhando Álvaro – tem um problema de saúde que João não sabe identificar. Esse é um dos motivos pelos quais o trouxemos aqui. Tu poderias tratar dele, Álvaro?

– Lógico! – Concordou o médico. – Mas aqui é muito escuro; precisaremos sair para a rua. Mal consigo vê-lo. Mas podem me dizer o que acontece com ele?

A jovem mulher trouxe o pequeno Tobias mais para próximo de si e relatou os padecimentos da criança. Depois entregou o menino nas mãos de Nina, pedindo para que fossem examinar a criança lá fora e afastados da cabana evitando que qualquer som lhes denunciasse a localização.

Com o pequeno Tobias nos braços, Nina caminhava resoluta, atravessando mais um terreno de vegetação densa que repentinamente terminava em um campo pedregoso.

– Pronto! – Disse Nina, carinhosa, falando ao menino. – Seja bonzinho e deixe o doutor te examinar, está bem? – Erguendo-o entregou-o para Álvaro. – Pegue-o.

O jovem aproximou-se, pegou o menino e avaliou-o criteriosamente. Era comprido, magro, tinha as faces encovadas, a barriga protuberante, pernas tortas e finas que sustentavam o corpo em pé com dificuldade. O menino não fazia qualquer barulho, parecia saber que disso dependia sua vida e a de seus pais. Nos olhos do pequeno lia-se o medo.

– Deus! – Clamou Álvaro. – Como são possíveis tantos horrores?

– Parece que sempre pode ser pior a situação dos escravos. Entendo o que está sentido. A primeira vez que João me trouxe aqui senti a mesma coisa.

– Nina, não tenho palavras para expressar o que eu sinto. – E, olhando desconsolado para a criança deitada imóvel sobre a relva, pois somente se notava que vivia pelo piscar dos olhos e a respiração, sentenciou: – O mal deste menino é a fome, vermes e possivelmente tuberculose. Notei a mãe muito magra, pele macilenta, com olheiras, voz rouca... São sinais típicos e a forma como vivem contribui para acelerar a doença.

Passou a fazer um exame improvisado, mas rigoroso, após o que olhou para Nina e declarou:

– Tobias não tem chances e provavelmente não as tenha também sua mãe.

– Como podemos minorar seus padecimentos? – Indagou Nina.

– Comida, melhor abrigo, alguns remédios... – Abrindo os braços para depois deixá-los cair ao longo do corpo revelando frustração, Álvaro prosseguiu: – Qualquer coisa que fizermos minorará o sofrimento dessa família.

Nina achegou-se e abraçou o jovem médico carinhosamente, dizendo, com o rosto encostado em seu peito:

– Vejo em teus olhos a revolta que abrigas em teu íntimo. Admiro-te muito por seres capaz de te colocares no lugar desses infelizes, pois só assim se abraça uma causa com determinação.

Apertando-a junto de si, beijou-lhe os cabelos negros e murmurou:

– Com determinação igual a tua, meu amor.

Nina ergueu o rosto, fitando-o. Sem esconder a alegria que aquelas palavras haviam-lhe despertado, respondeu:

– Muito maior que a minha, "meu amor"... – Destacando as últimas palavras.

– Como sou feliz por encontrá-la! Pensava que não encontraria uma mulher capaz de compartilhar comigo os mesmos anseios, de compreender meus ideais, meus gostos e meu jeito de viver. Acho que é um sonho, por favor, não me acorde. – Gracejou Álvaro e mal acabara de pronunciar as palavras o pequeno Tobias resmungava, pois estava tão fraco que não conseguia chorar.

Nina afastou-se dos braços de Álvaro e pegou Tobias no colo, aquecendo-o de encontro ao peito. A ternura com que segurava aquele pequeno farrapo humano deixava clara a sua imensa capacidade de amar e a falta de preconceitos em seu caráter.

– Vamos voltar, Álvaro, e entregar Tobias à sua mãe. Não é bom para a segurança deles que nos demoremos aqui.

Abraçados, retornaram à cabana. Devolvendo a criança à mãe, Álvaro deu-lhe várias recomendações, mas lhe faltou coragem para dizer àquela mulher que o menino morreria em pouco tempo. Mesmo entendendo a morte como uma passagem para outra vida, uma libertação, era doloroso dar a notícia da separação, ainda mais naquele ambiente onde se respirava, mais do que um desejo de viver, um anseio de escapar da morte.

Nina deixou com eles alimentos e um agasalho para a criança, pois Manoel alegou não ser conveniente ficarem com roupas, pois não sabiam até quando poderiam permanecer ali.

Rapidamente, visitaram outras cabanas do quilombo de Manoel; em todas, o que se viam eram quadros de miséria, fome, doença, o desejo de escapar da morte e respirar livre.

A tarde ia ao meio quando, no caminho de volta, pararam em um aprazível local para o lanche, nas imediações de um riacho com uma bela queda d'água que corria veloz e cantante em um leito de pedras, descendo a serra. Sentados ao redor de uma imaculada toalha branca, serviam-se de vinho, frutas, pães e queijos.

– Por que estás tão calado, Álvaro? – Perguntou Nina, enquanto trocava expressivos olhares com João, que por sua vez não desviava a atenção do rosto do jovem médico.

– Pensava, meu anjo. – Respondeu Álvaro, tomando a mão de Nina e afagando-a.

– A realidade do quilombo lhe chocou, doutor Álvaro? – Perguntou João.

– Talvez. Não sei se o choque que sinto é o que você imagina. – Álvaro trazia o rosto sério e o olhar perdido na contemplação das coxilhas cobertas de matas e campos. Como os demais o aguardassem, prosseguiu: – Eu analisava os sentimentos do Manoel Ferreiro e dos demais quilombolas. Desde que cheguei, tenho tido contato freqüente com negros escravizados. Os forros são muito poucos na cidade. E hoje, pela primeira vez, estive frente a frente com negros foragidos. E a realidade me surpreendeu.

– O que o surpreendeu? – Questionou Nina, atenta à conversa. – Não é muito difícil imaginar as dificuldades que eles enfrentam. Não têm trabalho remunerado, não podem se fixar em nenhuma terra, pois são perseguidos como mercadoria para ser apreendida e comercializada; também não possuem sementes para cultivar lavouras que lhes permitissem a subsistência. Só lhes resta roubar ou pedir.

Álvaro lentamente desviou o olhar da paisagem e fixou-o em seus companheiros. Organizando as idéias, disse:

– Tudo quanto disseste é verdade, meu amor. E não era com relação a isso minha surpresa. Surpreendi-me porque esperava encontrar convicção de liberdade, de resistência e uma consciência maior de si mesmos, de valorização pessoal. E deparei com uma realidade oposta a essa expectativa.

– Compreendo o doutor. – João falava gesticulando e apontando a direção em que se localizava o quilombo. – Lá, o que existe é medo de morrer, não desejo de viver e ser livre. Eles ainda são escravos, não se libertaram. Não é mesmo?

– Exatamente, João. Notei a forma como nos trataram, demonstrando subserviência, deixando claro que se julgam inferiores. Eles fugiram, roubam, assaltam, agridem a sociedade que os marginalizou, mas nossa organização social escravocrata lhes ensinou somente a violência e o medo. A lei do mais forte, parafraseando os teóricos evolucionistas, é tudo o que sabem. Falta-lhes uma consciência de individualidade, de se compreenderem filhos de Deus, com igualdade de direitos e deveres diante da vida. E a liberdade é o maior de todos os nossos direitos. – Explicou Álvaro, ainda pensativo.

– Entendo. João me falou certa vez sobre coisas que havia aprendido na condição de escravo e nunca mais esqueci quando ele me disse que se poderia ser submetido fisicamente a cumprir ordens impostas, entretanto, intelectual e espiritualmente só era escravo quem assim o quisesse. – Interveio Nina, sorrindo afetuosamente para João, como que partilhando agradável lembrança.

– Idéia muito interessante. Tu poderias me falar sobre ela? – Pediu Álvaro a João.

– Não é nada muito elaborado, porém de grande sabedoria. Foi meu amigo Tião, lá no Norte, quem me disse que no pensamento poderíamos ser livres; ninguém manda nele ou em nossa forma de sentir. Como acreditamos que somos mais que um corpo, que somos essencialmente um espírito imortal, logo se vê que a escravidão se reduz ao aspecto físico da vida. – Esclareceu João.

– Concordas com esse pensamento, Nina? – Indagou Álvaro.

– Totalmente. Sabe, Álvaro, na minha infância, meu contato maior era com os escravos e com meu avô. Como fui criada e educada por ele, vivia o universo dele: a charqueada. Uma ama preta, a Bá, foi em verdade a figura maternal da minha vida. Quando lembro uma mulher ao meu lado, os carinhos e cuidados recebidos quando criança, é o seu rosto marcado de sofrimento e ternura que me vem à lembrança, seus cabelos precocemente encanecidos... – Emocionada, Nina respirou fundo, baixou os olhos e, após alguns segundos, refeita prosseguiu: – Por isso sei das crenças africanas, conheço suas formas de adoração às divindades naturais, a idéia de vida após a morte e de comunicação e assistência entre os que se foram e nós.

– Tu crês nessas idéias? – Álvaro estava surpreso. Jamais a imaginara crente dos cultos africanos.

– Sinceramente, a única crença que não aceito é a pluralidade de deuses. Parece-me muito primitiva. Agora, quanto a crer na continuidade da vida e na possibilidade de contato entre um mundo e outro, vejo como racionalmente possível. E tu, o que achas? – Indagou Nina, devolvendo a pergunta.

– Também acredito serem possíveis. – E, sorrindo, completou, enfático: – Inclusive na Europa recentemente foram publicados livros excelentes por um pesquisador muito sério. Trata-se de uma obra profunda. Sua leitura nos faz ver a vida com outros olhos. Aliás, pode-se dizer que estudá-los corresponde a estudar a vida em sua diversidade de manifestações.

– Quanto entusiasmo! Devem ser livros excelentes. Já falamos sobre tantas obras e autores e nunca te vi tão empolgado por nenhum deles. – Disse Nina.

– São realmente muito bons. Se desejar, posso lhe emprestar alguns. – Vendo a clara aceitação de sua oferta por parte da jovem, continuou: – Agora estou lendo *L'Évangile Selon Le Spiritisme*. Uma obra extraordinária para se compreender o universo emocional e moral dos seres humanos. Trata-se de um estudo sobre as máximas morais do Evangelho de Jesus.

– Muito interessante, mas por que somente as máximas morais de Jesus? – Questionou Nina.

– O autor, Allan Kardec, explica que esse é o ponto de convergência de todas as religiões. Elas divergem quanto a fatos, fenômenos e ocorrências da vida de Jesus, mas seus ensinos morais são um só. E, especialmente, porque é neles, na sua compreensão e na utilização verdadeira em nossa vida, transformando nossa conduta em uma conduta cristão, que encontraremos a felicidade e a evolução espiritual. – Explicou Álvaro.

– É interessante realmente, mas o que tem isso a ver com o que estávamos discutindo anteriormente? – Interveio João, buscando fazer o assunto retroceder à questão da liberdade e da escravidão que o interessava diretamente.

Álvaro sorriu compreensivo e explicou:

– Divaguei um pouco porque as idéias que teu amigo te ensinou são coerentes com as expressas nas obras espíritas que citei. E quando conversava com os quilombolas não pude deixar de pensar no que havia lido. Há mais de dez anos esse mesmo pesquisador que referi lançou um livro que considero extraordinário chamado *Le Livre des Esprits*; nele há um estudo sobre leis naturais ou divinas, e entre essas está incluída a lei de liberdade e são discutidos vários temas co-relacionados. E o pensamento de seu amigo é expresso como sendo uma constante universal. Fica muito claro que no pensamento gozamos de uma liberdade sem limites e que ações podem deter-lhe a expressão, mas nunca aniquilá-lo, da mesma forma com a nossa consciência. Além disso, o que possa oferecer entraves, constrangendo os homens a agir de forma contrária à consciência, torna-os hipócritas e, por conseguinte, representa uma barreira ao progresso e à civilização verdadeira. – Olhando seus companheiros, notou-os extremamente interessados nas idéias que expunha e, mais alegre, continuou: – Mesmo quando estava em Coimbra, mantinha-me informado da situação local por intermédio de meu pai, que como sabem é um ferrenho defensor do abolicionismo, e quando li a obra ainda em Portugal procurava me colocar no lado oposto, ou seja, dos escravocratas, e ver se não era a posição social que desfrutam um obstáculo à liberdade de seus atos, se não estavam amarrados a idéias e compromissos, enfim todas essas coisas com as quais convivemos e, por vezes, repetimos sem pensar e analisar. Esse livro deu-me uma resposta a essa inquietação; seus autores reconhecem a força das exigências mundanas e dizem que Deus as leva em conta por questão de justiça, mas nos deixa a responsabilidade do pouco esforço que fazemos para superar esses obstáculos. Entendi que podemos e devemos lutar por estruturas e valores sociais novos, conformes com essas leis naturais que carregamos em nossas consciências, e nelas não há direito a escravizar outro ser humano, independente de sua raça. Mas hoje, lá no quilombo, eu vi que não só os escravocratas devem mudar suas posturas, mas também os próprios escravos. Em seu íntimo, eles ainda estão na senzala, subordinados a feitores e senhores. Falta-lhes a consciência de que são, por força da natureza, homens livres. Entravaram-lhes essa consciência e agora eles sucumbem sem lutar efetivamente para vencer esse obstáculo.

– Tens razão, Álvaro. – Apartou Nina, com a expressão concentrada. – Sempre notei que os escravos tinham muito pouco amor-próprio. Julgava que isso se devesse exclusivamente às condições de moradia, vestuário e alimentação que recebem. Por isso, sempre procurei dar-lhes o melhor a meu alcance. Mas, te ouvindo falar, notei que esse problema vai além. Será preciso esclarecê-los para que se libertem mentalmente da escravidão para que depois possam ser de fato libertados.

– É muito difícil fazer isso. – Declarou João. – A escravidão privou-nos de nosso idioma, de nossas crenças, de nossos familiares, de nossos próprios nomes. Não somos um povo, senão para alguns. A maioria se julga coitada e culpa os outros pelos momentos difíceis que atravessa. Muitos já nasceram aqui, toda sua experiência de vida foi dessa forma, não conseguem ver outras maneiras de viver... Além disso, principalmente aqueles que acabam levando 200 ou 300 açoites no pelourinho, usando coleiras ou bolas de ferro até morrer, são exatamente aqueles que demonstravam ter força interior, respeito por si próprios, exatamente por isso tinham liderança entre os outros. Esses tinham um ideal, nem sempre nobre, pois é freqüente a existência de vingativos, mas ainda assim havia neles motivos e coragem para viver e lutar.

– Eles precisam redescobrir o amor a si mesmos, reconstruir suas identidades individuais e coletivas; só assim poderão compreender a liberdade como tu sugeres Álvaro, e como a ensinou o amigo de João. – Resumiu Nina.

Álvaro olhou para ela e disse:

– É nisso que venho pensando, Nina: em como encontrar uma forma de falar com os africanos. Na ala dos indigentes é visível a mudança que se opera nos pacientes quando reforçamos, em conversas, essas noções de liberdade, de que precisamos lutar para vencer as imposições sociais que sejam contrárias à nossa consciência. Crer que algo seja imutável sobre a Terra é uma grande ilusão, tanto quanto que exista em alguém uma autoridade material superior capaz de manter todos os demais na inferioridade. Somente uma autoridade legitima a obediência: é a autoridade moral. Esta faz alguém realmente superior ou não, de resto são meras construções mentais desprovidas de verdade e razão, são ilusões.

Profundamente pensativo, João pouco participou do restante do diálogo. Apenas quando Nina começou a recolher as sobras do lanche, saiu do estranho estado e auxiliou-a. Retornaram ao faeton e quando já vislumbravam no horizonte algumas construções próximas à cidade foi que João voltou a falar, indagando:

– Doutor Álvaro, o senhor falava sério quanto a conversar com os escravos sobre suas idéias de liberdade?

– Claro, João. Apenas não sei como fazer isso, pois bem sabes que é proibida a reunião de mais de dois escravos até mesmo em um estabelecimento comercial. Então fico me perguntando: onde? – Respondeu Álvaro.

– Eu sei o local, doutor Álvaro. – Disse João, enquanto apressava os cavalos a correr, pois a tarde cedia rapidamente o espaço à noite.

– Pois então me diga!

– Nas senzalas. Só que para entrar lá o senhor tinha que ser preto. Aí poderia falar com os escravos. É o único lugar onde preto se reúne. – Falou João.

– João, tu és muito inteligente! – Na voz de Nina facilmente se reconheciam o orgulho e o afeto pelo ex-escravo. – Isso poderá ser um excelente caminho para prepararmos os negros para a liberdade, para fazê-los se unirem e lutarem por essa causa.

– Concordo plenamente com Nina. – Disse Álvaro com calma, prosseguindo, seguro: – E quanto a ser preto... não vejo problema. Pinto-me de preto, uso roupas de escravo, escondo os cabelos... E como é somente à noite que eles ficam todos na senzala, esse será nosso horário de trabalho. João, meus parabéns! Tua idéia é brilhante.

Seguiram conversando até chegarem próximos às margens do Santa Bárbara. Ali se despediram seguindo Álvaro ao encontro de Ernesto, a quem solicitara que viesse encontrá-lo no entardecer. Já próximos ao sobrado, enquanto contornavam a praça bastante movimentada naquele fim de tarde, João perguntou:

– A sinhá contou ao doutor Álvaro sobre o noivado e o problema do barão com o doutor Miguel?

– Não, João. Faltou-me coragem. Agora sinto meu peito oprimido e estou angustiada. – Confessou Nina, visivelmente triste e preocupada.

"Que ironia. Enquanto planejamos semear a consciência da liberdade entre os negros e o fim da submissão incondicional de uma raça a outra, dentro de casa membros de uma mesma família violam a liberdade de escolha, de consciência e de pensamento uns dos outros", pensou João, olhando o sobrado com suas altas janelas donde se via seu interior iluminado.

Capítulo XIV

Se se Morre de Amor

"O amor é paciente, é benigno;
o amor não arde em ciúmes, não se ufana,
não se ensoberbece".[1]

O dia de sábado encontrou Nina insone. Passara a noite rolando de um lado a outro, caminhara quilômetros no espaço de seus aposentos em voltas da janela à cama e à porta. Inúmeras vezes se vira, em pensamento, descendo as escadas e até mesmo as paredes do sobrado, ganhando a rua e batendo a porta da residência de doutor Miguel em busca de Álvaro. Ansiava por uma liberdade que não mais possuía. Desejava desesperadamente retroceder no tempo, não haver jamais aceitado o compromisso arranjado por seu pai com a anuência do avô. Lembrava com que facilidade se deixara convencer pelos argumentos usados pelo barão, principalmente de que, com a convivência, passaria a amar o futuro marido. Hoje sabia que isso não aconteceria tão facilmente.

---

[1] *Paulo. I Coríntios 13:4,* Bíblia Sagrada. *Trad. de João Ferreira de Almeida. Barueri: Sociedade Bíblica do Brasil.*

Para prosseguir cumprindo a palavra empenhada por sua família, precisaria sufocar um sentimento muito forte, enterrar seus sonhos, ideais e lembranças. Principalmente lembranças, pois se permitira viver a realização de seu amor. Jamais esqueceria a comunhão perfeita de pensamentos e aspirações que descobrira nos meses em que se relacionara com Álvaro. Faltar ao compromisso por certo equivaleria a atrair a ira de toda a família. Para seu pai, politicamente seria horrível tal rusga no relacionamento com os influentes marqueses; o cargo que ocupava no gabinete estaria em risco, depois de uma rejeição com tintas de escândalo. O avô abominaria a quebra da palavra empenhada. A honradez de sua palavra dispensava qualquer documento – e isso lhe fora ensinado desde pequena. Além disso, sabia o quanto o barão se orgulhava do trabalho do filho na capital, representando os interesses da província – especialmente dos charqueadores. E ainda havia a divergência política degenerada em franca hostilidade com doutor Miguel. Ao lembrar disso, Nina, mesmo em meio à angústia que lhe consumia, sorriu olhando pela janela na direção da casa de Álvaro. "Tal pai, tal filho", pensou. "Não medem esforços para lutar pelo que acreditam. Têm a defesa do direito à liberdade gravada a ferro e fogo em seus corações. Como é nobre o meu amado! Não há marquês, duque ou príncipe que se iguale a ele, sua nobreza não advém de um título comercializado ou herdado, mas da alma, e isso não há lei que outorgue ou retire. Como poderei receber doutor Pedro?".

Nos dias precedentes, conforme se avizinhava a chegada dos visitantes, mais e mais pensava em como solucionar aquele impasse de forma a ferir o menos possível as pessoas envolvidas. Tinha consciência de que o noivo lhe queria bem, mas não a amava, pois nem ao menos se conheciam profundamente. A convivência deles havia-se restringido ao burburinho de festas, saraus e idas ao teatro, nas poucas visitas que lhe fizera, portanto não abriria mágoas profundas.

Por outro lado, esse tempo fora suficiente para percebê-lo orgulhoso de seu prestígio e de sua posição, zeloso do cumprimento das convenções sociais. Ser rejeitado pela noiva – uma jovem interiorana de uma província conceituada como bárbara e cruel por estar constantemente envolvida em guerras, protagonizando o maior período de revolução civil em oposição ao poder central, do qual ele fazia parte – seria um golpe sério em sua vaidade, gerando conseqüências imprevisíveis. Fora visível que, no entender do noivo, ela deveria sentir-se a mais feliz e honrada das mulheres por ele ter aceitado o pacto matrimonial, fazendo-a sua noiva.

Nina divertira-se por muitos meses recordando o espanto que causara em doutor Pedro ao declamar poemas em francês, com perfeição. Ele literalmente transfigurara-se ao vê-la executar peças de Brahms, Beethoven e outros mestres da música.

– A anfitriã perfeita! Bela e culta. – Dissera ele, certa vez, examinando-a minuciosamente. – Poderás me acompanhar na carreira diplomática que pretendo seguir e é bom que saibas desde agora que a esposa tem um papel muito importante. Prepara-te ainda mais. Falarei com teu avô sobre isso. Que ele não regatei informações do cenário político para ti, pois me será muito útil que bem compreendas por onde transitaremos.

O que a divertira na ocasião, agora entendia como frieza e calculismo. O noivo não se interessara em conhecê-la como individualidade, mas sim em avaliar no que poderia ser utilizada. Ah! Quanto mais as horas avançavam maior era o asco que sentia pelo futuro próximo e seus integrantes.

Uma única esperança lhe animava os sombrios pensamentos: as palavras ditadas pelo espírito de sua avó. Lera inúmeras vezes as anotações que fizera, e dali surgira uma idéia, um plano de sucesso arriscado e duvidoso, bem sabia, porém se apegava a ele em busca de manter a sanidade e não se entregar ao desespero ou à apatia que não combinavam com seu caráter ativo e determinado.

Porém, reconhecia: começava mal, pois ante a confissão do amor de Álvaro, temera magoá-lo e não quisera quebrar a magia daquele momento, contando-lhe as dificuldades que ameaçavam separá-los.

Uma batida na porta alertou Nina para a presença da mucama. Era dia. Que dia!

No gabinete do sobrado, o barão, elegantemente trajado, aguardava a chegada dos visitantes e aproveitava o tempo dedicando-se à leitura dos jornais.

– Está pronto seu mate, barão. – Informou João, alcançando-lhe a cuia servida e recolocando a chaleira de ferro que continha água quente sobre o fogareiro de brasas para conservar a temperatura.

– Muito bom! – Aprovou o velho charqueador saboreando a bebida. – João, tu fazes um excelente chimarrão! – O negro abaixou a cabeça e permaneceu calado, sentado em um banquinho de madeira baixo. – E Nina? Já a viste esta manhã?

– Não, barão, não vi a sinhazinha. Deve estar se preparando para receber o noivo. Logo cedo a mucama passava os vestidos da sua neta e da sinhá Marieta. Vi quando ela subiu, há uma hora mais ou menos. – Respondeu João, indiferente.

– Minha neta está estranha nestes últimos dias. Não concordas? – Indagou o barão, atento à fisionomia do escravo.

– Não sei do que o barão está falando. – Tornou João, impassível.

– Nina é cheia de caprichos e manhas, eu a conheço. É levada e inteligente desde menina e não perdeu essas características. Mas há um quê de mistério, de tristeza em seu olhar, e às vezes uma certa rebeldia latente. Seus passeios têm-se estendido muito, freqüentemente se atrasa para as refeições. – O barão falava pausadamente, entre um gole de chimarrão e outro, como se estivesse falando sozinho. Após uma pausa mais longa, perguntou à queima-roupa: – Onde ela tem ido, João?

– Como, sinhô? Perdoe-me, mas não lhe entendi. – Respondeu rapidamente João, procurando ganhar tempo e elaborar uma resposta convincente.

– Tu acompanhas Nina a toda parte há mais de 15 anos. Perguntei onde ela tem ido às quartas-feiras! Não se faça de desentendido, negro! – Falou o barão, rispidamente.

– Mi perdoe, sinhô. – Disse João, humildemente. – Pensei que soubesse que a sinhá tem ajudado nas obras de caridade da matriz. É lá que vamos todas as quartas-feiras. Ela se demora conversando com o frei Siqueira, eu creio. Como sabe, não é permitido os escravos entrarem na nave principal da matriz; sempre fico aguardando na cela do lado direito da entrada.

– Hum... – Resmungou o barão, com expressão de quem não havia acreditado na resposta que ouvira. – Sirva mais um. – Pediu o barão, alcançando a cuia a João.

– Vovô! – Chamou Nina, abrindo a porta. – Bom-dia! Pelo que vejo, começaram cedo hoje.

– Bom-dia, Nina! – Respondeu o avô, beijando-a na face. – Tu é que estás atrasada. – Repreendeu-a, gentilmente. Observando o vestido de seda azul-turquesa, ornado com uma fileira de delicados botões de pérolas e rendas largas, disse: – Mas deixa eu te olhar... Como estás linda! Garanto que em todo o Rio de Janeiro não há outra moça com beleza igual à tua.

– O senhor é galanteador, isto sim! – Disse Nina sorrindo, porém o brilho de alegria estava ausente de seus olhos. – E, além disso, exagerado! Onde já se viu dizer que em todo o Rio de Janeiro não haverá outra moça mais bela? Como posso crer nisso sabendo que lá todas são muito elegantes e preocupadas com a beleza?

– Justamente por isso tu as vence. És como uma flor de primavera que nasce nos campos. Simples, bonita e com o brilho do sol e o frescor do vento. Tens encanto, coisa que não se adquire em loja, minha guria. Agora, senta-te a meu lado. Enquanto João me serve o mate, tu lerás as notícias. Aprecio ouvir tua voz.

Trocando um olhar com João enquanto o avô se distraía com a bebida quente, Nina compreendeu que algo havia acontecido antes de sua chegada. Procurando tranqüilizar João, iniciou logo a leitura dos jornais. Era mais seguro.

Próximo do meio-dia estacionava em frente ao sobrado uma confortável carruagem de aluguel.

– Chegaram Alberto e nossos visitantes! – Anunciou o barão, interrompendo a conversa de Nina e João. Pondo-se de pé, encaminhou-se para a sala de visitas, ao lado da escadaria.

Nina levou as mãos ao rosto, dando vazão a um momento de desespero; em seguida, respirou profundamente, ergueu os olhos ao alto, em um pedido silencioso ao Criador, depois, tranqüilizada, encarou João, anunciando:

– Começou. Peça a seus deuses que me protejam, ou melhor, que nos protejam. Os próximos dias serão difíceis e decisivos.

– Tenha força, sinhá! Bem sabes que não estás sozinha. – Confortou João, estendendo-lhe a mão que ela segurou com força.

– Vamos! De nada adianta ficarmos olhando de longe. Nessa história somos personagens principais, meu amigo. O palco está pronto e é hora de o espetáculo iniciar. – Declarou Nina, com uma expressão determinada e um sorriso enigmático no rosto.

– Sinhá está estranha. – Constatou João, curioso. – Bem que o barão Gonçalo esteve me indagando a seu respeito. Antes que sigamos para a sala – João espiou a janela e prosseguiu –, eles ainda não desembarcaram, temos um tempinho, preciso lhe contar que o seu avô quer saber aonde a sinhazinha vai às quartas-feiras e ele está desconfiado de alguma coisa. Eu disse o de sempre... – Um sorriso maroto descontraiu a fisionomia geralmente séria e retraída de João. – Pobre frei Siqueira. A sinhá abusa da aversão do barão pela igreja e da simpatia do velho frei pela sinhá. Para tudo, é ele a desculpa.

– Ele gosta. – Disse Nina, sorrindo à lembrança do velho amigo. – Além do quê, ele desconfia de nossas atividades e adora receber as doações que lhe fazemos. Mas, falando sério, não se preocupe, João, sei que frei Siqueira precisa apenas de um incentivo para aderir publicamente à nossa causa. E ele será muito útil, tenha certeza.

– Agora temos que ir. Eles estão descendo. Nossa! Quanta bagagem! Trouxeram uma mudança! – Informou João.

– Que seja! – Concordou Nina, andando ao encontro dos demais familiares muito segura, porte altivo, olhar calmo. Era a própria imagem da segurança.

Admirando-a mais do que nunca, pois bem avaliava as dificuldades com as quais lutava, João seguiu-a, implorando aos espíritos amigos que os ajudassem naqueles dias vindouros.

Um homem alto, cabelos escuros levemente grisalhos, magro e elegante desceu da carruagem e aspirou prazerosamente o ar primaveril; contemplou o céu azul sem nuvens e lançou um olhar embevecido à sua volta, detendo-o no sobrado, cujas grossas e altas portas duplas de madeira entalhada se abriam deixando-o ver os familiares reunidos para recepcioná-los. Caminhou rapidamente ao encontro do barão Gonçalo, abraçando-o fortemente:

– Papai! – Disse, à guisa de saudação, o recém-chegado: – Como é bom estar em casa!

– Já era tempo, Alberto. Ficaste afastado muito tempo desta vez, mas, como dizia tua saudosa mãe, "o bom filho à casa torna". Seja bem-vindo, meu filho. Fizeram boa viagem?

– Sim, claro. Apesar dos inconvenientes da distância. – Respondeu Alberto, depois se voltou para a esposa e, tomando-lhe a mão, cumprimentou-a polidamente. Mais alguns passos e deparou com Nina. Avaliou-a criticamente e sorriu contente: – Minha filha, desde a última vez que te vi, guardava na lembrança a imagem de uma jovem bonita, mas agora deparo com uma mulher de rara beleza.

– Obrigada, senhor. – Respondeu Nina. – É bom tê-lo em casa novamente.

– Por certo será muito bom esse período juntos. – Concordou Alberto. – É uma lástima que teus irmãos não tenham podido vir conosco. Seria uma ótima ocasião para uma reunião familiar. Mas ficará adiada até o teu casamento. Por falar nisso, lá vem o doutor Pedro. Deve estar muito cansado. Reclamou a maior parte do caminho o absurdo de ainda não haver linhas de trem para nossa cidade. Não aprecia cavalos, como todos sabem.

O barão não escondeu uma expressão de desagrado ao ouvir as referências à opinião de Pedro. Olhando para a neta, surpreendeu-a encarando-o e sorrindo brejeira.

– O vapor, para nós, charqueadores, é mais importante e útil que o trem. É nosso meio de transporte por excelência. Por que não vieram por mar?

– Nossos futuros parentes sofrem de enjôo no mar. – Informou Alberto, um pouco constrangido pela atitude do barão.

Nesse momento tiveram a atenção atraída para os passageiros que desembarcavam entre reclamos e expressões de alívio pelo fim da longa viagem. De pé sobre a calçada de cerâmica vermelha, um homem de aproximadamente 30 anos, magro, trajado rigorosamente dentro dos padrões da moda, cabelos loiros bem aparados, espanava com as luvas o chapéu e as roupas. Via-se em seu rosto que estava contrafeito e desconfortável.

– Que viagem horrível! – Exclamou Pedro. – Deus permita que seja a última vez que precisamos fazê-la.

– Concordo inteiramente, meu filho. – Falou uma mulher baixa, roliça, com finas tranças loiras presas ao redor da cabeça, e um vestido com muitas rendas e babados, de duvidoso bom gosto para seu tipo físico. – Que mais um ano tenha posto juízo na cabeça de tua noiva e do barão. Outra viagem dessas, eu não faço.

– Quietos! – Exigiu um homem de ar severo, muito magro e calvo. – Mal chegamos e já desejam nos indispor com nossos anfitriões? Parece que esqueceram o orgulho que o barão Gonçalo tem desta terra! Se lhes custa o sacrifício, lembrem que ele é um dos homens mais ricos desta província, e indiscutivelmente dos mais influentes politicamente. Portanto, Pedro, esmere-se para vencer as resistências da sua noiva.

– Papai tem razão, como sempre. – Anuiu Pedro, baixando a cabeça. – Prometo-lhe fazê-la concordar em marcar a data.

– É bom. De minha parte, pressionarei o barão a realizarmos de uma vez esse casamento. Mas bem sei que o homem é duro como aço, porém não forçará a neta, disso tenho certeza. Ficou muito claro quando somente anunciou o noivado após a concordância da moça. Dizem que o velho mimou-a muito, portanto, seja perseverante e paciente, Pedro. E, principalmente – falou em voz baixa, mas a censura era marcante –, não esqueça que não estamos nas noites de boemia do Rio de Janeiro e a jovem, portanto, é muito diferente das que você conquista por lá. Fui claro?

– Como o dia, meu pai. Não esquecerei seus conselhos. – Respondeu Pedro, obediente.

A distância entre o local em que se encontrava o barão e onde haviam desembarcado os visitantes era pequena, e claramente fora mal dimensionado o tom de voz dos recém-chegados, resultando que a expressão de desagrado do avô de Nina se acentuou após ouvir a troca de palavras havida entre eles.

Por fim, desceram os outros dois e juntos caminharam em direção à porta do sobrado, de imediato estendendo a mão e cumprimentando educadamente o barão Gonçalo.

– Sejam bem-vindos à nossa amada cidade e província. Desejo que tenham uma ótima estada entre nós! – Disse o barão.

– Com certeza, teremos, senhor barão! – Respondeu o marquês.

– Como tem passado, minha encantadora noiva? – Perguntou Pedro, tomando a mão de Nina e mal a levando aos lábios.

– Bem. – Respondeu Nina, de forma seca. – E o senhor?

– Cansado da vida de solteiro, minha cara. Confesso-lhe que não vejo a hora de tê-la sempre a meu lado. – Atacou Pedro.

Um estranho ruído seguiu-se às palavras de Pedro. Sua mãe, dona Leontina, que naquele momento cumprimentava o barão, a custo sufocou o riso, fingindo um espirro.

– Desculpe-me, barão. – Pediu ela, muito vermelha. – Creio que foi o pó da estrada.

– Por certo, minha senhora. – Respondeu o barão, friamente.

– Acredito que estejam cansados da viagem. – Interveio Nina. – Tomei a liberdade de mandar preparar-lhes os aposentos para que se recomponham e descansem um pouco.

– Excelente providência, querida! – Elogiou Pedro. – Preciso mesmo tirar esta terra de sobre a minha pele.

– Foi o que imaginei. – Disse Nina, lançando um olhar sugestivo ao avô. – Nós que vivemos aqui já estamos acostumados e nem ao menos notamos certas nuances que por certo não passam despercebidas ao senhor e seus familiares, doutor Pedro.

– De fato. – Porém, notando o visível desagrado na expressão do barão e a surpresa na face de doutor Alberto, logo se corrigiu: – Mas sua cidade é mesmo encantadora, em que pesem esses pormenores desagradáveis da viagem. Alguns dias no campo far-me-ão muito bem à saúde.

– Os senhores pretendem passar alguns dias na charqueada, então? – Provocou o barão, olhando para dona Leontina, em cuja face o horror se estampava. – Ótimo! Mandarei um aviso a Florência para que prepare tudo. – E, aproximando-se do filho, continuou: – Os campos são lindos na primavera! Além disso, poderão presenciar o início da safra. Especialmente para o senhor, meu caro marquês, será de muita valia! Verá exatamente como produzimos o melhor charque do Império, muito apreciado na Europa e nos Estados Unidos da América do Norte.

Observando-os enquanto subiam as escadarias rumo aos aposentos do piso superior, Nina não reprimiu um sorriso.

– A sinhá está com expressão de criança levada. Em que está pensando? – Perguntou João, e depois ele próprio respondeu: – Acho que não precisa responder. – E fez um gesto com a cabeça em direção aos visitantes. – Vai ser muito engraçado, não é mesmo?

– Se vai! – Concordou Nina. – Nada como uma hora após outra, João. Ontem, me recriminava por não ter tido coragem de contar tudo – e baixou a voz, completando –, tu sabes para quem. Agora, mal chegaram nossos visitantes e já percebi que vovô não gostou deles; isto é melhor do que eu esperava, facilita tudo.

– Tudo o quê? – Indagou João.

– Quando for a hora, saberás. Por enquanto, basta que faças algo para mim. Espere-me em meia hora na porta dos fundos. Vamos sair para um passeio durante o descanso de nossos hóspedes.

– Vamos lá?

– Aonde mais iríamos, João? – Devolveu Nina, rindo.

..*

No hospital, os médicos estavam reunidos tratando assuntos referentes ao combate à proliferação da tuberculose, cujo número de doentes crescia assustadoramente. Terminada a reunião, doutor Álvaro e doutor Miguel permaneceram confortavelmente instalados em torno de uma longa e pesada mesa de carvalho.

– Estás muito animado, meu filho. Será que tenho o direito de conhecer o motivo? – Perguntou Miguel.

– Claro, meu pai. Aliás, tua pergunta veio mesmo a calhar. Pretendia lhe contar nossos planos antes do anoitecer. Só peço que mamãe não fique sabendo de nada. Ela se preocuparia, e isso não lhe faria bem à saúde. Além disso, sinto-me mais à vontade sabendo que ninguém se aflige por minha causa. – Respondeu Álvaro, sereno e muito à vontade.

– Disseste "nossos planos"?

– Sim. Posso dizer que somos um grupo, eu, Nina e João. – Declarou, orgulhoso, o jovem médico.

– Nina... A moça de quem me falaste outro dia? – Ante a aquiescência do filho, Miguel prosseguiu, um tanto receoso: – Como está o relacionamento com essa jovem? Menos mistérios?

– Nina não tem mistérios a meus olhos, papai. – Declarou Álvaro, confiante, olhar apaixonado cheio de brilho. – Conheço-lhe a alma, é o que me basta. Família, residência e outros tantos detalhes são exatamente apenas isto: detalhes sem maior significado.

– Cuidado, Álvaro! – Advertiu o pai. – Dessa forma tu estás sendo ingênuo. Concordo contigo que o essencial seja a alma, mas não creio seja possível conhecer-se a essência de alguém em tão pouco tempo. E quanto ao que chamas de "apenas detalhes", alerto-te de que podem ser significativos... Por exemplo: nunca te ocorreu que a jovem possa estar comprometida com outro ou que sua família possa opor obstáculos a uma aproximação conosco?

– Pois lhe asseguro que conheço Nina. E quanto ao tempo, realmente ele nada representa. O que são alguns dias ou meses diante dos milhares de anos que o homem tem sobre a Terra?

– Não me enlouqueças, Álvaro, fugindo ao assunto de que tratávamos. – Interveio Miguel.

O som do riso de Álvaro demonstrou o quanto lhe divertira a intervenção do pai.

– Não me julgue mal, papai. – Pediu Álvaro, alegremente. – Não fugi do assunto. Estás lembrado de uma conversa que tivemos esta semana lá em casa? – Vendo a expressão confusa do pai, especificou: – Aquela quando chegaram os livros que me foram enviados pelo mestre Albuquerque. Recordas?

– Sim, claro, sobre outras vidas, reencarnação. Tema muito interessante. Mas o que a senhorita de quem falávamos tem a ver com isso?

– Não são palavras de um romântico, como o senhor me chama. São as expressões de meus sentimentos mais profundos. Eu sinto já ter vivido muitas vezes ao lado de Nina, por isso conheço-a... – Esclareceu Álvaro.

– Bela explicação! – Ironizou Miguel. – E quanto aos detalhes, como ficam?

– Em seu coração ela tem um compromisso comigo. É o suficiente. O resto virá a seu tempo... – Respondeu Álvaro.

– Escute, meu filho, estiveste fora da cidade por muito tempo...

– Só um minuto papai! – Interrompeu Álvaro. – Ouvi uma batida à porta; podem estar nos chamando. Vou verificar! – Levantou-se, indo até a porta. Abrindo-a, exclamou, surpreso:

– Nina!

– Boa-tarde, Álvaro! – Cumprimentou Nina. – Desculpe procurá-lo aqui, em horário que sei inconveniente, mas tenho urgência em lhe falar.

– Quisera todos os inconvenientes fossem tão prazerosos. – Respondeu Álvaro, segurando-lhe a mão gentilmente. – Entre, estava apenas conversando com meu pai. Veja que feliz coincidência. Agora poderei apresentá-los.

Nina adentrou a sala e, parando frente a frente com Miguel, declarou:

– Não será preciso apresentar-me a seu pai, Álvaro. Nós já nos conhecemos há muitos anos. – Com expressão suave, porém firme, Nina encarou o velho médico: – Como tem passado, doutor Miguel?

Surpreso ante a atitude franca e aberta da jovem, Miguel resolveu agir polidamente:

– Muito bem. E a senhorita?

– Ainda o aguardando. – Nina não se deixou intimidar pela aparente reserva do pai de Álvaro e prosseguiu, falando-lhe com intimidade. Álvaro, surpreendido pelo inesperado encontro, assistia à cena atentamente. – O senhor tinha um compromisso comigo há bons 13 ou 14 anos passados, está lembrado?

– Confesso-me confuso, senhorita. – Disse Miguel, em cujo rosto já se desenhava um pálido sorriso. – Será que está se referindo àquele período em que esteve doente quando menina?

– A que mais estaria me reportando, doutor Miguel? Tanto é verdade que há entre nós um compromisso não cumprido pelo senhor que com pouco esforço foi lembrado. Sempre que vejo um quero-quero recordo da forma como me tratou. O senhor continua tão habilidoso com as crianças? – Indagou Nina sorrindo francamente e mostrando no olhar a sincera simpatia que nutria pelo médico.

– Vejo que duas pessoas a quem eu admiro profundamente são velhas conhecidas. – Comentou Álvaro. – É pena que meu pai não tenha me feito conhecê-la antes, minha querida, eu teria sido bem mais feliz.

– Tu usas as palavras muito bem, meu amor. – Respondeu Nina, com ar caçoísta e um inegável brilho de adoração no olhar ao contemplar Álvaro. – Mas, lamentavelmente para o teu romantismo, eu não abdico de minha inteligência. Como poderia teu pai haver nos apresentado antes quando passaste os últimos 15 anos estudando em Portugal, explica-me?

Ao ver o jovem casal, Miguel constatou a reciprocidade e a força do sentimento que os unia. E deixou-se ficar analisando-os.

– Sendo um bom pai, ao saber de tua existência deveria imediatamente ter me avisado e deixado que eu te visse crescer, acompanhasse a menina virar mulher. Devias ser linda.

– Um anjo, meu filho! – Intrometeu-se Miguel, rendendo-se ao encanto de Nina. – Um lindo anjo moreno! Conheço Nina desde bebê. Atendi sua família por muitos anos. E Nina foi criada na charqueada, junto do avô. Era uma guriazinha encantadora, muito esperta. Aliás, continua sendo encantadora e esperta.

– Apenas deixou de ser uma guriazinha... – Completou Álvaro, beijando a mão da jovem.

– Por favor, assim acabarão por me constranger, o que admito nem sempre é tarefa fácil. – Alertou Nina.

Os dois homens riram da espontaneidade da moça e Álvaro ajudou-a a sentar-se em uma cadeira ao lado direito de seu pai, que estava na cabeceira, e, rodeando a mesa estreita, acomodou-se à sua frente.

– Diga-me por que veio à minha procura. – Pediu Álvaro.

– Está na hora de ver meus pacientes. – Declarou Miguel, fazendo menção de levantar-se.

– Por favor – pediu Nina, impedindo-o, com um delicado gesto, de se afastar –, fique. Não direi nada que o senhor já não saiba. Além disso, sua experiência poderá nos ser útil. – Vendo uma expressão de dúvida no rosto de Miguel, insistiu: – Fique e esquecerei de uma vez por todas que senhor nunca me ensinou a caçar quero-quero.

– Sendo assim, livrar-me-ei hoje de um velho débito. – Capitulou Miguel, retornando a seu lugar com expressão amistosa.

– Vocês parecem falar por códigos. Poderiam me ensinar? – Solicitou Álvaro. – Senão a brincadeira ficará sem graça.

– Meu amor, infelizmente não se trata de brincadeira. – Disse Nina, muito séria, diferindo drasticamente dos momentos atrás em que brincava descontraída com seu pai. – Vim até aqui porque preciso lhe contar alguns detalhes importantes que tu desconheces a nosso respeito.

– Detalhes? – Repetiu Álvaro, endereçando um olhar cheio de dúvidas para seu pai, e depois o pousando sobre a face de Nina: – Pouco antes de tu chegares, meu pai me alertava para a importância de certos detalhes. Parece-me que ambos sabem do que estão falando; então, por gentileza, contem-me.

Nina recebeu de Miguel um olhar de simpatia que lhe reforçou a coragem, animando-a a dar início à narrativa.

– Trata-se de uma série de pequenos fatos corriqueiros que desaguaram em uma discussão séria e em disputa de poder. Nunca lhe falei da minha família. Agora é o momento de fazê-lo. Sou filha do deputado Alberto, que ocupa um importante cargo no gabinete do Império, pelo Partido Liberal.

– Então você é neta do barão Gonçalo... – Interrompeu Álvaro, concluindo a linha de informações prestadas por Nina, com um nítido mal-estar. – A mente comercial e industrial mais brilhante da província, mas o ser humano mais endurecido e orgulhoso de que já tive notícia.

– Álvaro! – Repreendeu Miguel. – Deixe a senhorita Nina concluir sua narrativa. Ela apenas começou.

– Obrigada. – Agradeceu Nina a Miguel, e, lutando para ignorar a má reação de Álvaro às informações que dava, prosseguiu: – Bem, o fato é que aqui na cidade todos conhecem a influência que tem meu avô. Tenho perfeita consciência de que muito do que usufruímos em desenvolvimento econômico e cultural devemos ao seu trabalho. Não nego me sinto profundamente orgulhosa desse gênio empreendedor de meu avô. Porém, também reconheço que as muitas crueldades e o clima de medo e violência que reina em nosso meio foram fomentados por ele após a morte de minha avó, pela forma como lida com os escravos e seus preconceitos em relação à raça negra. Se me permite, Álvaro, vou lhe falar um pouco do homem que me criou e educou. – Pediu Nina e, entendendo o silêncio de seus ouvintes como permissão, continuou: – A meu ver, meu avô, o barão Gonçalo, não é só o ser humano "mais endurecido e orgulhoso de que se tem notícia", é também um homem solitário, que amou poucas pessoas, é verdade – ao que sei, minha avó e eu –, mas lhe garanto que ama profundamente, com sinceridade e dedicação comoventes. A nós, dizem que ele sempre foi incapaz de recusar qualquer coisa, sempre nos ouviu e respeitou. Discordo de muitos de seus posicionamentos, especialmente no tocante à escravidão, ao tratamento dispensado nas senzalas e nos eitos das charqueadas. Sempre agi tentando minimizar o sofrimento que eu via. Se meu avô tem ou não conhecimento de minhas atividades, sou franca em dizer que não sei. Nunca lhe falei, mas sempre agi de forma diversa da que ele procurou ensinar-me e fui respeitada por ele, tanto que sobre os escravos que eu administro, os domésticos, tanto da cidade quanto da charqueada, nenhum feitor tem ingerência. Uma série de modificações quanto às condições básicas de vida dos assenzalados foi feita e ele não ofereceu oposição, ao contrário, rendeu-se às melhorias com entusiasmo. Portanto, não seja precipitado em condená-lo.

Sacudindo a cabeça num esforço por reagir e superar o sentimento desagradável que a revelação de Nina lhe causara, Álvaro falou:

– Fizeste bem em me chamar à razão, Nina. De fato, não devo fazer julgamentos quanto ao barão. Foi pouco caridoso o meu comportamento. Perdoe-me! Fui vencido pelo velho hábito de emitir opiniões sobre pessoas de quem apenas ouvimos falar. Isso é diferente de conhecer a realidade fática, que pode ser muito diversa daquela sobre a qual formamos um juízo geralmente falso.

– Bem, prosseguindo, como disse fui criada por meu avô e doutor Miguel conhece de sobra essa história. Durante a minha infância, papai iniciou sua carreira política; com isso, ele e minha mãe ficaram ausentes da cidade por muito tempo, vindo visitar-me quase que de ano em ano. Como podes ver, minha família é meu avô, João, Florência, a minha mãe preta, a falecida Bá, e os escravos com quem convivo diariamente, por isso minha estreita relação com eles e a mútua confiança que possibilita nossas atividades. Aproximadamente há dez ou onze anos, se não me engano, meu avô e o seu pai tiveram um desentendimento sério no partido, em virtude da questão da escravidão. Ofenderam-se mutuamente na acirrada discussão, disso resultando que vovô liderou uma campanha para isolar a ação do doutor Miguel, em quem ele reconhece um forte opositor à sociedade escravocrata, cujo molde ele defende. Penso mesmo que ele, no seu íntimo, admira o doutor Miguel, mas ele é um tanto orgulhoso, quando diz alguma coisa nem ao menos cogita da possibilidade de voltar atrás, não desfaz nenhuma atitude equivocada, ainda que particularmente a reconheça. Desde então, não mais se falam. Sei que seu pai tem amargado maus momentos pela pressão da opinião e da influência pessoal do meu avô.

A moça fez uma breve pausa e, como ninguém acrescentasse nenhum elemento à sua narrativa, deu-lhe prosseguimento:

– Paralelamente a isso, meu pai, primeiro em Porto Alegre e depois no Rio de Janeiro, galgava cargos políticos com grande rapidez, alicerçado pelo poder financeiro dos charqueadores, cujos interesses defende. Como sabem, isso é algo bastante difícil, pois a composição do gabinete se altera anualmente, ora são conservadores, ora são liberais no poder. É instável e apesar disso meu pai tem-se mantido e é aceito por ambos os partidos. Há questão de 18 meses, a fim de garantir um apoio ainda maior à sua estabilidade no gabinete, meu pai sugeriu a meu avô uma aliança entre nossa família e os marqueses. Como nunca havia me interessado por nenhum dos rapazes que conhecia, aceitei os argumentos da família e concordei em ficar noiva do doutor Pedro.

– Noiva! – Exclamou Álvaro, desconcertado. – Não podes ser noiva! Tu não o amas, eu sei!

– Calma, Álvaro. A senhorita acabou de confirmar que foi convencida pela família quando ainda não te conhecia. – Argumentou Miguel, ponderadamente. – Ela está sendo franca contigo, ouve-a até o fim.

– Como posso aceitar uma notícia dessas? – Inquiriu Álvaro, recusando-se a aceitar o conselho paterno.

– É justamente para discutirmos isso que vim até aqui e conteilhe todos esses fatos. Pretendia tê-lo feito ontem, em nosso passeio, mas me faltou coragem de perturbar os bons momentos que vivemos. – Confessou Nina.

Álvaro levantou-se e foi caminhando até a janela; parecia buscar forças para fazer a pergunta que lhe queimava a mente.

– Pretendes me deixar e casar-te com esse tal de Pedro?

Nina levantou-se e foi ao encontro de Álvaro, fazendo-o virar-se e olhá-la frente a frente.

– Não quero me afastar de ti, a menos que esta seja a tua vontade, muito menos me casar com o doutor Pedro. Pensei muito em como solucionar o problema evitando uma decisão radical que iria ferir meu avô, a quem também amo. Acredito que ele será coerente como sempre foi com seus sentimentos e acabará por entender nosso desejo.

– Acho melhor deixá-los a sós para resolverem essa questão. –

Declarou Miguel, erguendo-se e se encaminhando para a porta.

– Doutor Miguel! Preciso lhe fazer uma pergunta. Espere.

– Faça-a logo. Meu filho é um homem adulto e sempre o educamos para que tomasse suas próprias decisões. Não precisará de mim aqui.

– Mas eu preciso! – Insistiu Nina, com um leve rubor nas faces. – Gostaria de saber se o senhor guarda mágoas com relação a meu avô e a mim.

Um pesado silêncio caiu sobre a sala. Todos sabiam as implicações daquela resposta. Miguel encarou o rosto um tanto perturbado de seu filho, a expressão aflita de Nina, pensou, recordou velhos fatos, avaliou o presente e sinceramente respondeu:

– Não, minha filha, não guardo mágoas. Seu avô tem sido meu pior adversário nos ideais que defendo, mas ele não é o único. Não fosse ele, qualquer outro rico charqueador o substituiria. E, quanto a ti, não tenho nenhum motivo para não te querer bem. Sempre gostei da guriazinha de cachos negros da charqueada das Tálias, nunca reclamei enfrentar a geada para te atender e sempre tive surpresas contigo... – Disse, lembrando do dia em que encontrara pela primeira vez o barão e João lado a lado. – Se meu filho tiver essa vontade, serás a filha que não encantou minha casa e de Eulália. Agora me vou. Tenham juízo!

Álvaro e Nina suspiraram ao mesmo tempo, sorriram um para o outro e abraçaram-se selando um compromisso que dispensava palavras.

– Lutaremos juntos também pela nossa liberdade de amar. – Sussurrou Álvaro ao ouvido de Nina, beijando-lhe os cabelos.

– Sempre! – Respondeu Nina, com os olhos brilhantes de esperança. – Ouça: tenho um plano! Precisamos conversar sobre ele e depois quero que me contes como estão os preparativos para a visita às senzalas.

Abraçados ternamente, trocaram idéias e estabeleceram a forma como agiriam para solucionar o malfadado noivado, buscando evitar um ruidoso escândalo. Entusiasmaram-se com o início das visitas de conscientização aos escravos do direito à liberdade e suas implicações.

Horas depois, já quase ao cair do dia, Nina descia a escadaria de mármore do hospital acompanhada de Álvaro.

– Leve esta moça traquinas diretamente para casa, João. – Recomendou Álvaro ao amigo sentado na boléia enquanto a auxiliava a acomodar-se. Depois o lembrou: – Espero-o em torno das 23 horas.

– Fique tranqüilo. Levarei a sinhá para casa. Posso perguntar se resolveram os problemas? – Indagou João, interessado.

– Todos, João. – Respondeu Álvaro. – Não há Pedro, importante ou não, que me separe de Nina.

– Sabia que o senhor agiria dessa maneira. É o certo. Fico muito feliz. Podem contar comigo para o que precisarem. – Ofereceu João.

– Sabemos disso, João. Tu és nosso maior amigo. – Declarou Nina, com um sorriso amplo que lhe iluminava encantadoramente o olhar.

– Por algum tempo ainda precisaremos nos separar. – Disse Álvaro aos passageiros do faeton. – Mas será por poucos dias. Agora vão, ou começaremos mal nosso plano. Até mais, João! – Despediu-se Álvaro.

– Até mais, doutor Álvaro! – Respondeu João, batendo as rédeas e pondo o carro em movimento.

..*

A lua de quarto crescente oferecia fraca iluminação à noite. Um vento leve, vindo da lagoa, soprava prenunciando dias de chuva. Esgueirando-se pelas ruas da cidade, mais afastadas do centro, João e Álvaro dirigiam-se às senzalas das charqueadas próximas ao Canal, que distavam poucos quilômetros do centro, facilmente cobertos a pé. O risco da empreitada não era ignorado. Na mesma semana um escravo fora duramente condenado a 200 açoites, por ser encontrado caminhando altas horas da noite carregando consigo uma ovelha; o pobre homem não tivera qualquer direito de defesa. Agonizava sobre uma tina de sal, onde fora jogado na sela do quartel da polícia. Presumia-se que um escravo andando pela cidade à noite promovia desordem e furtos, não precisando qualquer prova para embasar a decisão e a aplicação do Código de Posturas local.

Os contatos de João entre os escravos eram responsáveis pelo aviso da visita à noite e o esquema para entrarem pelas altas janelas da construção que abrigava os cativos estava armado desde cedo. Não tiveram dificuldade em alcançar o objetivo. Coração acelerado, a mente fixa nos propósitos traçados, Álvaro olhava o quadro à sua volta, penalizado. "Deus, isto não é humano", dizia a si mesmo, observando as faces revoltadas dos escravos, muitos doentes, quase todos desnutridos e esgotados fisicamente.

Todos temos a certeza íntima do direito à igualdade e à liberdade, porém, quando violados esses sagrados princípios de justiça, a revolta e a apatia convivem estranhamente juntas, formando um quadro final de hipocrisia, na maioria dos casos pela ausência da consciência de valor individual, convicção de ideais que animem a lutar pelo progresso.

As pessoas entregam-se a lamentos e buscam culpados para a desdita em que vivem, mas não se levantam, não reclamam seu direito, não lutam por si mesmas. É a fuga da responsabilidade pessoal na construção do próprio destino. Ficam, ingenuamente, no aguardo de um salvador, um socorrista, um milagreiro; enquanto este não vem, quedam-se apáticas, ignorando, voluntariamente, as leis eternas da vida sobejamente explicadas por inúmeros mensageiros que nos alertam, de forma cristalina, a que assumamos nossas responsabilidades pessoais e intransferíveis diante da vida. Auxiliar na construção do progresso é tarefa de todos.

No universo todos temos nossa parcela de contribuição; não há inúteis, nem imprestáveis, muitos menos seres impossibilitados de contribuir. A criação é una e nos fez perfectíveis. – "Sede perfeitos", convidava Jesus.

A hipocrisia equacionava a aparente resignação expressa na conduta com a declarada revolta estampada no olhar daqueles negros. Ela era a salvação de uma realidade que poderia tornar-se ainda pior. Porém, esse comportamento gerava baixa auto-estima aos assenzalados, pois violentava suas emoções, fazendo-os perder a dignidade pessoal a seus próprios olhos, o que os rebaixava ainda mais da condição humana, criando traumas e recalques para o futuro próximo e distante.

O bom aproveitamento de uma existência marcada pela violação dos direitos naturais necessita que se saiba distinguir perfeitamente entre um comportamento subserviente, altamente nocivo ao espírito, e a resignação, uma alavanca nos momentos de dor.

O subserviente coloca-se diante da vida na condição servil; por definição, é aquele indivíduo dependente de outrem, que não é livre, é subordinado. Daí transfere a quem julga dominador a responsabilidade por sua existência. Essa atitude, visualizada nos assenzalados, é ainda hoje encontrada à luz do sol nas ruas de todos os países. Há até mesmo aqueles que, quando se dirigem ao Criador, se autodenominam "seus servos", demonstrando o quão pouco compreenderam até agora do amor divino que não os colocou, nem os deseja, nessa condição, onde se prostram por força das ilusões que abrigam.

O subserviente se revolta, mas não age. Limita-se a expressões verbais, lamentando sua condição, dizendo-se sempre a vítima, o perseguido, o coitado que não tem condições de enfrentar o mundo, uma luta a seu ver desigual. É um espírito estacionado, momentaneamente paralisado, na trajetória evolutiva. Candidato a longos anos de sofrimento pela cristalização das idéias que fatalmente o conduzirão a um desejo insano de vingança, crendo ser possível fazer as próprias leis e dar-lhes execução conforme seu distorcido conceito de justiça prejudicado pelo vitimismo.

O resignado é o indivíduo que suporta pacientemente, sem se revoltar, os desígnios de uma força superior ainda que contrária a seus desejos pessoais. Renuncia a um direito em favor de alguém. Há nele uma força operante, ativa. Sofre, porém não se cristaliza, segue seu tempo, passa adiante daquela etapa. Tem a aceitação do coração e do intelecto. Não se reconhece menosprezado ou rebaixado, não se violenta. Aceita e trabalha para a construção de uma sociedade, aqui compreendidas da macro até a micro, mais justa. Coloca-se diante da vida na condição real de um "filho do Criador, sua criatura bem-amada", não se dirige a Ele como a um dominador, mas como a um pai, zeloso da educação e do desenvolvimento de seu filho – ele próprio.

Naquela senzala, praticamente todos eram "servos", espíritos servis, pesados de ilusões. Olhavam Álvaro com indisfarçável interesse, julgavam-no um louco e a João, um sonhador. Foram reticentes no diálogo proposto pelos visitantes e claros em dizer que aquela aventura redundaria em espancamento.

– A vida dos preto aqui é ansim memo. Tem qui güentá ou se matá. Os sinhô são nossos dono, dependemo deles pra vivê se num quisemo se matá. Intão é ansim e tá acabado. Num é um moço branco, pintado de carvão, que vai mudá isso. Largue di brincá com coisa séria, se não quisé senti o chicote no lombo, dotozinho. – Aconselhou ironicamente um dos cativos falando com Álvaro.

João ainda insistira tentando fazê-los ver a necessidade de unirem-se, da força que possuíam juntos, que era totalmente inutilizada pela maneira como agiam, mas foi em vão. Após mais de uma hora de conversa, foram convidados a sair da senzala por onde haviam entrado, pois eles tinham pouco tempo para dormir. Entre os mais de 50 negros que ali viviam, apenas um, que estava afastado do grupo, jogado sobre um pelego imundo e tossindo feito um condenado, prestou atenção ao que ouviu e deixou as palavras caírem em seu íntimo despertando reflexões e questionamentos, mas nenhuma palavra proferiu.

Silenciosos, Álvaro e João ganharam novamente as ruas.

– Será mais difícil do que havia imaginado... – Confessou Álvaro, próximo de sua casa.

– São muitos séculos de escravidão moldando o comportamento; esse tempo não se apaga com poucas palavras, doutor Álvaro.

– Sei disso, João. – Concordou Álvaro. – Estou um pouco decepcionado, mas não vou desistir. Conscientizar é uma tarefa árdua em todas as áreas e raças, quanto mais um povo escravizado.

– É madrugada. Vamos descansar. Amanhã quem sabe não seja melhor... Boa-noite! – Desejou João.

– Com certeza, meu amigo. – Álvaro estendeu a mão, tocando o ombro de João. – Nos vemos no mesmo horário. A luta apenas se inicia. – Afastou-se do amigo, despedindo-se enquanto abria o portão de ferro que dava acesso à sua residência.

..*

O período de convivência com os marqueses e seu filho não poderia ser mais revelador. O barão Gonçalo, com seu senso apurado, acompanhava dia a dia a evolução dos acontecimentos e com isso ia formando um juízo embasado acerca do caráter dos visitantes, de seus reais interesses e obviamente das vantagens da aliança.

Lamentavelmente, dona Leontina não o agradava em nada. Irritava-se com sua presença, tosca e leviana; ela era o protótipo acabado da matrona enfadonha. O fato de ela afinar-se perfeitamente com a nora era um complemento a mais a pesar no julgamento do velho charqueador. "Se uma custa-me suportar, aturar duas será uma provação divina", pensava o barão no segundo dia da visita. Quanto ao marquês, logo lhe viu o caráter dominador, o pensamento radical acerca dos postulados políticos dos conservadores e a mal disfarçada antipatia aos liberais.

– Caro barão, o amigo aqui está bem distante dos dissabores políticos da Corte. Agora, até que vivemos um período de relativa tranqüilidade, restringindo-se aos debates na Câmara os confrontos com os arruaceiros liberais que, inconseqüentes, há pouco incendiaram o país com sua sanha revolucionária. – Declarou, enfaticamente, o marquês.

O barão apertou fortemente os braços da cadeira onde estava acomodado; a expressão fechada do rosto refletia o desagrado ao ouvir a opinião do futuro parente.

– Ninguém está afastado do cenário político, marquês, uma vez que as repercussões do que ocorre na Corte atingem todo o território nacional, afetando a vida dos mais interioranos e ignorantes cidadãos. E, como vejo que não está bem-informado, vou esclarecê-lo de que agora mesmo, contra a nossa vontade, estamos financiando e enviando tropas para a Guerra do Paraguai. Há pouco tempo o mesmo foi feito com o Uruguai, quando sitiamos Montevidéu defendendo o país vizinho do ataque argentino: tudo para garantir o acesso ao Rio da Prata, impedindo o avanço inglês na América. Toda a despesa com a Guerra do Paraguai não tem outro objetivo. Mas me oponho a ela porque julgo que estamos servindo à Coroa Inglesa, a quem devemos muito ouro desde os tempos coloniais. – O barão contemplava a expressão atônita do marquês, que percebera a pouca diplomacia que usara ao expressar sua opinião, totalmente esquecido de que o barão era um liberal. – Vejo que está constrangido, mas sua opinião, senhor marquês, simplesmente expressa a mentalidade vigente na Corte: os brasileiros que dela estão afastados não fazem parte do cenário, são esquecidos, por isso lamento até hoje o malfadado Tratado de Poncho Verde. O Rio Grande não podia ter assinado a paz e deposto armas! Vocês lá em cima somente se interessam pelo café, pelo açúcar, pelo cacau... Os produtos do Sul que sustentam a economia interna são esquecidos. Entretanto, como o senhor está vendo, somente a nossa cidade, na vanguarda deste país, atuando na indústria, é responsável por 90% do faturamento da província. E o que recebemos do governo? Nada! Aliás, apenas obrigações. Mas nenhuma proteção à nossa atividade. A Revolução Farroupilha não teve outro estopim que não este: os altos impostos cobrados sobre o charque. Isso dificultava sobremaneira a exportação. Por esse descaso, obrigamo-nos a formar uma frente contra os imperiais e a lutar por uma forma de governo mais justa. Realmente nosso território gaúcho foi ganho à força, em desrespeito ao Tratado de Tordesilhas, e o Império parece ignorar a evolução que conquistamos e nos ver ainda apenas como defensores de fronteiras litigiosas. Como vê, não somos arruaceiros inconseqüentes! Temos razões históricas e políticas sustentando nossas posições.

O marquês não era páreo para uma discussão política com o barão Gonçalo, infinitamente mais inteligente, culto e ágil mentalmente em um debate. E, contemporizando, fez um discurso que era um amontoado desconexo de palavras, com vãs justificativas, e por fim rendeu-se e honrosamente buscou uma saída trocando o assunto para discutir a diversidade climática da região e suas estações bem definidas. Um tema absolutamente seguro.

O noivo de Nina gozava da simpatia do barão. Apreciava-lhe a companhia bem-humorada e leve, admirava o interesse pela carreira diplomática, mas, com o passar dos dias, a convivência em família mostrou ao barão o lado fraco do caráter de Pedro, visivelmente submisso ao pai. Ele participava das reuniões matinais no gabinete todas as manhãs e Nina habilmente conduzia a conversa para o terreno político, para a discussão das convicções pessoais do avô, restando claro que Pedro apenas repetia as opiniões do marquês, tolamente, sem qualquer convicção ou idealismo. Era um fraco, seguiria a carreira diplomática por absoluta falta de condições de atuar diretamente no centro do poder, de agir na política. Era uma saída digna, para a nobre família carioca. Um outro fato despertou a curiosidade do charqueador: por que a desbragada insistência em forçar a definição rápida, quase com urgência, de uma data para o casamento? Nada que não poderia ser facilmente investigado. Sigilosamente, tomou as providências necessárias à obtenção de informações completas sobre a família dos visitantes, desde sua real influência junto ao imperador até a situação de suas contas. Reconhecia que Alberto era ingênuo, quando comparado a ele, para avaliar as intenções de alguém. Algo estava estranho quanto aos marqueses.

Levá-los a passar alguns dias "no campo", como Pedro havia mencionado, foi verdadeiramente cômico. O mal-estar pela atividade da charqueada era indisfarçável. Nem mesmo a bela sede, tão querida a Nina e ao barão, chamou-lhes a atenção. Julgavam-se atirados à selva, temiam caminhar no campo, as rosetas e urtigas causavam-lhes horror, a qualquer ruído mais estridente pensavam tratar-se de guizos de cobras e uivos de animais ferozes. Do arroio, nem ao menos se aproximavam, pois temiam que ele fosse infestado de jacarés. Dormiam mal, alimentavam-se temerosos de um envenenamento pelos escravos, ainda que vissem a familiaridade com que Nina tratava Florência e os demais serviçais. Em poucos dias as olheiras e a fadiga estampavam-se nas feições dos visitantes, forçando o retorno ao ambiente urbano.

– Nada como a cidade. – Dissera Pedro, olhos brilhantes admirando os prédios e o teatro enquanto contornavam a praça rumando para o sobrado. – Surpreende-me, senhor barão, que em local tão afastado exista um teatro tão bem aparado. Louvo a iniciativa cultural deste povo.

– Ah! Então o amigo mudou de idéia e agora percebe que está na cidade... – Comentou, irônico, o barão, fazendo clara referência a seus comentários na chegada que o haviam ofendido profundamente em seu orgulho pela cidade que ajudara a projetar e erguer. – Nosso ideal é que nada falte à nossa "princesa" – assim se referiam à cidade os aristocratas locais, com isso demonstrando que se curvavam apenas ao próprio poder e nele reconheciam autonomia – em comparação a qualquer cidade européia. Para isso a projetamos. Fartura, riqueza, arte, cultura, bom gosto, educação, saneamento: somos uma cidade perfeitamente a par com o que há de mais evoluído em nossa época, meu jovem. Sabemos que ela destoa da província, mas enfim, que importa? O fundamental é que onde vivemos temos tudo quanto desejamos. É o poder do dinheiro e da inteligência que nos abre todas as portas.

"Nem tudo", pensava Nina, acomodada entre o avô e o noivo, observando os magros escravos que circulavam de cabeça baixa pelas calçadas. "Na Europa não há mais escravos, há trabalhadores".

Tendo transcorrido metade do período da visita, os confrontos de opiniões começavam a deixar arestas nas relações entre as duas famílias. Nina, irritada com as dificuldades que se colocavam à realização de suas atividades na comunidade de escravos, e especialmente com o afastamento forçado de Álvaro num momento importante do trabalho que desenvolviam, facilmente perdia a paciência com a futura sogra e o noivo, a quem a muito custo tolerava as atenções, mantendo-o, porém, afastado quando tentava qualquer aproximação maior. Era fria, reservada e acabava realmente mal-humorada. Seu plano de promover a discórdia dos visitantes com o avô parecia alcançar sucesso em relação aos marqueses, porém o barão ainda demonstrava simpatia por Pedro. Esse fato a exasperava ainda mais e não poupava ocasiões de demonstrar a pouca capacidade intelectual do pretendente.

Certa noite, dona Marieta promoveu um sarau, reunindo os amigos mais próximos no sobrado com o intuito de apresentá-los aos marqueses. Nina encantava a todos executando peças musicais ao piano, mantendo-se, dessa forma, alheia ao diálogo que ocorria à sua volta e entregando-se completamente à arte. Entre uma peça e outra, entretanto, ela não pôde deixar de ouvir as opiniões de um grupo próximo ao piano onde estavam seu avô, seu pai, alguns convidados, o noivo e sua mãe.

– Interessante a utilização que dão aqui aos filhos de escravos –

meninos de parede – é assim que os chamam, não é mesmo? Muito útil. Para nós, representam despesa, fazem muito pouco. – Dizia dona Leontina.

Meninos de parede eram crianças negras que serviam nas casas senhoriais, na mais triste condição de degradação da infância. Permaneciam os dias todos até altas horas escoradas junto a paredes das elegantes salas servindo os senhores, alcançando alimentos, bebidas e acendendo charutos. Eram maltratadas em muitas casas. Passavam fome enquanto alcançavam bandejas fartas de saborosos doces e salgados, absolutamente proibidos para aqueles pequenos que eram rudemente castigados se pegos comendo alguma coisa que não a ração que lhes era destinada. Freqüentemente, dada a tenra idade, as crianças acabavam dormindo de pé, vencidas pela exaustão, escorregando junto às paredes e aninhando-se nos assoalhos frios. Nina abominava tal costume, inflamando-se de raiva ao deparar com aquela barbárie.

– São de fato pequenos animais difíceis de ser treinados. – Continuava Leontina.

Nina cessou a execução da música e encarou a futura sogra, dizendo, asperamente:

– Não entendi sua opinião, dona Leontina.

– Vejam! Despertei a atenção de nossa artista para a conversa! – Disse, de forma coquete, Leontina. – Eu dizia, Nina, que acho muito boa a utilização que dão aos negrinhos aqui. Esses pequenos animais são difíceis de suportar até que se tornem realmente úteis. Mas com a proibição de importação dessas peças, vemo-nos na contingência de lidar com os inconvenientes da reprodução.

– "Animais", a senhora diz. É assim que os julga?

O barão olhou um tanto aflito para a neta. Não desejava debater o polêmico tema da escravidão. Intimamente sabia da simpatia da neta pelos negros. Entretanto, não interferiu, pois lhe aprazia que a insuportável Leontina recebesse uma corrigenda, ainda que fosse em relação a um assunto com o qual não concordava inteiramente.

– Claro! – Confirmou Leontina. – Certamente, uma jovem com a tua formação não há de julgá-los iguais a nós, como esses moderninhos abolicionistas.

– Pois os julgo tão humanos como nós. – Declarou Nina, enfaticamente. – Abomino essa prática que a senhora aprova. Julgo-a indigna de uma cidade que deseja emparelhar-se às sociedades européias. É cruel submeter uma criança a maus-tratos e explorá-la como força de trabalho.

– Minha filha, tuas opiniões são sonhos e idealismos. Quando chegares à minha idade, verás que são animais, alguns até engraçadinhos... Mas acredite: negros não são humanos.

– São tão humanos, dona Leontina, que está cheio, por esse país afora, de negras dando a luz a crianças mulatas. E arrisco a dizer que não só mulheres negras dão a luz a mulatos. Isso me parece prova suficiente da humanidade deles e de sua compatibilidade conosco, os brancos. – Disse Nina, gerando uma onda de exclamações de espanto entre os presentes pela ousadia de suas palavras, consideradas rudes e grosseiras em razão da explícita referência à sexualidade e à exploração sexual das escravas pelos senhores.

O barão não pôde deixar de louvar e admirar a coragem da neta na defesa de seus pontos de vistas e naquele em particular, pois Gonçalo não admitia cruzamento racial em hipótese alguma e o argumento de Nina era a mais pura expressão da realidade; por isso, fingindo não se aperceber do mal-estar causado pela franca declaração da neta nos convidados, acercou-se dela, segredou-lhe o apoio em voz baixa e, em tom normal, pediu que tocassem sua valsa preferida, contornando habilmente a situação embaraçosa.

As relações deterioravam-se rapidamente e o barão continuava recusando-se a forçar Nina a marcar a data do enlace. E a situação piorou seriamente ao final da segunda semana de visita.

..*

No *foyer* do teatro, uma pequena multidão de criaturas elegantes conversava durante o intervalo da apresentação de uma conceituada companhia lírica. A cidade, pela fama de cultura e riqueza, incluía-se, obrigatoriamente, como rota das turnês que viajavam com destino a Buenos Aires.

Álvaro, cercado por um grupo de amigos, deliciava-se com a eloqüência de Giuseppe Mariotti, arquiteto italiano recentemente instalado no Sul, engraçado por natureza. Seu discurso inflamado chamava atenção e logo acendeu um debate de trocadilhos provocando muitas risadas. O grupo atraiu a presença de muitos espectadores, acabando por se formar uma pequena apresentação paralela dos rapazes no *foyer* do teatro; logo outro substituiu os cômicos debatedores de costumes, recordando um fado dos tempos da Universidade de Coimbra, improvisando-se uma animada serenata.

– Poemas! – Pediu alguém da platéia.

– Poemas, claro! – Concordou prontamente o líder do grupo. – Pedimos a presença do doutor Álvaro, afamado amante da poesia nos tempos de Coimbra. – A suas palavras seguiram-se manifestações de apoio e passaram a aclamar a presença de Álvaro. – Doutor Álvaro, por favor, atenda nosso público! – Solicitou o amigo risonho e debochado, fazendo mesuras de um mestre-de-cerimônias.

Ao ouvir o nome de Álvaro, Nina, que era conduzida em direção ao camarote pelo braço do avô e do noivo, deteve-se e voltou-se para o grupo, encontrando o olhar de Álvaro. Um brilho apaixonado acendeu-se em seus olhos escuros e antes que percebesse sorria para ele.

– Vamos, Nina, deixemos esses jovens barulhentos! Em breve deve recomeçar o espetáculo. – Disse o avô, notando a transformação da neta.

– É, são indelicados esses senhores! – Criticou Pedro. – Não necessitamos expressar alegria com tanto alvoroço. Querem chamar a atenção. Deselegantes, não conseguem distinguir entre o ambiente de um teatro e de um botequim qualquer.

– Engana-se, doutor Pedro! – Defendeu Nina. – Os que conheço desse grupo são todos pessoas de esmerada educação.

– Qual desses rapazes tu conheces, Nina? – Indagou o barão.

– Eu, senhor barão! – Respondeu Álvaro, aproximando-se do trio. Estendendo a mão ao barão Gonçalo, o jovem médico apresentou-se:

– Doutor Álvaro Mendonça Braga, médico.

Educadamente, o barão respondeu ao cumprimento. "Atrevido o rapaz", analisou o avô de Nina em pensamento enquanto notava que o jovem não tirava os olhos de sua neta, ignorando completamente a presença de Pedro.

– Há muito desejava conhecê-lo! – Disse Álvaro ao barão. – O senhor é uma lenda viva entre nós, orgulhosos filhos desta cidade.

– Alegra-me que um jovem preze nossas tradições. Isso é a certeza da continuidade de nossos ideais.

Álvaro aquiesceu com um gesto ao comentário do barão Gonçalo e imediatamente curvou-se levemente à frente de Nina tomando-lhe a mão e beijando-a mais do que a educação permitia. – Como tem passado? – Perguntou à jovem piscando-lhe o olho.

– Muito bem. Feliz em reencontrá-lo. – Respondeu Nina com um sorriso que lhe iluminava o olhar.

"Ou muito me engano ou estes dois se conhecem bem mais do que superficialmente", cogitou o barão intimamente e, dando voz aos pensamentos, apresentou rapidamente o noivo da neta, perguntando:

– De onde se conhecem?

– Às poesias! Às poesias, doutor Álvaro! Venha! – Chamava o animado grupo. Um de seus integrantes veio ao encontro do médico, cumprimentou a todos e, tomando Álvaro pelo braço, convidou:

– Caro barão Gonçalo, senhorita Nina, senhor... – Referia-se a Pedro. – Não percam a oportunidade de ouvir doutor Álvaro declamar. É um talento artístico soterrado na medicina. Um desperdício.

– Obviamente ouviremos o jovem. – Declarou o barão, tomando o braço de Nina e encaminhando-se para onde se reuniam os animados jovens. – Não se prenda por nós, doutor Álvaro. Atenda o público que pede para lhe ouvir.

Álvaro lançou um olhar à volta, detendo-se por fim no rosto do barão e encarando-o por alguns segundos. Avaliaram-se mútua e silenciosamente. Curiosidade e respeito mútuos marcavam aquele momento. Por fim o médico encaminhou-se à escada subindo os poucos degraus até um patamar mais elevado, aproximou-se do corrimão e, tocando-o levemente, baixou a cabeça, fez um momento de suspense até que imperasse o silêncio no *foyer*. Com todas as atenções voltadas à sua pessoa, ergueu a cabeça, olhou de frente seu público e sorriu com simpatia.

– Senhores e senhoras – cumprimentou –, com imenso prazer aceito o convite. – Fez uma pausa e novamente baixou a cabeça como se ainda escolhesse o que declamar. – É uma lástima não termos um acompanhamento ao piano, mas lhes prometo colocar nos versos do poeta todo o sentimento de que minha alma é capaz. – Nova pausa em que Álvaro correu o olhar pela platéia até encontrar os olhos de Nina. – Todo poeta tem sua musa. Nesta noite, aproprio-me da composição do artista e desejo ser ele próprio. Falta-me, porém, a arte, mas o céu não me deixa ao desabrigo e dá-me a musa. Vou declamar, da autoria de um também aluno da Universidade de Coimbra, que honra as letras e a arte de nosso país, Gonçalves Dias, "Se se morre de amor". – Uma salva de palmas seguiu-se às suas palavras. Novamente os espectadores fizeram silêncio e ouviu-se apenas a voz clara e forte de Álvaro declamando:

"Se se morre de amor! – Não, não se morre,
Quando é fascinação que nos surpreende
De ruidoso sarau entre os festejos;
Quando luzes, calor, orquestra e flores
Assomos de prazer raiam n'alma,
Que embelezada e solta em tal ambiente

No que ouve, e no que vê prazer alcança!
Simpáticas feições, cintura breve,
Graciosa postura, porte airoso,
Uma fita, uma flor entre os cabelos,
Um quê mal definido, acaso podem
Num engano de amor arrebatar-nos.
Mas isso amor não é; isso é delírio,
Devaneio; ilusão, que se esvaece
Ao som final da orquestra, ao derradeiro
Clarão, que as luzes no morrer despedem:
Se outro nome lhe dão, se amor o chamam,
D'amor igual ninguém sucumbe à perda".

Álvaro declamara os versos como alguém que introduz um diálogo em que vai expor seu coração. A atenção de todos estava conquistada. Prosseguiu, convicto:

"Amor é vida; é ter constantemente
Alma, sentidos, coração – abertos
Ao grande, ao belo; é ser capaz d'extremos,
D'altas virtudes, até capaz de crimes!
Compreender o infinito, a imensidade,
E a natureza e Deus; gostar dos campos,
D'aves, flores, murmúrios solitários;
Buscar tristeza, a soledade, o ermo,
E ter o coração em riso e festa;
E a branda festa, ao riso de nossa alma
Fontes de pranto intercalar sem custo;
Conhecer o prazer e a desventura
No mesmo tempo, e ser no mesmo ponto
O ditoso, o misérrimo dos entes;
Isso é amor, e desse amor se morre!".

A identificação do barão com as emoções expressas nos versos na voz de Álvaro era absoluta, total. Conforme os ouvia, vinha-lhe à mente a lembrança da esposa bem-amada. Ah! Como o pobre barão bem conhecia aqueles sentimentos... Fora o mais ditoso e era, desde a morte de dona Mariana, o mais misérrimo dos entes. E prosseguia, emocionado, o declamador, imprimindo realmente as tintas das emoções que descrevia a cada palavra, a cada verso.

"Amar, e não saber, não ter coragem
Para dizer que amor que em nós sentimos;
Temer qu'olhos profanos nos devassem
O templo, onde a melhor porção da vida
Se concentra; onde avaros recatamos
Essa fonte de amor, esses tesouros
Inesgotáveis, d'ilusões floridas;
Sentir, sem que se veja, a quem se adora,
Compreender, sem lhe ouvir, seus pensamentos,
Seguí-la, sem poder fitar seus olhos,
Amá-la, sem ousar dizer que amamos,
E, temendo roçar os seus vestidos,
Arder por afogá-la em mil abraços".

Álvaro, fez uma pequena interrupção. Mantinha os olhos fixos em Nina e havia falado como se apenas ela o ouvisse.

Acompanhando o olhar do jovem, o barão deparou com a expressão enternecida da neta. Erguendo a voz, o jovem médico encarou também a ele como em uma resposta à pergunta que via nos seus olhos, e, enfaticamente, pronunciou o verso da estrofe:

"Isso é amor, e desse amor se morre!".

Álvaro voltou sua atenção exclusivamente ao barão. Sempre com o olhar determinado e a voz ardorosa, continuou:

"Se tal paixão porém enfim transborda,
Se tem na terra o galardão devido
Em recíproco afeto; e unidas, uma,
Dois seres, duas vidas se procuram,
Entendem-se, confundem-se e penetram
Juntas – em puro céu d'êxtases puros;
Se logo a mão do fado as torna estranhas,
Se os duplica e separa, quando unidos
A mesma vida circulava em ambos;
Que será do que fica, e do que longe
Serve às borrascas de ludíbrio e escárnio?
Pode o raio num píncaro caindo,
Torná-lo dois, e o mar correr entre ambos;
Pode rachar o tronco levantado
E dois cimos depois verem-se erguidos,
Sinais mostrando da aliança antiga;
Dois corações porém, que junto batem,
Que juntos vivem – se os separam morrem;
Ou se entre o próprio estrago inda vegetam,
Se aparência de vida, em mal, conservam,
Ânsias cruas resumem do proscrito,
Que busca achar no berço a sepultura!".

Nos olhos do barão, Álvaro divisou o brilho molhado das lágrimas. Mal sabia o quanto tocava o coração do poderoso Gonçalo. Declamara os versos pensando em pedir, por meio das palavras do poema, a compreensão do avô de Nina, explicando-lhe o que lhes aconteceria se acaso fossem separados, ignorando por completo que expressava a própria vida afetiva do poderoso e temido proprietário da charqueada das Tálias. Em tom de lamento, cantando à solidão e ao vazio, Álvaro declamou a última estrofe:

“Esse, que sobrevive à própria ruína,
Ao seu viver do coração – às gratas
Ilusões, quando em leito solitário,
Entre as sombras da noite, em larga insônia,
Devaneando, a futurar venturas,
Mostra-se e brinca a apetecida imagem;
Esse que à dor tamanha não sucumbe,
Inveja a quem na sepultura encontra
Dos males seus o desejado termo!”

O silêncio seguiu-se às últimas palavras da poesia. Era o maior tributo prestado a um artista. Álvaro tocara-lhes o sentimento. O barão, disfarçadamente, enxugava uma lágrima que, teimosa, fugira de seus olhos. Nina não se movia, nem seus olhos piscavam, totalmente fixos em Álvaro. O noivo a seu lado tinha a expressão carregada; contrafeito, reconhecia o erro de sua opinião, porém nada, além disso, percebera, até que o jovem médico retomou e palavra e, em alto e bom som, pediu:

– Com sua permissão, barão Gonçalo, dedico essa poesia à sua neta.

Irromperam aplausos, assobios e pedidos de bis, porém logo se ouviu o sinal anunciando o reinício da apresentação da companhia lírica. Uma a uma as pessoas foram se afastando, retornando a seus lugares. Restaram apenas o barão Gonçalo, a neta, seu noivo e o aclamado declamador.

– Vá, Nina, retorne a nosso camarote com o doutor Pedro. – Determinou o barão, ignorando a expressão angustiada de Nina ante a ousadia da atitude de Álvaro e o medo da reação do avô.

– Faça o que seu avô pediu, Nina. – Encorajou Álvaro, muito

tranqüilo, vendo a moça imóvel, enquanto ele se aproximava do barão.

Sem outra alternativa, muda de espanto, Nina obedeceu. Convidou Pedro a subir, mas ignorou completamente o braço que ele lhe oferecia. Expressão fechada, tomou as fartas saias do vestido de seda branca que usava e avançou em direção às escadas que conduziam aos camarotes, sendo seguida por um Pedro muito aborrecido, pois finalmente, após a declaração do jovem médico, se apercebera do que acontecia.

– Estou ultrajado! – Nina ouvira ele dizer. – Escandaloso esse tal médico... – Subira os degraus enumerando expressões desaforadas que por covardia não tinha coragem de dizer ao adversário.

Sozinhos no *foyer*, os dois homens voltaram a se encarar; eram adversários que se mediam, travando uma espécie de luta silenciosa, pelo olhar, que não conhecia derrotado. Eram almas em comunicação, transmitindo sentimentos e falando cada qual de seu caráter, sem o uso da palavra. Por fim reconheceram-se iguais.

– O doutor há de convir que me deve algumas explicações. – Expôs o barão, quebrando o silêncio.

– Foi para dá-las e falar francamente com o senhor que provoquei, deliberadamente, esse episódio. – Respondeu Álvaro.

O barão olhou em volta. Notando a movimentação de alguns funcionários e olhares de esguelha de alguns espectadores mais interessados no espetáculo protagonizado fora do palco, convidou:

– Minha residência fica do outro lado da praça. Vamos conversar em meu gabinete.

– Com prazer. – Concordou Álvaro e adiantou-se seguindo em direção à porta.

Enquanto recebiam os chapéus e casacos – pois, apesar de primaveril, a noite era fria –, o barão deixou um recado à neta avisando que se encontrava em casa.

Ganhando a via pública, caminharam pelas alamedas da praça e rapidamente ingressaram no sobrado.

– Estou a seu inteiro dispor para as explicações que desejar, barão

Gonçalo. – Declarou Álvaro tão logo se acomodaram no gabinete.

– Em primeiro lugar, meu jovem, quero que me fales a teu respeito. – Pediu o barão.

– Falar a meu respeito? – Indagou Álvaro, incrédulo ante o inusitado da proposta.

– Exato, me ouviste com perfeição.

– O senhor poderia então ser mais explícito dizendo-me o que deseja saber a meu respeito? – Solicitou Álvaro.

– Conte-me a sua vida. É isso que quero. Fale, esqueça que estou aqui. – Determinou o barão, usando um velho truque para formar um juízo sobre alguém: deixar que a pessoa se exponha livremente.

Álvaro, com a espontaneidade de quem nada tem a esconder, iniciou o relato de sua vida. Falou da família, dos tempos de estudante, de sua profissão, da decisão de retornar à cidade e dos motivos que tivera para isso; por último, relatou seu trabalho, a forma como conhecera Nina e o relacionamento que mantinham há alguns meses. Os únicos fatos omitidos foram os referentes às atividades abolicionistas.

À medida que o rapaz falava, seguro, convicto e determinado, cativava a admiração do barão, que o ouviu sem interrupções.

– Estão explicadas as estranhas atitudes de Nina nos últimos tempos. – Comentou o barão ao final da exposição do jovem. – Qual o motivo de haver declamado aquele poema agora há pouco?

– Sou um admirador da obra de Gonçalves Dias. Ele é exímio ao retratar sentimentos. Ele é claro num terreno difícil de ser expresso em palavras. E "Se se morre de amor" diz do que sentimos, eu e Nina, do nosso presente de alegria pelo grande afeto que nos descobrimos capazes de sentir, que vem marcado pela sombra do medo de uma separação em troca de um compromisso de conveniência política. E sou sincero em admitir: de medo pelo desprazer que nos reservaria um futuro, distantes um do outro. Os sentimentos do poeta exilado, afastado de sua amada por preconceitos raciais e interesses, reflete com perfeição meus sentimentos. Não esperava encontrá-los no teatro esta noite e não premeditei meus atos, mas, vendo a oportunidade, decidi provocar essa conversa, assumindo publicamente meu amor por sua neta. Desejava há muito vir lhe falar, pois sei que aos olhos de Nina o senhor é mais que um avô, ela o ama profundamente e não desejo por nada me interpor na amizade de vocês, ao contrário, gostaria imensamente de ser aceito nesse convívio. Assim, quando os vi e logo vieram os pedidos dos amigos, enquanto subia a escada decidi fazer o que de fato fiz. Como diz o povo: "A boca fala do que o coração está cheio". – Explicou Álvaro.

– Tu amas a minha Nina? – Perguntou diretamente o barão. – Faria dela a razão de tua vida e tua alegria?

– Amo! – Respondeu Álvaro, firme. – E ela é, desde o primeiro dia que soube de sua existência, o "anjo de consolação" da minha vida. Isso responde à sua segunda pergunta?

– Sim. Terias algo mais a me dizer, doutor Álvaro? – Provocou o barão.

– Por educação lhe devo um pedido de desculpas pela exposição pública de um assunto particular. Mas, como entendo que o mais atingido fui eu mesmo, não o farei. Além disso, quando defendo algo em que acredito, uso de todos os recursos honestos a meu dispor. – Álvaro fez uma pausa, avaliando a reação do barão, que, contudo, não moveu um único músculo da face. – Um pedido ainda tenho a lhe fazer: Por tudo quanto lhe contei, pelos sentimentos que tenho, por não admitir abrir mão de algo precioso à minha vida, peço-lhe a mão de Nina em casamento.

– Tu és realmente ousado e abusado, rapaz. – Ralhou o barão. – Nina é noiva há quase dois anos do filho do marquês, doutor Pedro Sagres. Como podes pedi-la em casamento?

– Creio que não há força maior que o amor, barão. Nada se opõe a ele, nem mesmo a morte.

– Agora falas bobagens. A morte é cruel para os que amam, separa-os sem pedir licença ou dar aviso. E no seu rastro, meu jovem, apenas fica a dor cantada com maestria pelo seu poeta. – Disse o barão, com os olhos velados e baixos, como que desejoso de esconder a dor que carregava n'alma.

– Depende de como vemos a morte, senhor. Se julgarmos que com ela se extingue a vida, então realmente o amor a ela não sobreviverá. Porém, meu pensamento é diverso. A morte é apenas uma passagem para um mundo paralelo, onde continuamos a viver mantendo a nossa individualidade. Estamos no mundo para evoluir, crescer. Amor é expressão de crescimento. Vejo nascimento e morte como fenômenos que se repetem num contexto de vida. – Contraditou Álvaro.

– Idéia estranha essa de que nascimento e morte se repetem. Parece sem lógica. – Comentou o barão, pensativo, olhar voltado ao alto como que buscando velhas lembranças.

– Ao contrário, ela é recheada de lógica. A vida é um presente, uma doação que recebemos do Criador. Usufruí-la é nosso direito; bem usá-la é um dever. A vida de que lhe falo é a do espírito, não a da matéria. O espírito é um ser imortal, barão, que nasce, morre e renasce inúmeras vezes na carne em busca de aperfeiçoamento, em busca de aprender o que seja o amor. E o que sinto por Nina é uma manifestação do amor. Por isso lutarei por esse direito. Gostaria que nosso afeto fosse reconhecido e que convivêssemos harmoniosamente. Mas, se isso não for possível, acredite: não desistirei de Nina.

– Já basta! – Ordenou o barão, fazendo-se de irritado. – Era tudo quanto faltava: ser ameaçado em minha própria casa! Retire-se imediatamente!

– Já estava de saída, senhor! – Respondeu Álvaro, destemido. Percebera que o barão fazia gênero. Sob o umbral da porta, voltou-se e afirmou: – Não fiz qualquer ameaça, apenas dei-lhe um aviso, barão, a respeito do meu modo de proceder. Passar bem. Apesar de tudo, guardo esperança em uma reposta afirmativa a meu pedido.

– O senhor saberá da minha decisão. – Respondeu o barão, secamente.

Solitário em seu gabinete, Gonçalo revia os acontecimentos dos últimos dias. Recordando a expressão do olhar de Nina ao contemplar o atrevido médico, não tinha como negar: era a mesma que aprendera a conhecer nos olhos da esposa. Ah! Como tortura a saudade. "Vivemos após a morte, sei disso. Continuar amando, convivendo com nossos entes queridos seria dez mil vezes melhor que o céu dos padres. Eu, ao menos, daria o que tenho de bom grado para prosseguir vivendo ao lado de Mariana", pensava o barão.

Ao lado do velho charqueador, a amorosa companheira desencarnada assistira a todo o desenrolar da conversa com Álvaro. Percebendo seus pensamentos, soprou-lhe ao ouvido:

"Nada tem mais força que o amor, Gonçalo. Ele vence tudo, não conhece barreiras. Eu te espero aqui ao teu lado, apenas um véu tecido de ilusões nos separa. Ajuda nossos jovens a encontrar a mesma ventura que nós partilhamos".

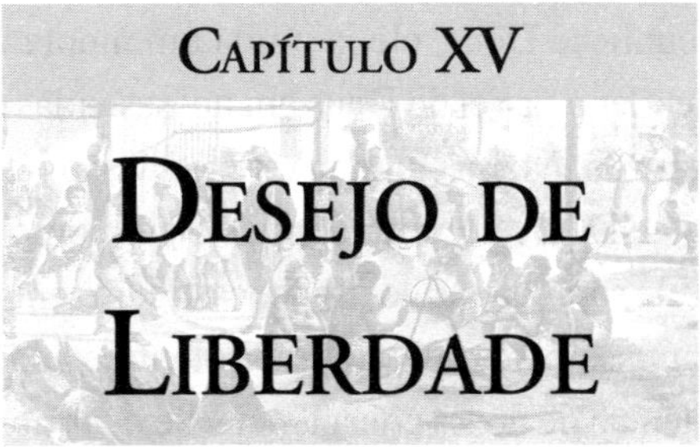

Capítulo XV

Desejo de Liberdade

"O homem de gênio que persegue a realização de alguma grande empresa triunfa se tem fé, porque sente em si que pode e deve alcançar, e essa certeza lhe dá uma força imensa".[1]

– Ih, pai João, ele si foi! – Exclamou Tião, observando Álvaro deixar o sobrado do barão Gonçalo a passos firmes.

– E o que esperavas, Tião? Que ele pernoitasse com o barão? – Indagou, divertido, pai João.

– Tião pensô qui o moço fossi falá mais coisa pro barão. Ele precisa muito de ouvi umas verdade. Onde já se viu querê que a sinhá Nina vá se casá cum um home sem graça feito dotô Pedro? Além di que, o barão precisa de se instruí mais da vida, dexá de pensá que pur que tem podê faiz o qui bem entende inté cum os que são da famía dele. Si ele só oiásse um tiquinho – Tião erguia a mão à altura do rosto, mostrando com os dedos um pequeno espaço entre o dedão e o indicador – ansim pra rua e pras pessoa, sem intenção de fazê dinhero,

[1] *Allan Kardec,* O Evangelho Segundo o Espiritismo, *Cap. XIX, item 12. Trad. Salvador Gentile. Araras: IDE.*

mais quereno cunhecê Deus, ele ia mudá um monte e sê bem mió.

– Compreender o papel de Deus em nossas vidas é fundamental, Tião. Tens toda razão. Nossa conduta reflete a visão interior, o conceito que fazemos de Deus. Se entendermos Deus como nossa imagem humana, então ele será vingativo, irado, castigará sem piedade; assim justificaremos nossa própria conduta violenta e acomodaremos os gritos de advertência de nossa consciência. Se o virmos como a inteligência suprema, infinitamente perfeito em todas as qualidades e virtudes – que reconhecemos por meio da leitura de sua obra: a criação –, então isso passará a exigir um esforço de mudança e melhoria em nossa conduta. Os freios naturais do nosso comportamento – a vergonha e a repulsa – aos atos impensados e bárbaros serão mais ativos. O barão riscou fora de sua existência a ligação com a divindade; o resultado é que possui um interior árido, torturado pela incompreensão da vida que ele próprio mantém, aflito, cheio de dúvidas, sofrido. Para fugir a isso, atirou-se ao trabalho, apegou-se à ilusão do poder, do orgulho, da vaidade... Hoje é mais escravo que João. O noivado de Nina é uma prova da escravidão do barão. Ainda que lhe dando uma participação ao firmar o compromisso, ele esmerou-se em convencê-la a aceitar e colaborar. Por quê? Para consolidar um interesse de poder e influência política. Esqueceu ou soterrou a própria experiência que lhe ensinou a felicidade de viver ao lado de quem se ama. E mesmo com todo afeto dedicado à neta, não hesitou num enlace de interesses. A verdadeira escravidão, Tião, é quando deixamos de ouvir as advertências de nossa consciência, das nossas experiências passadas na defesa de um ensinamento extraído das leis divinas que temos esculpidas no íntimo, em favor dos interesses mundanos, transitórios por natureza. Aí somos escravos da pior das senhoras: a ilusão. Ela é cruel, distorce a realidade e quando vemos a vida por seus olhos agimos mal e, conseqüentemente, sofremos. Comprometemos nossa liberdade de pensar e agir, pois tal qual vírus ela contamina nossa mente. – Pai João fez uma pausa e, olhando a decoração das salas amplas e elegantes, sentenciou: – Álvaro não podia lhe dizer mais do que disse.

– Comu qui não? Ninhuma palavra qui si diz pra esclarecê o outro é posta fora. – Retrucou Tião, enfaticamente.

– Me fazes rir, Tião. – Declarou pai João, sorridente e colocando a mão sobre seu ombro o guiou à saída. – Tua ingênua disposição de servir, porém, é digna do maior respeito. Mas aprenda, Tião, que as coisas não são bem assim.

Sentados ao meio-fio da calçada em frente ao sobrado, Tião contemplou as estrelas e depois deixou, pensativo, o olhar vagar pelo movimento de pessoas que contornavam a praça deixando o teatro.

– Num são? Intão cumé que é? Será que inda sô escravo di arguma ilusão?

– Se buscarmos nos conhecer com muita honestidade, reconheceremos que levamos algum tempo até nos libertarmos totalmente das ilusões. É freqüente substituirmos a ilusão da dificuldade e da impossibilidade de realizarmos alguma coisa pelo seu oposto, achando que a natureza opera milagres e que poderemos por nossa vez realizar mágicas transformando espíritos em poucos segundos, com algumas palavras. Não é assim não, nego véio. – Esclareceu pai João, balançando a cabeça negativamente para fortalecer a mensagem que passava. – Tanto que Jesus ensinou, na parábola do semeador, que devemos ter consciência de que o efeito de nossas palavras dependerá das condições evolutivas de quem as ouve. Poderemos ter uma produtividade nula, frágil e sujeita à perda por intempéries, pois sem raízes; baixa, por ser um solo pobre; e, por fim, boa, se o terreno houver sido bem-preparado. Ora, um terreno bem-preparado é aquele amadurecido, que já conquistou a necessária educação no processo evolutivo, para compreender as verdades universais espalhadas em muitas crenças, inclusive na mensagem espírita da qual Álvaro se fazia porta-voz. Mas não se aflija, nego véio, o moço agiu muito bem, demonstrando que aprendeu a lição. Lançou algumas sementes para avaliar o tipo de solo.

Não formou um juízo ilusório de impossibilidade nem de milagre comportamental. Fez um teste. Lembra aquele outro ensinamento: "Não dê pérolas aos porcos"? Se Jesus agia assim, e ele é o divulgador, o mestre por excelência, qual a razão de querermos converter alguém à nossa forma de ver a vida?

– Pai João sempre tem razão. – Concordou Tião, com o olhar brilhante de interesse nos ensinamentos que ouvia. – É difíci respeitá o direito do otro di sê diferente.

– Não, Tião, é simples desenvolver esse respeito: precisamos compreender que cada um age de acordo com seu estágio de aprendizado na vida. Lembra como fazia mademoisele Lefreve quando ensinava João e Nina?

– Si alembro, era dum jeito pra sinhazinha e dotro pro João e no fim os dois entendia a mesma coisa.

– A vida é diversa em suas formas de manifestação, mas una em seus objetivos. Somos todos espíritos imortais, temos várias passagens pela vida física. Alguns amadurecem mais rapidamente, outros demoram mais, entretanto, cedo ou tarde todos chegam ao objetivo que é a evolução e a destinação da felicidade plena.

– Tião é feliz, mais...

– Já sei, nego véio! – Interferiu pai João. – Só por dizer "mas" está respondida tua dúvida: a felicidade de que podemos e devemos gozar na Terra é relativa.

– Pur quê?

– Vou lhe fazer estudar mais, Tião. É muito cômodo perguntar tudo. Pois não vou te responder. Segue o exemplo de Álvaro: estuda e encontra a explicação. – Respondeu pai João, fazendo-se de muito severo. – Ah! Tem mais: vou querer que me expliques depois.

– É devê di casa? – Disse Tião, sorrindo de forma marota.

– Exatamente. – Afirmou pai João. – Agora vamos, que nosso trabalho na senzala nos aguarda.

Naquele instante, ouvia-se o ranger lento das grossas dobradiças de ferro do portão lateral. Por uma estreita brecha esgueirava-se João, roupas pretas, que o deixavam quase invisível na escuridão da noite.

– É João! Já tá ino. Vamo si embora, cabô o divertimento. – Confirmou Tião, erguendo-se, sempre sorridente. – Hoje é só cum os preto. Num vai tê cunversa do dotô Álvaro.

– Tião, guarde uma coisa que vou lhe dizer: aquele que melhor fala de um assunto é quem bem o domina. A teoria auxilia muito, mas a vivência dá a credibilidade que realmente convence, fornece as palavras à força do sentimento. Não há líderes teóricos. Eles precisam do poder da autoconvicção e da total entrega à luta, e esses fatores só se reúnem naqueles que vivenciam a situação que defendem, que conhecem os meandros e as dores que cercam os envolvidos no problema, tem que ser um deles. Se não é um deus estrangeiro. – Fez uma breve parada e, colocando a mão sobre o ombro do aprendiz, continuou: – Lembre-se do ensinamento: "Aquele que prega é muito mais bem escutado quando pode dizer: Eu suportei mais que vós; suportei sem lamentar-me". E em que pese a importância de Álvaro no trabalho com os cativos, a liderança cabe a João. Agora é o momento decisivo desta sua existência.

– É memo? Pur quê? – Indagou Tião, curioso

– João, como a maioria de nós que vivenciamos essa prova/expiação, foi falho no aprendizado do convívio em sociedade, bem sabes. Principalmente nos equivocamos em demasia no uso da autoridade, nas provas que a fortuna oferece, pois ela sempre se faz acompanhar de uma grande dose de poder e conseqüente autoridade. É um solo fértil ao orgulho, ao egoísmo, à sensualidade, até a luxúria, enfim, aos abusos de toda ordem.

Pai João explicava um tema inteiramente dominado por Tião, mas que ele sempre julgava útil repetir a fim de deixar cristalino que a responsabilidade de nossos atos é intransferível e deles se originam nossas condições de vida.

– Pois é, Tião. É chegada a hora de você saber um pouco mais sobre João. Ele foi um xeique árabe, de nome Omar Ben Salim, que governava uma tribo nômade que comerciava peles, tapetes e jóias. Tal como no passado recente, era de temperamento impetuoso, arrebatado, bastante egoísta; atendia primeiro a seus interesses, depois aos de seu povo, porém, como era um exímio guerreiro e um orador notável, dominava facilmente seu povo, exercendo uma autoridade que beirava à tirania. Foi um juiz cruel e impiedoso. "Alá" era uma palavra muito usada em seu vocabulário, e quando muito se repete uma palavra ela acaba por perder seu significado e tornar-se um conceito banal. Dessa forma, ele transformou Deus em apenas uma "palavra sem significado", mas que servia ao propósito de auxiliar o povo a manter-se curvado à sua autoridade. Resumindo: dia a dia, ele foi mais e mais se acostumando a impor suas decisões, custasse o que custasse, pouco se importando com o seu povo. Omar Ben Salim tornou-se um tirano, muito duro. Quando ingressava já na meia-idade, apaixonou-se perdidamente por uma jovem, filha de um xeique de outra tribo. Tinha outras esposas, mas nenhuma outra mulher o havia enfeitiçado como a jovem Sharik. Seu pedido de tomá-la como esposa foi rejeitado pelo pai da jovem sob alegação de que ela estava prometida a outro a quem amava desde menina. Não suportando a rejeição, foi ainda mais inclemente com seu povo. Ben Salim tinha um amigo a quem ouvia muito; esse homem, sabedor das ocorrências, sugeriu ao xeique que tomasse a jovem Sharik à força. A idéia vingou e acabou por conduzir a uma luta sangrenta em que muitos morreram de forma atroz. Sua tribo foi quase dizimada.

– É verdade? – Indagava Tião, penalizado e perplexo ao mesmo tempo. – Que que acunteceu dispois?

– Não importam detalhes, Tião. O fato é que foi uma sucessão de tragédias. João, ou Omar, cada vez mais preso em suas ilusões, dizimava sem piedade vidas subordinadas à sua tutela ou, como no caso de Sharik, tomada à força. Depois de um violento desencarne, passou anos de revolta na espiritualidade até se arrepender e reconhecer seus enganos. Do resto já sabes: aí está nosso velho xeique Omar, sob as vestes de João.

– É, muda as coisa, os cuntecimento, mais lá no fundinho, causano tudo quanto é barbaridade, tão elas, né, pai João? – Indagou Tião.

– Elas quem? – Questionou pai João, que não entendera a idéia de Tião, pois ainda pensava no passado de João e de tantos outros em igual situação.

– As treis pesti da alma, ora. – Vendo que pai João esforçava-se por compreendê-lo, sorriu e disse: – O orgúio, o egoísmo e a vaidade.

– É memo, nego véio! – Concordou, risonho, pai João. – Pai João gostô dos nome que ocê deu. Quando se carrega dentro di si essas pesti só se espaia sufrimento pros otro e pra nóis memo. Achá qui somu mió qui os otro é uma afronta pra lei qui diz qui nóis semo iguá. As diferença somu nóis qui fizemo. Quando são pur bem, num faiz mar, respeitá a lei e os otro, mais quando são ilusão, só faiz escravizá o espito e gerá ruindade. São pesti das braba.

Perfeitamente entrosados na tarefa que abraçavam, os amigos espirituais rumaram para a senzala que João visitaria aquela noite. Encontraram-no apeando do cavalo que amarrou em uma árvore em local afastado da sede da propriedade. Com andar arrastado e moroso, caminhou em direção à construção de pedra que abrigava os escravos. Como combinado, encontrou uma corda à sua espera facilitando a subida até a abertura de ventilação por onde se introduziu em seu interior.

Pai João, no interior da senzala, observava o esforço de João para superar as limitações físicas. Quando por fim ele pôs-se de pé sobre o solo de terra batida, chamou Tião e lhe fez sinal para que observasse o desenrolar dos fatos.

Os cativos, alguns já recolhidos sobre seus pelegos, outros ainda envolvidos em fabricação de rústicos artefatos que lhes facilitavam a vida, foram pouco a pouco tendo sua atenção centrada na figura de João, parado alguns metros além da porta.

– Intão, nego, qui tu qué cum a genti? É bão te explica ligero, qui nóis temo poco tempo pra descansá. – Alertou um dos assenzalados, peitando João com expressão feroz no rosto.

– Tenha calma, irmão! – Pediu João. – Vim em paz. Meu interesse é conversar sobre a nossa liberdade.

– Tu chama de irmão mais num falá qui nem nóis. Inté parece branco! – Falou o cativo, ironicamente. – E óia: pra tu é fáci chamá de irmão! Tua história é cunhecida por toda negrada dessas charqueada! Nóis num temo uma sinhazinha pra nos defendê. Aqui o laço manda e quem num bedece vai pro tronco, toma laço, fica nos ferro, e se o nego se assanha ganha as argola pra baxá a cabeça e cum elas morre. Tudo nóis sabe disso.

Serenamente, João ouviu as acusações até agressivas do companheiro, decidindo ignorá-las. Afastou-se do atrevido escravo e andou até onde estava a maioria dos negros.

– Venham! – Convidou. – Não tenham medo! Meu desejo é conversar, somente isso. Não creiam em tudo o que ouvem. Sei que tenho mais sorte que a maioria por ter caído na casa da sinhá Nina. É verdade que há muitos anos não sofro castigo, aprendi a falar como branco, sei escrever, fazer conta e não moro em senzala. Mas aqueles que falam isso a meu respeito esquecem de dizer que nem sempre foi assim. – Notando que os negros o olhavam curiosos, interessados, alguns com mal disfarçada inveja, prosseguiu: – Vou contar-lhes como vim parar aqui...

Enquanto João narrava sua história de dor e sofrimento, todos o ouviram silenciosos. Ao final, tinha a simpatia e a confiança deles.

– Como tu vês – disse João, dirigindo-se ao cativo que o recepcionara –, as diferenças que disseste haver entre nós nem sempre existiram e se eu as superei e conquistei a minha liberdade legal a vocês também é possível. Até hoje não usei a carta de alforria porque entendi uma lição que me foi dada nos primeiros dias de escravidão. Vivendo essa realidade, eu compreendi que não posso ser feliz sozinho. De nada me adiantaria ser um negro livre em uma sociedade que escraviza os meus irmãos de raça. Por isso, fiquei ao lado da sinhá, e juntos temos tentado ajudar os escravos. Há pouco tempo se juntou a nós o doutor Álvaro, filho do doutor Miguel, abolicionista conhecido. Pois bem: foi dele a idéia de invadirmos as senzalas para conversar sobre a liberdade, que é nosso direito, e nos unirmos para lutar por ela. Olha, pessoal, não podemos ficar de braços cruzados apanhando até morrer, esperando que os políticos, que não são negros, muito menos escravos, venham nos libertar. Por justiça, tenho que admitir que há muitos interessados nessa causa, mas é também verdade que a esquecem quando interesses maiores e pessoais se colocam à sua frente. Realmente, os mais empenhados são os mestiços livres, porque sentem o que é o preconceito. Não são aceitos nem entre os brancos, nem entre os negros. Mas, porque em geral descendem de mãe escrava, aliam-se à causa abolicionista.

O silêncio reinava na senzala. João fizera uma pausa para respirar e avaliava as expressões de seus ouvintes. Estavam todos pensativos, e isso era um bom sinal. – Nós somos maioria. Digam-me: quantos feitores há nesta charqueada?

– Um e uns deiz capitão-do-mato. – Respondeu uma escrava de ar determinado. Em seu rosto se viam marcas deixadas pelo chicote em forma de grossas cicatrizes nas bochechas. As cicatrizes haviam marcado um rosto de exemplar beleza negra.

João olhou as marcas da brutalidade, apreciou o rosto e o corpo da mulher e perguntou:

– Estas marcas foram feitas por eles?

– Fôro, sim! – Respondeu, sem esconder um sentimento de revolta e mágoa. – O sinhô mi usava pra escrava de cama. Quando cheguei aqui ele era viúvo e inté qui eu tinha uma vida mió, dava inté pra fazê qui nem tu e ajudá os daqui da senzala. Eu agradava ele... – Ao dizer isso, um sorriso desenhou-se em seu rosto marcado; a escrava recordava-se naquele momento dos tempos em que exercia o poder decorrente da paixão sexual que despertava no dono. – Uns tempo dispois decidiu se casá, trouxe uma branca doutro lugá. O sinhô pur uns tempo num mi procurô, mais dispois vortô... Dizia qui num pudia fica sem vê meu corpo preto... Eu trabaiava lá na casa-grande e um dia ela discobriu. Ficô morta de raiva, mi alembro da cara dela. O sinhô num viu que ela tinha visto nóis dois junto, e tamém num contei. Caí em desgraça pur que ele morreu em seguida e agora quem manda aqui, até os fio dele sê grande, é a branquela. No dia qui tavam enterrano o sinhô, a mardita mi entregô pro feitô e os capitão-do-mato mi usá. – Lágrimas escorriam pelo rosto da escrava, mas sua voz era firme e rancorosa. – Mi machucaro muito, mais dispois que mi deixaro jogada na despensa da casa ela veio cum um reio de treis tento e mi bateu. Distruiu meu corpo e meu rosto, pensei qui ela fosse mi matá, mais intão ela parô, disse que ia mi dexá vivê pra podê mi batê sempre qui ela tivesse vontade, quando se lembrasse da humilhação qui tinha vivido pur causa do sinhô num querê ela. – Enxugando as lágrimas, declarou: – Num güento mais essa vida, tu tem razão, nóis têm qui si uni e lutá pra i si embora, mais livre.

Engolindo em seco, ante o drama enfrentado por aquela mulher, João ficou alguns segundos em silêncio como que procurando as melhores palavras para expressar uma verdade dura, sem machucar ainda mais aquelas pessoas. Por fim, retomou a palavra, dizendo:

– Todos sabem que aprendi muito com os brancos. Com eles conheci um pouco mais das suas crenças. Não foi das missas não, que delas nós, os pretos, só temos o dever de ouvir, já que não entramos na igreja, ficando nas celas laterais; ainda assim não se entende mesmo pois os padres rezam em latim. Mas o barão Gonçalo tem muitos livros e a sinhá tinha que estudar todos, inclusive um que falava do Deus deles, chamam-no Jesus...

Resumidamente, narrou-lhes o que conhecia da vida de Jesus, segundo uma concepção católica.

– Pois é. Há um ensinamento dele que sempre me chamou a

atenção: diz que uma vara se quebra com facilidade, mas um feixe é muito mais difícil. Desde quando eu vim no navio negreiro tenho notado a falta de união entre nós. Sei das explicações, mas agora elas são passado, sem importância, temos de esquecer e nos unir. Fazer igual ensinou o Deus deles: unidos seremos mais fortes, resistiremos; porém, enquanto cada qual pensar apenas em si mesmo, todos vamos sofrer e apanhar.

Notando que eles baixavam a cabeça, envergonhados uns dos outros, João sorriu e prosseguiu, falando com autoridade, mas o tom de sua voz era meigo e calmo:

– Hoje, quando vemos um de nós ir para o tronco, ser castigado, pensamos: "Que bom que foi ele e não eu". Não é assim? – Os escravos continuavam envergonhados, sem levantar a cabeça. – Esse é o nosso erro. Se permitirmos que os senhores, os feitores e os capitães-do-mato façam isso com qualquer um aqui dentro, amanhã poderá ocorrer conosco e a reação será a mesma. Ninguém fará nada para defender o companheiro, pensando "que bom que é com ele e não comigo". Desse jeito, 10 ou 11 pessoas dominam – parou de falar e começou a contar, apontando com o dedo cada um na senzala, e com isso responsabilizando-os e mostrando que eram iguais entre si – outras 108 pessoas. Está ficando tarde, mas antes de eu ir embora, venham mais perto, sentem aqui à minha volta, vou lhes ensinar bem rápido uma conta para vocês verem quantas vezes são mais fortes que os senhores.

Os escravos acercaram-se obedientemente de João que, tomando uma colher de pau que se encontrava sobre um toco de madeira, começou a riscar no chão e a explicar o raciocínio matemático de contar números.

Pai João e Tião olhavam encantados a cena da improvisada aula de João e os resultados que ele alcançara. Nos olhos dos homens e das mulheres daquela senzala acendia-se uma nova luz, demonstrando que as palavras do invasor não tinham sido em vão.

– Vamos embora, Tião! – Convidou pai João. – Nosso protegido saiu-se muito bem. Deixemos que o tempo agora faça amadurecer as sementes lançadas.

– Pai João, acho qui tô pestiado. – Falou Tião, olhos baixos, acompanhando o amigo para fora da senzala.

– Que é isso, Tião? Bem sabes que um espírito na tua condição não adoece. – Advertiu pai João. Depois, olhando o amigo e achando-o um pouco estranho, perguntou, solícito: – Que há contigo?

– Sabe qui foi? – Começou Tião, encabulado. – É qui o João falô tanto das coisa qui aprendeu cum Tião... Eu nem sabia qui tinha podido ensiná aquelas coisa pra ele e os neguinho na senzala prestaro tanta atenção nas coisa que ele falô de Tião qui senti uma coisa estranha no peito, sabe, pai João. Acho qui Tião pestiô de orgúio quando ouviu o João falá.

– Ah! Era a essa peste que estavas te referindo. Bem, Tião, precisamos aprender a fazer uma diferença entre orgulho e satisfação pessoal. Você se emocionou com as palavras de João lembrando sua finda existência e ficou satisfeito por ver que ele havia aprendido a lição ensinada. Isso é gratificante, ajuda a que nos empenhemos mais no trabalho. Orgulho é coisa muito diversa, é um sentimento de poder, desejo de dominar, de ter primazia em tudo, só reconhecer inferiores nos outros indivíduos. É uma manifestação de amor a si mesmo num estágio de evolução emocional infantil, lembra disso?

– Intão, Tião num tá pestiado. Tá satisfeito, gratificado. Óia, pai João, inté cunsigui falá palavra bunita. – Disse Tião, faceiro como sempre. – Intão vamo pra instituição.

..*

Quadros marcantes de dor e sofrimento persistindo às vezes por séculos sobre uma raça, uma nação, uma população hão de ter uma justa explicação que o Espiritismo nos apresenta no estudo das ocorrências denominadas como "as expiações coletivas", no que se insere o doloroso episódio da escravidão.

A doutrina espírita nos expõe de forma clara as leis morais a que estamos sujeitos e que são o desdobramento da resposta de Jesus aos doutores da lei quando enunciou que toda lei e os profetas se resumiam ao ensinamento de amar a Deus sobre todas as coisas e ao próximo como a si mesmo. Aí estão inseridas nossas esferas de ação onde mergulhamos envoltos em relacionamentos de direitos e deveres recíprocos: o individual e o coletivo. Há ainda presente em todo ser humano uma trindade de caracteres: o do indivíduo, o ser em si mesmo; o de membro de uma família e, finalmente, o de cidadão.

Em regra, ainda nos detemos nas características individuais, e em alguns casos familiares, dessas leis e quando as estudamos o fazemos dentro dessa premissa, deixando escapar, salvo exceções, o contexto de cidadão. Entretanto, elas aplicam-se à coletividade. "Podem aplicar-se, sem medo de errar, às leis que regem o indivíduo à família, à nação, às raças, ao conjunto dos habitantes dos mundos, os quais formam individualidades coletivas. Há as faltas do indivíduo, as da família, as da nação; e cada uma, qualquer que seja o seu caráter, se expia em virtude da mesma lei".[2]

Facilmente compreendemos a lei de ação e reação, utilizando os mecanismos da reencarnação para podermos aprender uma lição incompreendida. Pelo passado de João compreendemos a justiça de sua situação atual, em resgate desse passado. Assim ocorre com as provas coletivas, que atingem raças, nações, população inteira. Irrefletidamente, quando deparamos com essas situações caímos no velho erro de negar ao Criador um de seus mais belos atributos – a justiça. Dizemos, com relação às situações sociais que atingem uma coletividade, que pessoas inocentes estão sofrendo a ação de malfei-

[2] *Allan Kardec,* Obras Póstumas, *"Questões e Problemas – As expiações coletivas". Trad. Guillon Ribeiro. Rio de Janeiro: FEB.*

tores. Porém, o inocente de hoje pode ser o culpado de ontem. O fato é que ninguém sofre individualmente, ou participa de um infortúnio coletivo, sem o merecer.

Há as faltas da esfera individual e do cidadão, a expiação de uma não isenta a da outra. São vivências e experiências distintas, logicamente exigindo manifestações diferentes dos vícios e das virtudes que possuímos. Uma pessoa pode ser perfeita em seu âmbito de convivência familiar e ser péssima cidadã, fomentando discórdia, oprimindo e explorando os que se encontrem de alguma sorte sob sua autoridade, cometendo os chamados crimes de lesa-sociedade. Essas faltas, por atingirem uma coletividade, serão expiadas coletivamente pelos indivíduos que a elas deram causa; essas pessoas novamente se reunirão para sofrer juntas as conseqüências de seus atos ou para ter o ensejo de reparar o mal praticado, demonstrando devotamento à causa pública, socorrendo e assistindo coletividades maltratadas. Os membros de uma individualidade coletiva são solidários no bem e no mal que em comum praticam.

As leis dizem do caráter de um povo. São as expressões maiores da consciência individual. Analisando-as, facilmente se chega a uma constatação. Embora muito se diga acerca da espiritualidade do povo brasileiro, desde sua origem sua legislação exprime um caráter marcadamente materialista.

O materialismo proclamando o reino da ciência natural ignora a existência do espírito, da moral e da ética O homem restringe-se à concepção de animal, conceituado como um agregado de matéria, sendo reconhecido como sujeito de direito do nascimento com vida até a morte. E trava-se uma grande discussão entre a lei – norma escrita –, a moral e o direito. Dentro da concepção materialista, as ações humanas são reflexos automáticos da natureza animal. Ela desconhece a liberdade humana de agir, e se a liberdade não existe com ela vai-se a moral. De uma só vez o materialismo arruína a lei moral, e com ela o direito e a ordem civil inteiramente, jogando a sociedade no caos e na descrença da justiça. "Aí, o estado social materialista nos ofereceria um muito triste e vergonhoso espetáculo" – faço minhas as palavras de H. Thiercelin publicadas por Kardec na *Revista Espírita* de agosto de 1868. Atuais, não?

Nesse estado, as forças do egoísmo e do orgulho, frontalmente contrárias aos ideais de liberdade e igualdade – direitos divinos do ser humano registrados pela maioria das legislações terrenas –, têm pleno e absoluto poder de expansão. Spinoza conceituou esse estado como o princípio do direito da força. Ele dizia: "Os fortes são feitos para dominar os fracos ao mesmo título que os peixes para nadar, e os maiores para comer os menores".

Vigendo essa mentalidade em uma sociedade, qual será o sistema legal? Deixo a resposta para H. Thiercelin: "No máximo há um conjunto de regras que terá por base o interesse, e, ainda, como não há outras leis senão as da matéria, essa legislação não terá nenhum caráter obrigatório; cada um poderá infringi-la se sua matéria pensante o aconselha e se sua força o permita".

O compromisso do fim do tráfico negreiro datava de 1810, decorrente da assinatura do Tratado de Comércio e Navegação com a Inglaterra. As negociações para o cumprimento do compromisso duraram 15 anos, pois feriam o interesse dos latifundiários. Em 1825, os ingleses exigiram que o Brasil determinasse uma data para a extinção do infame comércio. Qual a solução encontrada a fim de ajustar os interesses envolvidos? Um decreto imperial de 1827 fixou o prazo de quatro anos para o cumprimento do compromisso datado de anos atrás. Portanto, somente em 1831 foi votada uma lei determinando o fim do tráfico de escravos, mas nunca foi posta em vigor. Desse episódio restou, até os dias atuais, o uso da expressão "é para inglês ver", difundida entre os políticos e oligarcas da época. A lei de 1850 somente foi posta em prática pela forte pressão internacional exercida pela Inglaterra com o advento da chamada Lei Bill Aberdeen, que proibia o tráfico negreiro em todo o mundo e dava o direito ao Reino

Unido de aprisionar qualquer navio suspeito de exercer tal atividade. Como a dependência econômica exerce forte fator de coerção, cinco anos depois vinha a lume a Lei Eusébio de Queiroz, dando a arrancada para o fim do longo período de existência de uma sociedade baseada na força, na dominação da mão-de-obra e onde o trabalho era visto como uma atividade indigna.

Leis que defendem interesses pessoais, de alguns grupos ou classes, e fecham os olhos ao interesse social são exemplares fidedignos do estado materialista, refletindo ações como as que João alertou haver entre seus pares. É o reino do egoísmo, onde a lição dos nobres mosqueteiros de Dumas que diz "um por todos, todos por um" é substituída pelo "cada um por si" ou pelo "salve-se-quem-puder". Alija-se do contexto social a fraternidade que irmana os homens.

Onde falta a fraternidade não há como falar em vigência do direito de liberdade e igualdade. Ainda que leis supremas de uma nação consagrem tais princípios, se no coração do povo inexiste a fraternidade essas leis não passam de meras construções gramaticais, normas sem vigência. Se não há o espírito que vivifica, a letra é morta. O orgulho que deseja a primazia, o domínio, que vive de privilégios e exceções, Dificilmente suporta a igualdade social decorrente do princípio da fraternidade e na primeira oportunidade a aniquilará. Chaga moral que se manifesta nos indivíduos – e, como dissemos antes, manifesta-se em todas as áreas de ação –, quando toca o interesse coletivo opõe sérios obstáculos à igualdade.

A liberdade legal é decorrência direta da fraternidade e da igualdade; pressupõe confiança mútua. Onde reina o orgulho, sentimento exclusivista, não há confiança; seus membros estarão sempre em guarda uns contra os outros, dando mostras, em suas atitudes, do pensamento que alimentam: "cada um por si".

Construir uma sociedade que se arvore em evangelizada implica a união plena dos princípios da fraternidade, da igualdade e da solidariedade. Como toda construção começa pela base, esta se inicia pela adoção do comportamento fraterno que nos fará agir com o próximo exatamente como gostaríamos que ele agisse em relação a nós. Essa conduta garante a igualdade e a fraternidade.

"O progresso é a fraternidade em seu nascimento, porque a fraternidade completa, tal qual o Espírito pode imaginá-la, é a perfeição. A fraternidade pura é um perfume do alto, é uma emanação do Infinito, um átomo da inteligência celeste; é a base de todas as instituições morais, e o único meio de elevar um estado social (...)".[3]

Perdoe-nos, caro leitor, a digressão acima. Entretanto, julgamos oportuno alertar sobre as responsabilidades que assumimos na esfera cidadão, como membros da humanidade. E, conscientes, contribuirmos para a construção de uma nova sociedade com base na conduta fraterna. Voltemos ao sobrado do barão Gonçalo.

..*

A madrugada chegou, depois dela o raiar do dia e todas essas horas viram o barão insone, sentado em sua cadeira no gabinete, recordando o passado, avaliando sua vida, a trajetória que percorrera, de filho de um pequeno charqueador até a conquista do título de nobreza, a formação cultural, a posição social destacada. Aquilo que muitos invejavam, para ele era um fardo em vários momentos da existência. As exigências dos amigos, a expectativa, e até mesmo a obediência, sem contestação, a suas idéias faziam dele um ser solitário. Galgara o cume da montanha social, era o poderoso barão Gonçalo e em realidade era um homem velho, sentado sobre um morro de dinheiro, cercado de bajuladores hipócritas e interesseiros, aparentemente submissos aos seus desejos, que tinha uma família que a administração dos interesses da fortuna tornara distante. Olhava a seu redor e via-se cercado

[3]*Nota do autor espiritual: Sobre o tema de nossa interferência nestas páginas leia-se mais em* Obras Póstumas, Liberdade, Igualdade e Fraternidade, *e na* Revista Espírita *dos meses de dezembro/1862, março/1867 e agosto/1868.*

de escravos que o toleravam por amor à sinhazinha. Contabilizou minuciosamente suas horas e concluiu que a maioria delas, nos últimos anos, passara ao lado do negro João, uma figura que lhe despertava o interesse. Auscultando seus sentimentos, neles só havia lugar para Mariana e Nina. Recordando a infância alegre da menina na charqueada das Tálias, viu surgir novamente a figura de João; desdobrando as memórias e analisando-as, com elas lhe veio à mente a figura de doutor Miguel trazendo ao momento um sabor amargo, o arrependimento das atitudes passadas. Naquela madrugada insone em que revirava a própria vida, em busca de si mesmo, reconhecia que Miguel fora dos poucos amigos desinteressados que tivera. Por orgulho e endurecimento afetivo, quisera e conseguira aniquilá-lo, tornando-o inexpressivo e por fim ausente do partido. Não suportara a lógica humanitária do médico; suas palavras tinham-lhe ferido a consciência. Nos direitos iguais, na liberdade que o adversário defendia para todas as raças, não encontrara lugar, nessa sociedade preconizada, para exercer seu orgulho e sua prepotência.

Meditou muito. Por fim, quando raiava o dia, o sobrado ainda silencioso, levantou-se, andou até a porta de entrada, abriu-a e, recebendo no rosto a aragem úmida e levemente fria da manhã, sentiu-se desperto e saiu. Caminhou a esmo pelas ruas vazias, observando suas imponentes construções. No céu, as derradeiras estrelas cediam lugar ao alaranjado do amanhecer. Quando o barão atravessava a praça, deteve-se admirando os canteiros, as flores que desabrochavam na primavera, o gorjear dos pássaros e uma sensação de bem-estar o invadiu, desanuviando-lhe os pensamentos e o cansaço mental após a vigília. Sentou-se num dos bancos e deixou os olhos vagarem pelo espetáculo da natureza.

A seu lado, abraçando-o delicadamente, dona Mariana sorria.

– Não foi em vão o meu pedido. Sabia que podia confiar na sinceridade do teu afeto, que não trairias a crença no amor por nenhum outro interesse. – Segredou-lhe ao ouvido a afável entidade. – Sei o quanto é grande para ti o passo que te resolves a dar hoje, mas peço-te: lembra de analisar as sensações que terás após a realização dos propósitos que alimentas agora e pensa se não seria melhor armazenar essas recordações, jogando fora as que buscaste na memória a noite toda. Pensa, Gonçalo.

O espírito de dona Mariana, observando aquele que fora seu marido e que lhe era muito caro aos sentimentos, tinha a convicção de estar apreciando dois amanheceres distintos. Um natural, material, e outro espiritual. O barão Gonçalo emergia da noite das crenças ilusórias. Tocado pela mensagem da poesia de Gonçalves Dias, sua couraça tão dura aos olhos de seus pares mostrara a ele mesmo sua fragilidade e se rompera. A ousadia do filho de seu adversário em defender publicamente os próprios sentimentos e comunicar o direito de buscar a felicidade independentemente de sua permissão ou vontade acabara abrindo as comportas de seu interior, fluindo todos os sentimentos por tantos anos represados. Impunha-se uma mudança.

"Bom Deus, permita que esse amanhecer seja o prenúncio da luz do amor sobre a privilegiada inteligência de Gonçalo", pedia dona Mariana, em prece.

Fitando o alto, envolvendo-se no azul do firmamento, o charqueador encontrou o descanso da mente. Aprofundando a sensação de bem-estar, devagar reparou nos contornos do sobrado, percebendo o início tímido de fumaça nas chaminés. Era chegado o momento. Ergueu-se do banco e pela última vez naquele dia analisou-se:

– A sensação que tenho agora é estranhamente a mesma que me invadia quando contemplava o rosto de Mariana, adormecida a meu lado, iluminado pelas luzes da manhã. É paz, satisfação... – Murmurou o barão, encaminhando-se ao sobrado.

Sentada no mesmo banco, dona Mariana via-o afastar-se e ouvia-lhe as palavras sussurradas.

"São sensações de quem sabe que vive para ser e fazer alguém feliz", respondeu-lhe dona Mariana, enquanto olhava ele afastar-se pela alameda. Uma sombra de saudade desceu sobre sua face serena.

..*

O barão fechava a porta do sobrado quando ouviu os passos de Nina ecoando sobre o mármore da escadaria a suas costas. Voltou-se e contemplou a jovem, notando que trazia no rosto as marcas que denunciavam o cansaço de uma vigília – seus grandes olhos negros tinham uma expressão mesclada de tristeza, determinação e receio. Ao chegar ao pé da escada, ela apoiou-se levemente no corrimão e, detendo os passos, dirigiu-se em tom de voz que procurava ser neutro e controlado:

– Bom-dia, vovô! – Reparando que os trajes do barão eram os mesmos da noite anterior, indagou: – O senhor não passou a noite em casa?

O avô não respondeu. Apenas se aproximou da jovem, ergueu a mão e acariciou-lhe suavemente a face. Em sua memória sucediam-se lembranças do rosto de Nina recém-nascida, depois uma menininha, poucos anos atrás uma promessa de bela mulher, e agora adulta. Perdeu-se em seu olhar, esquecido de que ela aguardava uma resposta. Alisou-lhe o cabelo e por fim abraçou-a fortemente.

Tomada de surpresa com a atitude do avô, Nina preocupou-se e ficou inerte até ouvir o pedido:

– Abrace-me, Nina. Temos muito que conversar, mas primeiro me abrace. – A voz do barão era de súplica, de alguém que finalmente admitia suas carências e pedia alguma coisa.

Sem nada indagar, atendendo simplesmente ao pedido que lhe era feito, Nina abraçou o barão com todo carinho que sempre lhe dedicara. O velho charqueador apoiou a cabeça nos cabelos da neta e deixou-se ficar enlaçado silenciosamente.

– O que aconteceu, vovô? – Perguntou Nina ao sentir um pingo d'água em seu pescoço. – O senhor está chorando. Por quê?

– Por muitas coisas, minha guria. Por mim mesmo, pela minha vida, por todas as coisas em que acreditei e pelas quais agi, que hoje reconheço não terem nenhum valor. Foram ilusões. Gastei muito tempo com ilusões, Nina. É só isso. – Declarou o barão, com voz embargada, enquanto lágrimas copiosas lhe escorriam sobre a face envelhecida.

Sensível como era, Nina percebeu que aquele era um momento que dispensava palavras, requeria que se falasse com o coração. Em silêncio, mas estendendo vibrações de conforto e compreensão, envolveu mais o avô em seus braços; após breves segundos, dirigiu-o até o gabinete. Sentados lado a lado, a jovem estendeu ao avô o lenço que ele trazia no bolso do casaco, e aguardou que ele iniciasse o diálogo.

– Tu deves estar estranhando meu comportamento. Eu me sinto diferente. Pensei muito esta noite, Nina. Acho que fiz o que o frei Siqueira vive recomendando aos fiéis: um exame de consciência. Avaliei a minha vida e a mim mesmo. Sinto como se algo houvesse se rasgado dentro de mim e me deixasse exposto. Nessa exposição, vi muita coisa, principalmente que tenho agido de forma errada em relação a uma série de coisas.

Fez uma pausa, recordando as emoções que sentira há pouco na praça e prosseguiu com a voz serena onde era nítida a impressão da saudade:

– Te lembras, Nina, quando tu eras bem pequena e estavas muito doente? – A jovem meneou a cabeça concordando, atenta às palavras do avô. Seu rosto mostrava a surpresa que a tomava. Durante a noite, pensara muito na necessidade de conversar com o avô, mas jamais lhe ocorrera que o encontraria em tal estado. – Pois é, teve um dia, enquanto cuidava de ti, em que eu vi a tua avó. Foi algo muito forte. Fiquei extremamente feliz, quis tocá-la, mas ela logo desapareceu. Mas guardei sempre as palavras que ouvi! Ela me pedia para ser feliz e dizia que me esperava, que o nosso amor seguiria após a morte. – Nina arregalou os olhos. A cada palavra mais surpresa com o avô, não ousou interrompê-lo. O barão tomou a mão da neta e, fitando-a, continuou:

– Ontem, no teatro, o poema que o doutor Álvaro declamou tocou meus sentimentos, creio que por dizer exatamente o que eu sentia e sinto. Conversei bastante com o rapaz e devo reconhecer que ele é corajoso e honesto. Contou-me tudo quanto vem acontecendo nos últimos meses e que a "senhorita" – o barão usava um tom de advertência irônica, mas extremamente branda – me escondeu. Aliás, fiquei sabendo também de aplicações paralelas do meu dinheiro...

O velho charqueador esboçou um leve sorriso, como se falasse a uma criança levada, mas, vendo a preocupação tomar conta do olhar da neta, apressou-se em dizer: – Não sei por quê, mas para mim não foi surpresa conhecer essas atividades... Acredito que já desconfiava de alguma coisa. Mas não a condeno, pois, analisando os fatos, vi que estás certa, guria. Neste sobrado somos muito mais felizes dando aos nossos escravos um lugar melhor que os porões úmidos e sujos oferecidos por nossos vizinhos, que vivem temendo ter a própria vida arrancada pelas mãos de um negro furioso. Mas vamos deixar a conversa sobre os negros para mais adiante, ainda preciso pensar mais sobre essa questão. Não precisas mais esconder de mim as coisas que fazes por eles e se precisares de dinheiro para ajudar no hospital dos indigentes podes usar quanto for necessário.

– Vovô! – Exclamou Nina, tomada de alegria, beijando a face do velho charqueador. – Não sabe o quanto me faz feliz com essas palavras!

– Tenha calma, guria! – Pediu o barão. – Ainda não terminei. Esta noite eu não dormi, esse teu Álvaro teve o dom de me tirar o sono. Ele é atrevido. – Nina estava novamente séria e preocupada. – Pediu-me tua mão em casamento, afirmou categoricamente que vocês se amam e que da parte dele nenhuma decisão minha o fará separar-se de ti.

O rosto de Nina empalideceu e depois se cobriu de intenso rubor, denunciando a força das emoções que a invadiam à evocação do nome de Álvaro.

– Quero saber de ti se isso é verdade. Tu amas o doutor Álvaro?

– Perguntou o barão, sem rodeios.

Nina respirou fundo, encarou o avô e, com voz firme, respondeu:

– É verdade, vovô. Eu amo Álvaro.

– E teu noivo? – Questionou o charqueador. – E o compromisso que assumimos com os marqueses?

– Tentei lhe falar sobre meus sentimentos antes da chegada do doutor Pedro. Na ocasião expus minhas dúvidas, conversamos e o senhor me disse que se elas aumentassem durante a visita nós conversaríamos de novo. Também não dormi a noite passada justamente pensando o que teria acontecido entre o senhor e Álvaro, no quanto eu precisava lhe falar hoje. Quando nos encontramos na escada, eu vinha justamente à sua procura. – Esclareceu Nina, muito segura. – Na verdade, já há alguns meses que não tenho dúvida alguma de que me casando com doutor Pedro serei infeliz, pois não o amo, nem ao menos o admiro como pessoa. Nesses dias ficou muito claro que o interesse dos marqueses e do próprio doutor Pedro é político e atrevo-me a dizer também econômico. Dona Leontina, por exemplo, não passa um dia sem perguntar qual o faturamento da charqueada das Tálias, para onde se vende, quais os bens que o senhor tem e coisas desse gênero. Ela me parece muito interessada para alguém que supostamente está muito bem situada socialmente.

O barão sorriu ante a sagacidade da neta. "Como somos parecidos", pensava ele.

– Antes de conhecer Álvaro, aceitei esse compromisso. Tenho consciência de que politicamente ele é benéfico para o papai, para o senhor e para os negócios da região, mas agora não posso mais dizer que desejo esse noivado, muito menos o casamento. Quando eu desconhecia o que era amar um homem, aceitei-o. Esperei que esse sentimento surgisse, como o senhor me dizia, entretanto ele não nasceu entre mim e o doutor Pedro, mas existiu em mim desde a primeira vez em que vi Álvaro. Como sei o quanto o senhor ama a vovó, eu lhe peço que me libere desse compromisso e aceite o pedido de Álvaro. Não quero ganhar um amor e perder outro. Não quero ficar com Álvaro e viver longe do senhor. Mas não vou me casar com o doutor Pedro, por nenhuma razão deste mundo! – Disse Nina, enfatizando a última declaração. – Perdoe-me os estragos políticos que isso possa vir a ocasionar, mas sei o quanto o senhor é inteligente e não se deixa enganar por manobras políticas, na verdade eles é que precisam de nós, não o contrário. Como não há sentimentos envolvidos, apenas interesses, não haverá mágoas profundas. Logo tudo isso será esquecido.

– Tu e o teu Álvaro de fato se merecem. – Disse o barão sorrindo para a neta, o que a encheu de esperança. – Ambos me responderam a mesma coisa, quase com as mesmas palavras. Está bem, minha guria, vou desfazer o noivado. Manda o João avisar o doutor Álvaro e o pai dele que desejo vê-los em dois dias para tratarmos desse assunto e de outros.

– Vovô! – Exclamou Nina, jogando-se no colo do avô e beijando-lhe as faces repetidas vezes. – A vovó tem toda razão em amar o senhor mesmo depois de morta. Eu também te adoro!

O barão transfigurou-se, emocionado ao ouvir as palavras da moça.

– Eu também te adoro, guria! E a tua avó não é morta, ela vive, eu sei. – Respondeu o barão, com a voz embargada.

– Tem razão, vovô! Ela vive! Vou lhe contar algumas coisas...

Aninhada carinhosamente no colo do avô, Nina contou-lhe suas experiências de contato com as pessoas que já haviam deixado a vida física, falou-lhe das visitas da velha ama, do conhecimento de João sobre esses fenômenos, das explicações e dos livros de Álvaro, e contou-lhe também dos conselhos que recebera da avó por meio de João.

Um brilho de alegria e de esperança se acendeu no olhar do barão.

– Anotaste os conselhos que ela te deu? Como podes saber que era mesmo tua avó se nem ao menos a conheceste? – Indagou o barão, buscando racionalizar.

– Ela me contou que antes de ela morrer o senhor guardava simpatia pela causa abolicionista, mas que depois, porque sofreu muito, se tornou mais duro, deixou de se preocupar com os escravos, que até descontava sua frustração fazendo-os sofrer. – Disse Nina, notando que o olhar do barão brilhava ainda mais. – Acho que só ela poderia saber disso. Eu não sabia, também não procurei confirmações... Senti que era minha avó que vinha falar comigo, me confortar, quando me julguei sozinha e sem saída. O carinho dela foi suficiente prova.

– Somente Mariana sabia de minhas inclinações abolicionistas. Nunca as discuti com mais ninguém. Era um assunto só nosso, estávamos amadurecendo a idéia quando ela faleceu e depois realmente nunca mais retomei o assunto. Reconheço que fiz realmente o que lhe foi dito. Traga-me suas anotações, Nina. – Pediu o barão. – Vá depressa! Ainda é cedo, poderemos tomar o café da manhã aqui sozinhos. Depois falarei com o marquês e com o doutor Pedro. Vai buscar o que te pedi, guria!

Nina sorriu alegre. Seu coração flutuava cantando no peito. Como era gostosa a sensação de ser livre, viver conforme suas próprias escolhas e seus próprios desejos, sem imposições de nenhuma ordem. Rapidamente, dirigiu-se ao quarto em busca dos apontamentos da comunicação de dona Mariana. Tomando o diário nas mãos, correu os olhos pelas linhas e em pensamento agradeceu ao espírito da avó.

– Sei que teve o seu dedinho, dona Mariana! – Falou Nina baixinho, com voz carinhosa. – Só a senhora me ajudaria a dobrar o vovô. Se eu tiver uma filha algum dia ela vai se chamar Mariana.

..*

Aromas apetitosos davam ciência de que Rosinha se esmerava na preparação da refeição matinal. Em meio aos afazeres da cozinha, conversava animadamente com Ernesto, recebendo as informações dos eventos da noite.

– Qui é qui tu tá mi dizeno? – Indagava, incrédula. – Óia qui dispois de véio dá pra minti é farta de vergonha.

– Num tô mentino, Rosinha, por tudo qui é santo te juro qui é verdade qui dotô Álvaro saiu do teatro di noite cum o barão e se foi lá pro sobrado e só vorto tempo dispois. O criolo qui cuida lá do teatro contô pra nóis qui ele fez discurso pra neta do barão. Acho qui o diabo do véio quis satisfação do dotô Álvaro, eu tava inté cum medo...

Naquele momento, sem que fosse ouvido, Miguel chegava na cozinha e tomava conhecimento das façanhas do filho.

– Conte-me isso desde o início, Ernesto! – Pediu o médico, parado sob o batente da porta, empertigado como alguém que prevê um confronto iminente.

– Ó dotô Migué, num tenho nada cum isso, pra início de cunversa. Só tava fazeno meu serviço levando o dotozinho pro teatro. Mais cunteceu exatamente o qui tava contano pra Rosinha. – Justificou-se o empregado.

– Obviamente que estavas fazendo teu trabalho. Não é isso que quero saber. Explica-me que história é essa de "discurso" para a senhorita Nina. – Determinou Miguel.

– Dotô Migué, é faci di vê qui o minino tá enroscado cum arguma guria. Tá nos óio dele, o sinhô num notou, não? – Questionou Rosinha. Depois informou, sem esconder uma certa contrariedade e um toque de aversão: – Agora Ernesto contô qui é pela sinhá Nina. Qui coisa, não? Cum tanta guria boa na cidade tinha di se engraçá justo pela neta daquele otro?

– Não fale assim, Rosinha! Tu bem sabes que ele é o barão Gonçalo e quanto à moça nada se pode dizer dela, tudo quanto se sabe a seu respeito diz tratar-se de uma excelente jovem. – Advertiu Miguel, amistosamente. – Mas, então, Ernesto, vais ou não contar o ocorrido?

Ernesto coçou a cabeça, andou alguns passos e encarou Rosinha como que pedindo ajuda. Via-se em seu rosto o medo de causar algum desgosto ao patrão, que era considerado um amigo. Por fim, sentou-se no banco de madeira em frente ao médico e relatou, preocupado:

– Puis é, dotô Migué, o qui sei di verdade é poco, só o qui informô o criolo lá do teatro. Ele disse qui o dotô Álvaro subiu nas escada e feiz discurso, dispois disse qui era pra neta do barão. Aí se foi todo mundo imbora purque tinha cumeçado a apresentação di novo, intão foi qui o barão levô o dotô Álvaro lá pro sobrado e lá ficaro uma pá de tempo. Só um poquinho antes de terminá o teatro é qui ele se veio imbora. É isso qui sei, dotô.

O som repetido da aldrava anunciando um visitante matinal interrompeu o diálogo, fazendo cair um minuto de silêncio sobre o trio.

– Dexa, Ernesto, qui vô atendê a porta. – Adiantou-se Rosinha, marchando, decidida, rumo à porta principal.

– Eu esperava que isso fosse acontecer mais cedo ou mais tarde. – Declarou Miguel, pensando em voz alta, completamente alheio à observação a que era submetido pelo olhar do empregado. – Mas será que era preciso fazer isso publicamente? Em que um escândalo desses pode ajudar? Álvaro não pode ter pensado antes de fazer tal coisa.

– Ich! Acho qui vamo tê de cunversá mais sério cum o menino, dotô Migué. – Rosinha vinha falando em voz alta antes mesmo de entrar na cozinha. – Cuide só o qui viero entregá agora. Esse minino fez porcaria, dotô Migué. – Disse Rosinha, enquanto entregava ao patrão um envelope fechado com o brasão do barão Gonçalo.

– Está endereçado ao Álvaro. – Constatou Miguel, examinando a encomenda. – Vá acordá-lo, Rosinha, e diga que o estou esperando na biblioteca. – Assim falando, virou-se de costas e seguiu em direção ao cômodo informado, sendo seguido de perto pela ex-escrava que rumava para os aposentos de Álvaro.

– Acho que não preciso dizer que dona Eulália não deve saber de nada disso. – Advertiu Miguel, entrando na biblioteca assim que a servidora passou no corredor em frente.

Em resposta, ela apenas meneou a cabeça e prosseguiu rumo ao seu objetivo.

..*

Eram quase 12 horas. O barão, o deputado Alberto, o marquês e o doutor Pedro ainda estavam reunidos no gabinete de trabalho. A discussão era acalorada. Os visitantes julgavam-se ultrajados e ofendidos com o rompimento do noivado.

– Senhor barão, sua neta é assaz mimada. Mulheres devem obedecer! A inteligência delas é limitada, são muito fracas! Acredito que o senhor tenha exagerado na instrução da moça. Acredite: tão logo venham os filhos e os compromissos na corte ela esquecerá todas as bobagens que ouviu desse jovem inconseqüente, que escandalosamente a tem cortejado sabendo que era comprometida. – Argumentou o marquês, repetindo as idéias. Vendo que o barão permanecia impassível, sem ao menos enrugar a testa, lançou o que julgava seu mais poderoso trunfo: – Depois, barão Gonçalo, há nossos interesses políticos. O casamento de Pedro e Nina dar-nos-á uma sólida base de apoio mútuo. Independentemente de que partido domine o gabinete do imperador, nós continuaremos influentes, ora pela via do seu partido, na figura do doutor Alberto, ora pelos conservadores dos quais lhe garanto apoio incondicional. Será que devemos sacrificar tantos interesses pelos caprichos de uma moça mimada?

– O marquês tem razão, senhor meu pai. Devemos pensar melhor. Essa sua decisão pode ser impensada e quanto a Nina... bem, ela deve acatar as decisões de interesse da família. – Contrapôs Alberto, demonstrando, em suas palavras, o medo de que era tomado diante da súbita mudança de rumo nos acontecimentos.

Pedro levantou-se – pela décima vez naquela longa reunião – e serviu-se nervosamente de um cálice de conhaque na bandeja que se encontrava sob a mesa de trabalho do barão, que acompanhava atentamente seus atos, como uma águia observa a presa.

– Por favor, barão Gonçalo! – Implorou, após tomar a bebida, dominando a custo o desespero. – Retorne à razão e cumpra com o compromisso assumido ou então não sei o que fazer de minha vida.

– Não o entendi. – Declarou o barão, firme, encarando Pedro

friamente. – Não me venha com fingimentos de rapaz apaixonado, pois todos sabemos não ser este o caso. E me acredite: sei reconhecer essa circunstância quando a vejo. Portanto, explique-me qual a razão de seu desespero.

O marquês desconcertou-se visivelmente. Pedro empalideceu e suas mãos tremeram vergonhosamente, denunciando a covardia e o esforço para escondê-las que o consumiam.

– A política! – Disse, por fim. E dando as costas ao barão, prosseguiu, sôfrego: – Minha carreira diplomática... Sempre pensei em Nina como a esposa ideal, por isso a escolhi. Como fazer agora se o compromisso se desfaz? E a aliança de apoio entre nossas famílias para garantir a ação conjunta no gabinete?

– Só isso, doutor Pedro? – Provocou o barão, demonstrando sua incredulidade ante as alegações expostas. – O senhor é um homem culto, de ótima família, com posses, até onde meu filho me informou. – Ele acentuava o tom de dúvida quanto à situação econômica dos marqueses. – Não terá dificuldade de encontrar outra jovem para desposar. Além disso, o senhor marquês expôs claramente a opinião que faz de minha Nina e da educação que lhe dei. Isso me deu um motivo a mais para desfazer o noivado.

– O senhor meu pai está certo de que é isso que deseja realmente? – Indagou Alberto, sendo logo acompanhado pelos demais. Reiniciou-se, então, a discussão revestindo os mesmos argumentos com outras palavras.

"Essa história está mal contada", pensava o barão, percorrendo com os olhos as expressões dos três homens. "Bando de covardes. Até meu filho, que vergonha! Barganhando a própria filha para ter poder. Eu não me engano: estão todos interessados na minha fortuna. Mas eles não me conhecem se pensam que sou algum tipo de idiota que vai ceder a esse amontoado de bobagens que falam. Bem sei o que de fato comanda os interesses políticos. Esse casamento não aumentaria nem diminuiria nada do que posso ou não fazer, quando muito traria alguma facilidade. Mas com gente interesseira não há estabilidade de relações – eles mudam constantemente, não são confiáveis".

Enquanto o barão assistia à cena, pensando e torcendo o bigode, os homens discursavam em defesa de seus pontos de vista. Farto de ouvir-lhes, o charqueador consultou o relógio e ergueu-se da cadeira, colocando as mãos espalmadas sobre a mesa. Seu olhar firme impôs silêncio no gabinete.

– Senhores, agradeço-lhes sinceramente a atenção com que atenderam a meu chamado. Está dada a minha decisão e a de Nina quanto ao fim do compromisso matrimonial entre nossas famílias. Foi um prazer o tempo em que convivemos. Espero tê-los sempre como amigos. Estou inteiramente convencido da total inutilidade desse casamento, portanto a ele não obrigarei minha neta, que como todos sabem é mais que uma filha para mim. Acima de qualquer interesse, zelo pela sua felicidade. Ela casar-se-á brevemente com doutor Álvaro, que ontem me pediu sua mão em casamento. Desde já espero que façam uma excelente viagem de retorno ao Rio de Janeiro. Agora vamos nos preparar para o almoço. – Com essas palavras, o barão dava por encerrada a discussão. Andou até a porta do gabinete, abriu-a e estendeu a mão ao marquês, sinalizando que desejava que eles se retirassem.

As mulheres reuniam-se na sala de estar e o assunto não podia ser outro senão o escandaloso comportamento de Nina e Álvaro, o vexame público que ocorrera na noite anterior, do qual sabiam por informações de terceiros e de Pedro, pois nenhuma delas havia presenciado o fato. Exageravam na ocorrência. A mãe de Nina desculpava-se a todo instante com Leontina, recriminando-se e culpando o sogro pelos excessos da filha. A outra, por sua vez, nem ao menos ouvia as rogativas da anfitriã, aflita que se encontrava com a possibilidade do rompimento do casamento.

"Justo agora que faltava tão pouco. Isso não pode acontecer. Precisamos resgatar as dívidas. Meu Deus, a hipoteca vence em poucas semanas. Sem a solidez financeira do barão para garantir a dívida, com certeza perderemos tudo. É a humilhação!", pensava Leontina e corria as mãos pelas tranças em volta da cabeça para depois andar de um lado a outro e abanar-se, denunciando a ansiedade com que aguardava a reunião dos homens.

– Não se preocupe, dona Marieta. Conheço o coração de meu filho. Para ele será fácil perdoar essa pequena leviandade de Nina. – Confortou Leontina, notando que Marieta chorava envergonhada pelo proceder da filha.

– A senhora não compreende! Veja o tamanho do escândalo que envolve minha filha. Isso será comentado por toda província. Que horror! – Exclamava, inconformada, Marieta.

– Para tudo há uma solução. Isso será o de menor importância. Resolvendo-se o impasse, como espero que seja solucionado, realizaremos o casamento no Rio de Janeiro; lá ninguém ficará sabendo disso. Daqui algum tempo tudo será esquecido. – Planejava Leontina, alimentando as esperanças.

Entretanto, ao verem a fisionomia dos maridos ao entrarem na sala e a expressão de derrota impressa no rosto de Pedro, compreenderam que o barão fora irredutível.

– Dona Leontina, mande arrumar nossa bagagem. Partimos após o almoço. – Determinou o marquês e, sem outras palavras, retirou-se, deixando a esposa com o olhar atônito.

– Então, meu marido, qual foi a decisão do senhor meu sogro? – Indagou Marieta, dirigindo-se a Alberto.

– Tu ouviste muito bem o que disse o marquês. – Respondeu Alberto, asperamente. – Se houvesse casamento, por que eles iriam partir? Nina casa-se com doutor Álvaro brevemente, segundo a decisão de meu pai.

– Mas como? – Marieta estava inconformada. Sob sua ótica, desfazer um casamento com o filho de um marquês influente na corte para se casar com um simples médico do interior era inconcebível, sem lógica. – Para sua carreira política, para os interesses do barão, essa aliança era importante! Por que desistiu de tudo? Ele não é homem de voltar atrás na palavra empenhada. O que aconteceu?

– Não sei, mulher. O fato é que está desfeito o casamento. Chega de perguntas! – Ordenou Alberto, impondo silêncio à esposa.

Nas primeiras horas da tarde, a família do marquês partia com destino ao Rio de Janeiro. Amuados, contrafeitos e silenciosos, deixaram o sobrado do barão, a muito custo mantendo a cortesia, por puro interesse. Mas, tão logo não puderam mais ser ouvidos, uma chuva de recriminações desceu sobre a cabeça de Pedro. Seus pais não o perdoavam pelo fracasso. A eminência da ruína financeira que os assombrava há alguns anos começava a delinear-se cada vez mais próxima no horizonte e sem solução.

..*

Dois dias depois...

Caía a tarde quando Álvaro e Miguel se aproximavam do sobrado do barão Gonçalo. O jovem vinha alegre, sereno, confiante. Conversara com Nina no dia anterior e antecipadamente soubera a resposta a seu pedido. Seus olhos luziam de felicidade. Lutara pelo que desejava e sabia justo e conquistara a vitória.

O mesmo não se podia dizer a respeito de Miguel. Seu rosto estava fechado, rugas marcavam-lhe a testa e os olhos apertados transmitiam a tensão interior que o dominava. Apesar da disposição de contribuir para a felicidade do jovem casal, intimamente encontrava barreiras para crer em uma mudança de atitude do velho e ferrenho opositor, que há longos anos enfrentava na cidade. O barão Gonçalo era reconhecidamente um homem de grande capacidade comercial e administrativa; tinha visão, era audacioso na medida exata. Se o progresso material chegara tão rapidamente àquele confinado rincão do sul do país, era mérito inconteste daquele ser endurecido. Porém, as chagas sociais que enfeavam a localidade eram igualmente cria dele.

Contaminara os industrialistas com sua maneira de proceder em relação aos escravos, cruel, fria, desumana, altamente preconceituosa e absolutamente voltada a interesses econômicos. Para o experiente médico, era difícil crer que aquele lobo velho houvesse se tornado repentinamente um cordeiro. Pensando assim, vinha armado intimamente para o encontro.

Pararam em frente ao sobrado, desceram da carruagem e Álvaro ordenou a Ernesto:

– Contorna o quarteirão e pára ao lado da porta lateral. Espera-nos ali.

– Tá certo, dotozinho. – Respondeu Ernesto.

– Ernesto, é possível que nossa conversa seja demorada. Se até as 19 horas não tivermos retornado, vá à nossa casa e avise dona Eulália, mas lhe diga que ficamos retidos por alguma emergência no hospital. Não podemos deixá-la preocupada. – Pediu Miguel.

– Que é isso, meu pai? Não temos necessidade de resolver todos os assuntos hoje. – Disse Álvaro. – E, quanto à mamãe, logo será preciso contar-lhe a boa notícia. Tenho certeza de que ela aprovará minha escolha.

– Não se trata disso, Álvaro. Também sei que sua mãe não colocará qualquer empecilho a ter Nina como nora. Muito ao contrário: ficará feliz, pois já a ouvi declarar que a moça é a esposa ideal para ti. Apenas não quero preocupá-la com relação à figura do barão. Prefiro que primeiro tenhamos a certeza da concretização do casamento. Acima de tudo, é melhor avaliarmos muito bem que intenções estão por detrás desse súbito ataque de humanidade... – As palavras até certo ponto irônicas de Miguel deixavam clara a desconfiança que alimentava.

– Confie um pouco mais na capacidade do ser humano de regenerar-se, meu pai. – Pediu Álvaro sem deixar-se envolver na descrença paterna. – Todos nós temos qualidades e defeitos. O ideal é que aumentemos as primeiras e diminuamos ao máximo as segundas. O meu futuro avô dá provas de que, querendo, o homem pode transformar-se.

– Cuidado, Álvaro! – Advertiu Miguel. – Esses conceitos todos que me expõe são muito bonitos e bom seria que se tornassem realidade, mas não te iluda: lobos são lobos! Por mais que se pareçam com cachorros não o são.

Álvaro riu da incredulidade do pai, colocou a mão sobre seu ombro e declarou:

– Não me iludo, meu pai. Lobos são lobos, mas evoluem e um dia serão mansos. Quando? Não sei, mas com certeza se transformarão. A selvageria é apenas um estágio; depois, a seu tempo, virão outros. Quem sabe esta semana não foi o período de ele modificar-se? – Respondeu Álvaro, enquanto fazia soar a aldrava da porta do sobrado.

Logo foram recepcionados e conduzidos à presença do barão no gabinete onde despachava ditando cartas comerciais a João.

À chegada dos visitantes, o barão levantou-se e cumprimentou-os educadamente, convidando-os a acomodarem-se. O clima no gabinete era tenso e o diálogo entre eles não fluía com naturalidade. Longas pausas deixavam transparecer relutância, desconfiança.

– Soube que minha neta esteve ontem com o senhor, doutor Álvaro, portanto deduzo que já tem conhecimento da minha concordância com o casamento. – Manifestou-se o barão, disposto a quebrar a tensão que reinava no ambiente.

– Agradeço-lhe a prova de extrema confiança que me concede, barão Gonçalo, e prometo-lhe que jamais o senhor se arrependerá da atitude que tomou. Dedicarei minha vida à felicidade de Nina. – Falou Álvaro, formalmente.

– Tenho certeza que sim, meu jovem. Se o que presencie nestes últimos dias de ambos os interessados perdurar ao longo dos anos, viverão um para a felicidade do outro. – Concordou o barão e, encarando Miguel, decidiu que a melhor forma de romper as barreiras que entravavam o entendimento sincero era a abordagem direta, por isso indagou: – Mas, a fim de que tudo se realize a contento entre nossas famílias, é preciso que se resolvam velhos conflitos. Não acredito em construção segura sobre destroços; é preciso limpar o terreno e lançar novos alicerces. Concorda comigo, doutor Miguel?

– Sempre direto, não é, barão? Aprecio essa sua qualidade. – Respondeu Miguel. – Portanto, usarei da mesma regra. Aceito igualmente o casamento de Álvaro e Nina. Sua neta é uma moça excelente e acima de qualquer coisa está o livre desejo de ambos que respeito sobremaneira. Mas, entre nós, barão, há muita coisa enterrada, mal enterrada eu diria, ao longo da última década. Se for disso que está falando, concordo plenamente que precisamos "resolver" esses assuntos, mesmo porque, sou franco em lhe dizer que muito me surpreende sua atitude em relação ao romance de nossos jovens. Esperava exatamente o oposto, principalmente depois das ocorrências que se sucederam no teatro.

– Papai! Barão! Por favor, será mesmo necessário reacenderem velhas chamas? – Perguntou Álvaro, temeroso de que a conversa degenerasse em discussão agressiva, maculando as conquistas que fizera.

– Não se preocupe. – Acalmou o barão, dirigindo-se a Álvaro. – Em verdade, acho melhor ir procurar sua noiva. Eu e teu pai somos suficientes para resolver nossas pendências. Estou certo, doutor Miguel?

– Totalmente! – Concordou Miguel. – Vá, meu filho! Aproveite seu noivado.

– Como quiserem. – Aquiesceu Álvaro, levantando-se. Quando estava a um passo da porta, voltou-se e pediu: – Barão, senhor meu pai, espero que o resultado dessa conversa em nada altere a decisão quanto ao casamento. Como sabem, tanto eu quanto Nina pretendemos desfrutar da companhia de ambos, sendo assim, se me permitem, peço-lhes que esqueçam esse passado de intolerância e intransigência quanto às diferenças de pensamento político existentes.

– De minha parte, nada tens a temer, meu rapaz. Para ser sincero, apreciei muito a franqueza, a determinação e a coragem que demonstrastes naquela noite. São poucos os homens que reconhecem a força dos sentimentos. No meu entender, há nisso mais grandeza da alma do que naquele que se diz imune e acaba sendo um tolo covarde, incapaz de lutar pelo que deseja por estar atado ao que pensam os outros. – O barão fez uma pausa, levantou-se e foi ao encontro de Álvaro. Colocou a mão sobre seu ombro e, olhando-o nos olhos, declarou: – Em breve seremos parentes, por extensão serei teu avô, e embora pouco tenhamos convivido até aqui, sinto que terei razões para me orgulhar de ti. Então, meu caro jovem, guarde o que vou lhe dizer: se hoje sou quem sou, faço e fiz tudo o que dizem, é pela simples razão de que sempre me atrevi a pensar diferente e agir exatamente de acordo com meus sentimentos e pensamentos. Não se deixe contaminar pela hipocrisia. Agora vá! Nina o espera.

Álvaro retirou-se. Com suas palavras, o barão havia conseguido tranqüilizá-lo. João acompanhou-o até a sala de música onde Nina o esperava radiante.

Enquanto o jovem casal entretinha-se em elaborar planos para o futuro e discutir com João as visitas noturnas às senzalas e os tímidos sucessos que vinham alcançando nessa empreitada, Miguel e o velho charqueador debatiam sobre velhos acontecimentos.

O ambiente no gabinete permanecia dominado pela tensão. Os dois homens encaravam-se silenciosos, cada qual revendo as lembranças comuns sob seu ponto de vista. Pesavam entre ambos os aproximadamente 12 anos de distanciamento que haviam implicado a renúncia quase total do médico na luta política pela abolição. A bem da verdade, tal fato não se dera exclusivamente à ação dos barões do charque capitaneados por Gonçalo, mas também à doença da esposa a quem não podia causar preocupações, entre outros fatores de ordem interior com os quais se confrontava naquele momento. Guardara ressentimentos do barão, pois jogara na pessoa dele toda a responsabilidade por haver esmorecido, ele próprio, na luta por seu ideal. Reconhecia, agora, que não cabia uma responsabilidade tão grande ao adversário político – parte grande lhe cabia no haver abandonado seu sonho.

Para nós que vimos a vivência de nossos personagens como que pairando sobre ela, deixando-a desenrolar-se a nossos olhos, ou, dito de outra forma, lendo-a nas páginas do tempo, na memória dos espíritos, fácil fica reconhecer que quando abdicamos de um sonho não temos a quem culpar ou condenar senão a nós mesmos. O projeto nos pertence e com ele a execução. Se oposições enfrentamos, é porque fere interesses de outros. Esmorecer nunca é a solução. Trabalhar, lutar e confiar integralmente no progresso, na conquista de valores superiores – esse é o caminho para sonhar e transformar esse sonho em realidade.

Sonhar é uma das grandes necessidades do espírito. Olhar para cima e ver as estrelas e o firmamento sempre exerceu fascínio nos homens, porque intimamente sabemos que o futuro e o além nos reservam melhoras. Mas, enquanto envergamos a matéria, sonhar – trazer para o hoje esse tempo futuro – é uma aspiração nobre e justa e é por meio dela que o progresso exerce sua força. É figura de linguagem comum a expressão "um homem realizado" – e realizado é quem sonhou, defendeu um ideal e transformou-o em realidade. Frustrado é quem simplesmente sonha e atribui a terceiros a responsabilidade pelo trabalho que deixou de fazer.

Naquele momento, Miguel despertava para a compreensão de algumas frustrações que o amarguravam nos últimos anos. Olhava o barão à sua frente e via apenas um homem igual a ele, a mesma compleição física. "Onde estão as diferenças?", perguntava-se o médico.

– Bem, doutor Miguel, não vamos ficar nos encarando até o fim da noite. Precisamos conversar. Nossos jovens resolveram passar por cima de qualquer diferença que exista entre nós e irão se casar. Ao menos comigo foram muito claros: aceitemos ou não, a união deles será um fato consumado. – O Barão fez uma breve pausa, fitando o médico sem, entretanto, desvendar, pela expressão dele, o que se passava em seu mundo íntimo. – Causou-me espanto esse enfrentamento franco e de peito aberto que foi idêntico em Álvaro e em Nina. Como o senhor sabe, admiro essa postura de independência e decisão. Os dois jovens foram opositores nobres e, para ser sincero, não me vejo derrotado por ceder aos pedidos deles, ao contrário, sinto-me vencedor. Sem que eles soubessem, em meio à luta que me propuseram enfrentei uma batalha bem maior, e que apenas iniciou-se, comigo mesmo.

– Realmente eles defenderam, ou melhor, conquistaram com louvores o que pretendiam. De minha parte, só desejo que encontrem a felicidade merecida. Não oporemos, Eulália e eu, qualquer obstáculo. – Declarou, sisudo, doutor Miguel.

– Não esperava outra coisa de sua pessoa e de dona Eulália. – Escolhendo as palavras meticulosamente, o barão prosseguiu: – Quando os convidei a vir aqui, minha intenção não era somente oficializar o noivado, mas igualmente aparar certas arestas que surgiram entre mim e o senhor em nossas divergências políticas acerca dos negros. Pois, creio que a isso se resumiam, não é fato?

– É mesmo? – Indagou Miguel, como se essa admissão fosse entendida somente naquele minuto. Fingia uma surpresa que soava irônica e debochada.

Ignorando a atitude do adversário, o barão prosseguiu firme em seu propósito. Pouco lhe interessava o que pensaria o médico. Melhor seria tê-lo novamente como amigo, mas se isso não fosse possível, teria feito o que desejava e lhe competia, o resto não via como problema seu. Então, sem alterar o tom de voz, disse:

– Convidei-o, doutor Miguel, porque desejo sinceramente lhe pedir desculpas por minhas atitudes causadoras de embaraços no passado, no Partido Liberal. Espero que as aceite, e com elas a minha disposição de reparar todos os dissabores políticos que enfrentou.

O médico ergueu os olhos e fitou o barão. Examinou-o por longos minutos, buscando alguma segunda intenção por detrás de tão inusitado pedido. Não sabia o que o aguardaria quando pisara novamente no sobrado do barão Gonçalo, mas o que menos imaginara era ouvir um sincero pedido de perdão. E admitia ser verdadeiro, pois o barão agia honestamente, sem subterfúgios.

– Desejo o fim das hostilidades. Quero recebê-lo e anunciá-lo como um correligionário e amigo que muito me honra com sua amizade. – Pediu o barão, estendendo a mão a Miguel. – Será possível o cumprimento desse desejo?

O médico pensou ainda um minuto mais. Era-lhe difícil crer nos acontecimentos. A personalidade do barão sempre o fascinara, apesar das sérias divergências existentes entre eles.

– O que provocou tamanha modificação, barão Gonçalo? – Indagou, incrédulo, ainda encarando o charqueador com a mão estendida.

– Poderia lhe falar horas a fio sobre uma certa noite que passei recentemente, mas prefiro resumir dizendo que foi a vida a causadora dessa mudança. As pessoas modificam os tempos. Meu pensamento de antes não encontrará sustentação no futuro. Então é sábio que o modifique agora, acompanhando os tempos. Porém, o motivo que mais pesou foi o fato de ter analisado que tudo quanto fiz não contribuiu para as coisas que me fazem feliz, por isso estou mudando. É a felicidade que busco, doutor Miguel. Eu a vi nos olhos dos nossos jovens e acredito que tenho também direito a ela. – Respondeu o barão.

Convencido da sinceridade do charqueador, o médico por fim estendeu-lhe a mão e selou o pacto de paz entre eles.

– Obrigado. – Agradeceu o barão.

– Poucos minutos atrás eu pensava o que nos faz diferentes, barão. Por anos a fio, culpei-o pela minha saída da cena política. Agora reconheço a diferença e ela o exime de maiores responsabilidades. Eu não lutei, acovardei-me, não busquei minha felicidade com o mesmo empenho que vejo no senhor. Amigos, então! – Disse o médico, ainda apertando a mão do antigo opositor. Depois sorriu e provocou, com um tom de humor, reacendendo uma velha discussão: – Mas aviso que, embora calado em minhas expressões, continuo um abolicionista convicto.

O barão correspondeu ao sorriso e amistosamente declarou:

– Que bom, pois quanto a isso ainda não tenho bem certeza do que será o futuro.

– A liberdade, com certeza. – Retrucou o médico.

Conversando de forma mais descontraída, os dois homens foram reunir-se a Nina e Álvaro na sala de música. Pouco depois, os médicos partiam deixando acertadas a data do noivado e já antecipadamente a do casamento, a realizar-se dali a seis meses, tão logo terminada a safra do charque.

Aqueles foram meses de intensa ventura para Nina e Álvaro. Se, de um lado, viam aproximar-se a data do casamento, de outro os esforços entre os assenzalados começavam a dar os primeiros frutos. Crescia a consciência de independência dos escravos, fruto direto da recuperação da auto-estima; ferviam notícias de levantes em senzalas contra os açoites cruéis de alguns de seus membros. Lentamente, a idéia do “um por todos, todos por um” tomava corpo, unindo na desgraça e debelando o egoísmo. Desenhava-se um povo e João era seu líder.

Com boa penetração social, doutor Miguel reerguia-se na luta abolicionista, levando a discussão aos mais esclarecidos membros da sociedade local. Retornava ao partido e retomava sua velha bandeira. Não regateava lugar para falar da necessidade de substituir o sistema de trabalho escravo; até mesmo nas poucas ocasiões em que comparecia a festividades religiosas, levantava o tema e, com a participação de Álvaro nesses embates, punha em xeque a “consciência cristã” de muitos religiosos e profitentes de fé.

O movimento abolicionista crescia sob o beneplácito silencioso do barão Gonçalo.

Capítulo XVI

A Libertação

"Toda idéia nova encontra forçosamente oposição, e não há uma única que tenha se estabelecido sem lutas (...)"[1]

– Vamos, Eulália! – Chamava Miguel, à porta da residência. – Tu até pareces a noiva!

– Tenha calma, Miguel! – Pediu Eulália, em frente a um espelho, ajeitando o gracioso chapéu que lhe cobria os cabelos arranjados em um coque. – Não sou a noiva, mas sou a mãe do noivo. Não posso fazer feio.

Voltando para a sala, Miguel parou próximo a um sofá, olhou a esposa e, notando que ela estava pálida, para disfarçar começou a beliscar as maçãs de seu rosto buscando dar algum colorido à sua face, sem obter sucesso. Para não alarmá-la, nada comentou, limitando-se a convidar, com muita calma:

– Pensando bem, tu tens razão: não precisamos chegar tão cedo.

---

[1] *Allan Kardec,* O Evangelho Segundo o Espiritismo, *cap. XXIII, item 12. Trad. Salvador Gentile. Araras: IDE.*

Vem, senta-te um pouco aqui comigo.

– Também não é para tanto, Miguel. O casamento deve ser em uma hora. – Retrucou Eulália. Sua voz sôfrega denunciava dificuldade para respirar.

– Vem, Eulália... – Determinou, suavemente, Miguel, tomando a esposa pelo braço e conduzindo-a ao sofá. – Noto que não estás bem, Eulália, e não adianta negar, pois te conheço há mais de 35 anos. Diga-me o que estás sentindo.

– Nada sério, não te preocupes. Ficarei bem. Sinto meu coração bater acelerado, tanto que às vezes me falta o ar, depois parece que ele pára, assusto-me, em seguida recomeça a bater um tanto fraco. Causa-me mal-estar. Mas vai passar. Não será no dia em que meu filho caçula se casa, com toda a família reunida em festa, que irei morrer. – Respondeu Eulália.

– Descanse. Deite-se aqui mesmo um pouco. Não diga nada. Vou buscar um medicamento para ti. – Disse Miguel, contendo a custo a preocupação. Em seguida, beijou a testa da mulher e dirigiu-se rapidamente ao local onde deixava os medicamentos.

Enquanto caminhava, pedia a Deus que poupasse a vida de Eulália. Só em imaginar como seria chegar em casa e não encontrá-la, faltava-lhe o ar e seu raciocínio se perturbava. Apanhou no quarto de dormir os remédios, um copo com água e voltou rapidamente para a sala. Ministrou-lhe algumas gotas da medicação e, segurando sua mão, aguardou pacientemente que a cor voltasse às faces da esposa.

Vendo-a reagir, auscultou-lhe o coração, sentindo o ritmo constante das batidas, ainda que um pouco fracas.

– Estou bem, Miguel, creio que a crise passou. Por favor, hoje não poderei ficar em repouso como me fazes permanecer nos outros dias quando tenho esse mal-estar. Pela felicidade de nosso Álvaro, deixe-me acompanhá-lo ao casamento. Prometo-lhe não cometer qualquer excesso, ficarei sentada todo o tempo, apenas olhando a festa. – Pediu Eulália, olhando súplice para o marido.

O médico analisou a situação e, encarando o pedido expresso no olhar da esposa, não pôde negar-lhe o comparecimento ao casamento.

– A senhora é impossível, dona Eulália! – Resmungou Miguel, fingindo-se contrariado. – Como se atreve a dizer a seu médico o que fazer? Mas, vá lá! O que não faço para vê-la feliz? Mas quero que me prometa controlar-se. Nada de emocionar-se demais, afinal, nosso filho está feliz, aliás, todos estamos, então se alegre. Vou colocá-la na carruagem e durante o casamento não sairei um minuto de seu lado. Estou levando os medicamentos. Se tu sentires qualquer coisa, fala-me!

Nos braços do marido, Eulália sorriu e prometeu comportar-se conforme ele determinava, enquanto era carregada até a carruagem.

– O que aconteceu com dona Eulália? – Indagou Ernesto, assustado, ao ver Miguel descer os degraus do pequeno alpendre.

– Nada grave, Ernesto, ela teve um mal-estar e não pode se esforçar, mas como é teimosa quer ir ao casamento. Imagine se não a levo, o temporal que cai sobre minha cabeça. – Brincou Miguel tentando transmitir calma à esposa e ao empregado. – Por favor, abra a porta para que eu possa acomodá-la no banco.

Prestativo, Ernesto logo cumpria a ordem recebida. Depois que todos haviam-se acomodado, seguiram em direção ao sobrado do barão, onde Álvaro se encontrava aguardando a realização da cerimônia de casamento.

A residência do barão Gonçalo parecia um jardim, todo decorado com flores brancas e amarelas; muitos laços de fita adornavam os salões preparados para recepcionar os convidados. A escadaria fora ricamente revestida com um tapete luxuoso e os corrimãos, envoltos em fitas largas de veludo e seda, entremeados com pequenos arranjos de rosas brancas. Ao pé da escada, o barão aguardava, elegantemente trajado. Ele conduziria a neta. Alegando problemas de última hora, Alberto não se fazia presente à cerimônia. Era uma atitude de rebeldia e protesto ao casamento da filha. Ele ainda não aceitava a idéia de que o pai desfizera o compromisso com os marqueses, por ele arranjado. Nem mesmo os depoimentos de influentes amigos da família dando conta do estado falimentar dos marqueses – e daí o maior interesse na aliança entre as famílias – convencera-o da acertada decisão do pai. Investigando o móvel dos sentimentos de Alberto, lá encontramos seu desejo de ascender socialmente; era a vaidade que abrigava no íntimo e saíra ferida no confronto.

Nada disso, porém, turvava a felicidade reinante no sobrado, que contagiara o temido barão Gonçalo. Olhando-o sorridente, parado ao pé da escada aguardando a noiva, dir-se-ia estar ali um pai muito orgulhoso da filha, um homem com grande capacidade de amar. Sua face, normalmente calma e contida, distendia-se em um amplo e contagiante sorriso que lhe iluminava também o olhar. Alguns convidados mais afeitos à observação, discretamente comentavam a transformação do barão Gonçalo. Quem o imaginaria tão feliz no casamento da neta com o doutor Álvaro após o escandaloso rompimento do noivado?

Parado ao lado do barão, estava João, vestido especialmente para a ocasião. Comparecia à festa como convidado, não como escravo da casa. Nina contara ao avô meses antes que alforriara João há mais de dois anos passados. A reação do charqueador fora surpreendente: aceitara com tranqüilidade a decisão da neta e respeitara o pedido de João de continuar vivendo no sobrado como se nada houvesse acontecido; apenas pedira a Nina que providenciasse melhores roupas para ele e lhe fizesse um pagamento semanal por conta de seus serviços. Desde então, era oficialmente o secretário do barão Gonçalo e dessa forma fora apresentado aos comerciantes que negociavam com a charqueada das Tálias.

Florência mudara-se também para o sobrado a fim de trabalhar na organização da festa; atendendo ao pedido de Nina, lá permaneceria. Juntamente com dona Marieta, Florência auxiliava a noiva a aprontar-se em seu quarto.

– Pronto! – Declarou Nina, olhando-se no espelho de corpo inteiro ao lado da janela. – Pode descer, mamãe. Assim que Florência ouvir os acordes da música que combinamos, descerei.

– Tu estás um encanto, Nina. – Elogiou Marieta, abraçando levemente a filha para não amarrotar suas vestes. – Deus te abençoe. Que tu sejas muito feliz.

– Eu sou muito feliz, mamãe. Sempre fui. Não há motivo para ser diferente no futuro.

Marieta afastou-se, contemplou a filha mais uma vez e sorriu. Dirigindo-se a Florência, ordenou:

– Venha comigo.

– Pra já, sinhá. – Concordou Florência prontamente, dirigindo-se para a porta. – Vorto logo pra buscá a sinhazinha. – Disse Florência a Nina quando saía na porta, recebendo como resposta um amplo sorriso.

No alto da escadaria, Florência ouviu os primeiros acordes da música escolhida por Nina e recebeu um sinal de João confirmando o momento de trazer a noiva. Com lágrimas nos olhos, a escrava bateu na porta, estendendo a mão à sinhazinha, linda em seu traje de noiva.

– Mi alembro da sinhá criança, robando banha com erva na cozinha da charqueada pra dá pros negro. Agora, tá moça feita, linda como um anjo. A Bá deve tá muito feliz de lhe vê casando cum moço bão que ama a sinhá. – Comentou Florência, emocionada.

– Desde ontem que me lembro a todo instante da Bá... É como se a minha mãe preta me acompanhasse neste momento. Eu sinto a presença dela, o seu carinho. Também creio que ela esteja feliz. – Respondeu Nina e, aproximando-se de Florência, abriu os braços e pediu: – Me abrace, Florência, me deseje felicidade! Depois da Bá, tu és a mulher que mais próxima de mim esteve todos estes anos.

As lágrimas que ameaçavam cair dos olhos de Florência precipitaram-se abundantes, mas serenas: eram expressão de bons sentimentos. As mulheres abraçaram-se longamente. Quando se afastaram, a escrava olhou a sinhá e, constatando que tudo estava em ordem com sua apresentação, ajeitou-lhe o véu de renda que cobria a cabeça e descia até os pés como um manto sobre o vestido, preso por uma grinalda de flores.

– Pedi a todos os deuses, aos espito da terra e à Bá que abençoasse e protegesse a sinhá e o dotô Álvaro. Ocêis merece sê muito feliz. – Disse Florência. – Agora vamo, qui senão a música termina e a sinhá num qué dexá o marido esperando não é memo?

– Tens razão, Florência. Vamos, que estão nos esperando. – Disse Nina fechando a porta do quarto atrás de si e caminhando em direção à escada.

Acompanhando a noiva, seguiam Tião e Bá, com expressões serenas e alegres.

– Óia só, Tião, é a mininінha qui eu criei. Comu tá bonita! Mi alembro dela oiano os carrero de formiga lá na Tálias. Comu a pobrezinha chorô quando mi fui... mi doía vê... Ocê trazia eu aqui pra falá cum ela... Quanto tempo se passô, né, Tião? – Disse Bá, falando em voz alta seus pensamentos. – Argumas coisa mudaro bastante, mas nem tudo.

– É verdade, Bá. Nem tudo mudô, mais pai João diz que agora farta poco. João tá ino muito bem dessa veiz. Tá cumprino o que queria fazê. Custô um poco, mais ele achô o rumo. E agora cum a sinhá e o dotô Álvaro casado as coisa vão si adiantá mais. – Respondeu Tião. – Mais vamo, qui nóis viemo aqui pra ocê cumpanhá a festança. Ocê tem todo direito! Num oviu a sinhá dizê qui ocê é a mãe preta dela?

– Ela sempre diz isso, Tião. E é a minha fia branca. O amor num tem cor, nem raça, não é ansim qui insina pai João? Eu sei qui é certo.

Quando Nina chegou ao pé da escada e deu o braço ao avô, também sorriu para João, piscando-lhe o olho. Braços dados com o avô, caminharam lentamente pelo tapete que formava um corredor ao fim do qual estavam Álvaro e seus pais.

Os bondosos amigos espirituais seguiam passo a passo acompanhando a noiva; suas vibrações projetavam uma atmosfera de calma e bem-estar no local.

A cerimônia foi rápida, concisa. A pedido de Álvaro, limitou-se ao estritamente necessário. Apenas o suficiente para atender às formalidades sociais e legais da época.

Aos noivos bastava a convicção de que a lei que os unia era a do amor e com ela estavam de pleno acordo. O restante era aparato social.

A festa que se seguiu adentrou a noite.

Quem visse pela primeira vez doutor Miguel e o barão juntos não faria idéia de que por divergências políticas haviam ficado vários anos sem ao menos trocar algumas palavras. Reinava entre eles um tácito acordo de não-interferência nas opiniões opostas. Respeitavam-se na plenitude da palavra. Quando o interesse era convergente, aliavam-se em uma frente inabalável. Marieta circulava em meio aos convidados distribuindo explicações sobre a ausência do marido e comunicando a todos que no dia seguinte partia definitivamente para o Rio de Janeiro. Com a filha casada, nada mais a prendia à cidade.

Sentada comodamente, Eulália entretinha-se em agradável conversação com a esposa do tenente Domingos, amiga de longos anos que, a pedido de Miguel, zelava pelo bem-estar da mãe do noivo, fazendo-lhe companhia.

Enquanto no sobrado a festa reunia os ricos e nobres da sociedade, em meio a finas guloseimas e às melhores bebidas, na senzala da charqueada das Tálias também se festejava o casamento da sinhá Nina.

Por ordem de Nina haveria um farto jantar com distribuição de doces aos escravos. Pela primeira vez o barão autorizava alguma diversão aos cativos. Após a refeição, aconteceria um baile em homenagem aos noivos, animado pela gaita dos tropeiros.

Com a freqüente presença de João na senzala, os negros tinham readquirido o amor-próprio, necessário ao equilíbrio interior; a confiança no futuro despontava em seus corações. Juntamente com Florência, ele organizara reuniões de cultos africanos. O resgate de algumas raízes e a proximidade com os espíritos, fazendo-os ver e crer na imortalidade da alma, haviam tido o condão de despertar-lhes novas forças. Resignavam-se com a condição de escravos, mas não aceitavam o abuso, o excesso de violência. Naquela noite, antes do baile, soaram improvisados tambores e atabaques no terreiro da charqueada; os escravos entoaram os cânticos e dançaram para seus deuses, pedindo pela felicidade da sinhá.

– A fé exerce grande poder na alma humana. – Constatou pai João, observando a roda dos negros. – Cada ser humano a expressa de acordo com a sua condição de evolução espiritual. Conforme vamos nos despindo das crenças materiais ilusórias, a fé vai se tornando mais e mais uma força espiritual capaz de operar as mais espetaculares transformações no indivíduo. Ele crê em Deus e quanto mais põe a inteligência na busca de desvendar esse Criador mais dele se aproxima. E, veja, Tião, como é interessante esse sentimento. João devolveu-lhes a fé em si mesmos, e a partir daí foi-lhes possível resgatar os germes da fé na Divindade. Antes, eles não tinham esperança nem ao menos no futuro imediato, por isso a irresignação, a grande quantidade de suicídios e abortos. Viver não valia nada. A morte era um descanso. Seus vários deuses tribais perderam um pouco de seu significado. Aqui não havia guerras, nem caçadas, nem fertilidade. Receberam por imposição uma religião que a eles pouco ou nada oferecia. A confusão se estabeleceu e gerou o caos em seus espíritos, solo frutífero para a disseminação da violência, do ódio, do egoísmo e de outras tantas chagas que já os marcavam de outras existências. João recebeu neste local a escória, os mais ignorantes irmãos infratores da lei de sociedade. E, pacientemente, com o apoio de Nina e Álvaro, está fazendo um bom trabalho.

– É, mais foi dureza, pai João. Os neguinho criditô em muita bobage. Achô qui guardá reiva e ódio ia ajudá eles sê livre, e num é ansim. Desse jeito só vão ficá pió. Essas idéia besta é qui escraviza os home. E óia que veno este mundo junto de ocê, Tião tá veno qui tem escravo de tudo quanto é raça e cor. – Comentou Tião. – Ocê num concorda, Bá?

– Se tem! Ocêis sabe, vi muita mardade aqui na Terra e era às veiz difíci aceitá e agi do jeito que eu sabia sê o certo. Mais eu tinha fé qui ia vencê e cunfiava em Oxalá. Tropecei um monte de veiz, caí, mais sempre mi alevantava e pensava que se cumeçasse a tê reiva, brigá, ia sê pió. Ansim foi que saí dessa vida e lá na instituição tenho visto muito neguinho sofreno inda se achano escravo, cheio de mágoa, de revorta. E comu eles sofre! – Respondeu Bá, pensativa, olhando a familiar paisagem à sua volta. – E mais triste inda são aqueles que se ilude e cai nas mãos de otros mais revortado qui qué vingança e usa os infeliz.

– Tens razão, Bá. – Concordou pai João, lembrando a figura de Raquel e tantos outros em idêntica condição; depois, abraçando a companheira de trabalho, disse, animado: – Mas vamos nos alegrar pelos que estão progredindo.

– É memo. – Disse Bá, deixando lentamente um sorriso desenhar-se no rosto enrugado. – Foi muito bão dispois de todos esses ano vê a sinhazinha e o povo aqui da senzala, pesar di que do meu tempo tem muito pocos.

A alegria invadiu a tristeza da senzala e reinou naquela noite de festa.

..*

A vida é uma das constantes do universo. No processo de viver, alternamos sabores e dissabores, derrotas e vitórias, mas a grande viagem para dentro de nós mesmos prossegue inexorável, a velocidade é que depende de nossa vontade. Há épocas mais velozes e outras lentas, mas o movimento é ininterrupto.

A existência de João foi sacudida por grandes modificações.

Quanto mais se envolvia com a campanha abolicionista, maiores eram a compreensão e a empatia com os outros companheiros de infortúnio.

Por experiência própria, conhecia a miséria, o sofrimento, a humilhação. Sabia o que era carregar o peito cheio de ódio, clamar por justiça sem ao menos encontrar o eco de suas palavras, quanto mais respostas. Abrigara primeiro a ilusão da solução individualista, tanto na Fazenda da Cruz como na charqueada das Tálias; amargara muito, porém descobrira que todas as fontes de sofrimento ou ventura tinham nascente em seu íntimo, corriam no leito de suas atitudes e desaguavam num mar coletivo chamado sociedade. Sem pacificar as nascentes, tornar navegáveis os rios, era impossível. O mar resultante desse processo seria revolto, tempestuoso.

Fizera a viagem às suas nascentes; na verdade, ainda as fazia – cada dia novos aprendizados se renovavam. As modificações em sua vida haviam-no levado não só a consolidar o aprendizado oferecido pela vivência nas senzalas, mas a ampliá-lo. Trabalhando diretamente com o barão, passara a conhecer de perto a ganância, a ambição, a reconhecer a inveja, o orgulho e tantas outras fontes de sofrimento abrigadas pelos homens. Acompanhando o cotidiano do barão, muito se questionara sobre os vãos preconceitos e a hipocrisia.

Dada a grande influência do charqueador, suas atitudes não eram questionadas. A presença de João junto da família, em um tratamento especial, fora colocada para a sociedade local desde a mudança de Nina para a cidade e fora aceita como uma excentricidade do nobre charqueador. Houve, até mesmo, pessoas supersticiosas comentando que ter um negro dentro de casa dava sorte, bastava ver a prosperidade dos negócios do barão Gonçalo. Na rua, quando João circulava sozinho, além de ninguém cumprimentá-lo, era forçado a trocar de calçada, entretanto tudo era diferente quando o barão estava por perto e impunha, por seus modos, aos demais que tratassem João de forma educada. Por puro interesse, na frente do nobre industrialista, indecisos quanto ao seu posicionamento político, imitavam todos os seus comportamentos, dando provas de que a hipocrisia superava o preconceito nos domínios da ignorância.

É doloroso ver tais procedimentos. O preconceito resume-se à falta de autenticidade. O indivíduo preconceituoso abdica do uso da razão para proceder à cópia de um comportamento superficial, extraído de um modelo social, na maioria das vezes saído do ambiente familiar, onde a criança imita dos pais a conduta vista e aprendida. Chega a fase adulta sem questionar seus padrões de conduta, simplesmente repete, denotando claramente que é uma pessoa sem conceitos de vida. É um espírito que ainda "sofre" o processo de viver, não o domina. Perde-se em ilusões banais. O preconceito é vazio de significado.

Pela ausência clara de conceitos de vida, agirá sempre buscando atender aos interesses pessoais, fará conchavos, negociará trocas de favores; necessitando ser aceito e querendo agradar a todos, lançará mão da hipocrisia.

Em sua nova função, João passou a acompanhar o barão em suas viagens de negócios pela região e também para outras províncias.

Numa dessas viagens, assistindo a mais uma reunião do barão com compradores de charque, João constatou que inúmeras vezes era alvo de olhares hostis, desconfiados, alguns até ofendidos pela sua presença, considerada inoportuna e de mau gosto.

Ao término da reunião, recolheu os pertences do barão, colocando-os organizadamente em uma maleta, e ficou silencioso aguardando a determinação de seguirem para o hotel onde se hospedavam.

– Que te pareceu esses senhores, João? – Indagou o barão, ajeitando as vestes e levantando-se da cadeira.

– Como compradores aparentemente têm bom potencial. Regatearam o preço, alegando que o dos platinos é mais barato, porém a regularidade da entrega do seu produto é um argumento forte. De nada adianta comprarem por menos, se não recebem o produto na época da safra do café quando a mão-de-obra escrava é maior, portanto precisam de mais alimento. – Avaliou João, com voz indiferente e distante, onde um toque de desagrado era sentido.

– És muito inteligente, João! Uma lástima teres nascido negro, um desperdício realmente. – Provocou o barão, em tom amistoso.

– Pude perceber que não só o senhor lamentou o fato de eu ser negro. – Retrucou João, fazendo alusão aos compradores.

– Não lhes dê maior importância, João. São sacos vazios, não ficam de pé. Se não são capazes de um comportamento genuíno e dão-se a fingimentos, mais hoje, mais amanhã, virão por terra. Esse tipo de homem não se constrói, não acrescenta ao meio em que vive. – Aconselhou o barão, sério. – Agora vamos, que estou com fome.

Apanhando os pertences, João seguiu o charqueador, pensativo. O relacionamento que desenvolvera com o barão ao longo dos anos o fizera compreender que o senhor era um homem solitário, muito solitário, por isso carente de afeto. Haviam convivido muitos anos sob o mesmo teto, unidos pelo amor a Nina, sem vínculos entre si. Somente nos últimos anos, após o casamento da jovem, é que eles haviam aprofundado a amizade e até se surpreendido com os pontos em comuns que acabaram encontrando. O charqueador continuava numa posição de silencioso apoio à causa abolicionista. Como tal, tinha pleno conhecimento das atividades de João. As viagens freqüentes tinham feito com que disseminassem por todas as senzalas da região as sementes de formação da consciência do povo negro no extremo sul do Brasil. Quando viajavam para fora da província, João não perdia a oportunidade de fazer contatos com negros tanto alforriados quanto escravizados; sempre que conseguia visitar alguma senzala à noite e lançar suas idéias de união e expressão comum na luta pela liberdade, por um tratamento digno, era motivo de regozijo íntimo. Constatava que mudavam o nome das localidades, a quantidade de escravos, mas a dura realidade e a falta de unidade e de consciência eram traços comuns.

..*

Ano de 1871.

Dois anos transcorreram desde os fatos narrados.

Nina e Álvaro retornavam da visita ao quilombo do "Manoel ferreiro", onde a morte ceifava as vidas dos quilombolas, cujas resistências minguavam pela carência das mais elementares condições de vida.

O pequeno Tobias fechara os olhos para sempre fazia quase um ano. Fora uma agonia prolongada. Poder-se-ia dizer que o pobre menino não tinha forças nem para morrer – nos meses que antecederam sua morte, simplesmente vegetara. À morte da criança rapidamente sucedera-se a da mãe. Manoel, revoltado por ver seu desejo de viver terminar em sepulturas rasas em meio à mata, cobertas de folhas e gravetos, entregou-se ao fomento e à prática dos mais bárbaros atentados aos senhores e suas propriedades que o município presenciara em sua existência. Roubara, espancara, matara. O abigeato, ou seja, o furto de gado, era agora a prática usual por meio da qual se alimentavam. Munido de armas, reunira os remanescentes de seu grupo, quatro homens e duas mulheres, e juntos haviam construído casas de torrões cobertas com palhas, dispondo-se à luta aberta – não mais fugiam.

O casal atravessava a bela paisagem de coxilhas verdejantes, onde aqui e ali despontavam flores silvestres amarelas e lilases. Nina vinha silenciosa, pensativa.

– Que tens, meu anjo? – Indagou Álvaro, carinhosamente. – Ficastes tão silenciosa de repente. Não queres dividir comigo teus pensamentos?

Um longo suspiro saiu do peito de Nina. Ela sorriu, ainda preocupada, encostando a cabeça no ombro do marido.

– Estou pensando na situação do Manoel. Acompanhei seu drama, sua luta, o sonho de ver o filho livre, tão comum aos escravos, e o estado de revolta que presenciamos agora há pouco me abalou. Como choca, não é mesmo?

– A revolta é sempre a conseqüência da incompreensão. Por tudo que temos estudado juntos, não te parece que se eles tivessem uma visão mais ampla da vida, não circunscrita entre o berço e o túmulo, seria mais fácil lidar com as adversidades? – Disse Álvaro, sério.

– Com certeza muitas pessoas serão livres de inúmeros aprisionamentos da alma quando conhecerem os ensinamentos transmitidos pelos espíritos. É tão lógico compreender a justiça divina na existência da reencarnação como um processo por meio do qual nos redimimos de faltas praticadas e nos burilamos... Concebendo a vida sem a possibilidade da reencarnação somos levados a crer em um Deus que a razão nos faz reconhecer, no mínimo, como excêntrico. Não faz sentido criar novas almas e negar às já criadas o direito de se redimirem, se equivocadamente praticaram faltas. O fato é que, com esse conceito de Deus, ninguém encontra conforto ante o sofrimento. Mais uma vez, meu querido, reconheço a validade da tua opinião.

– A humanidade ainda tem muito a progredir quanto à compreensão da vida. Os passos mais audaciosos talvez estejam dados em nossos tempos, tirando as tampas das sepulturas e deixando-as falar, embora, a bem da verdade, é bom que se diga que nunca estiveram caladas, os homens é que se faziam de surdos. – Álvaro fitava o horizonte à sua frente. Com a voz impregnada de confiança e certeza, prosseguiu: – Esse movimento crescerá, meu anjo, dia a dia. As pessoas despertarão para uma necessidade maior. A ciência especula que o homem provém de uma corrente de evolução natural, não é mais o ser mítico criado para viver em um jardim de delícias, mas um produto das leis naturais, da evolução do planeta. Estamos integrados a tudo o que nos cerca e os espíritos nos ensinam que o princípio espiritual, antes de adquirir a individualização, ou seja, antes de ser considerado um espírito, estagia por todos os reinos da natureza, em processo de evolução e aprendizado, portanto temos armazenado desses estágios todo conhecimento que nos permite o domínio da matéria de forma automática ou instintiva. Depois de largo tempo, adquire consciência, torna-se um espírito apto a iniciar a jornada na raça humana. – Álvaro fez uma pausa, voltou o olhar para o rosto da esposa que o fitava atenta e prosseguiu: – Portanto, meu anjo, veja bem: tudo na natureza tem seu tempo de nascer e amadurecer. Também os espíritos, encarnados ou desencarnados, são seres da natureza, estão sujeitos a essa mesma lei. Como se leva talvez milhões de anos para atingir o estado de espírito marcado pelo despertar da consciência individual, assim chegará o tempo em que nossa sociedade compreenderá a vida de forma ampla; seremos então realmente livres das ilusões mesquinhas que nos impedem o estado de consciência como membro da humanidade, que vive em constante interação com os outros ainda que, por ora, de forma inconsciente.

– É bom pensar assim. – Constatou Nina. – Dá calma, confiança, por incrível que pareça mais vontade ainda de trabalhar pelas causas sociais.

– Óbvio que sim, anjo. – Concordou Álvaro sorrindo, abraçando a esposa com um braço, mantendo-a entre as rédeas do faeton que conduzia. – É por isso que eu sou tão feliz em haver te encontrado, porque tu me compreendes e apóia. Se desejamos um amanhã melhor, não podemos ficar de braços cruzados. É preciso auxiliar o progresso das idéias. É para isso que vivemos em sociedade. Se nos isolássemos, o embrutecimento seria a conseqüência.

– Às vezes é tentador pensar em viver sozinho, longe de tudo e de todos. Mas quanto se aprende nesse contato com outras pessoas! – Nina começou a enumerar nos dedos: – Tolerância, paciência, perseverança, respeito, perdão, confiança, amizade, carinho, amor, altruísmo, humildade... Nossa, Álvaro, faltaram dedos!

O casal riu feliz, compartilhando mais um momento de harmoniosa convivência. Álvaro apertou levemente a esposa, desejoso de transmitir-lhe todo afeto que lhe dedicava.

– Um dia, espero que breve, não haverá mais escravos, nem quilombos e senzalas. Todo esse aparato de tortura e exploração será coisa do passado. Pais, como Manoel, não mais precisarão fugir para ver seus filhos livres. – Disse Álvaro, esperançoso.

– A campanha abolicionista no gabinete do visconde do Rio Branco é forte nesse sentido; tomara que desta vez façam alguma coisa certa e não seja mais uma lei para inglês ver. – Retrucou Nina.

– Porém, o andamento das discussões é lento, as propostas não passam de retórica. Essas leis mais parecem piada do que um ordenamento social. A expectativa de vida de um africano escravizado em média não ultrapassa a casa dos 40 anos. Nossos legisladores discutem libertá-los após os 60 anos ou então libertar os recém-nascidos. Na prática, nenhuma dessas medidas acarreta qualquer modificação. Uma proposta liberta mortos, a outra, bebês incapazes de sobreviver separados das mães. É cruel, Nina, o uso que fazem da inteligência. Essa proposta de lei que debatem agora, se examinada a fundo, é uma burla grotesca. Como os escravos não se reproduzem, sendo alto o número de abortos praticados, o que fazem os conservadores? Acenam com a liberdade para essas crianças, estimulando assim o nascimento com vida. Mas de que vale uma criança livre, sem educação, família ou qualquer outra forma de assistência? Vamos deixá-la vagando livremente pelas ruas, esmolando sustento? É esse o país que queremos? De mais a mais, quando parti para Coimbra isso já era debatido. Fui e voltei e a discussão prossegue sem solução. – Comentou Álvaro, incisivo.

– Uma e outra proposta também trazem como conseqüência uma marginalização dos negros libertos. Crianças e velhos não integram a força economicamente ativa da população. O quilombo do Manoel é um exemplo. Devem existir vários outros por nosso território. Não vivem mais exclusivamente das doações e da caça; aprenderam a roubar e furtar para sobreviver. Hoje senti que eles precisam muito mais de alimento para a alma do que para o corpo. A revolta que abrigam no íntimo destruiu-lhes, senão total, parcialmente os freios do comportamento. São capazes de qualquer coisa. Tornaram-se criminosos. –

Nina pensou, como se avaliasse caminhos. – Aliás, quando estávamos lá, ainda há pouco, lembrei muito daquela página de *L'Évangile Selon Le Spiritisme* que aborda a caridade para com os criminosos. Até então nosso apoio era material e junto colocávamos palavras de esperança, conforto, mas ante o quadro que vimos creio que seja prudente analisarmos mais aqueles ensinamentos e buscarmos novos parâmetros para o trabalho.

– De pleno acordo. – Respondeu Álvaro. – João deve retornar esta semana. Vamos estudar e traçar caminhos adequados à lição evangélica. Quando ele chegar, discutiremos com ele um plano de ação.

A tarde caía quando ingressaram na zona urbana do município. Foram até o hospital, onde rapidamente Álvaro informou-se sobre o estado de normalidade do tratamento de seus pacientes. Rapidamente retornou ao saguão de entrada, onde Nina o esperava. Pela ampla janela, ela contemplava o andamento das obras de ampliação e melhoria da ala dos indigentes.

– Feliz com o andamento da construção? – Perguntou Álvaro, notando a concentração com que a esposa analisava o canteiro de obras.

– Muito. – Respondeu Nina, sorridente, voltando-se para o marido. Estendendo-lhe, então, a mão, indagou, interessada: – Seus pacientes estão bem?

– Sim, estão.

Álvaro segurou-lhe a mão e depois lhe ofereceu o braço para retornarem ao faeton.

– É espantosa a mudança de atitude do barão Gonçalo. – Comentou Álvaro, exprimindo grande contentamento na voz e apontando as obras da ala dos indigentes. – Demoraríamos o dobro, senão o triplo do tempo para realizar essas benfeitorias sem a ajuda dele. E quando digo "ajuda" não estou me referindo ao dinheiro que ele doou, mas sim à inestimável liderança que ele possui na cidade, que colocou a nosso serviço. Sua atitude de assumir publicamente o auxílio aos necessitados repercutiu em todos os ricos e nobres. Recebemos doação de material e disponibilização de mão-de-obra todos os dias no último mês. Seguindo nesse ritmo, antes de a safra começar a ala estará pronta.

– A mim não surpreendeu o comportamento de vovô. Sempre soube que por baixo daquela capa dura havia um coração amoroso e justo. Ele sofreu muito, revoltou-se com a morte da vovó. Eles se amavam muito. – Explicou Nina, compadecida do drama vivido pelo avô.

– Só que isso era apenas tu que conhecias. Para os demais, o barão era o impiedoso charqueador, cruel, frio, alguém que dirigia a charqueada das Tálias com mão-de-ferro e impunha uma mentalidade: era a genial e poderosa inteligência político-administrativa por detrás dos avanços desta cidade. – Álvaro fez uma pausa e declarou: – Eu admiro sinceramente seu avô, apesar dos enganos que ele praticou, pela integridade de caráter que ele possui. Se no passado liderou e apoiou uma sociedade escravocrata violenta ao extremo, no presente não teme mudar a opinião, reconhecer a necessidade de mudanças e usar magistralmente a mesma liderança conduzindo habilmente seus pares sociais em sentido contrário, com uma insignificante resistência.

– Vovô é muito astuto. – Concordou Nina. – Não imaginas como gosto de te ouvir falar assim dele. Quem diria que viveríamos todos sob o mesmo teto com tamanha paz?!

– Temos que lembrar de agradecer a Deus diariamente. Por falar nisso, já notastes o interesse dele e de João pelos livros espíritas? – Perguntou Álvaro. – Outro dia encontrei-os no gabinete lendo-os e fazendo comentários.

Nina respondeu-lhe com amplo sorriso e um brilho de felicidade no olhar, enquanto pensava: "A vida é uma surpresa a cada dia. As pessoas se modificam, tudo muda. Essa a mais poderosa razão para lutarmos por nossos sonhos. O que um dia nos parece impossível no outro é realidade".

..*

– Enfim, próximos de casa! – Exclamou, feliz, o barão. – Nada como a terra da gente, não é mesmo, João?

– Minha terra é distante daqui, barão Gonçalo. – Lembrou João, conduzindo a carruagem pelo terreno acidentado e poeirento. – Mas há anos adotei sua terra como se fosse minha. Apesar de seu clima difícil e dos problemas que temos, sou muito grato, pois ela me possibilitou experiências que me transformaram.

– Hoje não estou para filosofias, João. – Retrucou o barão sem dar atenção às reflexões do secretário. – Olhe que beleza, plana, com fartura de água. A vista aqui alcança longe, acho que é por isso que levamos a província de roldão em nosso progresso. Exercitamos o olhar ao longe, quando os outros têm a visão barrada por montanhas de pedra.

João ouviu silencioso as expressões de amor à cidade que se divisava ainda um pouco distante. “Realmente há pessoas que têm a visão obstruída por preconceitos. Bem que a frase do barão se aplica a elas, não progridem ou, se progridem é muito lentamente, pois só enxergam uma montanha de empecilhos”, comparou João, em pensamento.

– Estás quieto, negro. – Disse o barão, após algum tempo, quando notou que falava sozinho. – Que mal te aflige numa manhã tão bonita? Algum bicho te mordeu?

– Desculpe a falta de cortesia, barão. Apenas pensava e não prestei atenção ao senhor. Desculpe-me, mais uma vez. – Pediu João, esforçando-se para dialogar com o patrão e disfarçar o mal-estar que o acometia.

– Pois te pergunto de novo: que bicho te mordeu?

Ao longo dos anos aprendera a conhecer o charqueador e sabia que enquanto não lhe desse resposta satisfatória não teria tranqüilidade.

– Bem, o senhor me disse que não estava para filosofar esta manhã, por isso não lhe falei o que pensava. Mas, como insiste, lhe conto: pensava no quanto a frase que o senhor disse há pouco sobre as pessoas não enxergarem por terem a vista obstruída por montanhas se aplica àqueles que carregam preconceitos. Era isso.

– Interessante... – Disse o barão, pensativo, analisando a opinião de João. Por fim, acrescentou: – Disseste isso pensando no preconceito social que sofres, não é mesmo? Pois eu iria mais longe te dizendo que esses preconceitos interferem até no progresso financeiro deles. Sempre que eles vêem alguma coisa, enxergam primeiro as barreiras, as impossibilidades. Como já está estabelecido o que pode e o que não, simplesmente cruzam os braços e condenam, dessa forma, tudo à estagnação. Parecem cavalos encilhados que só enxergam em uma direção e são conduzidos por rédeas, no caso essas idéias um tanto sem fundamento que formam. Imagine se os primeiros charqueadores de nossa terra, que vieram do Ceará, tivessem se detido porque na região não havia o sal, ingrediente fundamental à industrialização da carne, ou porque faz frio durante boa parte do ano e nessa época não seca a carne! Estaríamos fazendo o que lá? Dependendo do governo, dos militares ou quem sabe plantando de dia para comer de noite e vendo os outros carregarem nosso gado. Não, não, João, acredite em mim: o destino somos nós que fazemos, precisamos estar abertos às possibilidades e acreditar nelas, caso contrário ficamos mesmo de braços cruzados olhando os anos passarem.

João riu francamente ante os conselhos do barão e comentou, bem-humorado:

– Barão, se os livros do doutor Álvaro que o senhor lê estiverem certos, e acredito que estejam, na próxima vida vou ser um homem rico, pois nesta estou aprendendo a pensar como o senhor.

– É... – Resmungou o barão, com um sorriso provocante pairando sobre a face. – Vê se te lembra de não ser negro, então, porque essa montanha de preconceito não vai se desfazer de uma hora para outra.

– Vou me lembrar. – Garantiu João, em tom de brincadeira. Já não se incomodava mais com as referências do barão à sua raça, pois elas não tinham o tom ofensivo e pejorativo de antes.

– Até o meio da tarde devemos estar no sobrado. – Informou

João, consultando um relógio que ganhara de Álvaro.

A distância que os separava da cidade foi vencida no tempo previsto. Para João, suas últimas horas foram penosas. Aos poucos sentira um mal-estar envolver-lhe o corpo e fortes dores nas costas. Arrepios de frio contrariando o agradável dia primaveril denunciavam febre.

Florência, pela porta da cozinha, viu a chegada da carruagem do barão e antecipou-se, colocando vários panelões de água para aquecer, preparando o banho dos viajantes. Com a refeição não precisava se preocupar, pois o que preparava para o jantar seria suficiente e estava quase pronto. Dando por acabadas suas tarefas, encaminhou-se para a cocheira. Ao cruzar o pequeno pátio interno, encontrou o barão, saudando-o respeitosamente.

– Meus netos estão em casa? – Indagou o barão.

– Não, sinhô. – Informou Florência. – A sinhá Nina e o dotô Álvaro saíro de tarde, mais ela dexô ordi de fazê a janta, qui eles ia tá em casa de noite.

– Muito bem. Vou subir para os meus aposentos. Prepare um banho e mande o Juvêncio me avisar quando estiver pronto. – Determinou o barão, caminhando em direção a casa.

– Num demora quase nada e vai tá pronto, sinhô. – Respondeu Florência, em voz alta, seguindo na direção contrária.

Ao aproximar-se da cocheira, a escrava notou João abatido, tremendo, encostado à porta da carruagem, como se não tivesse forças para desvencilhar os cavalos e conduzi-los às baias.

– Home, qui há cuntigo? – Perguntou, assustada.

– Não estou bem, Florência. Acho que a tal pneumonia que tive no inverno não ficou bem curada. – Respondeu João, com dificuldade.

Florência aproximou-se, tocou-lhe a testa, e constatou:

– Tu tá queimano de febre. Vem, vô ti levá pro teu canto, dispois te trago um chá bem quente.

– Me ajuda primeiro a cuidar dos cavalos. Eles estão cansados.

Pobres animais... Trabalharam o dia todo. – Pediu João, reunindo forças para andar alguns passos.

– Vamo fazê coisa nenhuma. Dexa isso aí qui dispois mando o Juvêncio cuidá dos animá. – Determinou Florência, enfática. Acercando-se de João, a negra o enlaçou pela cintura, dizendo: – Te apóia na nega véia e vamo pra dentro.

João olhou a amiga de longos anos. Um sorriso débil desenhou-se em seu rosto. Silenciosamente, entregou-se aos cuidados dela, reconhecendo que lhe faltavam forças para contrariá-la.

Uma hora depois, dava entrada no pátio interno o faeton conduzido por Álvaro.

– Álvaro! – Alertou Nina, apontando a carruagem empoeirada estacionada ao lado da cocheira. – Veja! Vovô e João estão em casa. Que bom!

– Muito bom! Estava sentido falta daqueles dois. Acostumei-me rapidamente à companhia deles.

– Te importas se eu entrar primeiro sem te aguardar aqui fora?

– Claro que não. – Respondeu Álvaro, prontamente. – Vá encontrar teu avô e nosso amigo João. Pelo visto, Juvêncio está bastante ocupado. Vou ajudá-lo a tratar dos animais e logo os encontro.

Gentil, Álvaro auxiliou a esposa a descer do faeton, beijando-a ligeiramente em despedida. Admirou-a alguns segundos enquanto ela se encaminhava para o sobrado e, com um sorriso no rosto, foi ao encontro de Juvêncio.

– Te deixaram sozinho, Juvêncio? – Indagou Álvaro do jovem escravo vendo-o atarefado na lida com os cavalos.

– É dotô, tô solito aqui. É qui o João num chegô nada bem pelo qui contô a Florência. Aí sobrô pra mim fazê tudo. Mais podi dexá que logo logo tô cuidano dos seus cavalo. – Esclareceu Juvêncio.

– João não está bem? O que houve com ele? – Perguntou Álvaro, surpreso e um pouco preocupado.

– Óia, dotô Álvaro, num vi ele, sei só o qui diz a Florência. É mió o sinhô preguntá pra ela. – Sugeriu o escravo.

– Tens razão. É o mais lógico a fazer. – Dizendo isso, Álvaro andou a passos largos até a porta da cozinha.

Florência, atrapalhada em meio a pesadas panelas de ferro que ela destampava e tampava, vez por outra mexendo o alimento em preparação com uma colher de madeira grande, não percebeu a chegada do médico.

– Florência! – Chamou Álvaro, a poucos metros da porta. – Florência, preciso saber o que aconteceu com João. Conte-me!

A escrava ergueu o olhar e, fitando o médico, respondeu:

– O nego tá ruim, dotô Álvaro. Tá queimano de febre. Tô fazeno um banho pra ele comu o sinhô mi ensinô. Ele tá muito abatido. – Narrou Florência.

– Está no quarto dele? – Perguntou Álvaro.

– Tá, sim. O sinhô vai inté lá vê o pobre? – Inquiriu Florência.

– Agora mesmo, Florência. – Concordou Álvaro, de imediato. – Caso me demore no exame de João, informe Nina sobre o motivo de meu atraso e peça que ela jante em companhia do barão.

O quadro com que Álvaro deparou ao cruzar o batente da porta fê-lo suspeitar do pior...

A febre consumia as forças de João, denunciando um forte ataque às suas defesas orgânicas e conduzindo-o à beira do delírio velozmente.

O jovem médico aproximou-se do paciente, falou com ele de mansinho e, como não era percebido lucidamente, iniciou os exames forçando os movimentos. Logo constatou um comprometimento do aparelho respiratório – os pulmões apresentavam sinais inequívocos de infecção.

Terminado o exame, Álvaro acomodou João no leito, cobrindo-o com vários cobertores que se encontravam empilhados sobre um banco de madeira.

Lançando um olhar preocupado para o doente, Álvaro resignou-se com a possibilidade que divisava do exame realizado. "Por ora nada direi a Nina e ao barão; vou aguardar mais um pouco e, em se mantendo a suspeita, pedirei a papai que também o examine", decidiu, encaminhando-se para a porta.

Rapidamente se dirigiu aos aposentos que dividia com Nina e onde guardava alguns medicamentos.

Nina acabava de arrumar-se para o jantar. Ainda sentada na banqueta em frente ao espelho viu o marido entrar no quarto. Notando seu ar preocupado, perguntou:

– Estás com ar tão sério. Pareces preocupado. Houve alguma coisa?

– É o João. – Respondeu Álvaro, procurando não alarmar a esposa. – Está com febre alta. Fui examiná-lo e quer me parecer que seus pulmões estão novamente afetados. Isso me aflige.

À menção da doença no amigo Nina imediatamente levantou-se, disposta a auxiliar no tratamento, desejosa de ver com seus próprios olhos o estado do doente e confortá-lo. Vendo o marido procurar frascos com medicamentos, anunciou:

– Irei contigo ministrar os remédios a João. Quero vê-lo. – E, como se falasse consigo mesma em voz alta, prosseguiu: – Como é possível que essa febre o ataque repentinamente? Será que vovô não viu que João passava mal?

– Somente o barão Gonçalo poderá responder às tuas perguntas, meu anjo. Agora não temos tempo a perder. Se queres realmente ir comigo, então venha! – Respondeu Álvaro.

Prontamente, Nina abriu a porta e saiu na frente do marido. Quando passavam pela cozinha, encontraram Florência preparando compressas e chás.

– Isso é para João? – Indagou Nina, apontando os remédios caseiros.

– É sim, sinhá. O pobre tá queimano de febre. – E, olhando para Álvaro, relatou: – Mandei o Juvêncio dá banho no João, dotô Álvaro. Se o dotô e a sinhá tava ino lá é mió esperá mais um poco.

– Fez bem, Florência. – Aprovou Álvaro. Examinando a quantidade de panos alvos, a bacia e a jarra de água sobre a mesa, perguntou à escrava: – Vais passar a noite com ele fazendo as compressas?

– Eu vô fazê até a meia-noite e dispois é o Juvêncio que vai ficá cum ele se não tivé miorado. Amanhã tenho muito serviço, num vô güentá se não durmi ao meno um bucadinho. – Respondeu Florência.

– Já falamos sobre isso, não é Florência? – Questionou Nina, com um ar que pretendia ser severo. – Tu bem sabes que a hora e o momento em que pedires mando vir mais ajudantes para ti. Tu é que não queres. Vives dizendo que não queres mais ninguém na cozinha.

– E é memo, sinhá. Num quero sabê dotra negra pur aqui. Dexa elas lá na Tálias qui agora inté tá muito bão lá. – Respondeu Florência, com firmeza.

Álvaro sorria com a discussão doméstica entre as duas mulheres, embora no olhar se notasse ainda a preocupação. Nina tratava os escravos com tanta igualdade que para muitas outras senhoras a atitude de Florência seria desrespeitosa e mereceria duro castigo.

– Então não se queixe! – Determinou Nina a Florência. – Pois se alguém a ouve pode pensar que lhe impomos uma carga desumana de trabalho. Parece que somos um batalhão Farrapo para alimentar.

– Muito bem, mulheres, basta de discussão! Temos um problema sério com essa doença de João. – Disse Álvaro. Em seguida, consultando o relógio de bolso, sentenciou: – O tempo já deve ter sido suficiente para Juvêncio banhar João.

O médico tomou a mão da esposa e andou apressado em direção ao aposento ocupado por João. Florência os seguia a poucos passos.

Chegando ao quarto, Álvaro constatou que Juvêncio terminava de vestir João.

– Como ele está, Juvêncio? – Perguntou Álvaro. – Deu sinais de reconhecê-lo?

– Num deu siná ninhum. Falô um bando de coisa sem sentido. E tussiu bastante. – Informou o escravo.

– Vamos colocá-lo na cama e cobri-lo. Vou dar esse remédio aqui. – Álvaro mostrou um pequeno frasco com um líquido esverdeado, derramando uma pequena quantidade em um cálice. – Tu e a Florência vão dar-lhe a mesma quantidade em intervalos de quatro horas. Quanto mais chá fizerem ele tomar, melhor. E as compressas devem ser feitas por todo tempo em que ele estiver com sinais de febre.

– Tá certo, dotô. Podi dexá qui insino pra Florência. – Respondeu Juvêncio, obedientemente.

– Num pricisa. – Respondeu Florência, entrando no quarto. – Num sô surda, ovi tudo qui é pra fazê. É a mema coisa qui se fez no inverno.

Nina, que observara tudo em silêncio ao lado do batente da porta, aproximou-se da cama de João. Quando Álvaro e Juvêncio o deitaram, ela aproximou-se, acomodou-lhe a cabeça sobre o travesseiro, ajeitou os cobertores e sentou-se a seu lado, iniciando a tarefa das compressas.

– Quando eu era criança, vovô e João passaram vários dias cuidando de mim. Achavam que eu tinha cólera. Chegou a vez de retribuir as atenções. – Falou Nina.

– Não é melhor deixar a Florência cuidar disso agora e voltarmos para a sala de refeições? Seu avô deve estar nos esperando. Além disso, se não estiver enganado em meu diagnóstico, terás bastante tempo para retribuir as atenções de João. – Ponderou Álvaro.

Os presentes fitaram o médico, preocupados. Em todos os semblantes se liam as mesmas questões: “O que João tem? É muito sério?”. Mas somente Florência reuniu a coragem necessária para expressar em voz alta o maior motivo de temor que todos traziam na mente.

– Será qui é a tossi ruim que pegô o João? A tar de tísica?

Os olhares angustiados cravaram-se em Álvaro, à espera de uma resposta negativa que os aliviasse.

– É cedo ainda para dizer alguma coisa, Florência. – Respondeu o médico.

Nina levantou-se, cedendo lugar à escrava ao lado de João. Seus olhos, porém, não se afastavam do doente em estado de delírio, que um pouco falava português e outro pouco murmurava palavras desconexas em seu dialeto natal.

– Ele não está nada bem. – Constatou Nina. A custo afastou o olhar do amigo e voltou o rosto na direção do marido: – Tu tens razão. Vovô deve estar nos esperando. E se não negaste essa triste possibilidade é porque existem chances de ser tuberculose... Nesse caso ele precisará de muitos cuidados.

– Por precaução, é bom separar todos os objetos de uso de João e passar a lavá-los em separado, bem como louças e talheres. É preciso lavar tudo e sempre lembrar de escaldar. Não usem nada de João. Vamos fazer isso até que se afaste completamente a possibilidade da tuberculose. – Orientou Álvaro aos escravos, que balançaram a cabeça em concordância.

Tomando a mão de Nina, regressaram à sala de refeições onde encontraram o barão.

Durante o jantar, informaram ao charqueador sobre o estado de saúde de João, justificando sua ausência na sala, onde costumava ficar de pé.

– Qual é teu diagnóstico, Álvaro? – Perguntou o barão, preocupado.

– É cedo ainda para uma definição, mas é um estado delicado. Antes de declarar meu diagnóstico gostaria que papai também o examinasse. – Respondeu o médico.

Nina, que levava o garfo com alimento à boca, interrompeu o movimento, depositando o talher novamente sobre o prato. Seu rosto lívido e a expressão aflita no olhar demonstravam ser apenas aparente a calma que desejava transmitir – intimamente sofria de forma atroz com a situação do amigo de toda sua existência.

– Não suportarei essa indefinição! – Com o olhar suplicante fixo no marido, pediu: – Por favor, Álvaro, termine com esse drama. Todos sabemos reconhecer os sinais mais evidentes da tuberculose. Desde que saímos do quarto de João venho recordando os últimos meses. Ele emagreceu muito, nada comentei porque pensei ser conseqüência da doença, mas não é normal que ele continuasse perdendo peso após a cura e isso vem acontecendo. Freqüentemente o vejo tossindo, aparentemente sem causa. E agora essa febre tão repentina e violenta. O que mais falta? Hemoptises?

– Nina tem razão. Também notei o emagrecimento de João. Inclusive o atribuí ao desgaste das viagens às quais está pouco afeito. – Complementou o barão, concentrado na refeição.

– Compreendo a impaciência de vocês. – Disse Álvaro, olhando carinhosamente para a esposa e acenando ao barão. – Entretanto, se faz necessário esperar. Meu anjo, as hemoptises seriam simplesmente a confirmação plena da doença. Mas João ainda não estaria nessa fase. Vamos rezar para que essa hipótese seja afastada. Apenas mais um ou dois dias e estará esclarecida a causa do mal.

Enquanto Nina dialogava com o barão sobre os vários tratamentos possíveis, Álvaro não conseguia afastar o pensamento da triste constatação do mal que consumia o ex-escravo. Totalmente absorto em seus pensamentos, o médico só voltou à realidade da sala de jantar quando ouviu o comentário do velho charqueador.

– Tuberculose não tem cura, até onde eu saiba.

– "Ainda" não. – Confirmou Álvaro, esperançoso – Mas há o progresso, e o que agora nos é impossível daqui alguns anos pode tornar-se viável.

– Isso vai ser um processo lento e demorado. – Comentou Nina, desolada, observando os alimentos servidos sem o menor apetite. – Refiro-me tanto à descoberta da cura quanto, se for confirmada a suspeita, ao desenvolvimento da doença.

– Sei o quanto tu gostas do João, minha guria. Se realmente for esse o caso, podemos chamar o feitor da charqueada e providenciar o alívio do sofrimento dele. – Sugeriu o barão. – Afinal, se não há cura, de que vale sofrer?

Nina arregalou os olhos ante a idéia exposta pelo avô. Sempre soubera da freqüência com que eram executados os escravos nas charqueadas. Lutara para que essa prática fosse abolida da charqueada das Tálias e acreditava ter tido sucesso, pois senhores e escravos viviam um clima de relativa paz e as "eliminações" há muito não eram realizadas. Após a morte do capataz José, seu sucessor Antenor se adaptara bem, agindo mais como um gerente de mão-de-obra do que como um feitor. Ela incentivara muito a mentalidade do avô e do feitor, defendendo que o escravo bem-tratado rendia mais e dava menos custo. "Será que vovô regrediu? Será que voltou de novo a ser o charqueador cruel com os negros dos meus tempos de menina?", pensava Nina, olhando incrédula o rosto do velho charqueador.

Álvaro engasgara-se com o vinho ao ouvir a sugestão do barão. Respirando profundamente, recuperou-se do susto que a idéia de assassinato piedoso lhe causara e respondeu:

– Barão, convivendo com o senhor sob o mesmo teto há quase dois anos custo a crer que tenha ouvido tais palavras de sua boca. Por favor, me diga que está brincando.

– Não estou brincando, falei sério. É um desperdício deixar alguém sofrer sem esperança de cura. Já mandei sacrificar muitos animais e escravos. Se não prestam para o trabalho é melhor para eles e para nós que morram logo. – Vendo que lágrimas surgiam nos olhos da neta, confortou-a, dizendo: – Entendo que seja desagradável agir assim quando se trata de alguém mais chegado à família como é o caso de João. Eu também sentirei falta dele algum tempo, mas depois passa. Tudo passa, vais ver.

– Vovô, ainda não sabemos com certeza o que João tem. Então não faremos julgamentos precitados. Porém, considerando a hipótese de que seja confirmada a suspeita de tuberculose, nós daremos a ele toda a assistência necessária para lhe minorar o sofrimento. Mas, preste bem atenção, vovô: nenhum minuto da vida dele será abreviado. – Apesar das lágrimas que umedeciam seus olhos negros, a voz de Nina soava segura e firme: – Se o senhor pensa assim, por que não pediu ao feitor José, na época em que eu era criança e o doutor Miguel não tinha certeza se eu estava ou não tomada pela cólera, que me matasse também?

– Barão, a vida é um bem precioso demais. Acredito que nascemos e renascemos várias vezes na matéria, em épocas diferentes, com o objetivo de evoluir, aprender, enfim, de crescer. – Interveio Álvaro, buscando despertar uma consciência mais espiritualizada no charqueador. – Um minuto pode ser decisivo na vida. O tempo é um tesouro e como tal é neutro em si mesmo. A utilidade que lhe damos acresce-lhe características de moralidade. Pense um pouco! Em um minuto, o senhor pode fechar um negócio excelente ou sofrer uma grande perda financeira; pode ser feliz ou infeliz; pode aprender ou comprometer-se ante as leis divinas; em um minuto de vida, o senhor pode se arrepender e fazer votos de mudar toda sua existência. Pensando que isso acontece porque somos espíritos imortais, agora encarnados, sabendo que tudo quanto fizemos, pensamos e sentimos continuará conosco na vida espiritual, a valorização da existência e das oportunidades que o tempo nos oferece se amplia. Além disso, a doença prolongada serve à reflexão do espírito e a um melhor preparo para a passagem a outra dimensão.

O barão ouvia os jovens, pesando cada palavra que lhe diziam. A pergunta de Nina ficara lhe martelando na mente. Confessara uma prática usual sobre a qual nunca refletira, julgando tratar-se de uma medida administrativa inteligente. Um doente representava um gasto; cortá-lo equivalia a evitar investimento infrutífero. Nunca sentira a morte de um escravo. O que dissera à neta fora motivado pela sensação de perda de alguns de seus cachorros mais estimados. Agora, confrontado pelo casal, era chamado a questionar-se e a resposta brotava em seu íntimo: "Quando amamos o doente não há possibilidade de fazer cálculos. A dor da perda é grande e irreparável com riquezas". Quanto à posição exposta por Álvaro, era algo a ser considerado, segundo o entendimento do barão – tinha certa lógica.

– Pense mais um pouco, vovô. – Solicitou Nina, percebendo o significativo silêncio do barão. – Como diz Álvaro, todos os dias são uma nova oportunidade. Qual é o direito que temos de furtar de alguém algo que não nos pertence? Será mesmo "desejo de evitar o sofrimento alheio" ou será que não é a vontade de evitar o "nosso sofrimento" em auxiliar alguém num momento difícil? O ser humano ainda está muito egoísta e covarde, prefere matar para não ver o sofrimento, quebra o espelho que lhe mostra a fragilidade e a ilusão que é o apego à matéria.

– Quando o doutor Miguel virá examinar o João? – Perguntou o barão, mudando o rumo da conversa.

– Amanhã, logo cedo. – Respondeu Álvaro.

O restante do jantar transcorreu em silêncio. Pretextando a necessidade de levantar cedo no dia seguinte, Álvaro convidou Nina para se recolherem tão logo terminada a refeição. O barão, vendo-se sozinho, deleitou-se com seu charuto e logo depois seguia em direção a seus aposentos onde se entregou à leitura das revistas de espiritismo que Álvaro recebia da Europa.

O diagnóstico de Álvaro foi confirmado por Miguel, após um longo e exaustivo exame, na manhã seguinte. João passara muito mal à noite; a febre só cedera um pouco quando raiava o dia. A fraqueza era visível. Faltava-lhe o ânimo até mesmo para conversar com os amigos que o cercavam. Uma névoa parecia encobrir-lhe o pensamento, levando-o para longe, enquanto o corpo se consumia febril, atacado pela violenta doença.

Foram dias e noites de longas vigílias ao pé do leito do ex-escravo. Nas poucas horas em que se amenizavam seus sofrimentos, ele sorria e pedia a quem lhe estivesse fazendo companhia que o informasse das últimas novidades do movimento abolicionista. Apreciava especialmente ouvir Juvêncio – o entusiasmo do jovem o alimentava, renovando-lhe esperanças.

Enquanto tinha forças, João orientava o jovem cativo. Falou-lhe da importância de somar os anseios pessoais aos de seus irmãos, de despertar a chama da dignidade nos negros escravizados, de dar-lhes noções de consciência coletiva e prepará-los para a liberdade que um dia alcançariam.

– Quando eu me for para a outra vida, Juvêncio, lembre do que estou te dizendo: ser livre é mais do que poder ir e vir, fazer o que bem entender na hora que quiser. Isso é só liberdade do corpo. Ser livre é uma conquista interior. Existem muitos tipos de escravidão. Essa que enfrentamos fisicamente é dolorida e os negros sofrem. Mas aprenda, Juvêncio, a ver os que são escravos de si mesmos, atendendo a ilusões efêmeras provocadas por paixões e vícios de todo gênero e aqueles outros que se escravizam pelo poder, pela ganância, pela ambição, pela luxúria, pelos preconceitos, por sentimentos de ódio e revolta e tantas outras coisas que lhes cegam para a realidade da vida. Seja livre de espírito, aberto a aprender sempre. Aceite o ensinamento que a vida lhe oferece no dia que está passando. Nunca te vejas sozinho no mundo, pois nós somos muitos irmãos de diferentes raças, crenças... Cada um é único neste mundo, mas não é auto-suficiente. Todas as coisas estão interligadas, agem e reagem umas sobre as outras. Assim é a natureza e somos parte dela. – Repetia João, ensinando a lição de sua existência.

Com Nina e Álvaro, usufruía o contato amigo, recebia as atenções e os carinhos, emocionava-se freqüentemente.

Sabedor que o fim se aproximava, sentia uma estranha nostalgia ao lado de Nina. Cada vez que a via entrar em seu quarto com um livro nas mãos, uma xícara de chá ou um vaso de flores para alegrar o ambiente, recordava o dia em que a vira pela primeira vez, as mãos gordinhas, os cabelos cacheados, a face rosada... Então seu olhar caía sobre o velho poncho cinza e preto que o cobria, passava as mãos lentamente pelo presente e pensava no quanto podia transformar um simples gesto de amor. O velho poncho listrado aquecera-lhe o corpo e a alma.

Por Nina sentira nascer um amor sublime, isento de paixões, e isso o havia transformado em um homem capaz de vencer a si mesmo. Por ela sentira pela primeira vez a necessidade de doar-se a alguém, sem cobranças e imposições, sem nada esperar. Aprendera a ser feliz com a naturalidade da criança, acompanhara seu crescimento desenvolvendo junto com ela o intelecto.

Nos longos dias prostrados sobre o leito, voltava ao passado, percebia a enorme transformação por que passara, reconhecia que a sinhazinha lhe dera a liberdade, fora ela quem cultivara em seu espírito as sementes lançadas pelo velho Tião e o fizera agindo em seus sentimentos.

O amor por uma criança fizera de um guerreiro feroz um homem que chegava ao fim da vida na condição de um líder pacífico e amado, que conduzia uma mensagem de respeito, liberdade e dignidade social.

Por meio dela – que, invariavelmente, passava as tardes sentada na cadeira ao lado de sua cama –, mantinha-se informado do andamento das obras para os indigentes, das visitas de Álvaro aos quilombos, buscando dar-lhes orientações de vida. Os quilombolas precisavam agora mais da caridade do espírito do que do corpo.

Naqueles meses, Florência assumira o cuidado na manutenção da alimentação e do vestuário dos indigentes, trabalho antes feito por Nina, com isso afeiçoando-se ao cuidado dos pobres indigentes. A sinhá relatava a João o zelo com que a escrava cuidava dos pequenos doentes; o instinto maternal negado por Florência encontrava uma vazante segura de escoamento e ela se entregava, prazerosa, ao trabalho de cuidar também dos meninos de parede, tratando os machucados físicos e emocionais.

– Como tu gostarias de vê-la junto deles... – Dizia Nina, referindo-se à atividade de Florência. – Parece que ela aprendeu a ser como minha mãe preta. Só não a vimos ainda dar de mamar a algum pequeno. Está tão feliz em ajudar Álvaro e os outros médicos, que nem ao menos se importou que trouxéssemos outras mulheres para fazer o trabalho do sobrado. Fico até com ciúmes, pois de manhã cedo ela já espera o "dotozinho" com o café como ele gosta e pronta para acompanhá-lo à ala dos indigentes. Fica lá o dia inteiro, só vem para casa à noite. Aí fica aqui contigo algumas horas.

– Falando justamente disso... Eu não pude ver ela trabalhando, mas sei de tudo, sinhá Nina. – Respondeu João. Com o avanço da doença ele falava pouco, evitando as crises de hemoptises que muito o debilitavam, apressando o fim de suas energias. O termo de seus dias reservava-lhe uma última lição: a importância de ouvir o próximo.

Apesar da idéia inicial defendida pelo barão Gonçalo quanto à doença do secretário, ele logo se descobriu incapaz de executar o feito de chamar o capataz e ordenar-lhe a execução de João. Reconheceu que no íntimo João era seu amigo, possivelmente seu melhor amigo. Nas manhãs ensolaradas, Juvêncio acomodava o doente no pátio interno, sempre bem agasalhado, abrigado do vento, e com freqüência o barão aparecia para ler os jornais e conversar sobre política.

A recente aprovação da lei do ventre livre era debatida por eles. Mais uma vez a lei fora para inglês ver. Na prática não trazia efeitos significativos; os recém-nascidos eram livres ficando sob a guarda do senhor até os 21 anos. A pouca exatidão em alguns casos dos registros de nascimentos e a inexistência na grande maioria faziam esse prazo dilatar-se. Aprovada a lei, nada mais se discutia quanto à educação dessas crianças e à sua preparação para uma vida livre e digna.

A presença angustiante da morte no corpo de João causava um secreto temor no barão, que não podia isentar-se de refletir sobre as leituras espíritas que vinha fazendo. Aceitar a idéia da imortalidade da alma lhe dava paz, porém no seu íntimo havia resistência à idéia da justiça divina, da chamada lei de ação e reação.

Vendo a aceitação resignada de João, procurava colocar-se em seu lugar e chegava à conclusão de que se fosse ele seria muito diferente. A força de João na aceitação da doença, sua calma e sua resignação provinham da paz de consciência.

O negro podia passar os dias isolado, deitado numa cama, convivendo consigo mesmo tranqüilamente, pois nada pesava na sua consciência, enquanto o poderoso barão, amolecido pelos anos, agora via com arrependimento e horror seus feitos insanos dos dias dominados pela revolta e pela frustração com a morte de Mariana.

O charqueador arrependia-se do passado, por isso nenhuma barreira opunha às iniciativas da neta e do marido pela causa abolicionista, auxiliava materialmente o atendimento aos escravos e indigentes e o tratamento dos negros na charqueada das Tálias. Estava mesmo drasticamente modificado.

A senzala fora reformada; parecia-se agora com as dependências destinadas aos cativos no sobrado. A sala de tortura fora trancada e há alguns anos não era mais usada. A alimentação e o vestuário haviam melhorado e a realização de danças e cultos no terreiro da propriedade fora liberada.

Os últimos dias de João não eram acompanhados com zelo e carinho somente pelos encarnados. Tião, acompanhado de um outro homem negro trajando vestes simples – Pai João –, cuja fisionomia ele desconhecia, era registrado freqüentemente pela vidência do doente.

Em sonho, João via-se num local agradável, muito limpo, confortável, com uma natureza muito bonita em volta, e o movimento constante e extremamente calmo das pessoas que habitavam o lugar. Reconhecia poucas feições, à exceção dos amigos espirituais que o visitavam em estado de vigília. Quando despertava, sentia um bem-estar grande, uma paz a envolvê-lo. Naquele lugar não era acometido por febre, fraqueza, tosse ou crises de hemoptises – sentia-se saudável e plenamente livre.

Num domingo, nas primeiras horas da manhã, quando o sol lançava suas luzes sobre a cidade, João respirou o ar pela última vez. Juvêncio, que o cuidava, apenas registrou que ele inspirara profundamente, seu rosto cobrira-se de um brilho de felicidade e gozo, o corpo todo asserenara-se. O jovem julgara que, dormindo, João sonhava novamente com o lugar do qual sempre lhe falava. Apenas algum tempo depois, estranhando a imobilidade do amigo, Juvêncio aproximou-se do leito e, colocando a mão sobre o peito do doente, sentiu que seu coração não batia mais. Ele se fora em paz...

Capítulo XVII

No Mundo Espiritual

"O ardor que consumia o meu fraco corpo despojou-me do agarramento ao que passa; também eu morri já vivendo a verdadeira vida".[1]

Um gramado verde estendia-se a perder de vista. Uma leve camada de orvalho fazia refletir magistralmente a luz do astro rei, criando uma atmosfera de tranqüilo encantamento. No terreno de suave relevo, onde se localizava no ponto mais elevado um prédio em estilo neoclássico, de forma retangular, com amplas janelas de estrutura arredondada, com vidraças coloridas, uma porta dupla estava permanentemente aberta e deixava ver um espaçoso corredor iluminado com extremo bom gosto. Para ter acesso ao prédio era necessário subir três degraus.

Local aprazível. Ao vê-lo, o desejo que nos desperta é o de sentarmos em seu gramado e olharmos o horizonte sem fim. Sentir a brisa no rosto. É tão grande a sensação de liberdade! Essa coisa poderosa

---

[1]*Allan Kardec,* O Céu e o Inferno, *cap. II, 2ª parte, p. 204. Trad. Salvador Gentile. Araras: IDE.*

que nos leva ao encontro de nós mesmos. Contemplar a ondulação natural do terreno remete ao simbolismo de algo que projeta luz branda e suave para baixo, como uma fonte que lança água cristalina aos sedentos. Permita-se visualizar esse local e sentar-se em seu gramado; deixe seu interior se encher dessas vibrações, seja livre, encontre sua consciência de espírito imortal, individual, de ser social integrante da humanidade. É a Instituição Liberdade, célula de trabalho destinada ao atendimento dos espíritos trazidos ao Brasil nas duras provas da escravidão. Local de trabalho amoroso e fraterno de pai João, Tião e tantos outros valorosos espíritos que encontraram o caminho da liberdade real na superação de si mesmos, sofrendo a expiação no cativeiro.

O sereno desencarne de João fora acompanhado pelos amigos espirituais. Tão logo desligado do corpo físico, fora trazido para as dependências da Instituição Liberdade, na qual ainda permanecia adormecido no processo natural de perturbação que o espírito enfrenta após a morte física.

Pai João e Tião contemplavam, apoiados no batente de uma das amplas janelas, a exuberância do gramado, o efeito de luz sobre o orvalho. Um longo suspiro brotou do peito de Tião e atraiu a atenção de seu companheiro.

– Que houve, Tião? Qual a causa desse fundo suspiro? – Perguntou pai João, calmamente, sem tirar os olhos do horizonte.

– Tião tava se encharcano dessa coisa boa qui tem na instituição. É iguar quando cumia doce bão lá na senzala. E ocê sabe, né, pai João, era muito de veiz em quando. Intão Tião botava o doce na boca e parece qui ele si desmanchava, aí fazia ansim hum... coisa boa! Mais aqui é muito mais qui isso. Foi di contente qui Tião suspirô. Di feliz. Tião gostô de vê o amigo João sê firme, sê forte, cunquistá a liberdade.

– Você sente o prazer da vitória, por isso sintoniza ainda mais com as vibrações do ambiente. Isso é realmente muito bom. Amar o próximo não é só sentir as suas dores; é sentir também as suas conquistas e vitórias, é alegrar-se, festejar o irmão. – Disse pai João, sorrindo. – Essa é a sensação que move os bons espíritos na árdua tarefa de auxílio, é a glória de poder compartilhar com nossos tutelados, se assim posso dizer, as suas vitórias. Sempre que essa sensação me invade, eu penso na parábola do filho pródigo e me pergunto se era esse sentimento que movia o pai a mandar preparar uma festa e convidar os amigos para celebrar a volta do filho perdido. Há uma alegria, uma felicidade indescritível nessa celebração. O universo vibra em celebração.

– Intão nóis tamo celebrano o João. I o neguinho inda tá durmino, nem sabe o qui tá perdeno.

– É justo o descanso dele. Foi uma existência de muita luta. Conquistou com esforço admirável a vitória que celebramos. – Comentou pai João. – Mas, meu caro Tião, quando saboreamos o gosto de celebrar a vida e a felicidade, mais forte deve ser nossa disposição por levá-la a todos os nossos irmãos, por isso, nego véio, vamo trabaiá dobrado, ligeiro e contente que nem beja-flor na primavera. Vamo, nego véio!

Tião riu sonoramente. Seu rosto velho e enrugado emitia um contentamento sem limites. Todo seu ser brilhava, resplandecente; uma luz irradiava-se de seu peito. Os dois nobres espíritos eram focos de amor e conhecimento. Olhando-os, compreendia-se a referência de Jesus ao traje nupcial – eram consciências pacificadas que avançavam firmes nas sendas do progresso espiritual.

Abraçados fraternalmente, mergulharam no horizonte rumo ao trabalho de libertação de consciências escravas de ilusões.

..*

Feliz daquele que, ao partir deste mundo, tem seu túmulo coberto de sentidas lágrimas de amizade e carinho. É sinal de que sua passagem por este mundo não foi em vão – ele semeou amor.

Sabemos que a morte não é o fim da vida, é apenas uma transformação, mas implica um afastamento, gera uma reação natural de tristeza, perfeitamente compreensível. Nosso cotidiano sofre modificações com a partida de alguém muito próximo, fica um vazio, preenchido por lembranças e saudade.

O progresso possui uma força arrasadora que tudo leva de roldão e devemos buscá-lo, nos entregar a ele, deixá-lo agir em nossas vidas. Dessa forma, logo a tristeza passa, a convicção serena da continuidade da vida além dos portais da sepultura evita o desespero, as manifestações doentias decorrentes do processo psicológico da perda, do luto.

Um véu de tristeza abateu-se sobre o sobrado do barão Gonçalo, após o desencarne de João. O cortejo fúnebre que passou pelas ruas da cidade em direção ao cemitério do Palacete da Saúde era simples, digno, cercado de muita amizade e carinho. À porta do sobrado, alguns negros libertos e outros ainda escravizados esperaram silenciosamente para prestar homenagem ao líder que partia. Era uma manifestação nascida do coração. Os sentimentos e ideais que João se dedicara a plantar começavam a florescer.

Nina e Álvaro não se surpreenderam com a atitude dos cativos, porém o barão foi tomado de espanto. Toda sua vida conhecera os rituais africanos e nada o perturbava mais do que os cantos de morte. Aflito, olhou pelas vidraças e viu os negros acercando-se do sobrado. Em sua mente soavam as notas do malfadado canto, mas em vão agonizou. O silêncio dos escravos era estranho, eles se olhavam, murmuravam palavras desconexas, uns buscando confortar os outros – pareciam filhos desolados e desamparados com a morte da mãe, não sabiam para aonde ir, estavam perdidos...

Tão logo foi aberta a porta lateral, saíram os carros – um levando o corpo de João, outros conduzindo os moradores do sobrado. Os negros que aguardavam do lado de fora foram se reunindo e seguindo a pé, silenciosos, atrás dos veículos. Ninguém ousou dispersar a reunião dos escravos no funeral.

Juvêncio conduzia o carro que sempre fora levado por João.

Sentava-se no lugar do amigo e, olhando a cena à sua volta, grossas lágrimas lhe escorriam do rosto. Lembrava os ensinamentos de João. Fora um aluno rebelde às tentativas de João em alfabetizá-lo, sabia lidar com os números apenas o necessário ao cumprimento das ordens que recebia, mas aprendera as lições de liberdade e consciência social. Sob o impacto da morte do amigo, apenas um pensamento, de forma incessante, vinha-lhe à mente, enquanto olhava seus companheiros de infortúnio: "Eles não estão sozinhos, João! Tua vontade de ver nosso povo livre seguirá além da tua própria existência".

E quando o corpo de João baixava a terra, Juvêncio deu início ao cumprimento de seus pensamentos. Parado ao lado da cova, vendo os punhados de terra serem lançados sobre o caixão, ele ergueu a voz, entoando o canto de morte. Era preciso apenas que alguém começasse, que surgisse um líder e prontamente os outros o seguiriam, pois ele dava voz e movimento ao desejo que cada um daqueles negros ali reunidos carregava no peito.

Emocionada, Nina abraçou o avô. Ela sabia o quanto aquela música o perturbava, porém foi surpreendida quando ele gentilmente a afastou e apenas segurou firme sua mão. Lançando um olhar ao rosto do poderoso barão, ela viu escorrer-lhe pelo canto dos olhos uma lágrima, não sentindo nele nenhuma revolta. Finalmente ele ouvia aquele canto em paz, compreendendo toda a emotividade do povo africano expressa na música.

Transcorrido algum tempo, restabelecia-se a rotina no sobrado. João seria para sempre lembrado, preces carinhosas lhe eram endereçadas freqüentemente. A vida desatara os nós das relações entre eles, não os rompera bruscamente.

***

Na Instituição Liberdade, vários dias depois do desencarne, João despertava...

Solitário, abriu os olhos e ficou observando o cômodo em que se encontrava: um quarto pequeno, de simplicidade franciscana, apenas a cama em que estava deitado, uma cadeira rente à parede, um criado-mudo sem gavetas, paredes claras, as aberturas amplas com estrutura arredondada e vidraças coloridas projetando um arco-íris de cores na parede à sua frente.

– Onde estarei? – Perguntava-se João. – Este local não me é estranho, mas de onde o conheço? Sinto que me é familiar.

Observou a si mesmo. Sentia-se renovado, fortalecido, como que por encanto suas forças haviam sofrido uma melhora significativa, respirava com facilidade, não tinha febre, nem dores ou tosse. Perambulou o olhar novamente pelo ambiente, detendo-se na porta; pensou um pouco e decidiu que precisava encontrar as respostas às suas indagações. Sentou-se com cuidado; o movimento fora fácil e não lhe causara nenhum mal-estar como acontecia algum tempo atrás.

– Estou bem melhor, mas tenho conhecimento que minha doença não tem cura. – Falava ele, em voz alta. – Onde estarei? Como se explica isso?

Lentamente, resolveu pôr-se de pé. Firme, sem fraqueza como há muito não acontecia, ensaiou alguns passos e foi bem-sucedido. Então notou que estava vestido com uma roupa desconhecida, assemelhada a um pijama, que lhe servia com perfeição.

– Não me pertence essa roupa.

Encaminhou-se à janela, olhou a paisagem, encantando-se com o frescor da manhã, com a luz do sol e um extenso gramado verde. Deliciou-se um bom tempo, apoiado no parapeito da janela. Depois, aguçando os ouvidos, percebeu som de vozes do lado oposto. De imediato dirigiu-se à porta e abrindo-a descobriu que dava acesso a um corredor e que os sons provinham de lá.

Andando pelo vasto corredor, admirava o efeito criado pela luz que atravessava os vitrais coloridos e projetava-se nas paredes. Era como se raios de luzes amarelas, azuis, brancas e rosa formassem uma cortina, ou uma névoa, que o acolhesse em seu meio. Conforme se aproximava do fim do corredor, divisava um foco maior de luminosidade que lhe despertava a curiosidade, fazendo-o acelerar os passos.

As vozes silenciaram e foram substituídas por harmonioso arranjo de piano e violino. João não conhecia a música executada, nunca a ouvira antes: era doce, serena, transmitia felicidade.

Hesitou em frente a uma grande porta iluminada. Ouviu a delicada melodia e, como se alguém adivinhasse sua presença, a porta abriu-se, e do outro lado surgiu a figura inesquecível do velho amigo Tião, de braços abertos.

– Tião! – Exclamou João, alegre, apressando o quanto podia o andar e entregando-se ao abraço do companheiro.

Sentiu tão próximo e forte o contato com Tião como o era nos tempos da Fazenda da Cruz. Tocou-lhe, correndo os dedos sobre as fundas rugas; deixou as mãos descerem e apertarem os ombros. Então João puxou o velho novamente, abraçando-o com força, saudoso.

Tião riu, retribuindo o abraço, e por sobre o ombro de João piscou para pai João, que estava parado ao lado da porta.

– Como é bom te abraçar assim forte, Tião. É tão real! Quando sonho contigo, há sempre aquela sensação de desvanecer que deixa um certo vazio, como se existisse uma barreira entre nós. – Comentou João, encarando o amigo. – Agora não, eu te sinto de verdade.

– Ocê tá bem, João? – Perguntou Tião.

– Muito bem, Tião, como não me sentia há meses. Mas que lugar é este? Acordei em um quarto estranho. – Correndo os olhos pelo amplo salão, João notou um palco e várias cadeiras – parecia um teatro.

– Óia, neguinho, nóis temo qui cunversá muita coisa. Num tenha pressa. Vamo sentá lá fora. – Convidou Tião. – Tião vai lhe contá cumé qui si vivi aqui, esse é o serviço qui Tião mais gosta de fazê: cuidá dos neguinho que tão chegano novo aqui na Instiuição.

Os dois espíritos afastaram-se do prédio e andaram alguns metros pelo gramado até alcançarem o declive do relevo.

– Vamo sentá aqui memo! – Disse Tião, sentando-se em forma de lótus e apoiando as mãos sobre as pernas.

João olhou o amigo. Relutava em copiar-lhe a espontaneidade e sentar-se ao chão.

– Qui é qui cunteceu cuntigo, neguinho? – Indagou Tião. – Num sabe mais se sentá no chão? Só purque morô no sobrado do barão num sabe mais fazê isso ou num qué?

– Desculpe, Tião, realmente faz muito tempo que não sento no chão. Pensei em não sujar as roupas... – Respondeu João, ainda de pé.

– Dexe di bobage e senta aqui. – Determinou Tião, sorrindo e batendo com a mão sobre a grama a seu lado. – Num se preocupe cum as ropa, nem cum o qui vão dizê de ocê. Aqui ninguém dá importança pra essas coisa. Seja ocê memo e proveite pra sê feliz cum as coisa que Deus lhê dá. É bão sentá no chão, senti a força da natureza, o calô do sol, o vento... – Enquanto falava, Tião fechou os olhos e se entregou às sensações que lhe invadiam o ser. Iluminado, irradiava intensa alegria.

João observou a suave luminosidade que envolvia o amigo, tentando entender que estranho fenômeno presenciava. Lentamente, atraído pela curiosidade, sentou-se ao lado de Tião, imitando-lhe os gestos.

Ao sentir o companheiro acomodado a seu lado, Tião abriu os olhos e, sorrindo, perguntou:

– Cumé qui tá te sentino?

– Leve. Muito leve, quase criança. – Respondeu João, serenamente. Em sua voz vibravam notas de alegria. – Tinha várias dúvidas e perguntas sobre o que se passa comigo, mas elas não me afligem agora.

– Intão tá bão. – Constatou Tião. – É a mió hora de cunversá sobre elas! Ocê vai intendê fáci fáci, o qui lhe acunteceu. O qui ocê qué sabê primero?

– Quero saber que lugar é este.

– Aqui é a Instituição Liberdade. – Disse Tião, abrangendo com um gesto amplo o prédio e o terreno à volta. – É uma casa qui acóie e dá entendimento pros espito qui deseja si libertá di verdade, dexá di sê escravo dum monti de bobage cum qui si ilude e faiz eles sofrê. Aqui si cuida de tratá os qui tão muito ruinzinho, qui são duente da alma, e tamém de insiná os qui tão num caminho di mudá as atitude, dá ajuda. Sê trabaia bastante, mais é muito bão. Dá filicidade di verdade vê os neguinho enxergá as coisa direito, comu são memo, cumprendê a vida i quar é a nossa parte, purque existimo e vivemo uns cos outro, comu diz os letrado: "em sociedade".

João ouvira respeitosamente a explicação de Tião, porém, como ela não lhe sanasse as dúvidas, indagou, diretamente:

– Mas onde estamos? Em que localidade fica a Instituição Liberdade?

O rosto de Tião abriu-se num amplo sorriso e ele respondeu:

– No coração das pessoa livre, nas conscência dos qui procura a verdade, nos espito qui vencero as luta com as ilusão do mundo... – Tião fez uma pausa e encarou o amigo: – Nesses lugá todos a Instituição tem morada, purque ela é mais qui parede, ela é feita pela gente. Mais esse lugá aqui onde nóis tá agora num fica em ninhuma cidade qui ocê conhece. Nóis tamo fora do plano materiá, João. Tião vai lhi contá umas coisa qui cuntecero enquanto tu tava durmino, neguinho.

Tião iniciou a longa explicação que deu a João a consciência dos fatos que se haviam sucedido e de seu estado de espírito liberto da matéria; falaram longamente sobre as modificações ocorridas. Depois, com as dúvidas respondidas e João pacificado plenamente, começaram a rememorar os acontecimentos mais marcantes da existência finda.

– Sabia que tudo isso iria acontecer. – Comentou João. – Durante a minha última existência, despertei para o interesse pela espiritualidade. Creio que a dor me fez ver dimensões maiores da vida, rasgou minhas ilusões. Mas isso é melhor do que podia esperar. Diga-me, Tião: poderei ver meus amigos que chegaram antes de mim? Até aqueles que ficaram na África?

– Podi – Respondeu Tião. – Mais vô lhi dizê qui num é todos qui vem pra cá.

– Como assim?

– Pai João sempre diz pra gente num se esquecê dos ensinamento de Jesus e um deles diz qui na casa de Deus tem muitas morada. Cada um de nóis escóie pra donde vai, pur isso ocê num vai incontrá todos aqui.

João ouvia pensativo, sendo visível o esforço que realizava para compreender a resposta de Tião. O bondoso amigo, bem mais experiente, vendo o esforço do recém-chegado, deu continuidade à explicação, esclarecendo:

– Lembra, João, quando lhe falei qui a instituição podia sê no coração dos livre, na conscência dos qui qué cunhecê a verdade e nos espito qui vencero as luta cum as ilusão? – João assentiu com a cabeça e Tião prosseguiu: – Puis é, todos esse vão vim pra cá ou pra lugá iguá a esse, pur que tão sintonizado cum ele, ô seja, o modo comu se vive quando se tá no corpo, o qui se faiz, o qui se pensa e sente, vai determiná o lugá, a morada qui nóis vamo tê dispois de morrê. Ninguém precisa se afligi cum esse futuro, é só prestá atenção no que e como tá viveno o presente. E óia, João, essa lei vale prus qui, comu dizem lá na Terra, "tão morto", qui nem nóis, e prus qui "tão vivo" tamém. A genti vai e vorta, mais a morada qui vamo te é escoída di acordo cum o que carregamo no coração e na cabeça. Se tem bobage vai sofrê; se num tem, vai vivê bem. – Resumiu Tião, levantando-se e estendendo a mão ao companheiro.

– Já vamos voltar? – Perguntou João, pondo-se de pé com o auxílio do amigo.

– Tião tem serviço. Ocê vai descansá mais um poco, dispois pai João vai cunversá cuntigo. Eu vô lhi avisá: os neguinho aqui trabaia pra valê!

No retorno ao prédio da instituição, Tião deixou João no mesmo quarto onde despertara informando-o de que o cômodo lhe pertenceria enquanto ficasse entre eles.

– Agora qui ocê já tá sabeno comu são as coisa aqui, podi saí e cunhecê o resto da instituição quando quisé. Todo mundo sabe qui ocê já acordô e lhi cunhece desdi quando tava encarnado. Lembra dos seus sonho, João? – Novamente o recém-chegado simplesmente assentiu com um gesto. – Intão ocê vai se lembrá dos otro cumpanheiro. Dispois Tião vorta cum pai João.

– Até mais tarde, Tião. – Despediu-se João. – E muito obrigado mais uma vez pela sua ajuda. Aqui será mais fácil de viver do que na Fazenda da Cruz.

– É verdade, mais num se esqueça, João: si num fosse a Cruz, a Tálias e o qui ocê passô lá no Sul, cê num tinha aprendido, num tava aqui agora. Pur isso num despreze os lugá qui lhe serviru de escola. – Retrucou Tião, enquanto se dirigia para a porta, onde, antes de sair, acenou, despedindo-se do amigo.

Viver na Instituição Liberdade era literalmente a glória para João. Pouco depois de separar-se de Tião, já percorria os corredores descobrindo locais aprazíveis, biblioteca e inúmeros espíritos amigáveis e dispostos à troca de experiências. Conheceu as salas de estudos e a ala destinada às tarefas de administração da instituição. Perambulava pelos corredores acompanhado de um auxiliar da instituição quando viu, a alguns passos de distância, sentada em uma roda de alegre conversação, uma figura que lhe chamou a atenção. Aproximou-se do grupo, matreiro, silencioso, examinou a entidade que lhe era familiar e, como não estava sendo percebido, chamou, alegremente:

– Bá! Minha velha amiga! Como tu estás?

Em resposta a entidade levantou-se. Irradiava alegria, trazendo estampado no rosto um enorme sorriso. Logo João e Bá abraçavam-se fortemente.

– Oh! João! Tu chegô! Inté qui infim! Cumé qui tu ficô tanto tempo lá, criatura? – Indagou Bá, quando se separaram, olhando carinhosamente o antigo companheiro de infortúnio.

– Acredito que era preciso. E mesmo tendo permanecido no corpo mais do que o comum para os da nossa raça, ainda assim deixei muitas coisas incompletas. – Respondeu João, deixando entrever que carregava algumas dúvidas quanto ao êxito de sua última existência.

– Num diga isso! – Retrucou prontamente Bá. – Tu feiz o que era pra ti fazê. Feiz o mió qui pudia. Ansim, memo di longe, quando dava, eu cumpanhei o trabalho qui tu feiz lá nas charqueada. Tu arrumô o terreno direitinho e largô as semente; otros vão cuidá das planta. Mais, o que tu tá fazeno?

– Estava conhecendo a Instituição. O amigo aqui estava me acompanhando.– Disse, fazendo um gesto para seu acompanhante.

– Ah, muito bão, Terêncio! – Respondeu Bá, dirigindo-se ao acompanhante de João. – Se tu quisé podi dexá o João aqui cum nóis pra prosiá um poco; temo muita cunversa pra pô em dia.

Terêncio olhou para João buscando uma resposta ao oferecimento da Bá.

– Se tu não te importas, Terêncio, eu fico com a minha amiga. – Declarou João, sorridente.

– Claro que não, afinal, melindres e liberdade não combinam. – Respondeu tranqüilamente o auxiliar. – Fique com a Bá! Se Tião perguntar por você, informarei onde te encontras.

– Obrigado. – Agradeceu João e imediatamente foi convidado por Bá a compor o grupo.

..*

Retornando das tarefas cotidianas, pai João e Tião aproximavam-se da sede da Instituição.

– Amanhã irei conversar com João. – Informou pai João.

– O neguinho tá bem. Inda num se alembra do passado, mais num me pareceu borricido cum isso. Inté mi parece qui num faiz muita questão de se alembrá. – Comentou Tião.

– Para o próprio bem dele é bom que recobre plenamente sua memória. – Afirmou pai João pensativo, analisando os registros mentais sobre João. – Ele avançou muito nessa existência. Ainda tem débitos a resgatar, mas se alinhou na fileira dos que desejam progredir, vencer a si mesmos, conhecer-se e abandonar ilusões que o escravizavam há bem mais tempo do que os poucos anos de cativeiro que passou no Brasil.

Tião concordou com a analise de pai João. Ao chegarem à porta de acesso da Instituição, informou:

– Tião vai encontrá pai João amanhã bem cedinho, vai trazê o neguinho João cum ele. – Sem esconder a curiosidade, indagou: – Qui é qui pai João tá pensano em fazê cum ele?

– Nada de mais, Tião, apenas um passeio proveitoso, eu espero.

Ambos adentraram os corredores da Instituição em busca da sala de reuniões onde diariamente os trabalhadores se reuniam ao fim do dia para avaliar as atividades desenvolvidas.

* * *

João admirava o amanhecer sentado nos degraus de acesso à porta principal da Instituição. Revia mentalmente desde o primeiro momento em que despertara naquela casa até o presente.

Ainda tinha certa dificuldade em traçar um comparativo com o tempo contado na esfera material, por isso não precisava com exatidão há quantos dias se encontrava lá ou há quanto tempo desencarnara.

Habituara-se à agradável rotina do ambiente, descobrindo que ensinar era uma tarefa de dedicação constante para todos os trabalhadores da Liberdade. Até mesmo a aparentemente casual roda de conversa conduzida por Bá era uma atividade de esclarecimento e orientação. Com facilidade se engajava nas conversas, participando ativamente. Fora informado de que em breve poderia participar de um curso ministrado por pai João, entidade sempre referida com muito amor e respeito por todos na Instituição.

Ouviu um leve ruído de passos que interrompeu a avaliação que procedia naquele novo período de sua vida. Buscou com o olhar o local de onde vinham os sons e divisou a figura terna de Tião. Sorrindo, João aguardou a aproximação do velho amigo.

– Intão tu taí, neguinho? Tião procurô ocê lá no quarto e num achô. Então se alembrei comu qui Tião achava bunito vê clariá o dia aqui e pensei se ocê num ia tá pur aqui. – Comentou Tião, alegremente.

– É lindo, Tião! – Concordou João, referindo-se ao espetáculo natural. – É tão simbólico contemplar o amanhecer. É uma confirmação do potencial de renovação de todas as coisas. É como um hino do Criador dizendo que, não importa o que façam os homens, a luz permanece jorrando sempre sobre novos tempos. É esperança de novas oportunidades.

– Ih! Comu ocê acordô falano bunito! – Brincou Tião, batendo levemente no ombro de João; depois se sentou ao lado dele nos degraus e disse: – Mais é verdade o qui ocê disse. Pena qui é muito poco tempo qui as pessoa se dão pra vê e pensá nas coisa da natureza, da vida e de Deus. É tanta barbaridade qui num ia mais cuntecê se fizesse isso só mais um poquinho, só uns minutinho pur dia. Foi fazeno ansim qui Tião cunsiguiu se cunhecê, entendê mais da dô do otro e pur que às veiz as pessoa age de jeito qui num ajuda a sê feliz. Sabe, João, vivê é fáci, o qui cumplica tudo é quando a gente num enxerga direito as coisa e a genti memo, daí ó, sai tudo travessado, dá um enredo só.

João meditou sobre as palavras de Tião, localizando, em pensamento, inúmeras situações que vivenciara e que se encaixavam perfeitamente no ensino simples que lhe era ofertado.

– Um dia gostaria de ter a tua sabedoria, Tião. – Declarou João, após um intervalo silencioso entre os amigos.

– Qui é isso neguinho? Donde qui ocê tirô que Tião tem sabiduria? – Perguntou Tião, surpreso, e humildemente continuou: – Tião já viveu muitas vida, qui nem ocê e todo resto do mundo; feiz bastante bobage, criditô em coisa sem sentido e pur aí afora. Num fui sê escravo di graça. Mais mi miorei, cunversei cum a vida, cumigo e cum Deus, prestei atenção nos cuntecimento e fui prendeno inté mi libertá das bobage qui mi fizero escravo. Mais Tião num acha qui tem sabiduria. Tião tem experiença de prucurá a verdade e isso, neguinho, num tem fim, ocê cumeça e num termina, sempre tem mais coisa pra entendê.

João calou-se entendendo o objetivo de Tião em apontar-lhe um caminho de autoconhecimento e estudo da vida para evoluir em busca da sabedoria.

Sem que os dois houvessem percebido, pai João aproximou-se e ouviu o diálogo. Intimamente ele regozijava-se por ver seu aprendiz emancipar-se com segurança. Acercou-se dos dois amigos e disse:

– Que maravilha começar uma nova jornada de trabalho em clima tão propício! – Pai João referia-se ao entendimento fraterno e edificante que a dupla desenvolvia antes de sua intervenção. Sentou-se, então, no degrau logo abaixo ao que eles estavam. – Se me permitem um aparte na conversa, gostaria de lembrar um ensinamento de Jesus que reputo fundamental, uma simples declaração de poucas palavras que resume buscas e conquistas nas quais às vezes despendemos muitas existências. Ele disse: “Conhecereis a verdade e ela vos libertará”. Quando conhecemos a verdade rasgamos as ilusões que nos aprisionavam e que nos faziam cativos de mentiras.

– Pai João, inda bem qui ocê sempre fala qui a verdade rasga; é bão os neguinho sabê disso pur que tudo qui rasga dói. E rasgá as ilusão dói. – Tião fez um beiço, uma careta de dor, fazendo seus ouvintes rirem, depois sorriu e completou: – Mais é só um tiquinho de nada. Dispois passa e nunca mais si sofre pur bestera.

– É como se fosse um renascimento? – Indagou João.

– Olhar para o passado às vezes dói, João. – Explicou pai João. – Especialmente quando carregamos muitas ilusões. É um processo de autoconhecimento. Saber que, por ilusões, por ignorarmos voluntariamente a verdade, acabamos sofrendo e fazendo sofrer causa a dor do arrependimento. Mas, então, precisamos lembrar desse maravilhoso espetáculo que presenciamos – o amanhecer, a renovação das oportunidades, como você mesmo classificou agora há pouco.

A serenidade e o conhecimento de pai João, aliados à bondade que irradiava de sua figura, conquistaram imediatamente o respeito de João, que lhe estendeu a mão, dizendo:

– É um grande prazer conhecê-lo, pai João. Desde que aqui cheguei tenho ouvido muito falar a seu respeito. – João olhava a figura de pai João buscando na mente a origem da sensação de familiaridade. – Sua fisionomia é familiar, mas não recordo tê-lo conhecido.

Pai João e Tião trocaram um olhar travesso, expressando genuína alegria no semblante.

– Ocê viu, Tião, qui neguinho mais danado é esse daí? – Falou pai João, apontando João. – Tá pensano qui mi cunheceu agora. – João olhava-os surpreso e um tanto assustado; não atinava o que havia feito de errado. – Comu qui eles se isquece ligerinho de nóis, num é memo?

– É verdade, os neguinho desse tipo só se alembra di nóis quando qué pedi. Dispois, se Deus premite qui se ajude eles, ansim qui se miora um poco já se esquece. Mais ocê ensinô pra Tião qui num se podi fazê o bem e esperá qui os neguinho seja agradicido.

– Por favor... – Pediu João, desejando esclarecer algum mal-entendido que houvesse ocasionado. Entretanto, foi completamente ignorado pelos dois companheiros que prosseguiram o diálogo como se ele não estivesse presente.

Após alguns minutos, pai João voltou-se e, vendo o olhar assustado de João, pôs-se a rir estendendo-lhe a mão.

– "Paciência, filho. Liberdade é muito mais do que vocês compreendem". – Recitou pai João, despertando velhas lembranças em João.

– Pai João – sussurrou João, apertando-lhe a mão, emocionado –, tu estiveste comigo desde o início. Como não associei antes os nomes? Não tenho palavras para agradecer tudo quanto fez por mim. Obrigado.

– Não me agradeça, João. Nada fiz de especial por você. Seja grato a Deus por tudo quanto nos oferece. No que me diz respeito, trabalhar pela liberdade é um prazer e um dever auto-imposto. Você fez e faz parte de uma atividade maior. Retribua o que recebeu da vida, trabalhando para libertar os escravizados. – Respondeu pai João, tranqüilamente.

– Diga-me o que preciso fazer. – Respondeu João, demonstrando disposição.

– É ansim qui se fala, neguinho. – Saudou Tião. – Vamo cumeçá hoje memo, num é, pai João?

– É, Tião. – Confirmou o interrogado. – Para ser exato, neste momento. Vamos, João, a partir de hoje você nos acompanhará nas visitas que fazemos.

Partiram os três espíritos em direção ao orbe terreno. Para surpresa de João, logo se encontravam contemplando a bela paisagem da Baía de Todos os Santos, no litoral brasileiro. O sol levantava-se radiante sobre o mar de ondas esverdeadas, a espuma branca encontrava a areia e uma brisa leve não era suficiente para afastar o calor que prenunciava um dia quente. O local era deserto naquelas horas da manhã.

– Como você se sente, João, retornando a esse local? – Indagou pai João, solícito.

– Em paz. – Respondeu João. – Não posso negar-lhe que lembranças infelizes me vêm à mente, mas são experiências passadas.

– Isso memo, João, nada di ficá guardano coisa sem serventia. Ocê prendeu uma lição: num guarde mágoa da escola qui lhi insinô, foi ocê memo qui iscoieu.

Pai João riu ante a forma clara e direta da advertência de Tião.

– Sei disso, meu amigo. – Declarou João e, voltando-se para pai João, disse: – Estou bem, não precisam se preocupar comigo. Prossigam com o trabalho. Se eu sentir alguma dificuldade, eu falo. Certo?

– Combinado! – Aquiesceu pai João e, falando aos dois companheiros, esclareceu: – Nosso trabalho é no prédio da alfândega. Temos lá alguns companheiros que desencarnaram de forma dolorosa, como vocês sabem, e iremos tentar dialogar com eles, oferecer-lhes ajuda. Por ora, João, apenas nos acompanhe e observe.

Feitas as colocações atinentes à missão que os levara àquele local, deram início à atividade de socorro.

Voltar aos porões da alfândega causou certa opressão a João, avivando suas lembranças da existência recém-terminada. "Deus, parece que foi ontem", pensava João, olhando em torno e contemplando agora o número de espíritos que lutavam com as águas, ainda acreditando-se vítimas de afogamento, outros escorados contra as grossas e úmidas paredes de pedra, ardendo em febre e maldizendo a vida, e aqueles que julgavam seus algozes; mais além, outros que se haviam lançado voluntariamente ao mar, fugindo da escravidão, agora se debatiam incansavelmente contra a sensação de afogamento, clamando uma morte que não viria acolhê-los. A dor vista do plano espiritual era mais intensa e pungente do que ele lembrava haver vivido na quarentena.

– Tião, isso é horrível. Como pode acontecer? – Perguntou João, aproximando-se do velho benfeitor.

– São as escoia de cada um, João. – Explicou Tião. A voz do benfeitor vinha carregada de sentida piedade pelos irmãos que contemplavam quando prosseguiu: – Às veiz se pensa em tomá um caminho mais fáci e se termina no mais dific i. Esses neguinho tudo qui ocê tá veno aí, eles criditaro na revorta cum as decisão de Deus. Ilusão purinha, purinha. Num diantô de nada. Só feiz piorá. Eles num qué intendê qui são escravo deles memo, das coisa qui carrega e alimenta nos pensamento deles, no jeito comu vê a vida. Num qué assumi o papé qui é deles, de governante do destino. Ansim vão fugino das responsabilidade e da verdade, vivi num mundo qui num é di verdade, ixiste só na cabeça deles, pur isso caba sofreno. Num ixiste malfeitô da vida da genti, João, somu nóis memo qui nos fazemo feliz o desgraçado qui nem tantos qui tem pur aí. Livre o escravo, preto o branco, home o muié, pobre o rico, tudo nóis escoie cunforme se necessita pra crescê.

– Se é assim, o que podemos fazer por eles? Deixá-los como estão para que aprendam o que precisam, é isso? – Perguntou João, um tanto atônito.

– Ondi já si viu pensá bobage desse tamanho, João?! – Ralhou Tião. – Acha que nóis ia dexá a Instituição onde é bão e vim pra cá oiá essa tristeza toda e num fazê nada? Ocê num acha isso qui falô meio sem pé nem cabeça?

– Desculpe, Tião. – Pediu João. – Estou confuso. Tu me disseste que eles necessitam aprender e escolheram isso sozinhos, então não sei como agir. Pensei por um momento que deveríamos deixá-los com suas escolhas, só isso. Mas, tu tens razão! Não faria sentido vocês virem até aqui apenas para me mostrar isso. Perdoe-me a impaciência.

– O que ocê e o dotô Álvaro fazia quando invadiu as senzala lá no Sul? – Indagou Tião.

– Íamos esclarecer os escravizados, fazê-los conscientes de que precisavam participar ativamente pela conquista da liberdade, que não poderiam ficar esperando parados que o progresso se realizasse. Convocá-los ao trabalho, em resumo era isso que fazíamos. – Respondeu João, enfaticamente.

– Puis é isso qui nóis tamém viemo fazê aqui, só qui num viemo chamá pra uma conquista imediata, mais pra despertá pra uma conscênça da verdade, pra bandoná di veiz as ilusão boba qui uns carrego. – Concluiu Tião.

– Quer dizer que a morte não faz cessar a escravidão, Tião? Tu estás me dizendo que o trabalho que tu fazias na Terra, que depois eu também fiz, continua no mundo espiritual? É isso? – Perguntou João, pedindo confirmação de seu raciocínio.

– Exatamente, João. – Respondeu pai João, interferindo na conversa. – A escravidão somente cessa quando o espírito se liberta de formas ilusórias de ver a vida. Aí conquista a liberdade verdadeira e imortal. Na matéria, a escravidão existe em razão de que alguns se julgam com o direito de dominar e outros se deixam subjugar, anulam suas opiniões, abdicam do livre exame dos fatos, da liberdade de formarem opiniões e conceitos. Escravizam-se fisicamente pelo uso da força bruta, moralmente pela fraqueza de caráter, pela falta de integridade, economicamente por interesses materiais, intelectualmente quando deixam formar suas opiniões sem questionar as colocações e posições que lhes são passadas como verdadeiras e multiplicam-se formando multidões ignaras que lutam pela bandeira de um ou dois. São tantas as formas de escravidão propiciadas pelas ilusões que carrega o homem que se costuma dizer que a multidão é ignorante. Cícero, um pensador e político da época do Império romano, asseverava que se dominam as populações dando-lhes pão e circo. Lutamos, João, por liberdade real, e essa não construiremos com leis feitas "para inglês ver", não será concedida por um documento escrito, mas sim conquistada pela consciência liberta por meio do conhecimento. Jesus luta por essa liberdade para os homens há milênios. Quando esteve encarnado entre os homens ensinou que só o conhecimento da verdade traz a liberdade. Liberdade interior, que não aceita amarras falsas. Quando os homens tiverem em si muito clara essa visão serão livres e o mundo não terá mais opressores e oprimidos. A lei de sociedade não mais será infringida gerando tantos e tão dolorosos carmas coletivos.

João ouviu silenciosamente a explicação de pai João. Meditava sobre as muitas atrocidades que presenciara como cativo e constatava que elas haviam sido muito mais brutais enquanto ele se considerava um escravo; quando havia encontrado sua liberdade interior, o exterior também se havia abrandado.

Tião, que observava a reação de João como se lesse seu pensamento, sorriu e afirmou:

– Presta atenção, neguinho: tudo qui ocê carregá pur dentro, na cabeça e no coração, vai sê só o qui vai tê à sua vorta, pur fora.

Pai João fez um sinal a Tião, apontando um espírito que se debatia contra as paredes. Compreendendo que era hora de iniciar o serviço, Tião acercou-se do companheiro, com o carinho e a energia que lhe marcavam o caráter, e começou a falar-lhe. Pai João aproximou-se de outra entidade em sofrimento ministrando-lhe passes; quando a percebeu mais serena fez-se visível e dialogou com ela. Buscando aprender, João logo se aproximou mais de Tião, acompanhando seu trabalho.

Os "passeios", como pai João chamava o trabalho que realizava entre os escravos, prosseguiram. João participava na condição de aprendiz de Tião, que há algum tempo coordenava de forma autônoma inúmeras atividades de socorro. Em um desses passeios, tomou conhecimento da situação de Raquel e lamentou-a, mas ela permanecia insensível ao auxílio.

A vida transcorreu normalmente, em meio a muito trabalho e aprendizado. João integrou-se plenamente à atividade da Instituição.

Gozava horas prazerosas com os amigos, especialmente Tião e Bá. E foi em meio a uma dessas conversas que João fez-se consciente da intensa saudade que sentia do Sul e dos companheiros que havia deixado.

– Qui houve cuntigo, João? Tu ficô mudo duma hora pra outra. – Indagou Bá.

– Nada sério, Bá. Mas lembrei da sinhá Nina, da Florência, do negrinho Juvêncio e seu sonho de liberdade para ser cocheiro de aluguel... Lembrei do barão. Gostaria de visitá-los, saber como estão. É como dizem os portugueses: "saudade". Só isso... – Falou João, com expressão nostálgica.

– Ora, home, isso é ligero de resorvê! É só falá cum pai João e si fô pussive tu vai lá. – Incentivou Bá. – Pur que tu num fala cum ele? Ele tá lá no salão e o Tião tá junto.

– Boa idéia, Bá! – Disse João levantando-se e, em agradecimento, beijando os cabelos embranquecidos da amiga. – Vou conversar com eles e ver se acham aconselhável que eu visite o sobrado.

A conversa com os benfeitores espirituais foi rápida e positiva; a visita ao sobrado seria no dia seguinte. Confortado com a possibilidade de rever os amigos, João buscou a solidão sentando-se sozinho no extenso gramado em torno do prédio da Instituição.

Reviu mentalmente toda a sua existência há pouco terminada e algumas dúvidas começaram a surgir em sua mente: De onde vinha sua intensa ligação afetiva com Nina? Por que fora trabalhar com o temido barão Gonçalo?

"Estranho, nós dois nos tornamos amigos por termos disputado o amor de uma mesma criança", constatou João.

E a busca pelo próprio passado se instalou como uma necessidade em seu espírito. Porém, foi em vão que lutou por despertar a memória – apenas imagens desconexas e incompreensíveis lhe acorriam ao pensamento.

Da janela do salão, pai João e Tião observaram João sozinho no gramado.

– É chegado o momento, Tião. João está pronto para se encontrar consigo mesmo em outros tempos.

Tião apenas balançou a cabeça coberta pelos encaracolados cabelos brancos; seu olhar contemplava o aprendiz, enquanto o envolvia em vibrações de paz.

..*

No sobrado do barão Gonçalo, as atividades corriqueiras do dia-a-dia seguiam inalteradas, ocupando os escravos.

Os senhores da casa reuniam-se no gabinete do barão. Como era um domingo, Álvaro não tinha expediente no hospital – fizera uma rápida visita logo cedo e retornara ao lar.

– Preocupa-me a violência que se instala cada vez mais em nossa cidade. – Relatava o barão. – Não há dia que não se ouça falar de fuga, de motim, de assalto. A polícia e os mateiros parecem incapazes de conter esse "Manoel ferreiro".

– A violência sempre existiu entre nós, vovô. – Argumentou Nina. – A diferença é que antes ela se voltava majoritariamente sobre os escravos. Agora ela se espalha. Alguns senhores foram seriamente atingidos e o medo agora reina entre todos. Mas acho que a polícia e os mateiros não serão a solução para esse problema.

– Concordo contigo, meu anjo. – Disse Álvaro, tomando a mão da esposa. – A violência que vemos, barão, é fruto das atitudes que os senhores de escravos têm tomado há anos. As sentenças absurdas proferidas contra os cativos, verdadeiras barbáries, desumanas ao extremo, têm o seu preço. Lamento que seja dessa forma. Deveriam ter acordado antes e modificado as relações de trabalho de forma ordenada e inteligente, evitando esse estado de coisas. Mas o que fizeram? Nada! Permaneceram inertes, achando que as coisas nunca mudariam. Agora, reúnem-se apressados buscando meios de fortalecer-se e resistir às mudanças. E como só conhecem um caminho, recrudescem os castigos contra os escravos, fazem o que não deviam fazer, pois assim mais irados ficam os revoltosos. O senhor nunca notou que a quadrilha de Manoel atua com mais violência sempre que é executada alguma condenação brutal contra algum negro fugido?

– É verdade, Álvaro. Manuel sempre se torna mais violento nessas ocasiões. Ele não suporta mais ver irmãos de raça escravizados. Lembro dele da época em que eu e o falecido João íamos levar alimentos no quilombo. Ele era inofensivo, muito sofrido, tinha medo de qualquer movimento que pudesse denunciar seu esconderijo, não suportava mais ser escravizado, seu sonho era ver o filho crescer livre. Coitado! – Exclamou Nina, compadecida. – Acredito que ele sofre muito mais agora depois da morte da companheira e do filho.

– Transformou-se numa fera, isso sim! – Afirmou o barão, um

tanto alterado. – Guria, só de pensar nessas coisas que tu fazias sem que eu soubesse, nos lugares em que te enfiavas, fico apavorado. Não sei como nunca te fizeram maldades.

– Nunca temi que a mão de um escravo me machucasse, vovô, em lugar algum, pois nunca pensei em machucá-los. Quem não agride não recebe agressão. Sempre pensei assim e mais ainda depois que passei a estudar a doutrina espírita junto com Álvaro. – Respondeu Nina, serenamente.

– Digo-lhe o mesmo, barão. – Antecipou-se Álvaro, respondendo ao olhar interrogativo que o velho charqueador lhe lançava. – Desde que retornei à cidade soube das atividades de Nina; aliás, foi isso que nos uniu. Jamais, em momento algum, temi por ela. Sabia que estava segura. Assim como não temo o contato com nenhum escravo. Todos somos humanos; compreender uns aos outros é o dever que temos de exercitar para bem viver em sociedade. E, cá entre nós, barão Gonçalo, apenas por um minuto se coloque no lugar deles e veja como vai se sentir. A liberdade é natural ao ser humano. É indigno privar alguém de qualquer direito, mas privá-lo de liberdade é absolutamente imoral. Como toda ação gera uma reação, o que se pode esperar de retorno à privação da liberdade que não a revolta?

– Hoje entendo teu ponto de vista, Álvaro. E sei que temos de modificar a estrutura de nossa organização social. Porém, olhando esse grande contingente de mão-de-obra escrava, fico pensando que muitos, a maioria, nasceram escravizados e não terão condições de se manter como homens livres. Essa gente toda não tem onde morar, pouquíssimos sabem ler e escrever, até mesmo operações básicas de matemática eles são incapazes de realizar, prestando somente a serviços braçais. Não será justa a competição por trabalho entre eles e os imigrantes que cada vez aportam em maior número em nosso país. – Alegou o barão, levantando o problema social que adviria da libertação dos escravos.

– O senhor é um homem de grande visão, barão. Reconheço que

esses serão problemas que enfrentaremos com certeza e que atingirão a todos. Teremos um grande número de mendigos e crianças esmolando nas ruas; redutos miseráveis serão a habitação de grande parte dessa população. Por isso é preciso alertar nossos governantes para que se busque uma solução razoável para amenizar o problema. – Falou Álvaro. – É o que dizíamos antes: pelas nossas ações de hoje podemos prever as reações dos outros amanhã. O Brasil, desde o início de sua colonização, explora a miséria de milhões, extraindo riqueza para alguns. Fácil é prever que essa miséria um dia se volte contra todos. A escravaria era tratada até alguns anos atrás como "peças"; em alguns lugares creio que ainda o seja, quer dizer, extraíam, sugavam tudo que era possível e depois descartavam. Não são atitudes socialmente corretas, barão. É a dívida social de nosso país. Mais dia, menos dia, teremos de saldá-la se desejarmos bem conviver. Onde há injustiça não há paz.

– Tenho lido seus livros e compreendo o que estás dizendo, Álvaro. É justo e racional. – Concordou o avô de Nina. – Mas infelizmente essa não é mentalidade de nossos deputados nem a do imperador. Fora isso, vocês sabem que há uma questão de política internacional interferindo na discussão da escravidão no Brasil: de um lado, os Estados Unidos da América apoiando a manutenção do regime escravocrata; de outro, a Inglaterra insuflando a abolição; e nosso imperador, em meio ao fogo cruzado de nossos credores internacionais, fica fazendo um jogo de hipocrisias tentando agradar a ambos.

– Vovô, desde pequena que vivo junto com o senhor e sempre aprendi a ver que o barão Gonçalo não esperava pelos políticos para fazer florescer suas idéias. Não será esse o caminho a ser seguido? – Perguntou Nina.

– Cada local buscar a sua solução para essa situação conflituosa com os escravos? – Repetiu o barão, pensativo, enquanto alisava o bigode. – É uma idéia a ser pensada e amadurecida.

Álvaro sorriu para a esposa e apertou-lhe a mão suavemente

como que a parabenizando pela forma hábil como introduzira a idéia que haviam discutido alguns dias antes.

Sem que os demais percebessem, no gabinete também estavam os espíritos de João, Tião e pai João.

Lágrimas escorriam pelas faces de João ao contemplar a figura de Nina. A custo dominou a emoção e acercou-se dela, procurando agir com equilíbrio como lhe ensinara Tião a fim de não transferir emoções descontroladas à jovem senhora. Tocou-lhe a mão, acariciou-lhe a face, murmurou palavras de amizade e gratidão em seus ouvidos.

Enquanto o marido e o avô prosseguiam com a conversa, Nina estranhamente se abstraiu dela. Julgando que fosse o assunto que lhe trazia à lembrança a figura amiga de João, recordou vários momentos que dividira com ele. Em pensamento, enviou-lhe preces rogando a Deus que onde estivesse fosse bem assistido, amparado e que estivesse em paz com a vida.

Sentindo os efeitos balsâmicos da prece de Nina, João sorriu e sussurrou:

– Estou muito bem, minha sinhá. Obrigado por seu carinho. Deus lhe proteja.

Superado o momento de maior emoção, João encarou os dois homens que permaneciam conversando. A convivência fraterna entre o barão e Álvaro era a prova de que o ser humano é sempre capaz de mudar. João comparava o barão que conhecera na chegada ao Sul – um homem endurecido, arrogante, temido pela crueldade que exercia contra os escravos – e o velho que era agora – alguém que se tornara seu amigo, que mudara radicalmente de opinião e atitude e que agora se encontrava preocupado em minimizar os efeitos sociais que adviriam da exploração da mão-de-obra africana. Acercou-se do amigo, abraçou-o sinceramente como nunca o havia feito enquanto haviam estado juntos na matéria e disse-lhe:

– Vença, meu amigo! Tu estás no caminho! Persevera!

O barão registrou a presença de João com uma súbita emotividade;

sem saber como explicar, foi acometido por uma emoção profunda que lhe umedeceu os olhos. Atribuiu o fato à discussão que travava com o neto, que era a forma como gostava de pensar em Álvaro.

Aproximando-se do médico, do homem de cara pintada que o acompanhava nas invasões a senzalas, tocou-lhe o braço amistosamente e, referindo-se à conversa que os três encarnados mantinham, sugeriu-lhe:

– Invade agora as mansões dos ricos e nobres e fala-lhes da vida dos negros. Expõe a realidade das senzalas nos meios onde ela nunca esteve antes, nas festas e nos salões. Pode ser o que esteja faltando. Continua a tua luta, doutor Álvaro.

Imediatamente, Álvaro levantou-se, com o rosto iluminado, dizendo:

– Barão, como não pensamos nisso antes? Surgiu-me uma idéia, talvez até soprada por algum espírito amigo que esteja nos assistindo neste momento. Vamos levantar essa discussão na sociedade, nas festas, nos salões. Vamos expor essa miséria das senzalas, que quando abertas se disseminará por nossas cidades.

– Excelente idéia, meu querido! – Aprovou Nina. – Podemos começar logo, pois se aproximam as festas do carnaval.

O barão pensou um pouco, lançou um olhar à praça que se via pelas vidraças, levantou-se, andou até a janela, abriu-a, respirou o ar e, voltando-se, com um brilho audacioso no olhar, propôs:

– Vamos criar um debochado grupo de escravos, satirizando a situação, e desfilaremos pelas ruas da cidade. Espalharemos a discussão como um rastilho de pólvora. Tens coragem, meu neto, de afrontar assim essa sociedade?

– Um bloco burlesco! Começo agora mesmo a reunir os integrantes do grupo, meu avô! – Respondeu Álvaro, estendendo a mão ao barão como que para selarem um pacto.

– Aquele teu amigo italiano, muito debochado, gostará de participar disso, posso apostar! – Disse o barão enquanto apertava a mão de Álvaro.

Nina, sentada na confortável cadeira, apreciava a cena com um sorriso de prazer nos lábios.

O espírito de João olhava admirado para seus benfeitores e foi pai João quem o esclareceu:

– Álvaro é extremamente receptivo às intuições. Está sempre aberto ao contato com as boas influências. É um homem firme, honesto e justo, por isso conta com a boa assistência espiritual e facilmente aceita boas idéias quando as sugerimos.

– Entendo. – Respondeu João, aceitando a explicação recebida. – Vamos deixá-los, então, e visitar os demais.

– Óia, João, a tua amiga Florência num tá aqui. Ela tá trabaiano lá na ala dos indigenti; só vem pru sobrado di noite. – Alertou Tião. – I o Juvêncio foi levá recado lá na casa do dotô Migué.

– Mesmo assim quero visitar os outros lugares da casa. – Informou João um pouco decepcionado e, dirigindo-se a pai João, perguntou: – Posso?

– Claro, meu filho, não tenha pressa. Eu e Tião ficaremos mais um pouco com nossos amigos e logo iremos encontrá-lo.

João percorreu várias salas e dependências do sobrado que lhe traziam lembranças. Por fim dirigiu-se ao pátio interno e ficou surpreso de lá encontrar uma mulher, sentada no banco em torno da fonte de água. Sentiu-se imediatamente atraído pela entidade que repousava naquele lugar e aproximou-se. Ela, pressentindo a aproximação de João, voltou a cabeça e fitou-o serena e imperturbável.

Contemplando seus olhos negros e amorosos, João sentiu-se perturbado. Uma onda avassaladora de emoções o envolveu: era paixão, revolta, dor, perda e arrependimento, sucedendo-se rapidamente. Não sabia explicar o que se passava com ele. O rosto não lhe era estranho. Buscando na memória, identificou-o com o retrato da esposa do barão existente na charqueada. A entidade era dona Mariana. A fisionomia não lhe dizia nada, mas os olhos eram de alguém muito importante, a quem devia muito. Reconhecendo-se devedor, lançou-se aos pés da mulher, tomou-lhe a mão e implorou, arrependido:

– Me perdoe! Por Alá, me perdoe!

Com a cabeça encostada nas fímbrias do vestido de dona Mariana, João voltou ao passado, reconheceu-se na figura do poderoso xeique Omar, reviu sua paixão desenfreada pela jovem Sharik, cujo destino havia aniquilado, forçando-a a uma vida que ela não desejava. Ignorando-lhe o desejo de viver com aquele que seu coração elegera, havia feito dela sua escrava e de seu amado, um inimigo. Para ter saciados os seus desejos de homem apaixonado, não só violentara a mulher, como também levara seu povo a uma situação de guerra constante contra a tribo do prometido de Sharik. Fora tirano e cruel. Sem piedade, escravizara, física e moralmente, seu povo para atender a sua vaidade e a seu egoísmo. Em uma daquelas guerras, ele vira Sharik fugir do palácio e lançar-se em meio à turba em busca de seu amado. Sem pensar duas vezes, seguira-a. Sabendo que o líder da tribo que ela procurava estava na cidade invadida, calculadamente, quando ela estendia a mão para ser alçada ao cavalo do adversário, endereçara uma flecha certeira ao coração do cavaleiro, vendo-o tombar, coberto de sangue. Quando Sharik voltara-se buscando identificar quem matara o seu amado, endereçara contra ela outra flecha mortal. Deixara-os abandonados em meio à batalha, morrendo próximos um do outro sem que ao menos se tivessem podido tocar, enquanto ele retornava velozmente para a segurança de palácio de onde comandava seus homens. A partir daquele dia tornara-se ainda mais irascível como líder de um povo do que fora antes. Compreendendo suas faltas, João chorava, arrependido. Identificara a personalidade de Sharik, depois reencarnada como Mariana, e também o barão, como o inimigo que assassinara em outra época.

– Levanta-te! – Pediu Mariana. – Se é em busca do meu perdão que vens, considera-te perdoado. Desataram-se os nós que te prendiam obrigatoriamente à presença de Gonçalo. Vocês agora são amigos e o passado está esquecido. Guardemos apenas a lição de que precisamos disciplinar e conduzir nossos sentimentos para não sermos escravizados pelas paixões.

– És nobre de coração. Sempre te admirei e, ainda que de forma egoísta, te amei por isso. Nenhuma outra mulher me despertou sentimentos com a mesma profundidade. Perdoa meus exageros. – Pediu João.

– Levanta-te, te peço. Nada mais tenho a te perdoar. Não guardei rancor ou mágoa dos fatos passados. Apenas tu e Gonçalo tinham acertos a realizar. Fico feliz de saber que tudo terminou bem. Já não és mais o xeique Omar, nem o escravo João. És apenas um espírito pronto para novas experiências. Levanta-te! – Insistiu Mariana. – Segue teu caminho em paz!

João, marcado pela forte emoção que o encontro com suas lembranças do passado despertara, levantou-se e, tomando a mão de Mariana, levou-a aos lábios, beijando-a respeitosamente.

– Obrigado por tua compreensão! Deus a proteja!

Dizendo isso, deixou o jardim e já não sentia mais necessidade de ver ninguém. Encontrara as respostas que buscava. Partia em paz. Senhor de si mesmo.

Sentados nos bancos de ferro em torno da fonte que adornava o centro da praça, os benfeitores espirituais viram João chegar. Ele trazia ainda as marcas que revelavam as emoções fortes que vivenciara.

– Intão, neguinho, comu ocê tá se sentino? – Perguntou Tião, convidando João a sentar-se a seu lado no banco.

– Em paz. Encontrei as respostas que buscava. Entendi muitas coisas. – Respondeu João.

– Se alembrô da Nina tamém?

– Sim, Tião. Nina foi a bondosa trabalhadora da Instituição Liberdade que nos acolheu quando partimos naquela existência cheia de tragédias, paixões e ilusões. Com a colaboração dela, reunimo-nos e traçamos novos planos para essa última existência. Ela própria reencarnaria com a tarefa de auxiliar as atividades abolicionistas aqui, nesse que é o pior local da escravidão no Brasil. Doutor Álvaro aceitou acompanhá-la. Eles vêm trilhando juntos os caminhos da evolução há muitas existências, por isso a afinidade imediata entre eles. Recordei meus propósitos de resgatar o passado exercendo uma liderança construtiva em meio adverso. Fiz o melhor que pude. Estou em paz, como disse antes.

Tião abraçou João e convidou-o:

– Vamo si imbora pra casa. Pai João tá cum pressa, tem serviço lá. Esse nego véio num pára um minutinho si qué. Se Tião num fosse "morto" ia morrê de tanto qui esse nego faiz ele trabaiá. Sabe, João, desde qui fui lá pra Instituição ele só sabe dizê pra Tião: "Ocê vai trabaiá, preto véio, tem muito neguinho precisano de seus conseio lá na Terra".

Pai João riu alegremente das fingidas reclamações de Tião e provocativamente disse:

– Óia, preto, num mi incomoda qui te dô mais serviço. E si tá recramano é pur que tem tempo de forga. Vô te dá mais trabaio já qui vai tê inté ajudante. Ansim ocê vai pudê mandá esse nego trabaiá, inda qui ele num seje muito ligero purque traiz os pé meio torto.

João, que se acostumara com as brincadeiras entre os amigos, sorriu e abraçou Tião. Incorporando-se à alegria da dupla, declarou:

– Tenho os pés tortos pelos caminhos errados que trilhei, mas os olhos já enxergam a verdade e não carrego ilusões que me impeçam de ver claramente. – E, rindo aliviado e feliz, concluiu: – Intão, né, si sirvo pru serviço, Tião podi me mandá qui bedeço sem recramá.

EPÍLOGO

A luta pela abolição continuou. Na terra dos charqueadores, a iniciativa de vários grupos levou para as ruas a discussão do assunto.

O movimento dos homens pintados de preto ganhou vida à luz do dia. Satirizando as situações de opressão, eles desfilaram nos carnavais da cidade a miséria e a violência com que eram tratados os afro-brasileiros.

Nos salões das mansões ou dos clubes, seus representantes, de cara lavada, discursavam em prol do direito de liberdade aos negros.

Por todo o país, erguiam-se vozes, conscientes da necessidade de respeito ao divino direito da liberdade. A campanha abolicionista tomava corpo e pressionava o Poder Imperial. Jornais, revistas, periódicos clamavam por justiça e liberdade, pelo fim da violência e do medo que a situação de escravidão sempre carrega em seu bojo, como o verme que carregamos no intestino nos corrói o corpo físico depois da morte. Clubes abolicionistas eram criados com o intuito de comprar cartas de alforria libertando escravos.

Em 16 de outubro de 1884, foi assinada a lei que libertava os escravos na cidade das charqueadas. A festa tomou as ruas e depois dela a miséria de um povo sofrido perambulava pelas elegantes alamedas daquela terra aristocrática. Instituições de caridade, como asilos e orfanatos, foram fundados em quase todas as casas, o "filho de criação", negro ou mulato, era parte da família.

No plano espiritual, os remanescentes da barbárie da escravidão ainda são muitos. Vivências não se apagam com decretos terrenos ou só pela vontade de esquecer um passado inglório.

A Lei Áurea, composta por um texto exíguo, apenas reconheceu, em todo o território brasileiro, o que já era uma prática: onde não havia sido abolida a escravidão, as fugas de escravos haviam-se tornado maciças e por fim o estado de violência e insegurança levou a uma tomada de atitude. Muitas seqüelas restaram que não se apagaram com o decreto do ministro da Fazenda, Rui Barbosa, que determinou a extinção de todos os arquivos e registros da escravidão no Brasil.

Nas ruas, em meio à população, tanto no plano físico quanto material, lá estão vivas as marcas em forma de chagas emocionais desse passado.

"Todos os Espíritos, mais ou menos bons, quando encarnados, constituem a espécie humana, e como nossa Terra é um dos mundos menos avançados, aqui se encontram mais maus que bons Espíritos; por isso, aqui vemos tanta perversidade. Façamos, portanto, todos os esforços para aqui não retornar depois desta estada, e para merecer ir repousar num mundo melhor, num desses mundos privilegiados, onde o bem reina sem oposição, e onde não nos lembramos de nossa passagem neste mundo, senão como um tempo de exílio".[1]

Não seja escravo da ilusão. Veja o mundo tal qual ele é, extraia as lições necessárias ao seu progresso e contribua para um período de renovação na Terra.

Outubro de 2001.
José Antônio.

[1] *Allan Kardec,* O Livro dos Espíritos*, cap. X, item 872. Trad. Salvador Gentile. Araras: IDE.*

RENOVANDO
ATITUDES
FRANCISCO DO ESPIRITO SANTO NETO
pelo espírito HAMMED